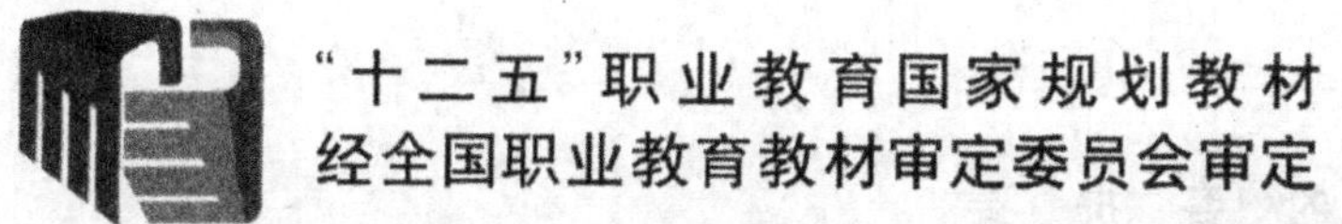

"十二五"职业教育国家规划教材
经全国职业教育教材审定委员会审定

中国交通教育研究会职业教育分会推荐教材
高等职业院校船舶技术类专业教学用书

船舶结构与强度

（第二版）

【船舶工程技术专业】

徐得志　主　编
邓召庭　副主编
刘向东　主　审
闵惠文　副主审

CHUANBO JIEGOU YU QIANGDU

人民交通出版社

内 容 提 要

本书为"十二五"职业教育国家规划教材,并为高等职业教育船舶技术类船舶工程技术专业中国交通教育研究会职业教育分会船舶技术专业委员会规划教材,按照《船舶结构与强度》课程标准的要求而编写。

本书除绪论外分为上、下两篇共十章,上篇船舶结构力学基础,包括直梁的弯曲与稳定性,刚架计算,板架计算,板的弯曲与稳定性,有限元法基础五章;下篇船体强度与结构设计,包括船舶静置在波浪上的剪力和弯矩计算,船体总纵强度计算,船体局部强度计算,船体型材剖面几何要素确定,船体结构规范设计五章。

本书是针对三年制高等职业教育船舶工程技术专业编写的,二年、五年学制也可参考使用。同时,本书还适用于船员的考证培训和船厂职工的自学以及其他形式的职业教育。

本书配套多媒体教学课件,挂在人民交通出版社股份有限公司水运图书网(www.chinasybook.com)上供下载之用。

图书在版编目(CIP)数据

船舶结构与强度 / 徐得志主编. —2 版. —北京:人民交通出版社, 2013.12

ISBN 978-7-114-10880-8

Ⅰ.①船… Ⅱ.①徐… Ⅲ.①船体结构 - 高等职业教育 - 教材 ②船体强度 - 高等职业教育 - 教材 Ⅳ.①U663

中国版本图书馆 CIP 数据核字(2013)第 211089 号

"十二五"职业教育国家规划教材

书　　名:船舶结构与强度(第二版)
著 作 者:徐得志
责任编辑:张　淼
出版发行:人民交通出版社
地　　址:(100011)北京市朝阳区安定门外外馆斜街 3 号
网　　址:http://www.chinasybook.com
销售电话:(010)64981400,59757915
总 经 销:北京交实文化发展有限公司
印　　刷:北京虎彩文化传播有限公司
开　　本:787×1092　1/16
印　　张:15.25
字　　数:370 千
版　　次:2007 年 2 月　第 1 版　2014 年 8 月　第 2 版
印　　次:2023 年 7 月　第 2 版　第 3 次印刷
书　　号:ISBN 978-7-114-10880-8
印　　数:2001—5000 册
定　　价:42.00 元

高等职业院校“十二五”船舶规划教材
编审委员会名单

前言

QIANYAN

为规范高等职业教育船舶技术类专业的教学，积极推进课程改革与教材建设，提高教学质量，更好地满足我国船舶工业快速发展的需要，中国交通教育研究会职业教育分会船舶技术专业委员会组织全国开办有船舶技术类专业的职业院校及其骨干教师，编写了"十二五"高职船舶规划教材，其中，部分教材还入选了"十二五"职业教育国家规划教材。

这些教材分别适用于船舶工程技术专业、船舶动力工程技术专业和船舶电气工程技术专业，以及船舶检验、焊接技术及自动化、游艇设计与制造等船舶技术类专业。

"十二五"高职船舶规划教材大部分是在"十一五"高职船舶规划教材的基础上修订而成的。本规划教材注重以就业为导向，以职业能力为核心，面向行业企业，充分体现职业教育的特色，满足高素质实用型、技能型船舶技术类专业高等职业人才培养的需要。

本规划教材主要是针对高等职业教育编写的，其他形式的职业教育、职工培训、专业考证训练以及相关技术人员也可参考使用。

《船舶结构与强度》为"十二五"职业教育国家规划教材，按照《船舶结构与强度》课程标准的要求而编写。全书分上、下两篇，上篇为船舶结构力学基础，打破传统力学学科体系，依照船舶结构由简到繁（杆→刚架→板架→板）的结构型式来组织教材内容，并且弱化了复杂力学分析与公式推导。下篇为船体强度与结构设计，主要内容为最新国际及国内规范、标准的应用。每章开始都有"知识目标与能力目标"提示，结尾均附有"思考与练习"。本书由于依照船舶结构型式由简到繁组织内容，因此对教育者来说便于实施项目教学或模块教学，使之方便对教材内容选择性讲授，有利于按需施教、因材施教；而对受教育者来说则便于自查、自学相关感兴趣的内容，并在有问题时方便查找相关解释、依据和解答。另外，这样的编写结构同时也有利于在中高职衔接时，师生对相关内容进行取舍教学。

“工学结合、校企合作”是职业教育健康发展的基础。本书在编审过程中，邀请了企业专家参与编审工作。

参加本书编写工作的有：主编武汉交通职业学院徐得志（编写绪论、第一至三章）；副主编江苏省无锡交通高等职业学校邓召庭（编写第十章）；参编江苏海事职业技术学院马春卉（编写第四、九章），武汉交通职业学院黄黎慧（编写第五、七章和附录），武汉交通职业学院李春华（编写第六、八章）。

全书由渤海船舶职业学院刘向东担任主审，中外运长航集团青山船厂闵惠文担任副主审。

限于编者经历和水平，书中难免有疏漏与不足之处，恳请读者批评指正，以便修订时完善。

中国交通教育研究会职业教育分会船舶技术专业委员会

2015年12月

目录

MULU

下篇　船体强度与结构设计

绪　论

第一节　船舶结构与强度问题综述

船舶是一个复杂的水上工程建筑物，它航行于江河湖海，担负着水上运输、生产、战斗等各种任务。为了保证船舶能很好地完成上述任务，船舶应具有良好的航行性能、工作性能，并具有一定的强度。

船舶具有一定的强度，是指船体结构在正常的使用过程和一定的使用年限中具有不被破坏或不发生过大变形的能力，以保证船舶能正常地工作。由于一般船舶的经常工作状态是航行状态，因此设计人员应首先保证船舶在航行状态有足够的强度。

所谓结构物的强度问题，是指根据作用于结构物上的外力（包括主动力和约束反力），按照一定的计算方法和程序，确定出结构物中危险截面处的应力值 σ，然后将此应力与许用应力 $[\sigma]$ 相比较（$[\sigma]$ 由多种因素，如外载荷的可靠性、计算方法的合理性、结构物的使用年限以及结构材料的均匀性等确定）。若 $\sigma \leqslant [\sigma]$，我们就认为结构物的强度是足够的，反之，结构物将遭到破坏。

船舶在正常航行状态下受到各种外力的作用，诸如重力、水的浮力、水的压力、冲击力以及船在运动中的惯性力等。显然，作用于船舶上的外力是十分复杂的，这给船舶强度计算带来一定的困难。但是，人们通过长期的生产实践，分析了船体受力和变形的主要特征，认为在考虑民用船舶的强度问题时，最主要的是船舶及其载荷、装备的重力以及水的静压力。所提取的力学模型为船体梁，并将其静置于静水中或波浪上，计算船纵向分布的重力与浮力，然后用材料力学中梁的弯曲基本理论求出其弯曲变形及应力。这种将船作为一个整体来研究的强度叫做船体的“总纵强度”或简称为“总强度”。人们在研究船体的总强度时，一般取两种典型的船与波浪的相对位置：①波峰位于船中，称为“中拱状态”；②波谷位于船中，称为“中垂状态”。长期以来，总纵强度一直是船体强度计算与校核的主要内容。

除了总纵强度以外，由于船体是由许多构件组合而成的，船体的横向构件（如横梁、肋骨、肋板等）及船体的局部构件（如船底板及底纵桁等）也会因局部载荷而发生变形或受到破坏，因此亦需研究这些横向构件或局部构件的强度问题。这类问题通常称为横向强度问题或局部强度问题。

然而，把船舶静置于波浪上，按梁的弯曲理论来研究船舶总纵强度是初步的。例如：1874年10月内河船“玛丽”号在横渡大西洋时折断沉没。1877年威廉·约翰用上述方法对这条船进行了强度计算，按计算结果分析，该船不至于折断，而事实是船损坏了，原因何在？通过进一步分析研究，他首次提出了对初步总纵强度计算方法修正的见解。考虑到某些船体板在船舶总纵弯曲时将会发生皱折（失稳），其有效截面积应该进行折减，这样，上述计算得到的总纵弯曲应力不能反映出船体构件中的真正应力，而必须在此基础上进行应力的重新分配。这种重

新分配应力的过程也就是总纵弯曲应力计算逐步近似的过程。人们现在正是按这种方法来进行总纵强度计算的。因此为了使船体强度的计算更接近于实际,还需讨论和研究以下一些与强度有关的问题。

首先,应讨论结构物的稳定性问题。由于船舶尺度的增加,人们发现船在总弯曲时船体受压的构件(主要是中垂状态时的上层甲板)常常会在较小的应力下因为受压过度而丧失稳定性,这样就大大降低了船体抵抗总弯曲的能力。也就是说,我们在研究船体总强度的时候,必须考虑受压构件是否有失稳现象,并要分析构件失稳后的应力再分配问题,这样才能正确地反映船体总的承载能力。

其次,要讨论扭转强度问题。船在航行时,并不总是正对着波浪的运动方向,经常会有船与波浪斜交的情况。船在斜浪上航行,就会导致船体发生扭转,因此也就需要讨论船体的扭转强度问题。尤其是对那些抗扭刚度较低的船体(如大开口驳船、舱口特别大的集装箱船)来说,扭转强度的研究就显得十分必要。

再次,应研究应力集中等问题。应力集中是由于船体结构不连续而引起的。舱口角隅、船体上层建筑的端部、内河船舷侧开的波门及其他结构不连续的地方也都会发生应力集中。所以应力集中问题及上层建筑问题(又称间断构件问题)都是船体强度研究的内容。再加上波浪外力、船体振动、造船材料强度及船体低周疲劳等问题的研究,使得船体强度所包含的内容就相当广泛。

综上所述,船体强度包括总纵强度、局部强度、扭转强度、稳定性和应力集中等问题。

随着造船实践经验的积累和对船体强度问题研究的日益深入,就逐渐形成了专门研究船体强度的科学,即“船体强度”。为了保证船舶的强度,就必须根据作用于船体及各个构件上载荷的大小以及船舶建造规范的要求来确定船体构件的最佳尺度,这又是“船体结构设计”的内容。要想具备对船体结构进行校核和进行船舶结构设计的能力,就离不开“船舶结构力学”,所以“船舶结构力学”又是“船体强度”和“船体结构设计”的基础。《船舶结构与强度》就是专门研究船体强度与结构设计的科学,它包括船体外力的确定、力学模型提取、船体结构在外力作用下的反应(即内力)研究、许用应力的确定以及船体构件尺寸选取等一系列问题。

第二节　课程研究的内容与要求

《船舶结构与强度》是船舶工程技术专业的一门专业主干课程,包括船舶结构力学、船体强度和船体结构设计三部分内容,本教材分上下篇,上篇为船舶结构力学基础,下篇为船体强度与结构设计。

船舶结构力学是研究船体结构在外力作用下的应力与变形(即船体结构静力响应)的科学。学习船舶结构力学就是要掌握在给定的外力作用下如何确定船体结构中的应力与变形,包括研究受压构件的稳定性等问题。或者可以说,船舶结构力学是研究船体结构中板与骨架的强度与稳定性的科学。因此,船舶结构力学部分主要是介绍结构力学的基本理论与方法。

船体强度是研究船体结构安全性的科学。学习船体强度就是要掌握船体结构抵抗破坏的能力和变形的规律。把船体作为一个整体来研究其强度的问题称为船体总强度问题,由于这种情况下船体主要是纵弯曲变形,所以总强度就是研究船体的纵弯曲问题,或称总纵强度。在船体强度部分主要是介绍船体总纵强度的基本理论和传统计算方法。

船体结构设计是在船舶基本设计完成并已知船舶的工作条件之后进行的,其任务就是在此基础之上,为保证船体强度,确定船体结构型式、构件尺寸和连接方法。船体结构设计部分主要是介绍型材剖面设计及船体结构的规范设计法。

学习本课程的目的就是让学生掌握船舶结构力学的基本理论与方法,理解船体总强度的基本理论与计算方法,并初步掌握依照《钢质内河船舶建造规范》(以下简称《内规》)进行船体结构设计、计算的实用方法,为学生在今后工作中进一步分析和解决船体结构的实际问题打下基础。

学习本课程应达到下列基本要求:

(1)基本掌握船体结构中常见的力学模型及分析方法;

(2)掌握船体总纵强度的计算和校核方法;

(3)掌握船体型材的剖面要素计算和型材剖面设计方法;

(4)能根据规范对船中横剖面结构进行设计。

第三节 课程研究方法概述

一、船舶结构力学的研究方法

为了进行结构计算,分析结构的应力与变形,一般都要将实际结构进行一些简化,即把实际的结构图形简化为便于力学计算的理想化图形(或叫做力学模型),然后选用适当的计算方法进行计算,得出计算结果,并在实践中检验计算结果的准确性。这是一般结构力学所采用的共同的方法。

在船舶结构力学中,人们也是根据需要与可能,把实际船体结构先进行简化,简化后的结构称为原结构的"力学模型",也称为"计算图形"。力学模型合理与否,要在实践中检验。对提取的力学模型,再选取相应计算方法进行计算。船体结构典型的力学模型有:连续梁、刚架、板架和板,或者说是研究甲板、舷侧、船底及舱壁等结构的强度计算问题。传统的方法是:

(1)将船体的总强度问题与横向强度或局部强度问题分开考虑,必要的时候再把它们的结果叠加起来。

(2)在研究横向强度或局部强度问题时,常把空间结构拆成平面结构来考虑。如甲板部分、舷侧部分、船底部分和舱壁部分都可以当作是平面结构。

(3)在计算板时,可把板与骨架分开考虑,并视骨架为板的支撑;而在研究骨架时,把骨架和与之相连的部分板(称为附连翼板或附连带板)一起考虑。

事实上,船体的总强度问题与局部强度问题是同时存在的,船体中的板和骨架亦是连在一起的,将它们人为地分开考虑,主要是由于受到计算方法和计算技术上的限制。随着计算机和有限元法的发展,计算方法上有了很大改进,传统做法中的很多限制可以去除,从而使得结构计算更加精确,也更为切合实际。针对传统方法的局限性,今后船体结构的计算方法将是:

(1)可以将总强度问题与横向强度及局部强度问题一起考虑,即在确定了船体整个受力情况的前提下,可将船体各组成结构中的应力与变形一起计算出来。

(2)完全可以计算空间结构,无须一定要将空间结构化为平面结构。

(3)可以不将骨架和板分开,而将骨架和板一起考虑。

二、船体强度与结构设计方法

1. 船舶总纵强度计算方法

(1)根据船舶典型装载(如:满载进出港、压载进出港),绘制船舶重量分布曲线及静水中的浮力分布曲线,求得静水中的弯矩和剪力;

(2)计算船舶静置于波浪上,在中拱和中垂时的波浪附加弯矩和附加剪力;

(3)求得船体梁在中拱和中垂状态下的计算弯矩值;

(4)计算所校核船体梁截面的静矩、惯性矩,并最后求得各类纵向构件的抗弯剖面模数;

(5)按应力计算公式计算各类纵向构件的总纵弯曲应力 σ_1;

(6)根据纵向构件分类,计算各类纵向构件的局部弯曲应力 σ_2(板架弯曲应力)、σ_3(纵骨弯曲应力)和 σ_4(板的弯曲应力);

(7)计算各类纵向构件的总应力,并与造船工程实践中确定的许用应力比较,判断各构件强度够否。

2. 船体结构设计方法

船体结构设计的方法,通常采用强度标准设计法与建造规范设计法两种。

强度标准设计法又称为计算设计法,其实质是根据结构力学原理,依据相应的内外力计算方法和强度标准,确定适当的船舶结构型式和构件尺寸,但这种方法计算量大,并还需辅之以相应经验才能完成,且一般仅在船舶中部结构设计中实现,首、尾型线复杂区域还需参考型船。但随着计算机技术的发展、有限元方法的应用,计算设计法将有较快发展,况且对于结构重量控制严格,设计技术水平要求较高的军用船舶,因无"规范"可循,只能用计算设计法。

所谓建造规范设计法,就是把钢船建造规范对船体强度的要求,对结构布置、材料性质和构件尺寸的规定作为设计的准则,也就是把船舶登记入级的检验准则作为船体结构设计的最低要求。用规范设计法设计船体结构时,主要根据船舶的种类、用途、航区、主尺度等要素,按相应规范要求查得相关构件尺寸或构件所要求的剖面模数计算公式,通过计算,参照型船资料,借助型钢表,确定构件尺寸和连接方式。例如,我国船级社 2009 版《内规》规定单底船舶船底纵骨剖面模数[W]应满足:

$$[W] = Ks(d+r)l^2 \quad (\mathrm{cm}^3)$$

式中:K——系数,在船中部 $K = 0.015L + 5.6$,其中 L 为船长,船中部以外可逐步递减至 $0.8K$;

s——纵骨间距,m;

d——吃水,m;

r——半波高,m;

l——纵骨跨距,m,取实肋板间距。

经计算求得[W]值后,选取纵骨并计算纵骨和其附连带板(翼板)的剖面模数 W,使 W 满足:

$$W \geqslant [W]$$

能满足上述公式的纵骨有很多,考虑强度与经济性的矛盾,一般取满足强度要求的最经济型材为纵骨。

建造规范设计既方便又实用,但设计的合理程度主要取决于规范制定的水平。因此,规范应不断地根据科学的新发展和积累的新经验加以补充和修订。如我国的相关规范就经过多次修订,使规范的拟订水平得以不断提高。目前,民用船舶一般均采用建造规范设计法。

上篇　船舶结构力学基础

第一章　直梁的弯曲与稳定性

● **学习目标**

知识目标

1. 能熟练掌握单跨梁弯曲基本理论和基本公式;
2. 能熟练运用弯曲正应力计算公式;
3. 能够正确运用弯曲要素表求解弯曲要素值;
4. 能够正确运用初参数法求单跨梁挠曲线方程;
5. 掌握“力法”基本原理,能用“力法”求解单跨静不定梁和刚性支座上多跨连续梁;
6. 能理解弹性支座和弹性固定端的实际概念;
7. 掌握压杆的三种平衡状态及单跨压杆稳定性计算。

能力目标

1. 具备单跨梁弯曲要素计算的能力;
2. 具备弯曲正应力计算的能力;
3. 具备弯曲要素表运用的能力;
4. 具备在船体结构中提取多跨连续梁的能力;
5. 具备用“力法”求解单跨静不定梁和刚性支座上多跨连续梁的能力;
6. 具备弹性支座和弹性固定端模型提取和要素计算的能力;
7. 具备单跨压杆临界力计算和运用的能力。

第一节　单跨梁弯曲基本理论

单跨梁是杆系结构的基本单元,其顾名思义是仅在两端有支座支撑的梁,由于单跨梁是杆系弯曲问题研究的基础,因此研究单跨梁非常重要。单跨梁的弯曲是在已知梁的尺寸、支承情况、外载荷前提下,求出梁弯曲时的应力与变形。

一、假设与规定

为研究方便,在分析直梁弯曲时,作如下的假设与规定:

1. 平断面假设

梁在弯曲过程中,弯曲前垂直于梁轴线的平断面,在梁弯曲后仍为平面,且垂直于变形后的轴线。

2. 服从虎克定律

假设梁为均质材料，且在弯曲时纵向纤维之间不相互挤压，仅受轴向拉伸或压缩，于是每一纵向纤维都服从虎克定律：

$$\sigma = E\varepsilon$$

式中：σ——正应力；

E——材料的弹性模量；

ε——轴向应变。

3. 小变形假设

梁弯曲时产生的变形较小，梁的挠度远小于梁的剖面高度。

在研究梁变形后轴线形状（称为挠曲线）v 时（图 1-1），要涉及其曲率半径 ρ（图 1-8），由高等数学知识可知：

$$\frac{1}{\rho} = \frac{\dfrac{\mathrm{d}^2 v}{\mathrm{d}x^2}}{\left[1 + \left(\dfrac{\mathrm{d}v}{\mathrm{d}x}\right)^2\right]^{\frac{3}{2}}}$$

在小变形假设前提下，挠度 v 很小，因此 $\left(\dfrac{\mathrm{d}v}{\mathrm{d}x}\right)^2 \ll 1$，曲率可表达成：

$$\frac{1}{\rho} = \frac{\mathrm{d}^2 v}{\mathrm{d}x^2}$$

这样会使弯曲问题研究大为简化。实践证明，小变形假设是基本符合船体结构实际情况的。

4. 假定所研究的梁，其剖面高度与跨度相比很小

实际的船舶结构中，一般船体梁剖面高度与跨度比均很小，均属于该假设情况。由材料力学（或工程力学）知识知道，只有纯弯曲梁才接近平断面假设，对于一般的梁，除了弯矩外还有切力的存在，这时不仅弯矩使梁挠曲，切力也会使梁产生一定程度的挠曲，平断面假设不再适用。如果梁的剖面高度远小于其跨度，则切力的影响很小可以忽略不计，这时仍可以用平断面假设来进行研究，而船体梁即属于这种情况。

5. 坐标系统

在结构力学中，研究梁的弯曲时，取如下的坐标系统：x 轴取梁的轴线（亦是梁的纵向对称面与中性面交线），向右为正；y 轴向下为正；z 轴与 x、y 组成右手坐标系统（图 1-1）。

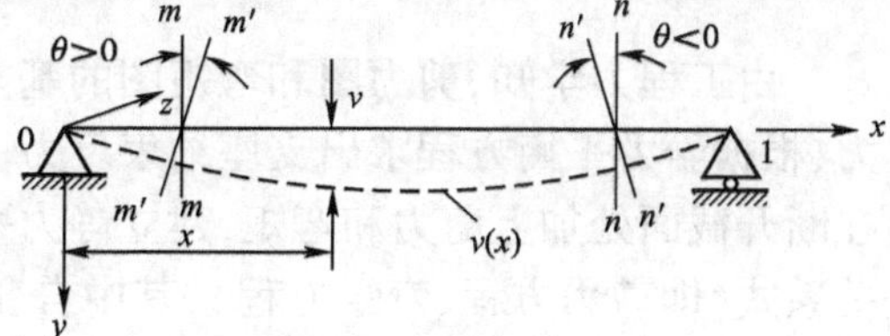

图 1-1　梁弯曲坐标系

6. 挠度

梁弯曲时，梁上任意点的垂向位移称为该点的挠度，用字母 v 来表示。并规定，挠度的方向与 y 轴正向一致时为正，反之为负。如图 1-1 中梁上 x 点处的挠度 v 为正，梁弯曲后，其轴线形状所组成曲线 $v(x)$ 称为梁的挠曲线。

7. 转角

梁上某横断面，在梁弯曲变形后仍为平断面，其转过的角度称为该断面之转角，并用字母

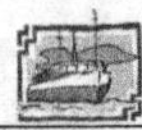

θ表示。对于转角的正、负作如下规定：

梁弯曲时，断面作顺时针转动，则转角θ为正；

梁弯曲时，断面作逆时针转动，则转角θ为负。

在图1-1中，梁左边断面mm顺时针转到$m'm'$位置，转角为正，右边断面nn逆时针转到$n'n'$位置，转角为负。

需要指出，在小变形假设下，$\tan\theta \approx \theta$，也就是说，梁断面转角近似等于该点处的斜率。

8. 弯矩

弯矩用M表示，对弯矩的正、负作如下规定：

如断面弯矩使梁有上拱趋势，则弯矩为正；

如断面弯矩使梁有下弯趋势，则弯矩为负。

按此规定，图1-2a)中弯矩为正，图1-2b)中弯矩为负。

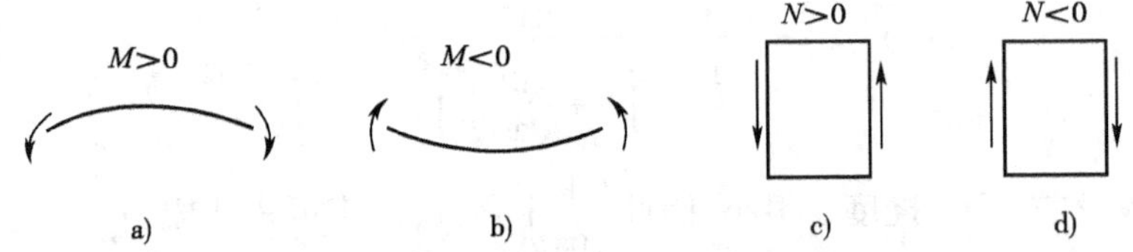

图1-2 弯矩、剪力符号规定

9. 剪力

用N表示剪力，对剪力的正、负规定如下：

左端断面剪力向下为正，向上为负；

右端断面剪力向上为正，向下为负。

按此规定，图1-2c)中剪力为正，图1-2d)中剪力为负。

10. 外载荷

规定外载荷方向与y轴正向一致为正，反之为负。

11. 支座反力

规定支座反力向上为正，向下为负。

由于v、θ、M、N与构件强度、刚度息息相关，习惯上我们把这四个量称为梁的弯曲要素。

二、静定单跨梁的弯矩图和剪力图

由工程力学知，剪力图和弯矩图的基本作法是：首先去掉单跨梁两端的支座，加上支座反力，根据静力平衡方程求出支座约束反力；其次沿梁轴线取截面坐标x，在x点将单跨梁断开，在断开截面处加上剪力和弯矩，建立静力平衡方程，根据静力平衡方程求出剪力和弯矩的函数关系式（即剪力方程、弯矩方程），其中自变量为x；然后根据剪力和弯矩的表达式来画出剪力图和弯矩图。

1. 两端自由支持单跨梁在简单载荷作用下的剪力图与弯矩图

(1)简支梁在中点受到集中力P作用时的剪力图和弯矩图见图1-3a)；

(2)简支梁在左端受有集中弯矩M作用时的剪力图和弯矩图见图1-3b)；

(3)简支梁在全长受均布载荷q作用时的剪力图和弯矩图见图1-4；

(4)简支梁在全长受合力为 Q 的三角形分布载荷作用时的剪力图和弯矩图见图1-5。

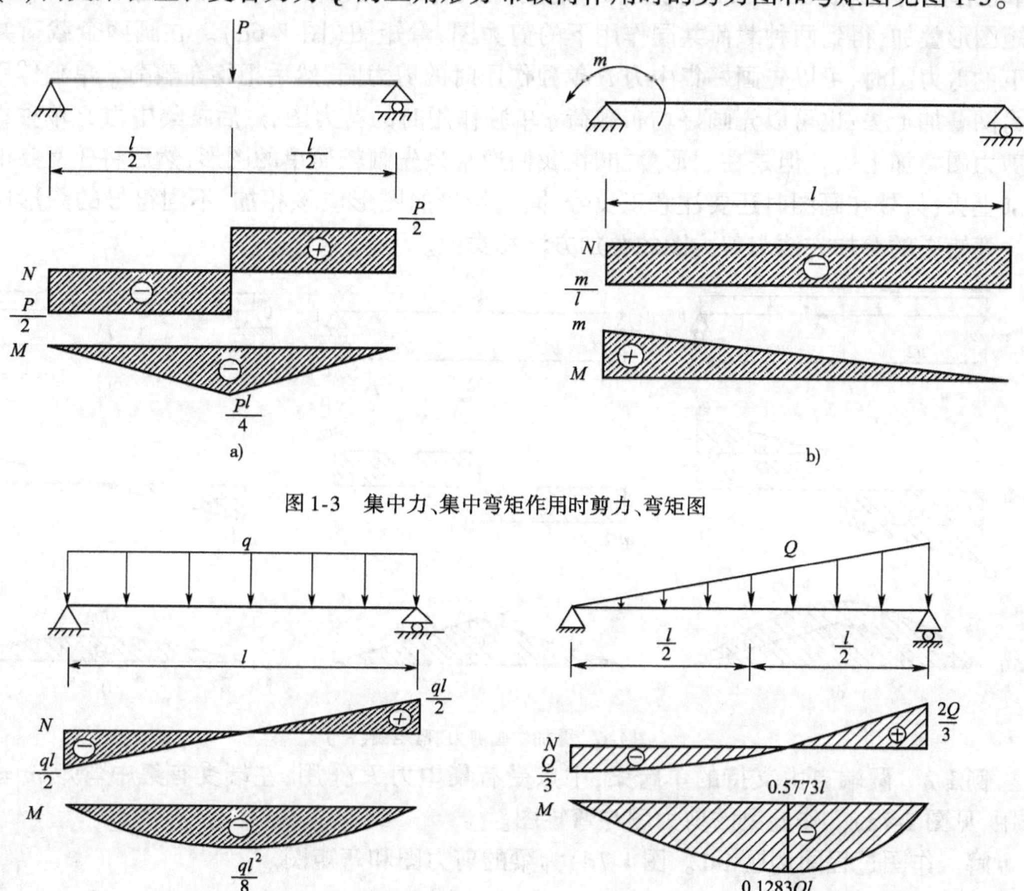

图1-3　集中力、集中弯矩作用时剪力、弯矩图

图1-4　均布载荷作用时剪力、弯矩图

图1-5　三角形分布载荷作用剪力、弯矩图

2.梁在几个载荷共同作用下的剪力图与弯矩图

在材料力学中已经分析过,在弹性范围内,梁受几个载荷共同作用时的剪力图与弯矩图通常用叠加法来完成,该方法后面还要介绍。叠加法原理是基于杆件在线弹性范围内变形而建立起来的(所谓线弹性是指材料符合虎克定律,杆件发生小变形)。当梁在线弹性范围内变形时,梁的弯曲要素与梁上的载荷成正比,或说成线性关系。这样,如果梁受到几个外力共同作用时,各个外力所引起的弯曲要素是各自独立、互不影响的。于是就可以用所谓的"叠加原理"来进行计算,即梁受有几个外力共同作用时的弯曲要素,可以先分别计算各外力单独作用时的弯曲要素,然后求其代数和而得到外力共同作用时的弯曲要素。表现在剪力图与弯矩图上就是:先分别做出各外力单独作用时的剪力图与弯矩图,然后将它们叠加,同号图形相加,异号图形相减,便得到此梁在这几个外力共同作用下的剪力图与弯矩图。

例1-1　一个两端自由支持的单跨梁,全长受有均布载荷 q,中点受到集中力 $P=q\cdot l$ 作用,见图1-6a),作此梁的剪力图与弯矩图。

解　本例中的梁所受的载荷为两种,一种是集中力 P,另一种是均布载荷 q,依据"叠加原理",先分别画出均布载荷 q 单独作用时(图1-6b)梁的剪力图和弯矩图(图1-6e),以及集中力

P 单独作用时(图 1-6c)梁的剪力图和弯矩图(图 1-6f)。然后将两个力共同作用的相应剪力、弯矩图形叠加,得到两种载荷共同作用下的剪力图、弯矩图(图 1-6d)。在画两个载荷共同作用下的剪力图时,可以先画好集中力 P 单独作用时的剪力图,然后把均布载荷 q 单独作用时的剪力图叠加上去;也可以先画好均布载荷 q 单独作用时的剪力图,然后把集中力 P 单独作用时的剪力图叠加上去。但是在图形叠加时,我们通常是先画较简单的图形,然后将较复杂的图形叠加上去;另外在画图时还要注意正负号,同一符号的图形应该相加,不同符号的图形应该相减。弯矩图的叠加方法与剪力图的叠加方法相类似。

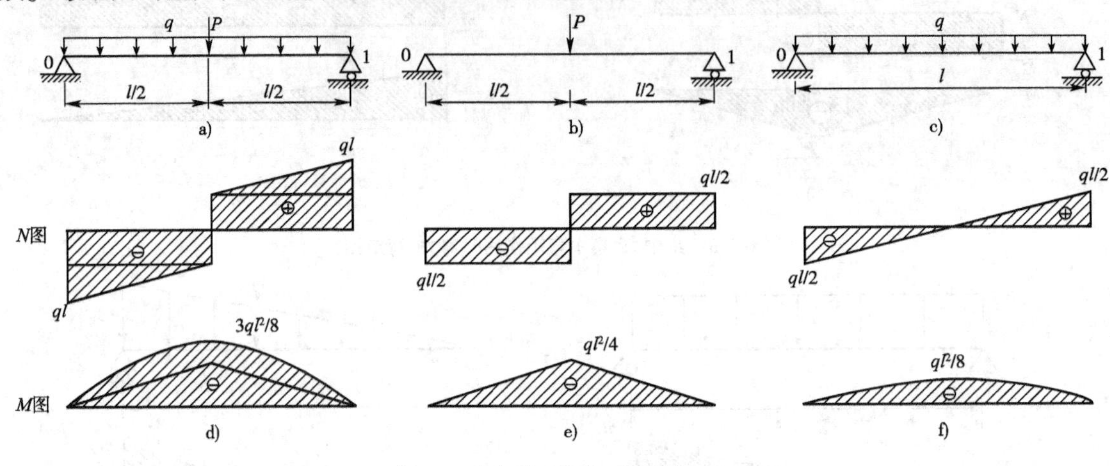

图 1-6　叠加法画剪力、弯矩图(一)

例 1-2　两端自由支持的单跨梁,中点受有集中力 P 作用,左端受有集中弯矩 $m=0.5Pl$ 作用,见图 1-7a)。作此梁的剪力图与弯矩图。

解　作图过程同例题 1-1。图 1-7d)为梁的剪力图和弯矩图。

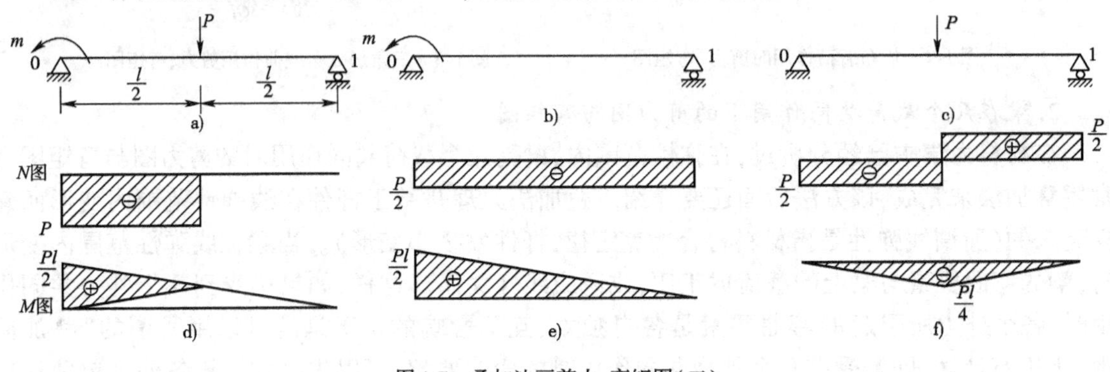

图 1-7　叠加法画剪力、弯矩图(二)

三、梁的弯曲正应力

我们根据梁在外载荷作用下发生变形的几何关系、物理关系和平衡条件推导弯曲正应力公式。设某梁在外载荷作用下发生弯曲变形,这里取梁上一微段 $mppm$ 来研究(图 1-8)。该微段由两个垂直于梁轴线的平面截得,并假设该微段处于纯弯曲状态。图中,中心轴线 nn' 为梁中性面的投影。

(1)几何关系:设距中心面 nn' 纵坐标值 y 处,有纵向纤维 ll'。梁弯曲变形后,中性面的曲

率半径为ρ，纤维ll'的曲率半径为$\rho+y$，这时纤维ll'的长度为：

$$(\rho+y)\mathrm{d}\varphi$$

显然，梁在变形之前纤维ll'的长度是$\rho\mathrm{d}\varphi$，因此变形后ll'纤维的伸长量为：

$$(\rho+y)\mathrm{d}\varphi-\rho\mathrm{d}\varphi=y\mathrm{d}\varphi$$

其拉伸应变为：

$$\varepsilon=\frac{y}{\rho} \tag{1-1}$$

图中$y<0$，挠曲线的两阶导数$\frac{\mathrm{d}^2v}{\mathrm{d}x^2}>0$（图1-8所示挠曲线各点的斜率随着$x$值的增大而增大，即挠曲线的一阶导数是递增的，或者说一阶导数的变化率大于零，因此有$\frac{\mathrm{d}^2v}{\mathrm{d}x^2}>0$），由于$\frac{1}{\rho}=\frac{\mathrm{d}^2v}{\mathrm{d}x^2}$，所以$\rho>0$，而$ll'$纤维为拉伸应变，$\varepsilon>0$，因此式(1-1)应改为：

$$\varepsilon=-\frac{y}{\rho} \tag{1-2}$$

(2)物理关系：根据虎克定律$\sigma=E\varepsilon$，可求出其应力：

$$\sigma=-\frac{Ey}{\rho} \tag{1-3}$$

由该式可以看出，弯曲正应力σ与坐标值y成线性关系，在中性面处$y=0$，$\sigma=0$，离中性面最远处，弯曲正应力最大，其分布情况如图1-9所示。

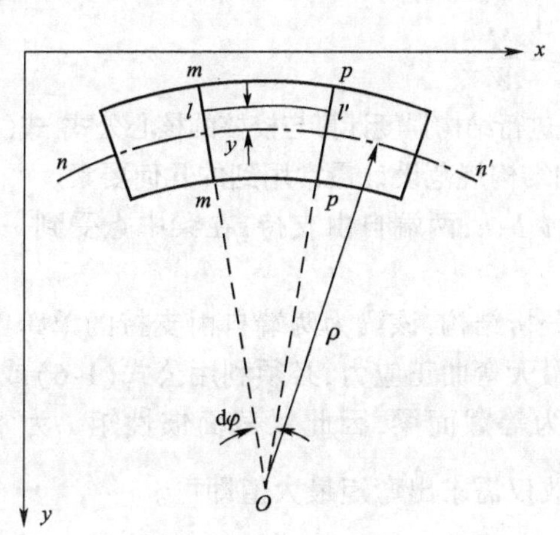

图1-8　弯曲梁微段变形图

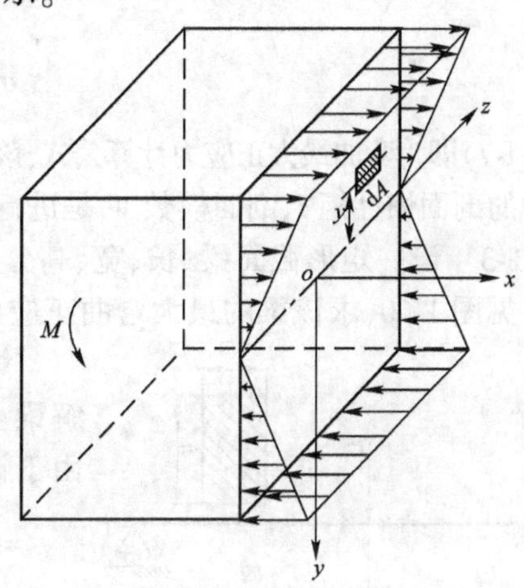

图1-9　微段截面应力分布图

在图1-9中梁的断面上取微面积$\mathrm{d}A$，则其所受的轴向力为$\sigma\cdot\mathrm{d}A=-\frac{Ey}{\rho}\mathrm{d}A$，整个断面上的轴向内力为$-\frac{E}{\rho}\int_A y\mathrm{d}A$。

(3)静力平衡：因该微段为纯弯曲，根据静力平衡条件有：$-\frac{E}{\rho}\int_A y\mathrm{d}A=0$，其中$\frac{E}{\rho}\neq0$，因此必有$\int_A y\mathrm{d}A=0$。$\int_A y\mathrm{d}A$表示断面对$z$轴之静矩，由此可知，中性轴一定通过截面的形心。

根据静力平衡条件还有：$\frac{E}{\rho}\int_A y^2\mathrm{d}A = M$，其中$\int_A y^2\mathrm{d}A$称为断面对 z 轴之惯性矩，以 I 表示，故有：

$$\frac{1}{\rho}=\frac{M}{EI} \tag{1-4}$$

或写成：

$$EI\frac{\mathrm{d}^2 v}{\mathrm{d}x^2}=M \tag{1-5}$$

式(1-5)中的 M 即梁断面上弯曲正应力的合力矩。由式(1-4)可知，梁的弯曲曲率与弯矩 M 成正比，与材料弹性模数和断面惯性矩的乘积 EI 成反比，因此称 EI 为梁的抗弯刚度，将式(1-4)代入式(1-3)得梁弯曲正应力的计算公式为：

$$\sigma = -\frac{My}{I} \tag{1-6}$$

从图 1-8 结合式(1-6)可看出，当弯矩 M 为正的情况下，y 为正时，σ 为压应力；y 为负时，σ 为拉应力。从式(1-6)还可看出，梁的弯曲正应力沿横断面高度呈线性分布，当弯矩 M 一定时，最大应力发生在 $y_{\max}$处，该处离中和轴最远，最大应力为：

$$\sigma_{\max} = -\frac{My_{\max}}{I}$$

若令$\frac{I}{y_{\max}}=W$，并称 W 为梁的剖面模数，则有：

$$\sigma_{\max} = -\frac{M}{W} \tag{1-7}$$

式(1-7)即为弯曲最大正应力计算公式，该式是进行结构强度计算与校核的核心公式，式(1-6)、式(1-7)中的剖面惯性矩 I、剖面模数 W 是进行船舶结构规范设计最常用到的几何要素。

例 1-3 设一矩形截面梁，长、宽、高分别为 l、b、h，两端自由支持，在梁中点受到一集中力 P 作用，见图 1-10，求该梁的最大弯曲正应力。

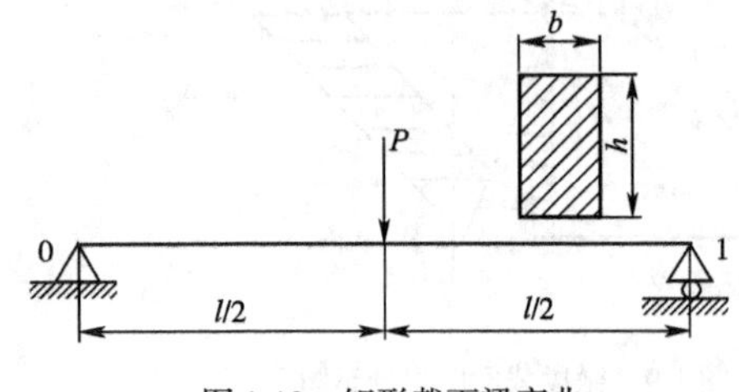

图 1-10 矩形截面梁弯曲

解 分析结构，该梁为两端自由支持的单跨梁，要求解梁上的最大弯曲正应力，必须利用公式(1-6)或(1-7)，由于该梁为等截面梁，因此梁截面惯性矩 I 为常量，而 $y_{\max}=\frac{h}{2}$，故仅需求出弯矩最大值即可。

由工程力学知，两支座反力均为 $P/2$，运用截面法，最大弯矩为：

$$M_{\max} = -\frac{P}{2}\cdot\frac{l}{2} = -\frac{Pl}{4}$$

则：

$$\sigma_{\max} = -\frac{M_{\max}\cdot y_{\max}}{I} = -\frac{\left(-\frac{Pl}{4}\right)\cdot\frac{h}{2}}{\frac{bh^3}{12}} = \frac{3Pl}{2bh^2}$$

第二节　梁的弯曲微分方程及其解

一、梁的弯曲微分方程

某一单跨直梁(图1-11a)在横向外载荷的作用下将发生弯曲变形,由式(1-5)知,梁的挠度与断面上弯矩间的关系为:

$$EI\frac{\mathrm{d}^2v}{\mathrm{d}x^2}=M \tag{1-8}$$

为了建立梁上外荷重与挠度之间的关系,需进一步研究梁的平衡。我们暂时先在梁上受有分布荷重作用的部分取出一长度为 $\mathrm{d}x$ 的微段(图1-11b),微段上的分布外荷重 $q(x)$ 可视为均布荷重,微段的两个断面上分别作用有弯矩 M、$M+\mathrm{d}M$ 和剪力 N、$N+\mathrm{d}N$,在图中,弯矩和剪力的方向都取规定的正向。列出微段的静力平衡方程式,有:

$$N+q(x)\mathrm{d}x-(N+\mathrm{d}N)=0$$

$$M+N\mathrm{d}x+\frac{1}{2}q(x)(\mathrm{d}x)^2-(M+\mathrm{d}M)=0$$

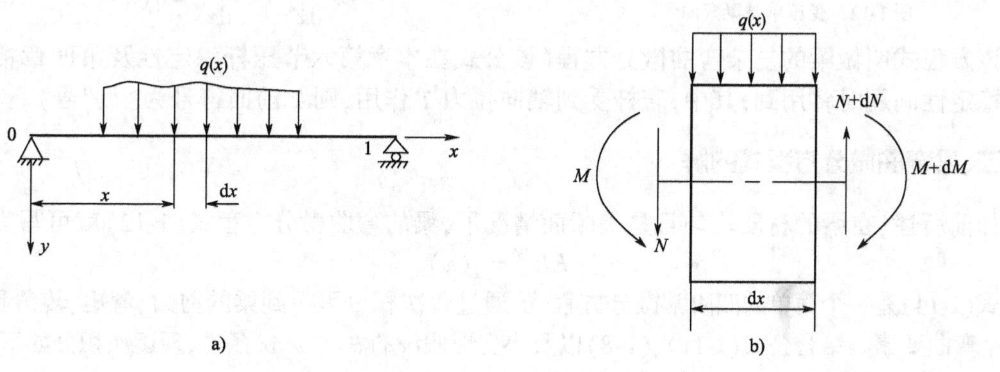

图1-11　单跨梁弯曲内、外力图

整理这两式,并略去高阶微量后可得:

$$\frac{\mathrm{d}N}{\mathrm{d}x}=q(x) \tag{1-9}$$

$$\frac{\mathrm{d}M}{\mathrm{d}x}=N \tag{1-10}$$

将关系式(1-8)代入式(1-10)中,得:

$$\frac{\mathrm{d}}{\mathrm{d}x}\left(EI\frac{\mathrm{d}^2v}{\mathrm{d}x^2}\right)=N \tag{1-11}$$

并将式(1-11)代入(1-9)中,有:

$$\frac{\mathrm{d}^2}{\mathrm{d}x^2}\left(EI\frac{\mathrm{d}^2v}{\mathrm{d}x^2}\right)=q(x) \tag{1-12}$$

式(1-12)就是梁的弯曲微分方程式。

式(1-9)~式(1-12)中：E——材料的弹性模量；

I——断面惯性矩；

M——断面上的弯矩；

N——断面上的剪力；

q——梁上的分布外荷重；

v——梁上点的挠度。

若梁是均质、等断面，则式(1-12)可写为：

$$EI\frac{d^4v}{dx^4}=q(x)$$

式(1-12)是梁仅受到垂直于梁轴线荷重(即横向荷重)作用的结果。如果梁上除了横向荷重 $q(x)$ 作用外，还同时受到沿梁轴向作用的荷重(即纵向荷重)T 作用(图1-12)，这种梁的弯曲叫做“复杂弯曲”或“纵横弯曲”，与上面分析过程相同，通过静力平衡，重复上面推导过程，在梁材质均匀、等断面情况下，有下面弯曲微分方程式：

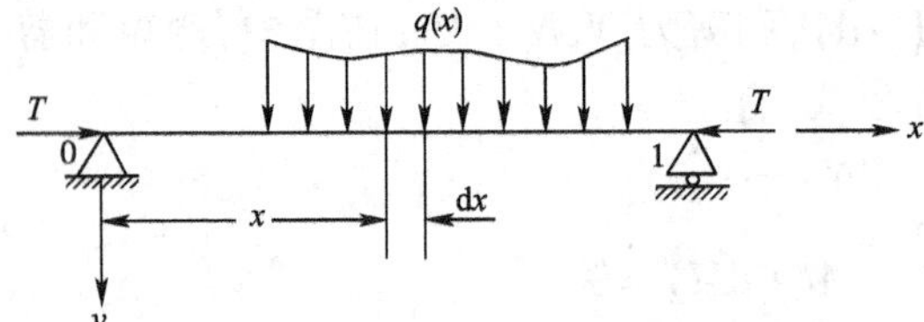

图1-12　受压单跨梁弯曲

$$EI\frac{d^4v}{dx^4}+T\frac{d^2v}{dx^2}=q(x) \tag{1-13}$$

该方程式叫做梁的复杂弯曲微分方程(该公式在本章第六节压杆稳定性及第四章板的弯曲与稳定性问题时将用到，其中，若杆受到轴向拉力 T 作用，则 T 前面符号为“负”号)。

二、梁弯曲微分方程式的解

如前所述，在梁的材质均匀且是等断面情况下，梁的弯曲微分方程式(1-12)就可写为：

$$EIv^{IV}=q(x) \tag{1-14}$$

式(1-14)是一个简单的四阶常微分方程式，通过逐次积分可得到梁的剪力、弯矩、转角和挠度等四个弯曲要素。结合公式(1-11)、(1-8)以及小变形假设的 $\theta=dv/dx$ 条件，现逐次积分如下：

$$EIv'''=\int_0^x q(x)dx+A=N \tag{1-15}$$

$$EIv''=\int_0^x\int_0^x q(x)dx^2+Ax+B=M \tag{1-16}$$

$$v'=\frac{1}{EI}\int_0^x\int_0^x\int_0^x q(x)dx^3+\frac{Ax^2}{2EI}+\frac{Bx}{EI}+C=\theta \tag{1-17}$$

$$v=\frac{1}{EI}\int_0^x\int_0^x\int_0^x\int_0^x q(x)dx^4+\frac{Ax^3}{6EI}+\frac{Bx^2}{2EI}+Cx+D \tag{1-18}$$

式中，A、B、C、D 为四个积分常数。

积分常数 A、B、C、D 与梁端的支承情况有关，并由边界条件来决定。现假定边界条件为：当 $x=0$ 时，$v=v_0$、$\theta=\theta_0$、$M=M_0$、$N=N_0$，则由方程式(1-15)~(1-18)可得：

$$A=N_0,B=M_0,C=\theta_0,D=v_0$$

这样，可将公式(1-18)写成如下形式：

$$v=v_0+\theta_0x+\frac{M_0x^2}{2EI}+\frac{N_0x^3}{6EI}+\frac{1}{EI}\int_0^x\int_0^x\int_0^x\int_0^x q(x)dx^4 \tag{1-19}$$

式(1-19)是梁在横向外载荷作用下变形形状的函数关系式,称为梁的挠曲线方程,若已知外载荷及梁的边界条件,就可求出该梁的挠度及其他弯曲要素。因式(1-19)是用 $x=0$ 时的四个初始弯曲要素表示的挠曲线方程,习惯上我们也称其为用初参数表示的梁的挠曲线方程。

但在具体应用式(1-19)解梁的弯曲问题之前,还需对所得到的挠曲线方程式(1-19)作一些讨论。

我们得到挠曲线方程式(1-19),是在梁上受有分布载荷 $q(x)$ 的条件下导得的,因此对于梁上受到的不是分布载荷而是其他类型的外力如集中力或弯矩时,情况就有所不同。为此我们分析方程式(1-19),在没有分布载荷作用,即 $q=0$ 时,式(1-19)将变为:

$$v=v_0+\theta_0 x+\frac{N_0 x^3}{6EI}+\frac{M_0 x^2}{2EI} \tag{1-20}$$

这表示,梁的挠曲线方程取决于梁左端的四个初始弯曲要素 v_0、θ_0、M_0 及 N_0。也就是说,如果一根梁的左端有初参数 v_0、θ_0、M_0 及 N_0 存在,那么这根梁的挠曲线就是与这四个量有关的四项之和。

现将这个概念应用到在跨中受集中力作用的梁(图 1-13a)。我们把梁分为两段来考虑,第一段为 $0\leqslant x\leqslant a$,第二段为 $a\leqslant x\leqslant l$,并把集中力看作是作用在第二段的初始点。于是第一段梁的挠曲线可写作:

$$v=v_0+\theta_0 x+\frac{M_0 x^2}{2EI}+\frac{N_0 x^3}{6EI}$$

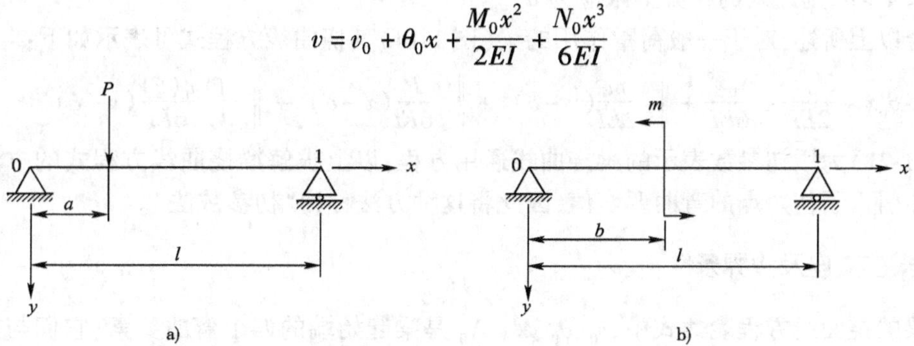

图 1-13　P、m 作用单跨梁

下面再考察第二段梁,第二段相对于第一段来说,显然,第二段梁也是无外载情况,从这点来说也可以用第一段梁的挠曲线方程来描述第二段梁的弯曲情况。但是梁从第一段至第二段过渡处存在着集中力 P,这就使得 P 力作用点处的梁断面上产生了剪力的突变,也就是第二段梁的起始端较第一段梁的末端有剪力的突变,突变量为 P,且按符号规定是正的。因此在用第一段梁的挠曲线方程来描述第二段梁的弯曲情况时必须考虑梁的挠度在第一段过渡到第二段时将仅增加一与 P 有关的项,其大小为 $P\bar{x}^3/6EI$,此处,$\bar{x}$ 为第二段开始算起的坐标,它与 x 的关系为 $\bar{x}=x-a$。具体表现是以第一段梁挠曲线方程为基础,当 $x>a$ 时增加一项 $P\bar{x}^3/6EI$,表示为 $\Big\|_a \dfrac{P\bar{x}^3}{6EI}$,于是得图 1-13a)梁的挠曲线方程为:

$$v=v_0+\theta_0 x+\frac{M_0 x^2}{2EI}+\frac{N_0 x^3}{6EI}+\Big\|_a \frac{P\,(x-a)^3}{6EI}$$

同理,如果梁在位置 $x=b$ 处受有一集中外力矩 m 作用,其方向如图 1-13b)所示,则力矩作用的结果将使梁的挠度在 $x>b$ 后增加一项:

$$\Big\|_b \frac{m\,(x-b)^2}{2EI}$$

考察图1-14所示单跨梁，该梁除受到集中力 P 和集中弯矩 m 外，还在坐标值 c 和 d 之间受到分布力 $q(x)$ 的作用。$q(x)$ 对梁的挠曲线方程有何影响呢？分布载荷可视为无穷多个集中力之和，如图1-14中，在坐标 ξ 处，取微段 $\mathrm{d}\xi$，它上面的均布载荷为 $q(\xi)$，总载荷为 $q(\xi)\mathrm{d}\xi$，这实际上就可看成在 ξ 处有一集中载荷作用。因此，在坐标值大于 ξ 的区间，集中力 $q(\xi)\mathrm{d}\xi$ 此所引起的梁的挠曲线方程的修正项为：

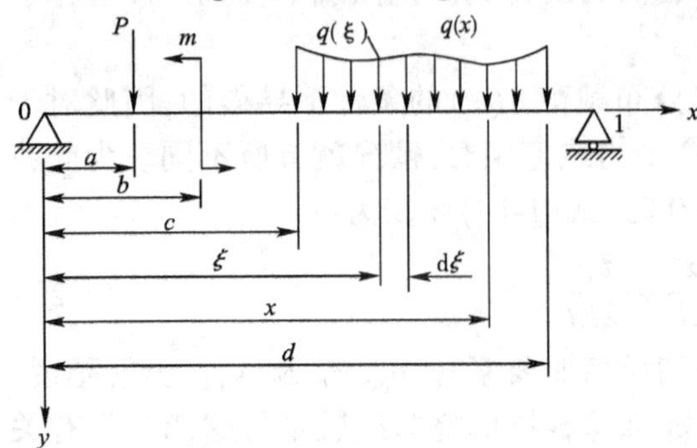

图1-14　多种载荷作用单跨梁

$$\frac{q(\xi)\,\mathrm{d}\xi}{6EI}(x-\xi)^3$$

那么从坐标 c 至 x 之间所有微集中力引起的挠曲线方程的修正项应为上式在区间 $c-x$ 的积分：

$$\int_c^x \frac{q(\xi)}{6EI}(x-\xi)^3\mathrm{d}\xi$$

如果 $x>d$，则此式的积分上限应为 d。

综合以上所述，对于一般荷重作用的梁（图1-14）其挠曲线方程式可表示如下：

$$v = v_0 + \theta_0 x + \frac{M_0 x^2}{2EI} + \frac{N_0 x^3}{6EI} + \Big\|_b \frac{m}{2EI}(x-b)^2 + \Big\|_a \frac{P}{6EI}(x-a)^3 + \Big\|_c \int_c^x \frac{q(\xi)}{6EI}(x-\xi)^3\mathrm{d}\xi \qquad (1\text{-}21)$$

式(1-21)为用初参数表示的梁挠曲线通用方程，以上求解梁挠曲线方程式的方法由于在方程式中引入了初始点的弯曲要素值，因此将这种方法称为“初参数法”。

三、梁的支座及边界条件

在梁的挠曲线方程表达式中，v_0、θ_0、M_0、N_0 是梁起始端的四个弯曲要素，它们与梁端的支承情况密切相关，因此有必要在这里来讨论梁的各种支座及边界条件，不同的支座对梁有不同的约束，因而就会给出不同的边界条件，下面给出五种支座约束下的边界条件。

（1）自由支座：该支座又称铰支端或简支端。它不限制梁端的转动，但不允许梁端产生挠度。它的计算图形见图1-15。由于梁端能自由转动，故梁端断面的弯矩为零而剪力不等于零。这样，自由支持在刚性支座上的端点挠度和弯矩都等于零。它的边界条件为：

$$v=0 \quad 及 \quad v''=0 \qquad (1\text{-}22)$$

（2）刚性固定端：它不允许梁端发生转角和挠度，其计算图形见图1-16。因梁在刚性固定端处挠度与转角均为零，而弯矩、剪力不等于零，故边界条件为：

$$v=0 \quad 及 \quad v'=0 \qquad (1\text{-}23)$$

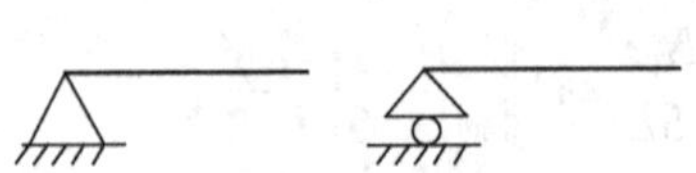

图1-15　自由支座

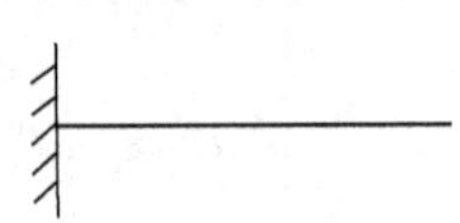

图1-16　刚性固定

(3)弹性支座:当梁上有外载荷时,如果支座处产生一个正比于支座反力的挠度,那么这个支座就称为“弹性支座”。其计算图形见图1-17。

在图1-17中,设梁受载荷作用后,支反力为R,支座处位移为v(即梁端的挠度),按弹性支座定义,有:

$$v=AR \quad 或 \quad v=\frac{R}{K}$$

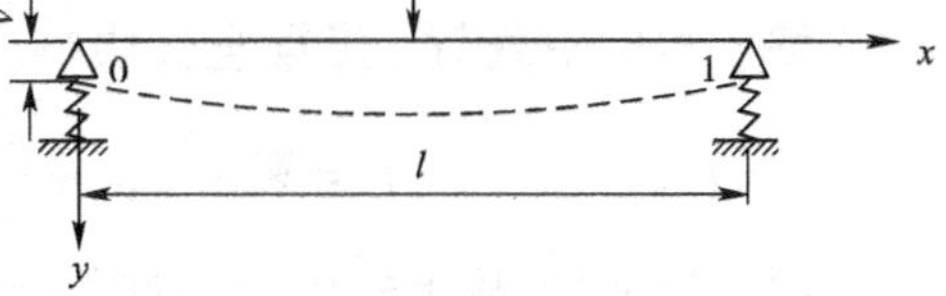

图1-17　弹性支座

式中:A为比例常数,称为弹性支座的柔性系数;K为弹性支座的“刚性系数”,A与K互为倒数,即$A=1/K$。显然,在支反力不变的情况下,梁端的挠度正比于柔性系数而反比于刚性系数。弹性支座处梁端无弯矩。按照符号规定,左支座处支反力与剪力的关系是$R=-N$,右支座处$R=N$,又由于$N=EIv'''$,因此其边界条件是:

$$\left.\begin{aligned}x=0:v''=0,v=-AEIv'''\\x=l:v''=0,v=AEIv'''\end{aligned}\right\}\tag{1-24}$$

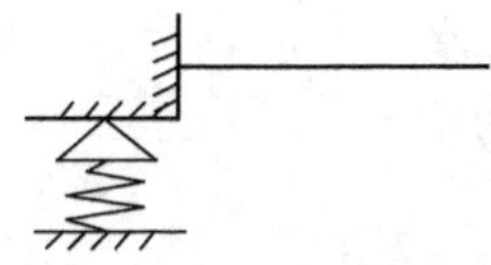

图1-18　刚性固定在弹性支座上

(4)刚性固定在弹性支座上:这种支座不允许梁端产生转动,但在梁受载荷作用后,梁端产生正比于支座反力的挠度。图1-18是其计算图形。显然,其边界条件是:

$$\left.\begin{aligned}x=0:v'=0,v=-AEIv'''\\x=l:v'=0,v=AEIv'''\end{aligned}\right\}\tag{1-25}$$

(5)弹性固定端:当梁受载荷作用后,如果梁端产生一个正比于弯矩的转角,但无挠度,这种支座称为“弹性固定端”。其计算图形见图1-19。设固定端弯矩为M,固定端发生的转角为θ,则θ与M间的正比关系可表示为:

$$\theta=\alpha M \quad 或 \quad \theta=\frac{M}{K}$$

式中:α为弹性固定端的“柔性系数”,K为弹性固定端的“刚性系数”,且$\alpha=1/K$。

显然,如果梁端弯矩一定,则梁端的转角正比于柔性系数而反比于刚性系数。如果按图1-19中所示的变形,考虑到符号法则,左支座处转角为正,弯矩为正,右支座处转角为负,弯矩为正。因此,其边界条件为:

$$\left.\begin{aligned}x=0:v=0,v'=\alpha EIv''\\x=l:v=0,v'=-\alpha EIv''\end{aligned}\right\}\tag{1-26}$$

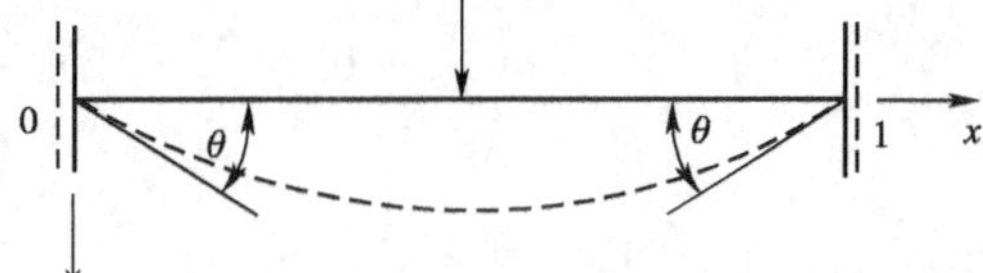

图1-19　弹性固定端

为了较直观地表示弹性固定端的固定程度,在实用上还引入“固定系数”的概念。如果梁的弹性固定端在梁发生弯曲时有弯矩M_T,而当其他条件都不变,将该端换作刚性固定端时其弯矩为M_K,那么M_T与M_K之比值称为弹性固定端的固定系数,用k表示,且$k=M_T/M_K$。固定系数可以较直观地表示弹性固定端的固定程度。如果是刚性固定端,则$k=1$,如果是自由支持端,则$k=0$,而所有弹性固定端,固定系数都在0~1之间。刚性固定端或自由支持端都可视作弹性固定端的特例。

有了梁的挠曲线方程式及边界条件,就可以来计算梁的挠度及其他弯曲要素,且严格说所有单跨梁均可用梁的挠曲线方程求解弯曲要素。

例 1-4 求两端自由支持,受均布载荷 q 作用的梁(E、I 已知)的挠曲线方程,并求梁中点的挠度和右端的转角(图 1-20)。

解 本例中载荷 q 沿梁全长均布,故可利用挠曲线方程(1-19)有:

$$v = v_0 + \theta_0 x + \frac{M_0 x^2}{2EI} + \frac{N_0 x^3}{6EI} + \frac{1}{EI}\int_0^x\int_0^x\int_0^x\int_0^x q\mathrm{d}x^4$$

因 q 为常量,故上式中的四重积分为:

$$\int_0^x\int_0^x\int_0^x\int_0^x q\mathrm{d}x^4 = \frac{qx^4}{24}$$

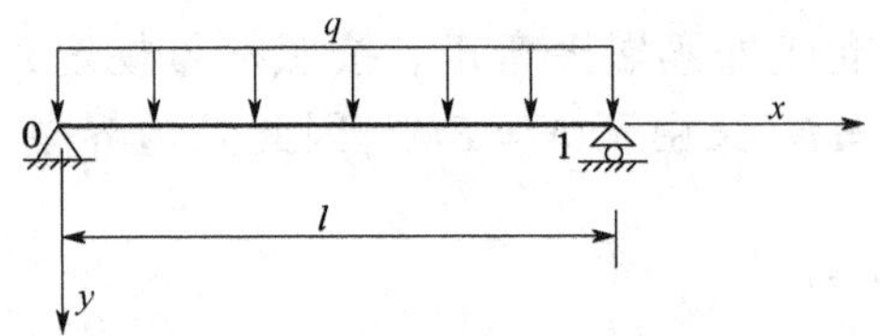

图 1-20 均布载荷作用单跨梁

所以:

$$v = v_0 + \theta_0 x + \frac{M_0 x^2}{2EI} + \frac{N_0 x^3}{6EI} + \frac{qx^4}{24EI}$$

$$v' = \theta_0 + \frac{M_0 x}{EI} + \frac{N_0 x^2}{2EI} + \frac{qx^3}{6EI}$$

$$v'' = \frac{M_0}{EI} + \frac{N_0 x}{EI} + \frac{qx^2}{2EI}$$

由于梁两端为自由支持在刚性支座上,按公式(1-22)其边界条件为:

$$x = 0: v = 0 \quad 及 \quad v'' = 0$$

$$x = l: v = 0 \quad 及 \quad v'' = 0$$

分别将边界条件代入方程,可建立方程组为:

$$\begin{cases} v_0 = 0 \\ M_0 = 0 \\ \theta_0 l + \dfrac{N_0 l^3}{6EI} + \dfrac{ql^4}{24EI} = 0 \\ \dfrac{N_0 l}{EI} + \dfrac{ql^2}{2EI} = 0 \end{cases}$$

解方程组可得:

$$\begin{cases} v_0 = 0 \\ \theta_0 = \dfrac{ql^3}{24EI} \\ M_0 = 0 \\ N_0 = -\dfrac{ql}{2} \end{cases}$$

于是梁的挠曲线方程为:

$$v = \frac{ql^3 x}{24EI} - \frac{qlx^3}{12EI} + \frac{qx^4}{24EI}$$

有了梁的挠曲线方程,不难求得梁右端转角与中点挠度,计算如下:

$$v'(l) = \frac{ql^3}{24EI} - \frac{ql^3}{4EI} + \frac{ql^3}{6EI} = -\frac{ql^3}{24EI}$$

对于梁的中点挠度,可将 $x = l/2$ 直接代入梁挠曲线方程式中得:

$$v\left(\frac{l}{2}\right) = \frac{ql^3}{24EI}\left(\frac{l}{2}\right) - \frac{ql}{12EI}\left(\frac{l}{2}\right)^3 + \frac{q}{24EI}\left(\frac{l}{2}\right)^4 = \frac{5ql^4}{384EI}$$

例 1-5　求两端自由支持在刚性支座上，受局部均布载荷作用的梁的挠曲线方程(图1-21)。

解　利用梁挠曲线通用方程，写出该梁的挠曲线方程：

$$v = v_0 + \theta_0 x + \frac{M_0 x^2}{2EI} + \frac{N_0 x^3}{6EI} + \Big\|_c \int_c^x \frac{q}{6EI}(x-\xi)^3 \mathrm{d}\xi$$

本例中 q 为常量，因此上式中积分项为：

$$\int_c^x \frac{q}{6EI}(x-\xi)^3 \mathrm{d}\xi = -\frac{q}{6EI}\cdot\frac{1}{4}(x-\xi)^4\Big|_c^x$$

$$= \frac{q}{24EI}(x-c)^4$$

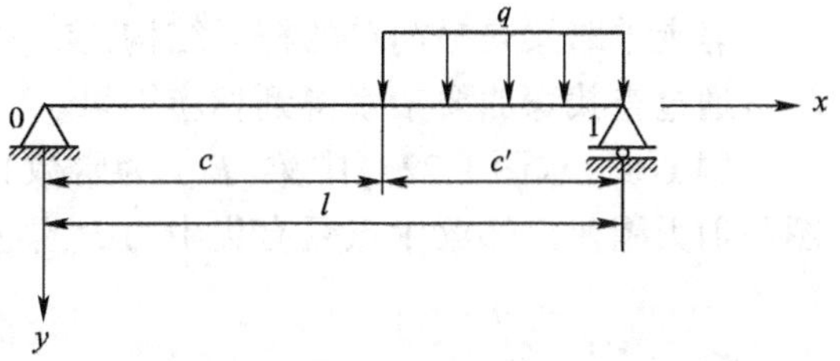

又有边界条件：当 $x=0$ 时，$v_0=0$ 和 $M_0=0$。

图 1-21　部分受均布载荷作用单跨梁

左端支座反力 $R=\frac{qc'^2}{2l}$，则 $N_0=-\frac{qc'^2}{2l}$，代入挠曲线方程，得：

$$v = \theta_0 x - \frac{qc'^2}{2l}\cdot\frac{x^3}{6EI} + \Big\|_c \frac{q}{24EI}(x-c)^4$$

根据边界条件：当 $x=l$ 时 $v=0$，代入上式有：

$$0 = \theta_0 l - \frac{qc'^2 l^2}{12EI} + \frac{qc'^4}{24EI}$$

解之得：

$$\theta_0 = \frac{qc'^2 l^2}{12EIl} - \frac{qc'^4}{24EIl} = \frac{ql^2 c'^2}{24EIl}\left(2-\frac{c'^2}{l^2}\right)$$

$$= \frac{ql^2 c'^2}{24EIl}\left[2-\frac{(l-c)^2}{l^2}\right] = \frac{ql^2 c'^2}{24EIl}\left(1+\frac{2c}{l}-\frac{c^2}{l^2}\right)$$

由此知梁的挠曲线方程为：

$$v = \frac{ql^2 c'^2}{24EIl}\left(1+\frac{2c}{l}-\frac{c^2}{l^2}\right)x - \frac{qc'^2}{12EIl}x^3 + \Big\|_c \frac{q}{24EI}(x-c)^4$$

整理得：

$$v = \frac{ql^2 c'^2}{24EI}\left[\frac{x}{l}\left(1+2\frac{c}{l}-\frac{c^2}{l^2}-2\frac{x^2}{l^2}\right) + \Big\|_c \frac{(x-c)^4}{l^2 c'^2}\right]$$

第三节　单跨梁弯曲要素计算

至此，我们已基本掌握了单跨梁挠曲线方程的求法，对于其他弯曲要素，如弯矩、剪力、转角等，在写出了挠曲线方程后可由公式(1-15)、(1-16)、(1-17)分别求得。为方便应用，在一般的结构力学书籍及手册均将大部分单跨梁的主要弯曲要素用表格的形式给出，以备查用，这种表称之为单跨梁的弯曲要素表(附录一)。类似的弯曲要素表可在《船舶结构力学手册》中找到。

由弯曲要素表可以发现，各种梁的弯曲要素均与梁上的外载荷成正比，这是由于在梁的弯曲问题研究过程中是在小变形假设和材料符合虎克定律的情况下导出的各公式。由此可推断，如果有多个载荷同时作用在梁上，且材料仍在弹性范围内，那么可以先分别计算各外力单

独作用于梁时的弯曲要素，然后求其代数和，就可得到梁上同时受到几个外力作用时的弯曲要素。这就是梁弯曲要素计算中的“叠加原理”。

一、静定单跨梁弯曲要素计算

静定单跨梁是最简单的杆系结构，在外载荷较简单时，其在外载荷作用下的弯曲要素一般均可通过查找弯曲要素表得到相应结果。

例 1-6 求图 1-22a）中梁（E、I 为常数）的中点挠度与两端断面转角，并画出此梁的弯矩图与剪力图。已知梁中点受有集中力 P、梁左端受到集中弯矩 m 的作用，$m=0.2Pl$。

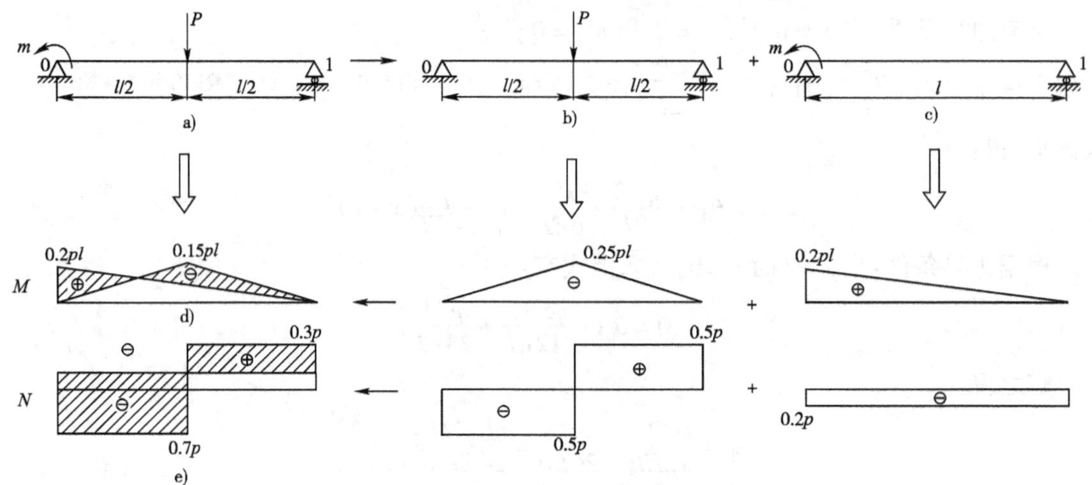

图 1-22 单跨梁“叠加原理”

解 因本例题中的梁受有两个力 P 与 m 的作用，故按“叠加原理”将它分解为一个仅受集中力 P 作用的梁（图 1-22b）及一个仅受集中弯矩 m 作用的梁（图 1-22c）来考虑。查附表 1-2，可分别计算得到集中力 P 与集中弯矩 m 单独作用时梁的中点挠度与两端断面转角如下：

集中力 P 单独作用时：

$$v_{中}=\frac{Pl^3}{48EI}$$

$$\theta_{左}=-\theta_{右}=\frac{Pl^2}{16EI}$$

集中弯矩 m 单独作用时：

$$v_{中}=-\frac{ml^2}{16EI}=-\frac{0.2Pl^3}{16EI}$$

$$\theta_{左}=-\frac{ml}{3EI}=-\frac{0.2Pl^2}{3EI}$$

$$\theta_{右}=\frac{ml}{6EI}=\frac{0.2Pl^2}{6EI}$$

将以上结果分别相加便得到 P 与 m 同时作用时梁中点挠度与两端断面的转角为：

$$v_{中}=\frac{Pl^3}{48EI}-\frac{0.2Pl^3}{16EI}=\frac{Pl^3}{120EI}$$

$$\theta_{左} = \frac{Pl^2}{16EI} - \frac{0.2Pl^2}{3EI} = -\frac{Pl^2}{240EI}$$

$$\theta_{右} = -\frac{Pl^2}{16EI} + \frac{0.2Pl^2}{6EI} = -\frac{7Pl^2}{240EI}$$

在画梁的弯矩图与剪力图时亦采用叠加法，本例与例 1-2 类似，图 1-22d)、图 1-22e) 分别为原结构的弯矩图、剪力图。

例 1-7　求解图 1-23a) 中两端自由支持的梁的中点挠度与两端断面的转角，并画出弯矩图与剪力图。已知梁全长受有均布载荷 q 及中点受有集中力 P 的作用，$P=ql$，EI 为常量。

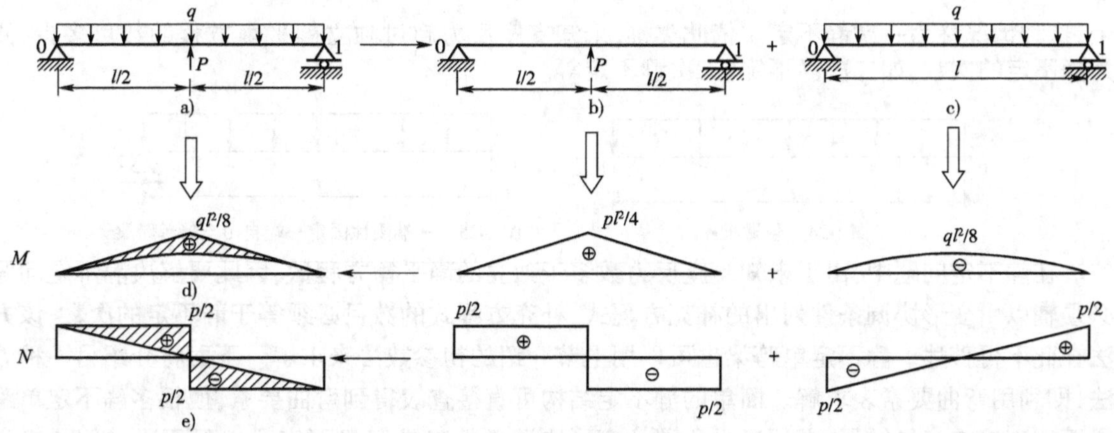

图 1-23　单跨梁"叠加原理"

解　分析结构，有 P、q 两个力作用在梁上，分别查找附表 1-2 的弯曲要素，然后利用"叠加原理"求得梁的中点挠度与两端断面的转角。

由附表 1-2，可得由集中力 P 单独作用时梁的中点挠度与两端断面转角如下：

$$v_{中} = -\frac{Pl^3}{48EI}, \theta_{左} = -\theta_{右} = -\frac{Pl^2}{16EI}$$

继续查附表 1-2，可得由均布载荷 q 单独作用时梁的中点挠度与两端断面转角如下：

$$v_{中} = \frac{5ql^4}{384EI}, \theta_{左} = -\theta_{右} = \frac{ql^3}{24EI}$$

运用叠加原理便得到 q 与 P 同时作用时梁的中点挠度与两端断面的转角为：

$$v_{中} = \frac{5ql^4}{384EI} - \frac{ql^4}{48EI} = -\frac{ql^4}{128EI}$$

$$\theta_{左} = -\theta_{右} = \frac{ql^3}{24EI} - \frac{ql^3}{16EI} = -\frac{ql^3}{48EI}$$

在画梁的弯矩图与剪力图时，可先画出集中力 P 作用时梁的弯矩图与剪力图，然后将均布载荷 q 作用时梁的弯矩图与剪力图叠加上去，见图 1-23d)、图 1-23e)。

二、单跨梁静不定弯曲

未知的支座反力数目不超过独立静力平衡方程数目的梁称为静定梁。未知支座反力数目超过独立静力平衡方程数目的梁称为静不定梁。研究静不定梁的弯曲有着十分重要的意义，实际的工程结构以及船舶结构中，绝大部分的梁都是静不定梁。

对于已知的静定梁,如果改变其支承情况(如增加支座数等),使其成为静不定梁,那么,该梁在静不定状态下的承载能力将大大超过静定状态下的承载能力,或者在不变的载荷下能减小梁的剖面尺寸,减轻重量,节约材料。如图 1-24 所示的梁,共有两个支座反力,一是 0 端的支反力,二是 0 端的支座反力矩,对于该梁存在两个独立的静力平衡方程,因此它是一个静定问题,查弯曲要素表,知道在 0 处有最大弯矩$\frac{ql^2}{2}$。如果在梁 1 端加一铰支座如图 1-25 所示,则又增加了一个 1 端的支反力,成为静不定梁,由单跨梁静不定弯曲要素表查得 1 端的弯矩为$\frac{ql^2}{8}$,显然远小于前者,该例中,未知支座反力数为三个,而能列出的独立静力平衡方程数是两个,这种情况称为一次静不定。依此类推,未知支座反力超过独立静平衡方程的数目多少,便为静不定的次数,如二次静不定、三次静不定等。

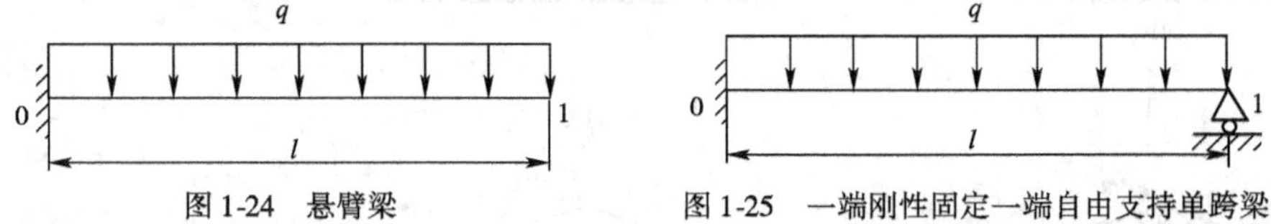

图 1-24 悬臂梁　　图 1-25 一端刚性固定一端自由支持单跨梁

在静不定问题中,由于未知支座反力数多于独立的静平衡方程数,因此要解决静不定问题必须辅以由变形协调条件列出的补充方程式,补充方程式的数目必须等于静不定的次数,该方法在此不再赘述。静不定单跨梁也可以用上节介绍的初参数法来求解。下面将介绍另一种方法,即利用弯曲要素表求解。简单的静不定结构可直接查表得到弯曲要素,但很多静不定单跨梁不能直接查表得结果,必须通过所谓的变形协调条件来求解静不定梁。下面通过例子来说明静不定梁弯曲的解法。

例 1-8 图 1-26 中的梁(EI 为常量),一端刚性固定,另一端自由支持在刚性支座上,受均布载荷 q 的作用。求其支座反力。

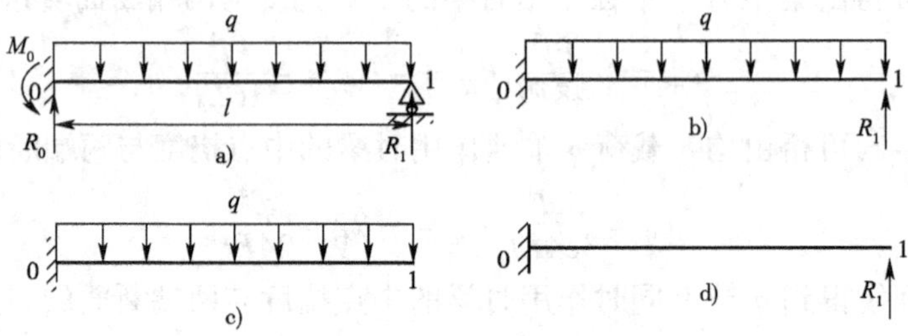

图 1-26 一端刚性固定单跨梁

解 分析题目,知道该梁在左支座处有支反力 R_0 及支反力矩 M_0,在右支座处有支反力 R_1,共计三个未知反力,而只能列两个平衡方程,因此是个一次静不定问题。必须设法建立一个变形补充方程式。

如果去掉右端支座,则该梁成为静定梁,因此称 1 支座为“多余约束”。为了使处理后的结构与原结构等效,必须将原右支座的未知的反力 R_1 来替代该支座见图 1-26b),另外,原结构在右端无挠度,即当 $x=l$ 时,$v=0$,显然,处理后的结构也应满足该条件。根据叠加原理,有:

$$x=l:v=v(q)+v(R_1)=0$$

式中:$v(q)$是图 1-26c)中因 q 作用而在右端产生的挠度,$v(R_1)$是由 R_1 引起的梁右端的挠度,见图 1-26d)。该式便是根据变形条件所列的补充方程式。由静定梁的弯曲要素表查得:

$$v(q)=\frac{ql^4}{8EI}, v(R_1)=-\frac{R_1l^3}{3EI}$$

将其代入补充方程得：

$$\frac{ql^4}{8EI}-\frac{R_1l^3}{3EI}=0 \tag{1}$$

同时，根据静力平衡条件有静力平衡方程式：

$$R_0+R_1-ql=0 \tag{2}$$

$$M_0+R_1l-\frac{1}{2}ql^2=0 \tag{3}$$

解(1)、(2)、(3)方程的联立方程组，得：$R_0=\frac{5}{8}ql, R_1=\frac{3}{8}ql, M_0=\frac{1}{8}ql^2$。

至此，原一次静不定结构分解为两个已知外载荷作用的静定单跨梁，原结构的所有弯曲问题就可用前面的知识来解决了。该题也可通过查找附表 1-3 求解。

例 1-9　图 1-27a)中的梁，一端弹性固定，柔性系数为 $\alpha=\frac{l}{6EI}$，另一端自由支持在刚性支座上。求该梁的挠曲线方程。

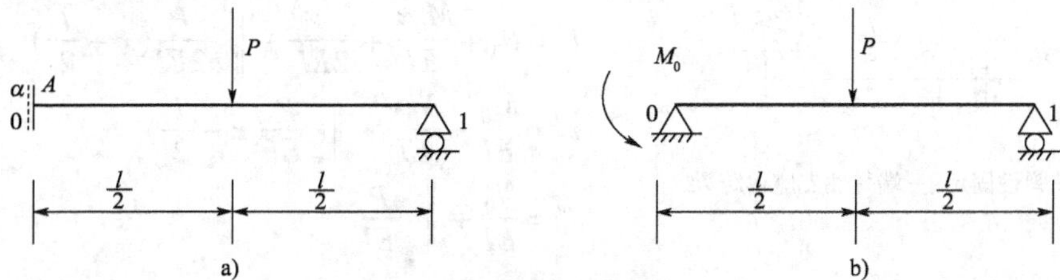

图 1-27　一端弹性固定单跨梁

解　分析该题，知其为一次静不定问题，由于是单跨梁，我们完全可用初参数方程来求解，我们这里用去多余约束，列补充方程方法解之。

去除 0 端的多余约束，代之以多余约束反力 M_0，当 $x=0$ 时，$\theta_0=\alpha M_0$，查单跨梁弯曲要素表，并用叠加原理有：

$$\theta_0=\theta(M_0)+\theta(P)=-\frac{M_0l}{3EI}+\frac{Pl^2}{16EI} \tag{1}$$

则有：

$$-\frac{M_0l}{3EI}+\frac{Pl^2}{16EI}=\theta_0=\alpha M_0=\frac{M_0l}{6EI}$$

由此解得 $M_0=\frac{1}{8}pl$，将其代入(1)式，得：

$$\theta_0=-\frac{l}{3EI}\frac{Pl}{8}+\frac{Pl^2}{16EI}=\frac{Pl^2}{48EI}$$

建立静力平衡方程有：

$$R_0l=M_0+P\cdot\frac{l}{2}$$

由此可得：

$$R_0=\frac{M_0}{l}+\frac{P}{2}=\frac{P}{8}+\frac{P}{2}=\frac{5}{8}P$$

则：

$$N_0 = -R_0 = -\frac{5}{8}P$$

又由弹性固定端的边界条件知：

$$当\ x=0\ 时, v_0=0$$

写出挠曲线方程：

$$v = v_0 + \theta_0 x + \frac{M_0 x^2}{2EI} + \frac{N_0 x^3}{6EI} + \Big\|_{\frac{l}{2}} \frac{P}{6EI}\left(x - \frac{l}{2}\right)^3 \tag{2}$$

将以上计算出的 v_0、θ_0、M_0、N_0 代入(2)式，有梁挠曲线方程为：

$$v = \frac{Pl^2}{48EI}x + \frac{Pl}{16EI}x^2 - \frac{5P}{48EI}x^3 + \Big\|_{\frac{l}{2}} \frac{P}{6EI}\left(x - \frac{l}{2}\right)^3$$

例 1-10 求图 1-28 中所示受集中力作用的单跨梁的挠曲线方程式。梁的左端为弹性固定端，柔性系数为 $\alpha = l/(3EI)$；梁的右端为弹性支座，柔性系数为 $A = l^3/(48EI)$。

解 该结构为一次静不定，下面我们用最基本的初参数法来求解该静不定结构，由梁挠曲线方程式(1-21)知：

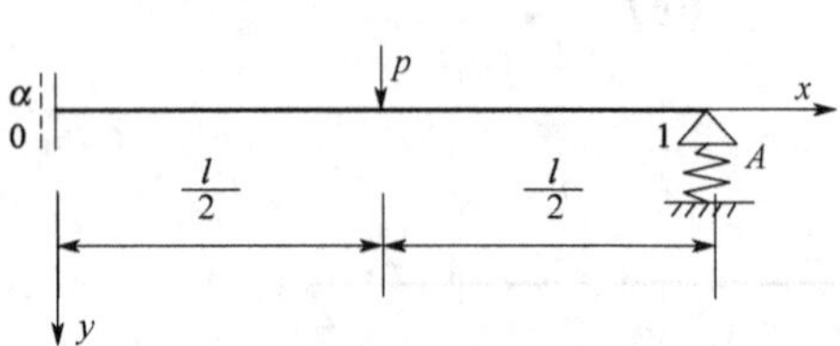

图 1-28 一端弹性固定、一端弹性支座单跨梁

$$v = v_0 + \theta_0 x + \frac{M_0 x^2}{2EI} + \frac{N_0 x^3}{6EI} + \Big\|_{\frac{l}{2}} \frac{P}{6EI}\left(x - \frac{l}{2}\right)^3$$

$$v' = \theta_0 + \frac{M_0 x}{EI} + \frac{N_0 x^2}{2EI} + \Big\|_{\frac{l}{2}} \frac{P}{2EI}\left(x - \frac{l}{2}\right)^2$$

$$v'' = \frac{M_0}{EI} + \frac{N_0 x}{EI} + \Big\|_{\frac{l}{2}} \frac{P}{EI}\left(x - \frac{l}{2}\right)$$

$$v''' = \frac{N_0}{EI} + \Big\|_{\frac{l}{2}} \frac{P}{EI}$$

由于梁左端为弹性固定端，右端为弹性支座，按公式(1-26)、公式(1-24)知其边界条件为：

$$x=0: v=0, v' = \alpha EIv''$$
$$x=l: v = AEIv''', v''=0$$

将边界条件代入方程，可建立方程组为：

$$\begin{cases} v_0 = 0 \\ \theta_0 = \alpha M_0 \\ \theta_0 l + \dfrac{M_0 l^2}{2EI} + \dfrac{N_0 l^3}{6EI} + \dfrac{P}{6EI}\left(\dfrac{l}{2}\right)^3 = AEI\left(\dfrac{N_0}{EI} + \dfrac{P}{EI}\right) \\ \dfrac{M_0}{EI} + \dfrac{N_0 l}{EI} + \dfrac{P}{EI}\left(l - \dfrac{l}{2}\right) = 0 \end{cases}$$

解方程组可得：

$$\begin{cases} v_0 = 0 \\ \theta_0 = \dfrac{7}{198EI}Pl^2 \\ M_0 = \dfrac{7}{66}Pl \\ N_0 = -\dfrac{20}{33}P \end{cases}$$

于是梁的挠曲线方程为：

$$v = \frac{7Pl^2 x}{198EI} + \frac{7Plx^2}{132EI} - \frac{10Px^3}{99EI} + \Big\|_{\frac{l}{2}} \frac{P}{6EI}\left(x - \frac{l}{2}\right)^3$$

对于静不定单跨梁其主要解法有：

(1)查找梁的弯曲要素表,前提条件是所要解决的问题在弯曲要素表中可查。

(2)将静不定结构化为静定结构,通过去支座,列变形协调方程来求解,该方法也称为“力法”(本章第四节详细介绍),应用较普遍。

(3)通过初参数方程求解。该方法是解决弯曲问题最基础的方法,但计算量较大,一般不采用。

第四节　刚性支座上的连续梁

在船体结构中经常会遇到多跨度的连续梁。这种梁两端以一定的形式固定,中间有多个刚性支座。例如纵骨架式结构的甲板纵骨,两端刚性固定在横舱壁上,甲板强横梁作为其中间刚性支座。这种梁是一种多次静不定结构。解这种梁与解单跨度静不定梁的原理是一样的。见图1-29a),这是一个中间有刚性支座的连续双跨梁,是一次静不定结构。解这种梁有下面两种方法。

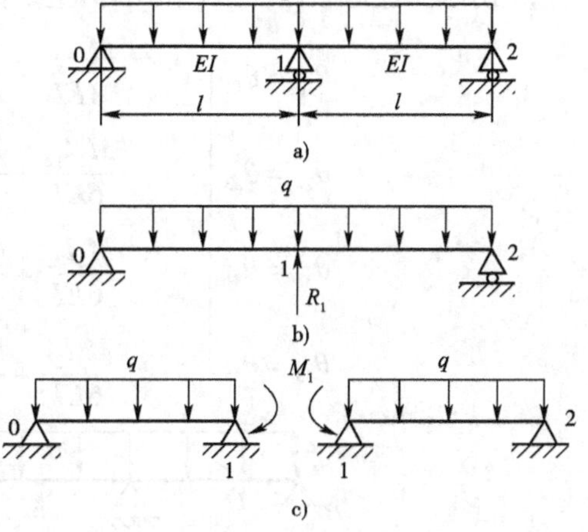

图1-29　双跨梁

方法一:去除多余约束,即将支座1去掉,代之以多余约束反力 R_1,这样原结构便成了一个单跨度的静定梁了,见图1-29b)。然后根据支座1处的变形条件,即挠度为零,列出补充方程(即变形协调方程):

$$v = v(q) + v(R_1) = 0$$

由弯曲要素表知,$v(q) = \dfrac{5ql^4}{24EI}, v(R) = -\dfrac{R_1 l^3}{6EI}$,代入补充方程,有:

$$\frac{5ql^4}{24EI} - \frac{R_1 l^3}{6EI} = 0$$

由此解得,$R_1 = \dfrac{5}{4}ql$。求得 R_1 之后,原双跨梁就成为真正的静定单跨梁,于是问题解决。由于以上方法是通过去掉支座而得到的,所以这个方法叫做“去支座法”。

方法二:将梁分成两个跨度考虑,两跨梁在支座1的横剖面上都存在着相互作用的约束力矩,它们大小相等、方向相反,互为作用力与反作用力。去除多余约束——将支座1切开,代之以约束反力矩 M_1,这样便成了两个单跨度的静定梁,见图1-29c)。为了计算不易出错,对于未知约束反力矩 M_1,按正方向给出。然后根据支座1处的变形条件,即0-1跨梁与1-2跨梁在支座1处的断面转角应相等,列出补充方程(即变形协调方程):

$$\theta_{10} = \theta_{12}$$

式中:θ_{10}——0-1跨梁1端处断面转角;

θ_{12}——1-2跨梁1端处断面转角。

考察0-1梁与1-2梁,利用弯曲要素表并用叠加原理,可得:

$$\theta_{10} = \frac{M_1 l}{3EI} - \frac{ql^3}{24EI}, \theta_{12} = -\frac{M_1 l}{3EI} + \frac{ql^3}{24EI}$$

将它们代入补充方程,有:

$$\frac{M_1 l}{3EI} - \frac{ql^3}{24EI} = -\frac{M_1 l}{3EI} + \frac{ql^3}{24EI}$$

由此解得：$M_1=\frac{ql^2}{8}$。有了 M_1 值后，切开后的两个单跨梁的弯曲要素就不难解决了。在以上所述的方法中，是通过切开梁的断面而得到的，因此把这个方法称为“剖支座法”或“断面法”。由于该方法对于多跨度刚性支座连续梁在列变形协调方程时，每个方程中最多可能出现三个未知约束反力矩，因此该方法也称之为“三弯矩方程法”。

上面两种方法，本质上是一样的，均是去除多余约束，代之以多余约束反力，使静不定结构变为静定结构，仅仅是所确定的多余约束不同而已。一般解决刚性支座上的多跨连续梁，都采用三弯矩方程法，它比方法一更方便，这一点在静不定次数较多的问题中将充分地显现出来。

考察图 1-30a）所示的多跨梁，各跨 E、I 相等，考虑如何用三弯矩方程法来求解。对图 1-30a）多跨梁去除多余约束，代之以多余约束反力，见图 1-30b）。根据各支座断面处的变形条件，列出变形协调方程组并利用弯曲要素表，查出各个支座处的断面转角，代入方程组有：

$$\left.\begin{aligned}\theta_{10}&=\theta_{12}\\ \theta_{21}&=\theta_{23}\\ \theta_{32}&=\theta_{34}\\ \theta_{43}&=\theta_{45}\end{aligned}\right\}\rightarrow\left.\begin{aligned}\frac{M_1l_{01}}{3EI}-\frac{ql_{01}^3}{24EI}&=-\frac{M_1l_{12}}{3EI}-\frac{M_2l_{12}}{6EI}+\frac{ql_{12}^3}{24EI}\\ \frac{M_1l_{12}}{6EI}+\frac{M_2l_{12}}{3EI}-\frac{ql_{12}^3}{24EI}&=-\frac{M_2l_{23}}{3EI}-\frac{M_3l_{23}}{6EI}+\frac{ql_{23}^3}{24EI}\\ \frac{M_2l_{23}}{6EI}+\frac{M_3l_{23}}{3EI}-\frac{ql_{23}^3}{24EI}&=-\frac{M_3l_{34}}{3EI}-\frac{M_4l_{34}}{6EI}+\frac{ql_{34}^3}{24EI}\\ \frac{M_3l_{34}}{6EI}+\frac{M_4l_{34}}{3EI}-\frac{ql_{34}^3}{24EI}&=-\frac{M_4l_{45}}{3EI}+\frac{ql_{45}^3}{24EI}\end{aligned}\right\}$$

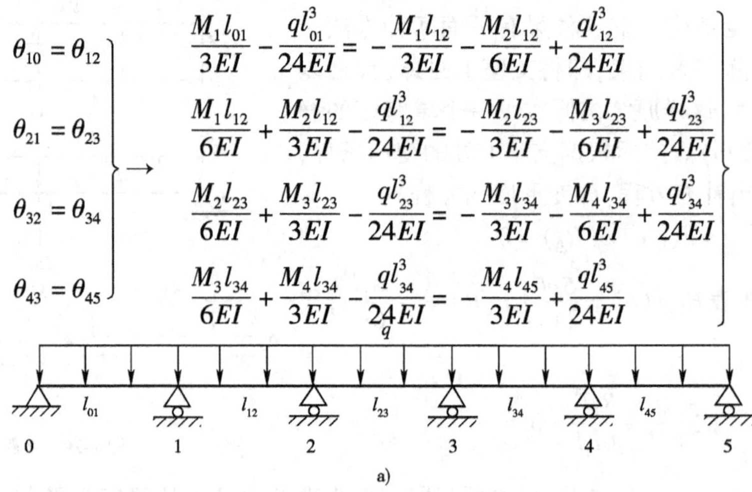

a)

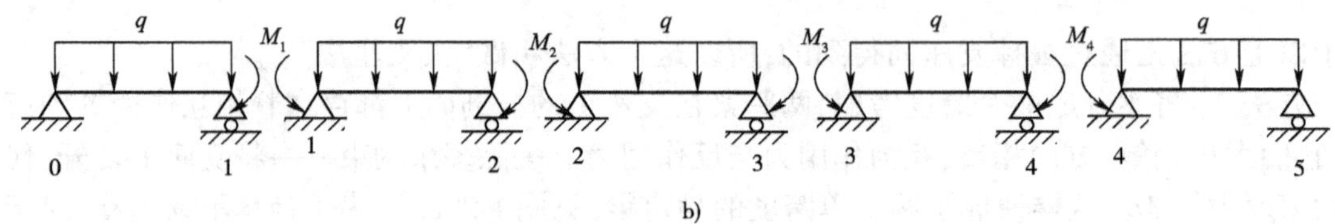

b)

图 1-30 多跨连续梁

我们通常将这一方程式组称为“三弯矩方程组”。将方程组整理，得：

$$\left.\begin{aligned}&\frac{l_{01}+l_{12}}{3EI}M_1+\frac{l_{12}}{6EI}M_2=\frac{l_{01}^3+l_{12}^3}{24EI}q\\ &\frac{l_{12}}{6EI}M_1+\frac{l_{12}+l_{23}}{3EI}M_2+\frac{l_{23}}{6EI}M_3=\frac{l_{12}^3+l_{23}^3}{24EI}q\\ &\frac{l_{23}}{6EI}M_2+\frac{l_{23}+l_{34}}{3EI}M_3+\frac{l_{34}}{6EI}M_4=\frac{l_{23}^3+l_{34}^3}{24EI}q\\ &\frac{l_{34}}{6EI}M_3+\frac{l_{34}+l_{45}}{3EI}M_4=\frac{l_{34}^3+l_{45}^3}{24EI}q\end{aligned}\right\}\tag{1-27}$$

由公式(1-27)可以看出,四个方程中共含有 M_1、M_2、M_3、M_4 四个未知力矩。解方程求出未知力矩,则原结构就等价于图 1-30b)五个受已知外力作用的两端自由支持的单跨梁,即原结构的弯曲问题也就解决了。

方程组(1-27),是根据梁在支座断面处转角连续这一条件列出的,所以方程中每一项均表示一定的转角。结合图 1-30b),我们可以看出,第一方程式等式左边第一项:

$$\frac{l_{01}+l_{12}}{3EI}M_1$$

表示由弯矩 M_1 在支座 1 处引起的断面转角。等式左边第二项:

$$\frac{l_{12}}{6EI}M_2$$

表示由弯矩 M_2 在支座 1 处引起的断面转角。等式右边第一项:

$$\frac{l_{01}^3+l_{12}^3}{24EI}q$$

表示由载荷 q 在支座 1 处引起的断面转角。

引入符号 α_{11}、α_{12}分别表示第一方程中 M_1 与 M_2 的系数,其第一下标表示出现该系数的转角连续方程(变形协调方程)的序数,或相应支座的编号,第二下标为后面所跟的弯矩的编号。引入符号 θ_{1q},代表第一方程中等式右边项,其第一下标表示出现该符号的转角连续方程的序数,或相应支座编号,第二下标表示该项转角是由外载荷 q 所引起的。以此类推,在第二、三、四方程式中也引入类似符号,则式(1-27)可以写成:

$$\left.\begin{aligned}
&\alpha_{11}M_1+\alpha_{12}M_2=\theta_{1q}\\
&\alpha_{21}M_1+\alpha_{22}M_2+\alpha_{23}M_3=\theta_{2q}\\
&\alpha_{32}M_2+\alpha_{33}M_3+\alpha_{34}M_4=\theta_{3q}\\
&\alpha_{43}M_3+\alpha_{44}M_4=\theta_{4q}
\end{aligned}\right\}$$

以此类推,若该梁有 n 个中间支座,则其三弯矩方程组为:

$$\left.\begin{aligned}
&\alpha_{11}M_1+\alpha_{12}M_2=\theta_{1q}\\
&\alpha_{21}M_1+\alpha_{22}M_2+\alpha_{23}M_3=\theta_{2q}\\
&\alpha_{32}M_2+\alpha_{33}M_3+\alpha_{34}M_4=\theta_{3q}\\
&\cdots\cdots\\
&\alpha_{nn-1}M_{n-1}+\alpha_{nn}M_n=\theta_{nq}
\end{aligned}\right\}\tag{1-28}$$

由公式(1-28)方程组可以看出,其中包含有 n 个未知弯矩,并有 n 个方程式,且方程式中系数 α_{ij}亦等于 α_{ji},因此这组方程式也是正则方程式。而每个方程式中所含的未知弯矩最多不超过三个,"三弯矩方程"的名称由此而来。这个问题若不用三弯矩方程法解,而是去除中间支座,代之以各支座未知反力,则虽然未知反力数与上述的未知弯矩数一样,但其变形条件是各支座处的挠度为零,由此列出 n 个变形补充方程,每个补充方程中都将出现 n 个未知反力,使得解方程组会非常麻烦。

例 1-11　求解图 1-31a)示双跨梁(E、I 为常量)的支座反力,并绘弯矩图和剪力图。

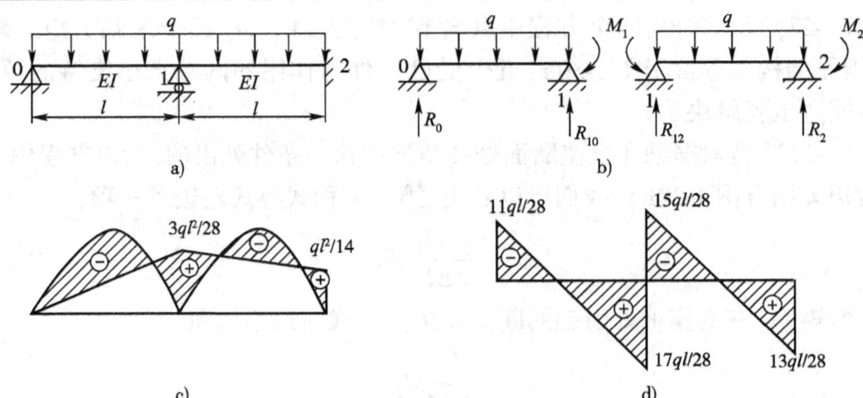

图 1-31　两跨梁弯曲

解　经分析知,这是一个二次静不定梁。用三弯矩方程法解本题时,除将中间支座 1 切开并加上约束反力矩 M_1 外,尚需将右端刚性固定端换成自由支持在刚性支座上,并加上约束反力矩 M_2,见图 2-31b)。其变形协调条件为 $\theta_{10}=\theta_{12}$,$\theta_{21}=0$,由此列出三弯矩方程组为:

$$\left.\begin{aligned}\frac{M_1 l}{3EI}-\frac{ql^3}{24EI}&=-\frac{M_1 l}{3EI}-\frac{M_2 l}{6EI}+\frac{ql^3}{24EI}\\ \frac{M_1 l}{6EI}+\frac{M_2 l}{3EI}-\frac{ql^3}{24EI}&=0\end{aligned}\right\}$$

整理该方程组,并解之得:

$$\left.\begin{aligned}4M_1+M_2&=\frac{ql^2}{2}\\ 2M_1+4M_2&=\frac{ql^2}{2}\end{aligned}\right\}\rightarrow\left.\begin{aligned}M_1&=\frac{3ql^2}{28}\\ M_2&=\frac{ql^2}{14}\end{aligned}\right\}$$

以上结果为正值,这表示弯矩 M_1 与 M_2 的实际方向与假设的方向是一致的;如果解的结果是负值,则表示弯矩的方向与假设的方向相反。

求得 M_1 与 M_2 后,便可以分别对单跨梁 0 - 1 与 1 - 2 画弯矩图与剪力图,其中每一个单跨梁的弯矩图与剪力图都可以用叠加法来画。最后将各个单跨梁的弯矩图与剪力图合在一起,便得到整个连续梁的弯矩图与剪力图,如图 1-31c)、图 1-31d)所示。下面将连续梁的支座反力的求法作一介绍:

对于 0 - 1 梁,有:$R_0\cdot l+M_1=\frac{ql^2}{2}$,即 $R_0=\frac{ql}{2}-\frac{3ql}{28}=\frac{11}{28}ql$;$R_{10}=ql-\frac{11}{28}ql=\frac{17}{28}ql$。

对于 1 - 2 梁,有:$R_{12}\cdot l+M_2=ql\cdot\frac{l}{2}+M_1$,即 $R_{12}=\frac{15}{28}ql$;$R_2=ql-\frac{15}{28}ql=\frac{13}{28}ql$。

对于原结构支座 1,可以看到它不同于支座 0 及 2,它分别支持着图 1-31b)中杆件 0 - 1 与 1 - 2,因此支座 1 的反力应该等于杆件 0 - 1 与 1 - 2 在支座 1 处的反力之和。于是有:

$$R_1=R_{10}+R_{12}=\frac{17}{28}ql+\frac{15}{28}ql=\frac{8}{7}ql$$

这里要说明的是:R_{10}、R_{12} 分别表示的是图 1-31b)中杆件 0 - 1 与 1 - 2 在 1 端支座处的反力,要注意下标的顺序。

例 1-12　计算图 1-32a)中的等断面三跨连续梁,已知梁的跨长为 $l=8\text{m}$,$P=40\text{kN}$,$q=$

10kN/m,梁的断面惯性矩为 I。

解　为了计算方便,我们先将梁的跨长用 l 代替,并取 $P=\frac{ql}{2}$,这样便于简化解方程过程,量纲也清楚,便于校对,在得到未知力的表达式后,再将具体数值代入,这样处理可减少计算工作量,建议读者今后在计算给出梁长及外力具体数值的杆系问题时都采取这种方法来做。

本例中的三跨梁为三次静不定结构,因此有三个未知量。现将梁左端刚性固定的约束去掉,并在支座 1 和 2 处切开,再加上未知弯矩 M_0、M_1 和 M_2,得到图 1-32b)所示结构。

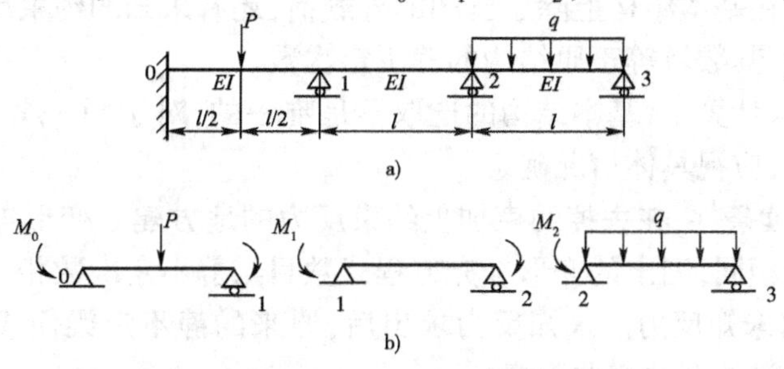

图 1-32　三跨梁弯曲

先列出支座 0 处转角连续方程式,在计及 $P=\frac{ql}{2}$时,不难得到:

$$-\frac{M_0 l}{3EI}-\frac{M_1 l}{6EI}+\frac{1}{16}\left(\frac{ql}{2}\right)\frac{l^2}{EI}=0$$

再列出支座 1 和支座 2 的转角连续方程式:

$$\frac{M_0 l}{6EI}+\frac{M_1 l}{3EI}-\frac{1}{16}\left(\frac{ql}{2}\right)\frac{l^2}{EI}=-\frac{M_1 l}{3EI}-\frac{M_2 l}{6EI}$$

$$\frac{M_1 l}{6EI}+\frac{M_2 l}{3EI}=-\frac{M_2 l}{3EI}+\frac{ql^3}{24EI}$$

将以上三式乘以 $6EI/l$,经整理后得到方程组如下:

$$\left.\begin{aligned}2M_0+M_1&=0.1875ql^2\\M_0+4M_1+M_2&=0.1875ql^2\\M_1+4M_2&=0.25ql^2\end{aligned}\right\}$$

解之,即得:

$$\begin{cases}M_0=0.0889ql^2=56.90(\text{kN}\cdot\text{m})\\M_1=0.0096ql^2=6.14(\text{kN}\cdot\text{m})\\M_2=0.0601ql^2=38.46(\text{kN}\cdot\text{m})\end{cases}$$

求得了 M_0、M_1 和 M_2 后,图 1-32a)的原结构就等价于图 1-32b)已知外力作用下的简单结构,用叠加原理可分别画出梁 0－1,1－2,2－3 的弯矩图与剪力图,进而合成整个连续梁的弯矩图与剪力图,这里不再赘述。

至此,我们已介绍了单跨度静不定梁和多跨度静不定梁的基本解法。从形式上看,有两种,一种是去除多余支座,代之以未知的多余支座反力,依据变形条件(例如支座处挠度为零等),列出补充方程,使问题得解。另一种是三弯矩方程法,将静不定结构转化为若干个两端自由支持在刚性支座上的单跨梁,并在梁的两端加上未知的约束反力矩,依据变形条件(例如

同一支座处断面转角相等）列出补充方程，使问题得解。这两种方法都是将静不定结构转化为静定结构，在此过程中出现的基本未知量都是“力”（只是前者为集中力，后者为集中力矩而已），然后依据变形条件列出补充方程，求出这些未知的力。因此，两者在本质上是一样的，由于两方法均是以“力”为基本未知量，通常我们将这种方法称之为“力法”。

用力法解静不定梁的步骤是：

(1)去除多余约束将静不定梁化为静定结构，该静定结构称之为原结构的“基本结构”，也叫原结构的静定基。在基本结构上除了已知的外载荷，还有未知的约束反力，这些未知反力是力法中的基本未知量，其数目等于原结构的静不定次数。

应当指出，在力法计算中，基本结构的选取不是唯一的，对于同一个静不定梁往往可以有几种不同的基本结构，应视具体情况确定。

(2)根据变形连续条件，在去掉约束加上约束反力的地方建立变形连续方程式，以保持基本结构变形与原结构相同，列出的变形补充方程式数目与静不定次数相等。

(3)解方程，求出未知反力。未知反力求出后，原来的静不定梁便成了静定梁，依据静定梁的解法就可以求出梁的有关弯曲要素。

力法是解静不定结构的一种基本方法，而力法衍生出的“三弯矩方程法”是解多跨连续梁的常用方法。原则上讲，力法适用于解所有的静不定结构，但为了计算方便，在实用上仅用它来计算连续梁、简单刚架和简单板架等结构。

第五节　弹性支座与弹性固定端的实际概念

前面在讨论梁的边界条件时，我们提出了弹性支座与弹性固定端的概念，本节将讨论船体结构中弹性支座与弹性固定端是怎样形成的，以及它们的柔性系数 A 与 α 如何计算。

一、弹性支座

在船体板架结构中，可以将主向梁作为交叉构件的弹性支座来处理（关于板架，将在第三章讨论），例如在板架中舱口端横梁对于甲板纵桁的支承就是这种情况。下面以两根梁交叉的简单板架为例说明弹性支座的形成与其柔性系数 A 的计算。

图 1-33a)的板架由两根杆件 1－3 与 4－5 交叉连接而组成，已知条件为：4－5 杆两端刚性固定，受均布载荷 q 作用，跨长为 L，弹性模量为 E，断面惯性矩为 I。1－3 梁两端自由支持在刚性支座上，跨长为 l，弹性模量为 E，断面惯性矩为 i。两梁在跨度中点处交叉且刚性联接。从支持的角度来看，1－3杆可以看作 4－5 杆的支持。现在的问题是这种支承相当于什么支座。为此，将两杆在相交节点处分开，并加上相互作用的节点反力 R_2（图 1-33b、1-33c）。对于 1－3 梁，由单跨梁的弯曲要素表（附录一）查得节点 2 处的挠度是：

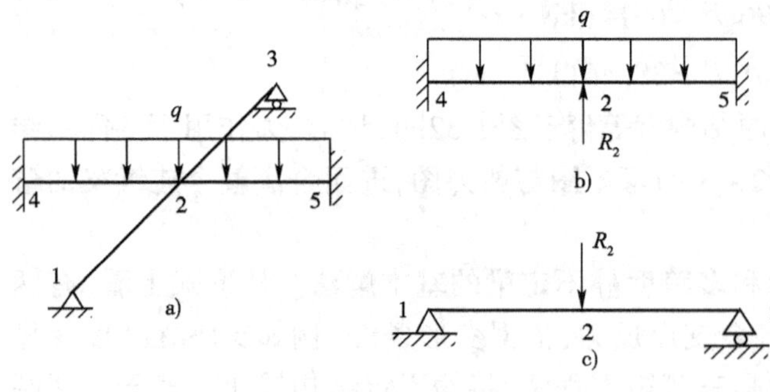

图 1-33　一个交叉节点板架

$$v_2 = \frac{l^3}{48Ei}R_2$$

显然，挠度 v_2 与节点反力 R_2 成正比，从弹性支座的定义出发，梁 1－3 对梁 4－5 的支承可作为弹性支座，如图 1-34 所示。

该弹性支座的柔性系数为：

$$A = \frac{l^3}{48Ei}$$

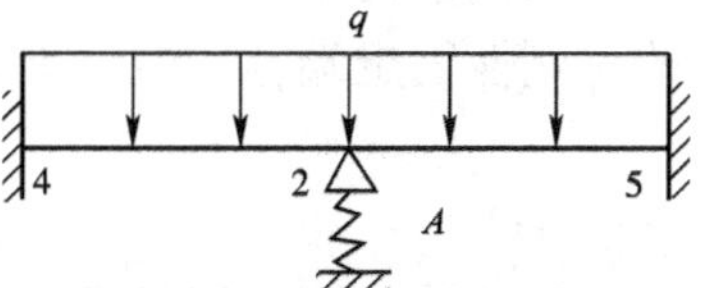

图 1-34　转化后的连续梁

由上式可见，该弹性支座的柔性系数 A 与 1－3 梁的断面惯性矩 i 成反比，与其跨度 l 的三次方成正比。显然，柔性系数还与 1－3 梁两端的支承情况有关，如将 1－3 梁两端改为刚性固定，则节点处挠度为：

$$v_2 = \frac{l^3}{192Ei}R_2$$

这时，柔性系数为：

$$A = \frac{l^3}{192Ei}$$

应当指出，上述讨论是在 1－3 梁没有外载荷作用的情况下进行的，当 1－3 梁上有外载荷时，节点处挠度不再与节点反力成正比，上面的论述不再正确。

二、弹性固定端

图 1-35a）中的结构，0－1 梁与 1－2 梁在节点处刚性连接（这实际上是一个刚架结构，关于刚架的知识将在第二章中详细讨论），这时 0－1 梁对于 1－2 梁的约束可以看成是弹性固定端。已知 0－1 梁跨长为 l_1，断面惯性矩为 I_1。在实际船体结构中，该模型可看作是双甲板船的上甲板横梁与甲板间的肋骨所组成的力学模型，甲板间肋骨的下端假定为自由支持的。

图 1-35a）中梁 1－2 在外载荷作用下将发生弯曲变形，1 端会有转角存在，由于 0－1 梁与 1－2 梁在节点 1 处刚性连接，因此 0－1 梁将给予 1－2 梁的 1 端以一个约束力矩 M_1，假如 1 端的转角 θ_1 与该力矩成正比，那么从弹性固定端的定义出发可以认为 0－1 梁对 1－2 梁的作用相当于弹性固定端。现在用三弯矩方程法来分析这一问题。将支座 1 假想切开，并在断面上给出约束反力矩 M_1，见图 1-35b），分析 0－1 梁 1 端，由单跨梁的弯曲要素表（附录一）知：

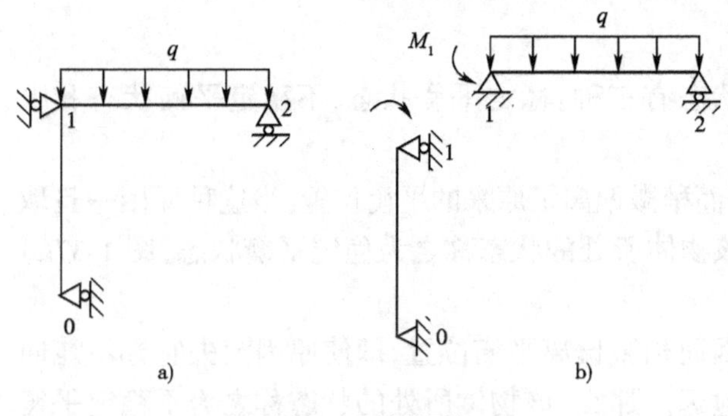

图 1-35　简单刚架

$$\theta_1 = \frac{l_1}{3EI_1}M_1$$

由此可见，θ_1 与 M_1 成正比，这样就证明了 0－1 梁对 1－2 梁的作用相当于弹性固定端，见图 1-36，其柔性系数为：

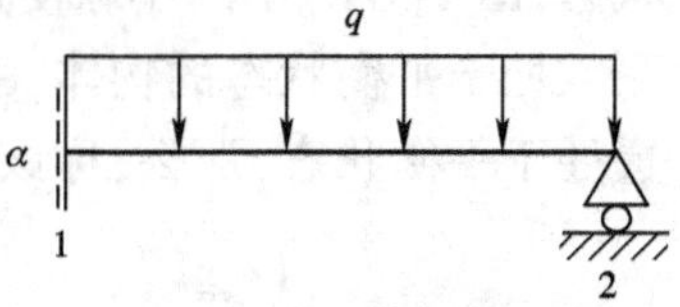

$$\alpha = \frac{l_1}{3EI_1}$$

图 1-36　转化后的结构

其刚性系数为：

$$K=\frac{1}{\alpha}=\frac{3EI_1}{l_1}$$

由该式可以看出，弹性固定端的刚性系数与 0－1 梁的断面惯性矩成正比，与其跨度成反比。在该结构中，假如改变 0－1 梁 0 端的支承条件，则刚性系数也将有所变化。例如将 0 端改为刚性固定端，则在 0－1 梁中，1 端的转角为：

$$\theta_1=\frac{l_1}{4EI_1}M_1$$

因此弹性固定端的柔性系数和刚性系数分别为：

$$\alpha=\frac{l_1}{4EI_1},K=\frac{4EI_1}{l_1}$$

由此可见，弹性固定端的刚性系数还与 0－1 梁 0 端的支承情况有关。

值得注意的是，我们讨论上述问题是在 0－1 梁无外载荷的情况下进行的，当 0－1 梁有外载荷作用时，上面的结论不再正确。但在造船工程计算中，当 0－1 梁有外载荷时，往往也可近似地用上述方法来处理。

以上我们讨论了刚性支座上多跨连续梁的弯曲问题，然而在船体结构中，常会遇到弹性支座上的多跨连续梁，当这种梁受到外荷重作用时，中间弹性支座处会发生线位移。对于这种梁，我们可以用类似解刚性支座上连续梁的方法来处理，但是由于存在中间弹性支座处的挠度，因此问题变得复杂一点，其所导出的方程为“五弯矩方程”。感兴趣的读者可参阅相关《船舶结构力学》文献。

第六节　压杆稳定性

一、基本概念

根据理论力学的知识，物体可能的平衡状态有三种：稳定平衡状态、不稳定平衡状态和中性平衡状态。

如果处于平衡状态的物体，由于某种原因而稍微偏离了原来的平衡位置，当这种原因一旦取消，物体仍能回复到原来的平衡位置。那么，该物体所处的状态称之为稳定平衡状态，图 1-37a）中的小球便是这种情况。

假如处于平衡状态的物体，由于某种原因而稍微偏离平衡位置，即使原因消失它亦不能回复到原来的平衡位置，而且离平衡位置愈来愈远。那么，该物体所处的状态称之为不稳定平衡状态，图 1-37b）中的小球便是这种情况。

处于平衡状态的物体，由于某种原因离开了原来的平衡位置，当原因消失后它能在新的位置处于平衡状态，那么，称该物体处于中性平衡状态，图 1-37c）中的小球便是这种情况。

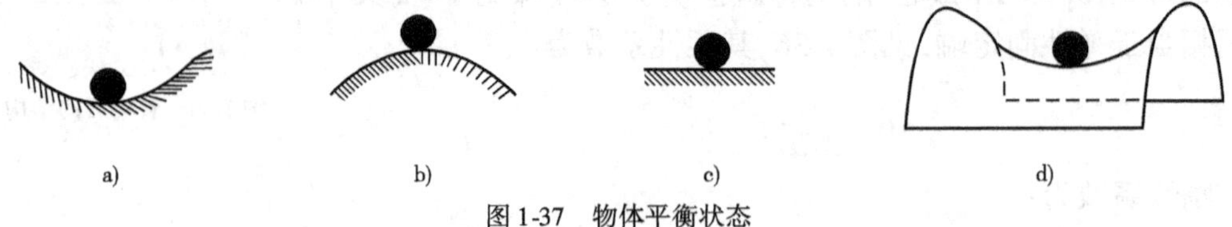

图 1-37　物体平衡状态

对于图 1-37d) 中的处于马鞍形曲面上的小球，从一个方面看它是处于稳定平衡状态，但从另一个方面看它又是处于不稳定平衡状态，究竟应取哪种结论？我们认为它是处于不稳定平衡状态的。也就是说，对于具有多个自由度的体系，必须对于所有可能的位移来讲都是稳定的，该体系才能说是处于稳定平衡状态。

那么，处于平衡状态的受压杆件是否也存在着上面的各种情况呢？结论是肯定的。

考察如图 1-38 所示受压直杆，该直杆受轴向压力 T_1 作用时（图 1-38a），在杆上施加一微小的横向干扰力 F，以使杆轴线发生微小弯曲变形，当干扰力 F 去掉后，杆经过几次摆动，能恢复其原来的直线平衡位置，这表明受压杆件具有保持其原来直线平衡状态的能力。当作用在杆上的轴向压力 T_2 超过某一定限度时（图 1-38c），作用微小干扰力 F 去掉后，杆不但不能恢复到原来的直线平衡位置，而且变形不断增大，直至压杆折断。通过以上分析不难看出，压杆能否保持稳定与压力 T 的大小密切相关。随着压力 T 的逐渐增大，压杆就会由稳定平衡状态过渡到不稳定平衡状态，这就是说，轴向压力的量变，必将引起压杆平衡状态的质变。压杆从稳定平衡过渡到不稳定平衡时的分界压力称为临界力，用 T_{cr} 表示，其对应的压应力称之为临界应力，该状态称为临界平衡状态或中性平衡状态（图 1-38b）。该状态形象描述是：当轴向压力 T 达到一定的数值 T_{cr} 时，给压杆一横向微干扰力 F，压杆发生微变形，当 F 消去后，压杆维持微变形状态。研究压杆的稳定性，关键是确定临界平衡时压杆的临界力。在工程上，有些杆件的破坏往往不是由于其压应力超过材料的屈服极限而招致破坏，而是由于压应力达到或者超过其临界应力，使杆件失稳而破坏的。同时，必须注意，在工程上相当多杆件的临界应力是小于其材料的屈服极限的，所以必须十分重视杆件的失稳破坏。

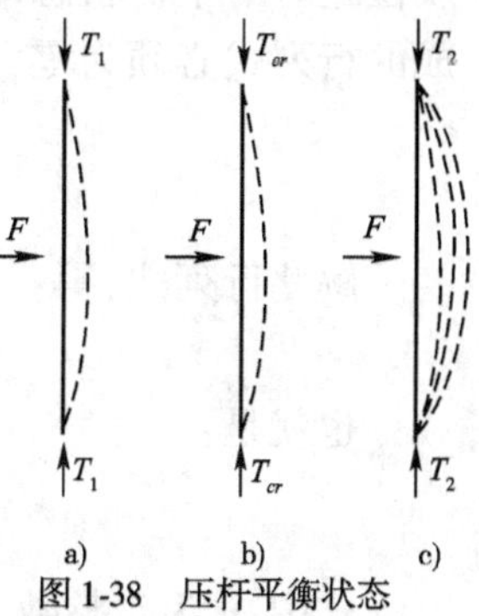

图 1-38　压杆平衡状态

显然，当压应力小于临界应力时，杆件处于稳定平衡状态。在船体结构中，有不少受压的杆件，例如船底纵骨、甲板纵骨等，在船舶发生总纵弯曲时，它们就可能成为一个受压杆件，如压力达到一定程度，可能发生失稳。船体结构中的支柱也是典型的压杆。

二、单跨压杆的稳定性

在压杆稳定性问题上，关键是要知道杆件的临界应力。假如能找出杆件临界应力的计算方法，则在进行构件设计时就有可能使杆件工作在稳定平衡状态即不失稳的状态下，保证工程结构的安全。为此，有必要来研究压杆的中性平衡状态。

我们在式（1-13）中知道梁的复杂弯曲微分方程为：

$$EI\frac{\mathrm{d}^4 v}{\mathrm{d}x^4}+T\frac{\mathrm{d}^2 v}{\mathrm{d}x^2}=q$$

对于压杆，则属于梁的复杂弯曲问题。显然，当梁上无横荷重，即 $q=0$ 时，就相当于单跨压杆的情况，即可直接写出单跨压杆的中性平衡微分方程式：

$$EIv^{IV}+Tv''=0 \tag{1-29}$$

这是一个四阶常系数齐次微分方程，若令 $k=\sqrt{\frac{T}{EI}}$，则方程式（1-29）的解为：

$$v=c_0+c_1kx+c_2\cos kx+c_3\sin kx \tag{1-30}$$

式中：c_0、c_1、c_2、c_3——常数。

现在考虑如图 1-39 所示两端自由支持的单跨压杆，在图示的坐标系统下，有边界条件为：

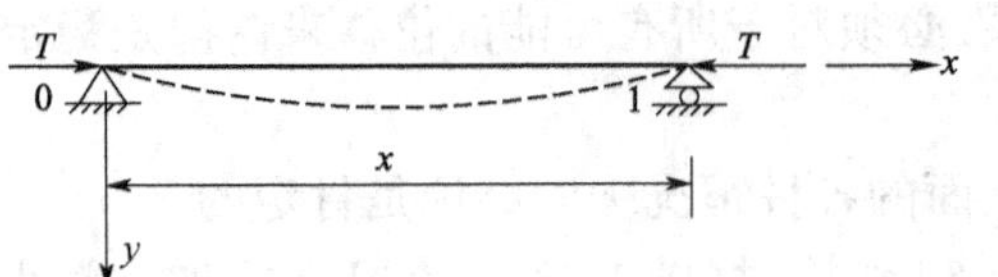

图 1-39　两端自由支持压杆

$$\text{当 } x=0 \text{ 及 } x=l \text{ 时 } v=0, v''=0 \tag{1-31}$$

将公式(1-31)代入式(1-30)，得 $c_0=0, c_2=0$ 及：

$$\left.\begin{aligned} c_1 kl + c_3 \sin kl = 0 \\ c_3 k^2 \sin kl = 0 \end{aligned}\right\} \tag{1-32}$$

从公式(1-32)容易看出，$c_1=c_3=0$ 是方程式(1-32)的一组解，这时由于同时有 $c_0=c_2=0$，由式(5-30)知，压杆的挠度 $v=0$，这相当于杆在直线状态下的平衡情况，因此这不是我们需要的解。而我们需要的是杆件在稍微偏离原来直线位置时的平衡状态即中性平衡状态的解。因此 c_1、c_3 不能同时为 0，所以由 c_1、c_3 的系数组成的行列式必须为零，即：

$$\begin{vmatrix} kl & \sin kl \\ 0 & k^2 \sin kl \end{vmatrix} = 0$$

解此行列式，得：

$$k^3 l \sin kl = 0 \quad \text{即} \quad \sin kl = 0$$

也就是：

$$kl = n\pi \tag{1-33}$$

式中：n 为正整数，即 $n=1,2,3\cdots$。将 $kl=n\pi$ 代入式 $k=\sqrt{\frac{T}{EI}}$，得：

$$T = k^2 EI = \frac{(n\pi)^2 EI}{l^2}$$

这就是处于中性平衡状态时的杆的压力，但因 n 的存在，故上式可得出无穷多个 T，而在实际上可能存在的必然是其中最小的一个，因此我们取 $n=1$，由此得出杆件处于中性平衡状态时的压力为：

$$T_E = \frac{\pi^2 EI}{l^2} \tag{1-34}$$

式中：T_E 也称之为欧拉力，式(1-34)也称之为欧拉公式。

将式(1-33)代入方程组(1-32)中的第一式，有：

$$c_1 kl + c_3 \sin n\pi = 0$$

由此解得 $c_1=0$。将 $c_1=0, c_2=0, c_0=0$ 及式(1-33)代入式(1-30)，则得到压杆挠曲线的最终表达式为：

$$v = c_3 \sin \frac{\pi x}{l} \tag{1-35}$$

该式表示了当杆件所受的轴向压力达到欧拉力，即杆件处于中性平衡状态时，它稍微偏离原来直线位置后可能产生的挠曲线方程。式中 c_3 为一个未定的系数。从该式可以看出，杆件处于偏离直线位置的中性平衡状态时，其形状是一正弦曲线。由于 c_3 是一个未定值，因此从理论上讲，其挠度可以是任意大小的，但是，由于我们建立微分方程是在小变形假设的基础上进行的，因此该结论仅限于小挠度情况。也就是说杆件在中性平衡状态下可能有任意小的挠度。进一步的理论研究指出,处于中性平衡状态下的杆件,只有当其形状为半个正弦波形状时情况才是稳定的,其余都是不稳定的,所以当轴向压力达到欧拉力时,压杆离开直线位置后一般呈半个正弦波的形状。

对于其他支承情况的等断面单跨压杆,利用式(1-30),并考虑到各种支承情况的边界条件,采用上面同样方法,不难求得相应单跨压杆的欧拉力。下面介绍几种常见支承情况的单跨压杆的欧拉力计算公式。

一端刚性固定,另一端为自由端的杆(图 1-40a),其欧拉力计算公式为:

$$T_E = \frac{\pi^2 EI}{4l^2} \tag{1-36}$$

一端刚性固定,另一端自由支持在刚性支座上的杆(图 1-40b),其欧拉力计算公式为:

$$T_E = \frac{20.16EI}{l^2} \tag{1-37}$$

两端均为刚性固定端的杆(图 1-40c),其欧拉力计算公式为:

$$T_E = \frac{4\pi^2 EI}{l^2} \tag{1-38}$$

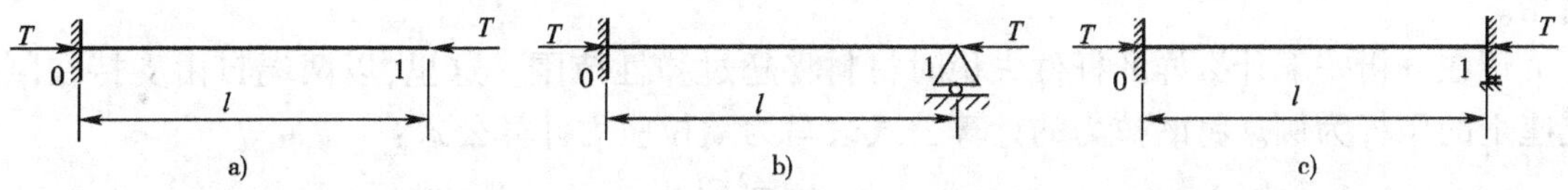

图 1-40　三种形式单跨压杆

从式(1-34)、式(1-36)~式(1-38)四个欧拉力计算公式可以看出,欧拉力正比于杆件材料的弹性模量 E 以及断面惯性矩 I,反比于跨度的平方。由此可见,相同的场合下,细长杆的欧拉力较短粗杆小,也就是易失稳。必须指出,若杆件横断面对于两个主对称轴的惯性矩不同,则杆在失稳时总是在刚度最小的平面中弯曲,因此欧拉力公式中的 I 是指杆件横断面的最小惯性矩。

从上面的四个欧拉力计算公式还可以看出,在其他条件不变的情况下,欧拉力的大小随着杆件支承情况的不同而发生变化,杆端约束越大,则欧拉力越大。因此,在实际船舶工程问题上,对于压杆杆端有支承,但支承情况难于确定的情况下,一般按自由支持情况考虑,这样结果是偏于安全的。

同时,我们也可知道,欧拉力与杆件材料的屈服应力无关。对于高强度钢与普通钢,虽然具有不同的屈服极限,但具有相同的弹性模量,因此用这两种材料做成的杆件,只要其断面形状相同、跨度相同,固定情况相同,则它们的欧拉力也相同。这一点,在进行压杆设计时值得引起注意。

为研究及计算方便,我们对各种不同支承情况的单跨压杆欧拉公式可用式(1-39)表示:

$$T_E = \frac{\pi^2 EI}{(\mu l)^2} \tag{1-39}$$

式中:μ——系数,各种支承情况其取值为:

一端刚性固定,另一端完全自由的杆(图 1-40a),$\mu = 2$;

两端自由支持在刚性支座上的杆(图 1-39),$\mu = 1$;

一端刚性固定,另一端自由支持在刚性支座上的杆(图 1-40b),$\mu \approx 0.7$;

两端均为刚性固定端的杆(图 1-40c),$\mu = 0.5$。

其中μl称之为压杆的“相当长度”或“折算长度”。显然，对于两端均为自由支持上刚性支座上的压杆，其“相当长度”就是其实际跨度，即$\mu=1$，而这种杆两端弯矩为零，因此，又可以把“相当长度”看成是压杆弯曲时杆件上弯矩为零的点之间的长度。进一步的计算证明这种说法对于其他支承情况的压杆也是完全适用的，这时“相当长度”就是失稳时杆件变形曲线中反曲点之间的长度。

三、压杆的非弹性稳定

上面导出了计算压杆欧拉力的公式。在实际工程中，对于细长杆，这些公式是正确的，但对于某些情况下的短粗压杆，其失稳时的压力远较由欧拉公式算出的值小，这时欧拉公式不再正确。

这到底是什么原因呢？在本章第一节单跨梁弯曲基本理论中假设为：材料服从虎克定律。以后的关于梁的弯曲理论的一系列推导都是在此假设下进行的。同样，在研究压杆的中性平衡微分方程时也是遵循这一假设，所以当压杆失稳时，其材料仍在弹性范围内欧拉公式才成立。对于短粗杆件，当其失稳时压应力往往早已超过材料的弹性极限，因此欧拉公式不再适用。

现在分析一下什么样的杆件失稳时材料将超过弹性范围。这里，以两端自由支持在刚性支座上的压杆为例。将欧拉力的计算公式改写为欧拉应力计算公式：

$$\sigma_E=\frac{\pi^2 EI}{l^2 A} \tag{1-40}$$

式中：σ_E——欧拉应力；

A——压杆的横截面积。

为衡量杆件“细长”或“短粗”的程度，引入“柔度”概念。令：

$$r=\sqrt{\frac{I}{A}},\lambda=\frac{l}{r} \tag{1-41}$$

r称之为杆件的惯性半径，λ称之为杆的柔度。显然，柔度越大，杆件越“细长”，柔度越小，杆件越“短粗”。则式(1-40)可写成：

$$\sigma_E=\frac{\pi^2 E}{\lambda^2} \tag{1-42}$$

由此可见，欧拉应力与柔度的平方成反比。

对于一般船用低碳钢，弹性极限$\sigma_P=196.2\text{N/mm}^2$，弹性模量$E=1.962\times10^5\text{N/mm}^2$。根据式(1-42)，其欧拉应力为：

$$\sigma_E=\frac{\pi^2 E}{\lambda^2}=\frac{10\times1.962\times10^5}{\lambda^2}$$

假如杆件失稳时，材料不超过弹性范围，则要$\sigma_E<\sigma_P$，即：

$$\sigma_E=\frac{10\times1.962\times10^5}{\lambda^2}<196.2$$

解此不等式，有$\lambda>100$。也就是说，如果用普通船用低碳钢做成压杆，那么当柔度小于100，则杆件失稳时材料已超过弹性范围，欧拉公式不再适用。

超过材料弹性范围的压杆稳定性问题称之为压杆的非弹性稳定性问题。那么,如何求得压杆在非弹性范围内的临界应力呢?在实际上都是用实验来解决的。通过实验,并经分析、归纳,得出实用的经验公式。在实际的造船工程中,当压应力大于$\frac{1}{2}\sigma_y$(σ_y 是材料的屈服极限)时,就认为已属于非弹性范围了,一般可按下面的公式来计算杆件的临界应力:

$$\sigma_{cr}=\sigma_y\left(1-\frac{\sigma_y}{4\sigma_E}\right) \tag{1-43}$$

式中:σ_{cr}——压杆的临界应力;

σ_y——材料的屈服极限;

σ_E——欧拉应力。

该公式也适用于一般的高强度钢。

在解决压杆的非弹性稳定问题时,还常用到压杆的临界应力曲线(即 $\sigma_{cr}-\lambda$ 曲线)。图1-41 分别给出了屈服极限为 $\sigma_y=235.4\text{N/mm}^2$ 和 $\sigma_y=392.4\text{N/mm}^2$ 两种钢材的临界应力曲线。只要求出杆件的柔度,便能在曲线上查到相应的临界应力。

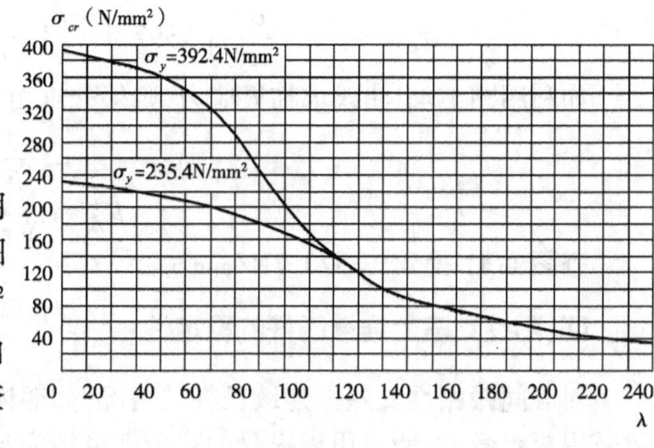

图 1-41 压杆临界应力曲线

例 1-13 求某船甲板纵骨的临界应力。

已知纵骨的附连翼板宽 30cm,甲板强横梁间距 150cm,甲板厚 0.6cm,纵骨为 8 号球扁钢(附录二),材料的屈服极限是 $\sigma_y=392.4\text{N/mm}^2$。

解 按工程力学截面惯性矩积分计算式或第九章第二节剖面几何要素计算方法先求出计及附连翼板的纵骨惯性矩 I 和剖面积 A。计算过程一般均采用表格形式进行(表 1-1),且习惯上将剖面的参考轴设在翼板厚度的中线上进行计算。

构件剖面几何要素计算表 表 1-1

构件号	剖面图	构件尺寸	剖面积 A	构件重心至参考轴距离 Z	剖面积对参考轴的静矩 AZ	对参考轴的惯性矩 AZ^2	自身惯性矩 i
		mm	cm²	cm	cm³	cm⁴	cm⁴
1	①	300×6	18.0	0	0	0	—
2	②	┏8	5.8	5.07	29.4	149.1	36
总和		Σ	23.8		29.4	185.4	

算出剖面几何要素后,可求出剖面中和轴距参考轴的距离:

$$\Delta Z=\frac{\sum(AZ)}{\sum A}=\frac{29.4}{23.8}=1.24(\text{cm})$$

并可计算剖面对中和轴惯性矩:

$$I = \sum(AZ^2 + i) - \sum(AZ)\Delta Z = 185.1 - 29.4 \times 1.24 = 148.6(\text{cm}^4)$$

甲板纵骨可看成是自由支持在强横梁上的单跨梁，因此，强横梁的间距就是纵骨的跨距。纵骨的欧拉应力为：

$$\sigma_E = \frac{\pi^2 EI}{l^2 A} = \frac{3.14^2 \times 1.962 \times 10^5 \times 148.6 \times 10^4}{1500^2 \times 23.8 \times 10^2} = 536.8(\text{N/mm}^2)$$

此结果表示 $\sigma_E > \frac{1}{2}\sigma_y$，因此应按非弹性稳定问题来求纵骨的临界应力：

$$\sigma_{cr} = \sigma_y\left(1 - \frac{\sigma_y}{4\sigma_E}\right) = 392.4 \times \left(1 - \frac{392.4}{4 \times 536.8}\right) = 320.7(\text{N/mm}^2)$$

如利用图 1-41 曲线求临界应力，则须先求出纵骨的柔度：

$$\lambda = \frac{l}{\sqrt{\frac{I}{A}}} = \frac{150}{\sqrt{\frac{148.6}{23.8}}} = 60$$

查图 1-41 得 $\sigma_{cr} = 320.7\text{N/mm}^2$。

四、刚性支座上连续压杆的稳定性

对等间距刚性支座上连续压杆的情况，如船体中甲板纵骨由强横梁支持，因强横梁的刚度远较甲板纵骨大，所以甲板纵骨的稳定性可视为自由支持在刚性支座上的连续压杆的稳定性问题。由于一般情况下甲板纵骨是等剖面的，强横梁是等间距布置的，故甲板纵骨失稳时会交替出现相反方向波形的变形形状。因为相邻两跨反对称于中间支座，故中间支座处压杆是反曲点，弯矩为零。所以甲板纵骨在中间支座处切开成单跨梁时，断面上无弯矩作用，于是可化为两端自由支持的单跨压杆来计算。

对不等间距刚性支座上连续压杆的稳定性问题，这里以最简单的双跨压杆来做讨论。如图 1-42 所示的等剖面双跨压杆，设其在轴向压力作用下处于中性平衡状态。根据力法原理，设想将压杆在中间支座处切开，并加上弯矩。利用变形连续条件，建立转角连续方程，通过解方程，并经过分析整理，有：

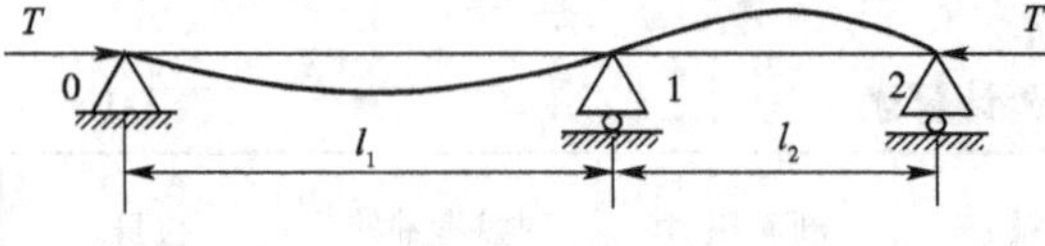

图 1-42　自由支持在刚性支座上的连续压杆

$$\frac{\pi^2 EI}{l_1^2} < T_E < \frac{\pi^2 EI}{l_2^2} \tag{1-44}$$

公式(1-44)表示图 1-42 双跨压杆欧拉力大小介于两单跨压杆欧拉力之间，若按 0-1 杆计算欧拉力是偏于安全的。在式(1-44)中，当 $l_1 = l_2$ 时，双跨压杆的欧拉力等于一个跨度单跨压杆的欧拉力，这个结论可由下面的分析来得到。因双跨压杆在失稳时的变形形状必然是反对称于中间支座，因此节点处压杆是一反曲点，没有弯矩存在，双跨压杆可以化为两根情况完全相同的两端自由支持的单跨压杆来计算，其欧拉力就为：

$$T_E = \frac{\pi^2 EI}{l^2}$$

这个结论可以推广到任意多跨连续，只要其每个跨度是等距、等断面的，并且两端是自由支持的，这时不论跨度有多少，欧拉力都等于每跨单独时的欧拉力。

一、计算题

1. 用叠加法作习图1-1～习图1-4单跨梁的弯矩图与剪力图。图中的各量均已知。

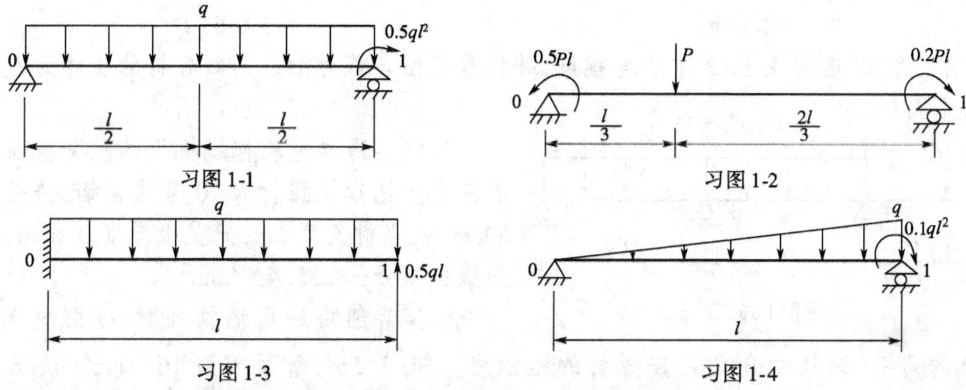

习图1-1　习图1-2　习图1-3　习图1-4

2. 计算习图1-5、习图1-6所示梁的最大弯曲正应力。已知两梁均为等截面直梁，习图1-5为圆形截面梁，直径为R；习图1-6为矩形截面梁，截面宽为b，高为h。

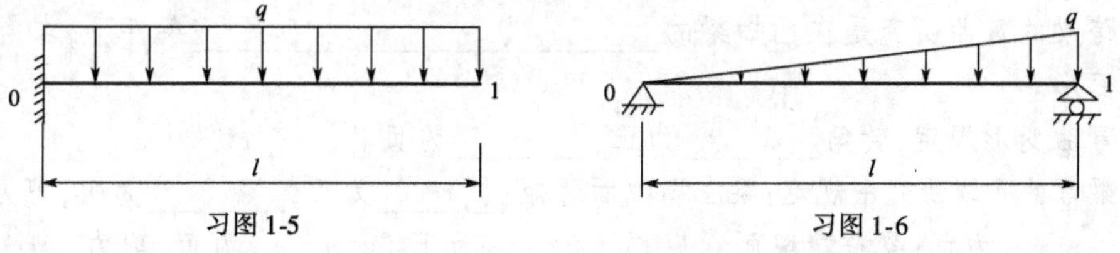

习图1-5　习图1-6

3. 用初参数法写出习图1-7～习图1-10中单跨梁的挠曲线方程。已知梁的弯曲刚度为EI，图上各量已知，$A=\frac{l^3}{48EI}$，$\alpha=\frac{l}{3EI}$。

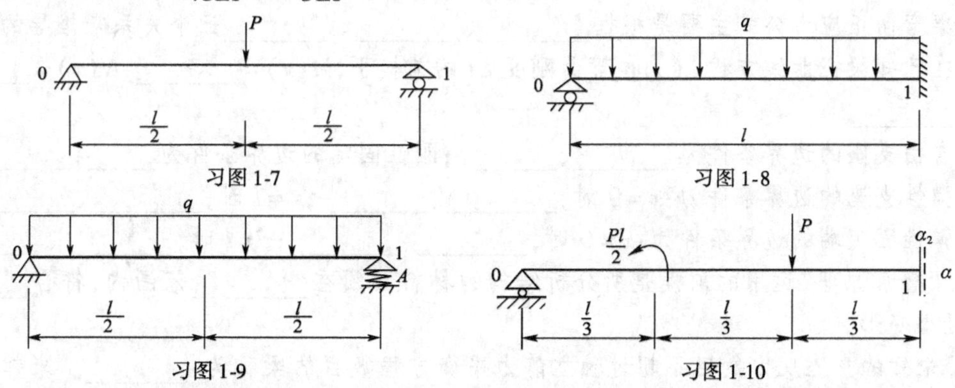

习图1-7　习图1-8　习图1-9　习图1-10

4. 查单跨梁的弯曲要素表（附录一），计算下面各题（各梁弯曲刚度EI已知）：

(1) 习图1-2P力作用点挠度与两支座转角。

(2) 习图1-3右端挠度和转角。

(3)习图1-4中点挠度与两支座转角。

(4)习图1-9中梁中点的挠度与左端的转角。

5. 用“力法”求解习图1-11、习图1-12所示双跨梁的支座反力,并画出弯矩图与剪力图,已知 $P=ql/2$。

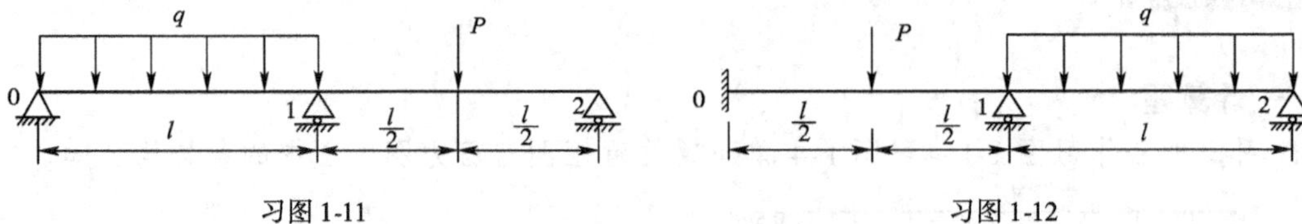

习图1-11　　习图1-12

6. 用“力法”解习图1-13中的连续梁,并作弯矩图与剪力图。已知各杆的长度为 l、断面惯性矩均为 I,$P=ql$。

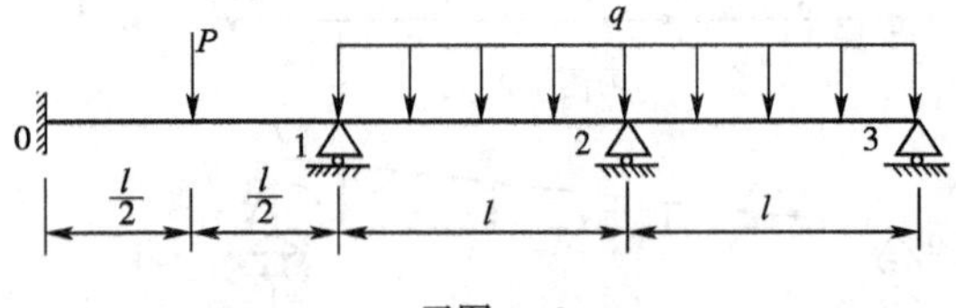

习图1-13

7. 求某海洋拖轮拖缆机下的舱壁扶强材的临界应力。已知扶强材为10号球扁钢,扶强材间距50cm,扶强材长度2m,舱壁板厚度0.6cm,材料的屈服极限 $\sigma_y=235.4\text{N/mm}^2$。

8. 某浮船坞的坞墙扶强材,扶强材为100×75×10的角钢(该尺寸含义可查型材的型钢表),长3.5m,断面积为16.7cm²,扶强材间距75cm,坞墙板厚2cm。校核该扶强材的稳定性。已知材料的屈服极限 $\sigma_y=235.4\text{N/mm}^2$。

二、填空题

1. 单跨梁的弯曲研究是在已知梁的________、________、________条件下,求解梁弯曲时的应力与变形。

2. 梁弯曲变形规定,转角________为正,________为负。

3. 在梁弯曲问题研究中规定:梁左端截面弯矩________为正,________为负,剪力________为正,________为负;梁右端截面弯矩________为正,________为负,剪力________为正,________为负。

4. 梁弯曲问题的四个弯曲要素为:________、________、________、________。

5. 梁弯曲正应力公式主要是根据________、________、________三个关系来推导的。

6. 在已知梁挠曲线方程 $v(x)$ 和弯曲刚度 EI 的前提下,$M(x)=$________,$N(x)=$________,$\theta(x)=$________。

7. 自由支座的边界条件为________、________;刚性固定的边界条件为________、________。

8. 弹性支座的边界条件为:$x=0$ 时,________、________;$x=l$ 时,________、________。

9. 弹性固定端的边界条件为:$x=0$ 时,________、________;$x=l$ 时,________、________。

10. “叠加原理”运用的前提是所分析结构的材料必须在________范围内,符合________定律,且小变形。

11. 未知的支座反力数目不超过独立静力平衡方程数目的梁称为________。未知支座反力数目超过独立静力平衡方程数目的梁称为________。

12. 某梁静力平衡方程数为二,未知支座反力数为五,则该梁为________次静不定。

13. “力法”主要有________、________两种方法。

14. 能化为其他梁弹性支座的梁,该梁必须满足无________,对应的柔性系数 A 的大小与该梁的________成反比,与________成正比,并与该梁________有关。

15. 能化为其他梁弹性固定端的梁,该梁必须满足无________,对应的刚性系数 K 的大小与该梁的________成正比,与________成反比,并与该梁________有关。

16. 物体可能的三种平衡状态是:________、________和________。

17. 压杆稳定性分________范围稳定性和________范围稳定性。对于短粗压杆,当其失稳时压应力往往早已超过材料的弹性极限,因此________不再适用。

三、选择题

1. 仅在梁的两端有支座支持,那么这种梁叫做________。

A. 悬臂梁　B. 单跨梁　C. 静定梁　D. 静不定梁

2. 能准确表达梁弯曲强度问题的力学概念是________。

A. 挠度　B. 转角　C. 剪力　D. 应力

3. 下面哪种单跨梁为一次静不定?________。

A. 两端自由支持　B. 悬臂梁

C. 一端自由一端刚性固定　D. 两端刚性固定

4. 在单跨梁的弯曲理论中,我们规定________。

A. 弯矩在梁的左断面时顺时针为正,在梁的右断面时逆时针为正

B. 弯矩在梁的左断面时顺时针为负,在梁的右断面时逆时针为负

C. 弯矩在梁的左断面时顺时针为正,在梁的右断面时逆时针为负

D. 弯矩在梁的左断面时顺时针为负,在梁的右断面时逆时针为正

5. 梁在受到横向载荷而发生弯曲变形时,梁上任意一点的垂向位移称为该点的________。

A. 弯矩　B. 剪力　C. 转角　D. 挠度

6. 如有边界条件 $v=0$ 及 $v'=0$,那么这种支座就是________。

A. 弹性支座　B. 弹性固定端　C. 刚性固定端　D. 自由支座

7. 如果在梁的挠曲线方程中有一项 $\left\|_{b} \frac{m(x-b)^2}{2EI}\right.$,那么此项在________。

A. $x>b$ 时起作用　B. $x\geqslant b$ 时起作用

C. $x<b$ 时起作用　D. $x\leqslant b$ 时起作用

8. 能化为其他梁弹性支座的梁,其条件是:该梁必须是________。

A. 单跨梁　B. 悬臂梁　C. 无载梁　D. 有载梁

9. 在欧拉公式中,μl 称为压杆的"相当长度",那么对两端刚性固定的单跨压杆,其 μ 值为________。

A. 0.5　B. 0.7　C. 1　D. 2

10. 在实际的造船工程中,当压应力大于________σ_y 时,就认为属于压杆非弹性范围稳定性。

A. 1/8　B. 1/4　C. 1/2　D. 1

第二章 刚架计算

● **学习目标**

知识目标

1. 能正确运用力法的“三弯矩方程法”解不可动节点简单刚架结构；
2. 能正确掌握位移法的含义和基本原理；
3. 能准确掌握弯矩分配法的定义和基本原理；
4. 能正确理解固端弯矩、强迫弯矩、分配弯矩、传导弯矩、杆端最终弯矩的概念。

能力目标

1. 具备从船体结构中提取“刚架结构”的能力；
2. 具备熟练运用“力法”解不可动节点简单刚架的能力；
3. 具备用“位移法”对复杂刚架结构进行力学分析的能力；
4. 具备用“弯矩分配法”解刚架结构的能力。

第一节 概 述

节点处彼此刚性连接(杆系变形时节点处彼此无相对转角)的杆系结构称为刚架,若组成刚架的杆件均在同一平面内,并且外荷重亦作用在此平面内,则称为平面刚架,全部由直杆构成的刚架称为直杆刚架,由曲杆构成的刚架称为曲杆刚架。刚架可分为简单刚架和复杂刚架。节点处相交的杆端数不超过二的为简单刚架(图 2-1b),节点处有多于两个杆交汇的刚架称为复杂刚架(图 2-3)。根据刚架节点的可动与否,又可将刚架分为节点可动刚架(图 2-2)和节点不可动刚架(图 2-1b、图 2-3)。这里指的节点可动,是刚架在外荷重作用下,节点可能产生线位移。刚架中杆件的相交点叫做刚架的“节点”,如图 2-1b) 中杆 1－2 与杆 2－4 的连接点 2 就是节点。在节点处各杆件变形时彼此无相对转角,即保持原连接处的角度不变。

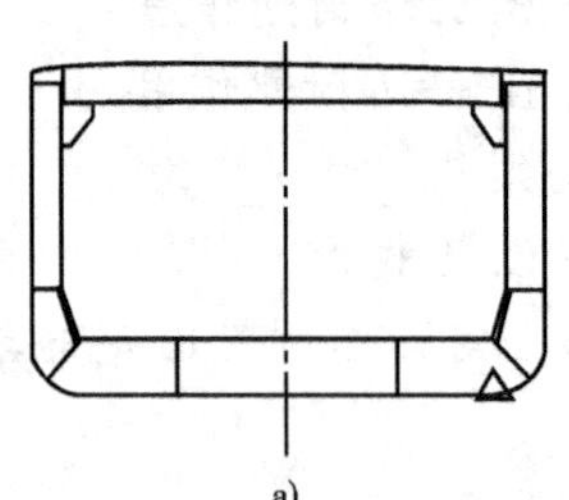

a)

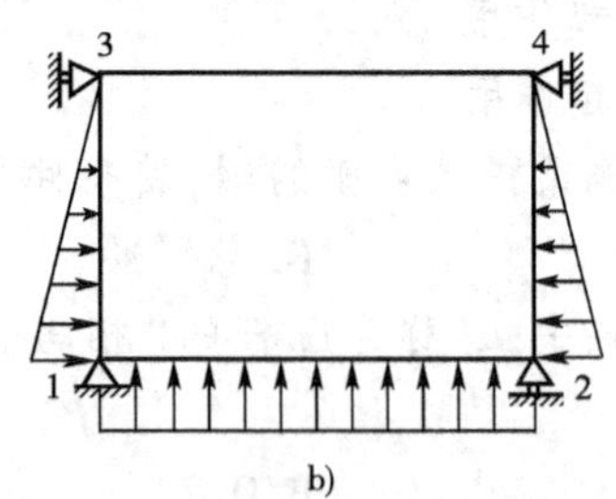

b)

图 2-1 肋骨框架

刚架广泛存在于船体结构中,例如由甲板横梁、舷侧肋骨、船底肋板构成的肋骨框架(图 2-1a),便是典型的刚架结构。只是在计算时忽略了甲板梁拱及舭部的弯曲,作为平面直杆来处理。图 2-1b)、图 2-2 便是该单甲板船肋骨刚架的计算图形。图 2-3 所示的模型为双甲板船

在舱口处横剖面的肋骨框架计算图形。图中肋骨与横梁的交点以及肋骨与肋板交点应分别位于船侧板与甲板的交界处,以及船侧板与船底的交界处。刚架受到外力作用会产生变形,组成刚架的各杆件在一般情况下都会产生弯矩、剪力和轴向力。

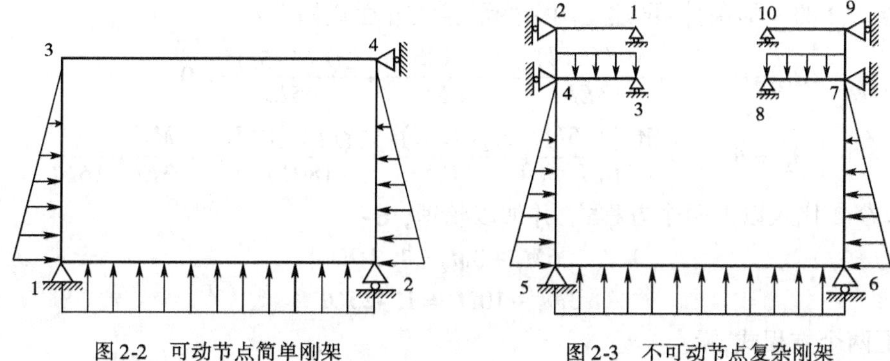

图 2-2 可动节点简单刚架　　图 2-3 不可动节点复杂刚架

肋骨框架是船体结构中最典型的刚架结构。在船体结构中,要严格区分节点是否可动是困难的,实际上,船体刚架在外力作用下总会或多或少产生线位移(图 2-2),但是对于一般的船舶,这些位移是很小的,在计算时往往不予考虑,这就相当于在可能发生线位移的节点处加上了刚性铰链支座(图 2-1b)。但是对于少数船舶,必须考虑到节点的位移,例如内河长大舱口驳船,在远离横舱壁的肋骨刚架中,甲板半横梁在舱口处将会产生较大的线位移。

必须指出,船体刚架在变形时,各杆件的挠度通常不大,因此,轴向力对杆件的弯曲影响甚小,在计算时可忽略不计。本章主要研究不可动节点的刚架计算,对可动节点读者可参阅相关《船舶结构力学》文献。

第二节　不可动节点简单刚架计算

节点不可动的简单刚架可以看成是刚性支座上连续梁“折合”的结果,这样刚架的节点相当于连续梁的支座,因此完全可用第一章中介绍的三弯矩方程法来解决。

例 2-1　计算图 2-4a)中的简单刚架。已知各杆的断面惯性矩均为 I,$l_{12}=1.5l$,$l_{23}=l$,杆件 1-2 受三角形分布的载荷(合力为 Q)的作用,杆件 2-3 的中点受到集中力 P 的作用,$P=Q/2$。

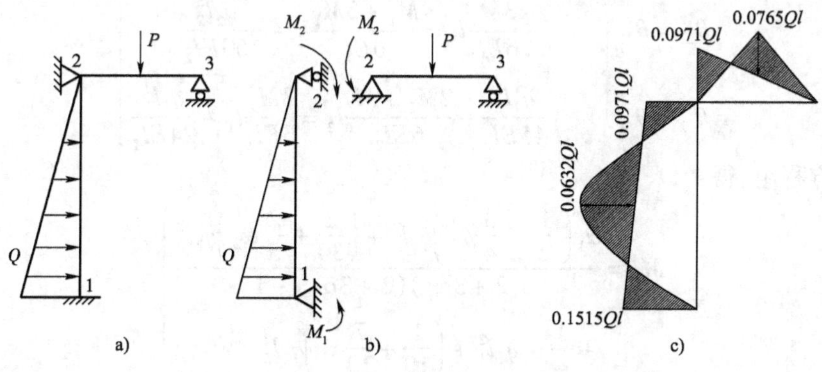

图 2-4　简单刚架

解 本例中的刚架为二次静不定结构,因此有两个未知弯矩。去掉支座1处的抗转约束,并切开节点2处的断面,然后再加上弯矩 M_1 与 M_2,这样便得到了图2-4b)所示的两个自由支持的单跨梁。

按节点1、2的变形条件,可建立两个变形连续方程式如下:

$$\theta_{12}=0 \qquad -\frac{M_1(1.5l)}{3EI}-\frac{M_2(1.5l)}{6EI}+\frac{2Q\,(1.5l)^2}{45EI}=0$$

$$\theta_{21}=\theta_{23} \qquad \frac{M_1(1.5l)}{6EI}+\frac{M_2(1.5l)}{3EI}-\frac{7Q\,(1.5l)^2}{180EI}=-\frac{M_2 l}{3EI}+\frac{Pl^2}{16EI}$$

将 $P=Q/2$ 代入以上两个方程式,并加以整理,得:

$$6M_1+3M_2=1.2Ql$$
$$3M_1+10M_2=1.425Ql$$

解以上两个方程式,得:

$$M_1=0.1515Ql,\quad M_2=0.0971Ql$$

图2-4c)是图2-4a)刚架的弯矩图,其中1-2杆中点处断面的弯矩值为 $0.0632Ql$。

例2-2 图2-5a)为某船肋骨刚架的计算图形,刚架中各杆跨长、断面惯性矩已知,试用三弯矩方程法解之。

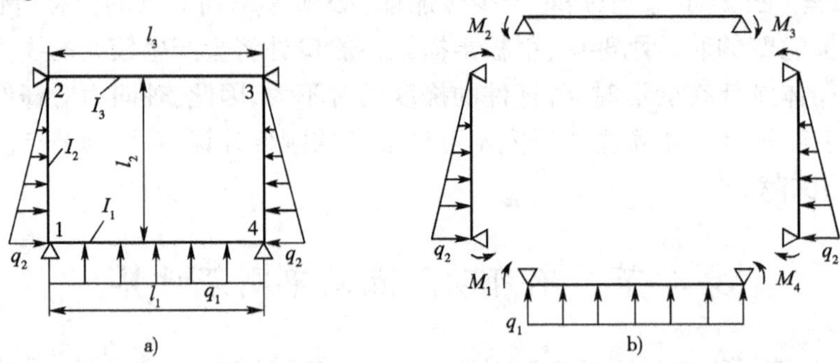

图2-5 肋骨框架

解 分析该结构,将结构在节点处假想切开,并加上支座反力矩,见图2-5b)。由于该刚架结构及荷重均左右对称,因此必然有 $M_1=M_4$,$M_2=M_3$,因此只要列出两个转角连续方程即可。这里取节点1和节点2列方程如下:

$$\left.\begin{aligned}\theta_{23}=\theta_{21}\\ \theta_{12}=\theta_{14}\end{aligned}\right\}\qquad \left.\begin{aligned}&-\frac{3M_2}{6EI_3}l_3=\frac{M_1+3M_2}{6EI}l_2-\frac{7q_2l_2^3}{360EI_2}\\ &\frac{q_2l_2^3}{45EI_2}-\frac{2M_1+M_2}{6EI_2}l_2=\frac{3M_1}{6EI_1}l_1-\frac{q_1l_1^3}{24EI_1}\end{aligned}\right\}$$

解上述方程组,得:

$$\left.\begin{aligned}M_1&=\frac{\alpha_1\left(\frac{1}{2}+\frac{3}{4}\alpha_2\right)q_1l_1^2+\left(\frac{2}{30}+\frac{2}{5}\alpha_2\right)q_2l_2^2}{(2+3\alpha_1)(2+3\alpha_2)-1}\\ M_2&=\frac{-\frac{1}{4}\alpha_1q_1l_1^2+\left(\frac{1}{10}+\frac{7}{20}\alpha_1\right)q_2l_2^2}{(2+3\alpha_1)(2+3\alpha_2)-1}\end{aligned}\right\}$$

式中：$\alpha_1 = \dfrac{I_2}{I_1} \cdot \dfrac{l_1}{l_2}$；

$\alpha_2 = \dfrac{I_2}{I_3} \cdot \dfrac{l_3}{l_2}$。

求得 M_1 和 M_2 之后，每根杆件的弯曲问题便可解决了。图 2-6a）即是该刚架的弯矩示意图。

对于内河横骨架式船舶，肋板的刚性远大于肋骨的刚性，即 $I_1 >> I_2$，这时 α_1 很小，可近似地认为 $\alpha_1 \approx 0$。这样，上述结果便为：

$$\left.\begin{aligned} M_1 &= \frac{\left(\dfrac{2}{30}+\dfrac{2}{5}\alpha_2\right)q_2 l_2^2}{(2+3\alpha_2)-1} \\ M_2 &= \frac{\dfrac{1}{10}q_2 l_2^2}{(2+3\alpha_2)-1} \end{aligned}\right\}$$

这时，该刚架就相当于肋骨下端为刚性固定，而将肋板视作两端自由支持在刚性支座上的单跨梁单独进行计算，见图 2-6b）。

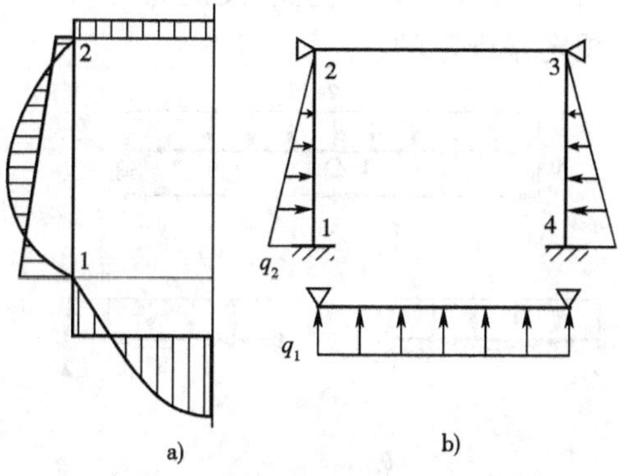

图 2-6　简单刚架

在上面的运算中，我们利用了该刚架的对称性，使问题得到了简化。注意利用结构变形的对称性，这不仅对于刚架，对于其他结构同样是有阶值的。同时，我们利用三弯矩方程法来解决简单刚架问题时，因涉及弯矩、转角正负号，一般假想把人置于刚架内部来进行判断。

第三节　位移法解刚架结构

一、位移法的基本原理

第一章中曾介绍了结构计算中的“力法”，本章上一节的简单刚架也是用力法来求解的。从理论上讲，一切杆系都可以用力法来解。但实际上，在复杂刚架的计算中用力法就显得很不方便，尤其对于节点数较多的刚架更是如此。因为节点数越多，未知支反力的数也越多，根据变形条件列的补充方程式（如三弯矩方程式）也就越多，要解这些未知数相当多的线性方程是十分费力费时的。例如图 2-7 的刚架，它是某内河船的肋骨框架，该刚架由 10 根杆件构成，存在着 16 个未知的支座反力矩（在节点 2、3、6、7 处各有 3 个互不相等的支反力矩）。如考虑到结构的对称性，则未知量可减少一半，但还有 8 个未知反力矩，需要建立 8 个转角连续方程，问题仍是十分繁复。因此有必要寻求其他的解决方法。位移法则是一个较合适的方法。

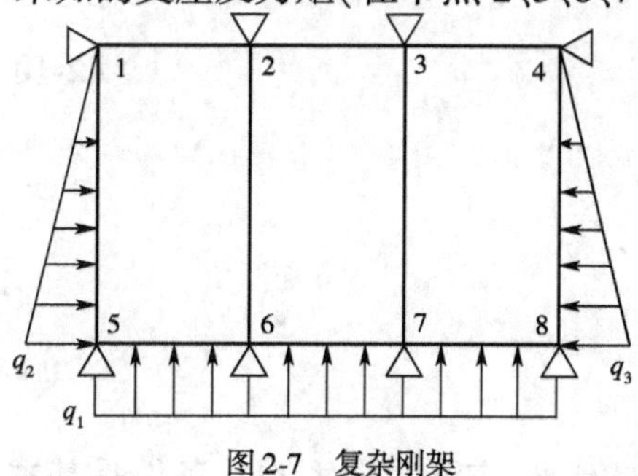

图 2-7　复杂刚架

所谓“位移法”，就是以杆系各节点处的位移（角位移 θ 或线位移 v，因本教材仅分析不可动节点刚架结构，因此节点无线位移）为基本未知量，列各节点处力矩平衡方程，解方程得到这些位移值，然后再求出各杆端弯矩的方法。分析图 2-7 的刚架，未知的节点转角有 8 个，考

虑到对称性,实际只有 4 个,显然比用三弯矩方程法时未知量减少了一半,使计算得以简化,所以"位移法"是解决这类复杂杆系的一个较好方法。

为使问题研究方便,在位移法中重新对弯曲要素作如下符号规定:

位移法中,直角坐标系 xoy 位于杆系平面中。令 x 方向为杆件的轴线方向,y 方向垂直于轴线。当杆件任意一点的挠度、剪力与 y 轴方向一致时为正,反之为负;杆件上任意一点的转角、弯矩顺时针时为正,反之为负。下面有关位移法及其衍生方法的弯曲要素均是基于此符号规定来判定的。

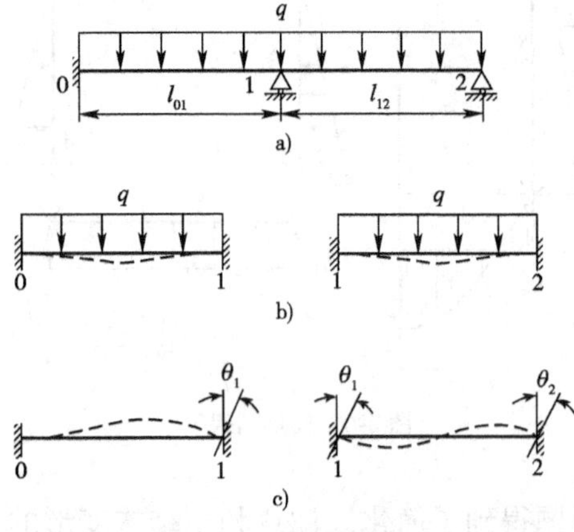

图 2-8　位移法原理图

这里,通过图 2-8a)的连续梁的例子来说明位移法的基本原理。分析该结构,可知当梁受到外荷重作用后,支座 1 与 2 处可能产生转角。为此,假想将支座 1 与 2 变成刚性固定端,这一做法也叫做在支座 1 与 2 处加上"抗转约束"。这样,就得到了图 2-8b)中的两根两端刚性固定单跨梁,这个两端刚性固定的单跨梁就是位移法中的基本结构。

显然此基本结构和原来的双跨梁相比,在支座处的变形与约束反力都有差别,即基本结构与原结构不等效。主要表现在:首先,原结构在支座 1 处的断面内,存在着两个大小相等,方向相反的弯矩,而在基本结构中,0 - 1 梁的 1 端与 1 - 2 梁的 1 端的弯矩不再相等;再者,原结构支座 2 处弯矩为零,而在基本结构中,1 - 2 梁的 2 端则有弯矩存在;其次,原结构在支座 1 和支座 2 处均有转角产生,而在基本结构中却不存在转角。

为使基本结构与原结构等效,采取如下措施:强迫基本结构中支座 1 处的断面转过角度 θ_1,强迫基本结构中支座 2 处的断面转过角度 θ_2,如图 2-8c)所示,使基本结构与原结构在节点处变形等效。

现在来分析基本结构端部弯矩。可以看出,基本结构端部的弯矩由两部分构成:一是由于外荷重的作用,使基本结构端部产生的弯矩,这些弯矩我们称之为"固端弯矩",并用 $\overline{M}$ 来表示。例如 0 - 1 梁 1 端的固端弯矩记为 $\overline{M}_{10}$,1 - 2 梁 1 端的固端弯矩记作 $\overline{M}_{12}$ 等;二是由于强迫某些梁端转动一定的角度而使其端部产生的弯矩,这些弯矩称之为"强迫弯矩",并用 M' 表示之。例如 0 - 1 梁 1 端的强迫弯矩记作 M'_{10},1 - 2 梁 1 端的强迫弯矩记作 M'_{12} 等。如以 M 表示杆端最终弯矩,则:

$$M = \overline{M} + M' \tag{2-1}$$

对于本例,基本结构各杆端最终弯矩为:

$$M_{01} = \overline{M}_{01} + M'_{01}$$
$$M_{10} = \overline{M}_{10} + M'_{10}$$
$$M_{12} = \overline{M}_{12} + M'_{12}$$
$$M_{21} = \overline{M}_{21} + M'_{21}$$

那么,要使基本结构与原结构等效,强迫转动的角度 θ_1 与 θ_2 应该为多大呢?条件是基本

结构在转过了角度 θ_1 与 θ_2 后，基本结构端部产生的弯矩能满足原结构对应支座处力矩平衡。换言之，也就是 M_{10} 与 M_{12} 必须大小相等、方向相反（位移法符合规定），而 M_{21} 必须为零，用方程式表示为：

$$\left.\begin{aligned}M_{10}+M_{12}=0\\M_{21}=0\end{aligned}\right\}$$

也就是：

$$\left.\begin{aligned}(\overline{M}_{10}+M'_{10})+(\overline{M}_{12}+M'_{12})=0\\\overline{M}_{21}+M'_{21}=0\end{aligned}\right\}\tag{2-2}$$

在式(2-2)中，$\overline{M}$ 为基本结构的固端弯矩，与外力有关，可通过查找单跨梁的弯曲要素表得到，M' 为基本结构固定端因发生转角而产生的弯矩，可以用节点转角表示。于是就可以从这二个方程式中解出未知转角 θ_1 和 θ_2。求出这二个转角后，再将它们代入杆端最终弯矩的表达式(2-1)中，便可求得杆端最终弯矩。

以上所述即为位移法的基本原理和解题过程。与力法不同的是：力法是以力为基本求解未知量，根据变形连续条件建立方程式，最后求解出力（或力矩）来，而位移法是以节点转角为基本求解未知量，根据杆件节点断面弯矩平衡条件建立方程式，解得位移值，然后反代到杆端最终弯矩表达式得杆端最终弯矩。

二、位移法的基本公式

下面通过分析图 2-8a）结构，阐述位移法的计算过程，并推导任意节点弯矩平衡方程。

1. 固端弯矩

位移法中的固端弯矩就是两端刚性固定的单跨梁因外载荷作用在固定端产生的弯矩，它可以直接查单跨梁的弯曲要素表而得到，但应注意的是位移法中弯曲要素正负号有了新的规定，因此弯曲要素表中左端弯矩要加上一个负号。如图 2-8b）中两个梁的固端弯矩通过弯曲要素表查得：

$$\overline{M}_{01}=-\frac{1}{12}ql_{01}^2,\overline{M}_{10}=\frac{1}{12}ql_{01}^2$$

$$\overline{M}_{12}=-\frac{1}{12}ql_{12}^2,\overline{M}_{21}=\frac{1}{12}ql_{12}^2$$

2. 强迫弯矩

为了求各杆端强迫弯矩，现设任一根杆件 $i-j$，杆长为 l_{ij}，断面惯性矩为 I_{ij}，假定强迫杆件的固定端分别顺时针转动角度 θ_i 与 θ_j，于是杆端断面将有与 θ_i 和 θ_j 同方向的弯矩 M'_{ij} 与 M'_{ji} 存在，如图 2-9 所示。

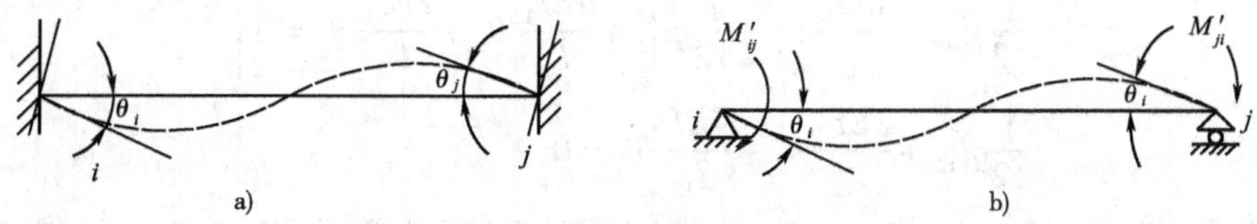

图 2-9　强迫弯矩计算图

查两端自由支持在刚性支座上的单跨梁弯曲要素表,求出 $i-j$ 梁两端的转角与弯矩的关系式为:

$$\left.\begin{aligned}\theta_i &= \frac{M'_{ij}l_{ij}}{3EI_{ij}} - \frac{M'_{ji}l_{ij}}{6EI_{ij}}\\ \theta_j &= \frac{M'_{ji}l_{ij}}{3EI_{ij}} - \frac{M'_{ij}l_{ij}}{6EI_{ij}}\end{aligned}\right\}$$

由此解得:

$$\left.\begin{aligned}M'_{ij} &= \frac{4EI_{ij}}{l_{ij}}\theta_i + \frac{2EI_{ij}}{l_{ij}}\theta_j\\ M'_{ji} &= \frac{2EI_{ij}}{l_{ij}}\theta_i + \frac{4EI_{ij}}{l_{ij}}\theta_j\end{aligned}\right\} \qquad (2\text{-}3)$$

这就是杆端因发生转角而引起的强迫弯矩的计算公式。同时,依据静力平衡不难写出因杆端发生转角而产生的杆端剪力。设 N'_{ij} 与 N'_{ji} 分别为杆 $i-j$ 在 i 端与 j 端的剪力,它的方向向下,则杆端剪力与杆端弯矩之间的关系式为:

$$N'_{ij} = \frac{M'_{ij}+M'_{ji}}{l_{ij}}, N'_{ji} = -\frac{M'_{ij}+M'_{ji}}{l_{ij}}$$

将公式(2-3)中的 M'_{ij} 及 M'_{ji} 代入后得:

$$\left.\begin{aligned}N'_{ij} &= \frac{6EI_{ij}}{l_{ij}^2}\theta_i + \frac{6EI_{ij}}{l_{ij}^2}\theta_j\\ N'_{ji} &= -\frac{6EI_{ij}}{l_{ij}^2}\theta_i - \frac{6EI_{ij}}{l_{ij}^2}\theta_j\end{aligned}\right\} \qquad (2\text{-}4)$$

将公式(2-3)应用到图 2-8 中的结构(该结构 $\theta_0=0$),可得到各杆端强迫弯矩为:

$$M'_{01} = \frac{2EI_{01}}{l_{01}}\theta_1, M'_{10} = \frac{4EI_{01}}{l_{01}}\theta_1$$

$$M'_{12} = \frac{4EI_{12}}{l_{12}}\theta_1 + \frac{2EI_{12}}{l_{12}}\theta_2, M'_{21} = \frac{2EI_{12}}{l_{12}}\theta_1 + \frac{4EI_{12}}{l_{12}}\theta_2$$

3. 节点平衡方程式

节点弯矩平衡方程即为节点上作用的弯矩应满足节点弯矩平衡条件。由静力学知,这个平衡条件为作用于节点上的所有弯矩之和为零。对于杆系结构,多根杆汇交于某节点,则汇交于该节点的诸杆件作用于节点上的各杆杆端弯矩之和必为零。如图 2-8a)的双跨梁,节点 1、2 处必定满足式(2-2)的条件。式(2-2)叫做节点力矩平衡方程式。将固端弯矩、强迫弯矩代入公式(2-2)有:

$$\left.\begin{aligned}&\frac{1}{12}ql_{01}^2 + \frac{4EI_{01}}{l_{01}}\theta_1 - \frac{1}{12}ql_{12}^2 + \frac{4EI_{12}}{l_{12}}\theta_1 + \frac{2EI_{12}}{l_{12}}\theta_2 = 0\\ &\frac{1}{12}ql_{12}^2 + \frac{2EI_{12}}{l_{12}}\theta_1 + \frac{4EI_{12}}{l_{12}}\theta_2 = 0\end{aligned}\right\}$$

解此方程式,得 θ_1、θ_2。将 θ_1、θ_2 反代回强迫弯矩计算公式(2-3),可得 M'_{01}、M'_{10}、M'_{12}、M'_{21}。

对于复杂刚架结构，其差别也仅仅在于节点处相交的杆件数大于 2，也就是说，节点的力矩平衡方程式中存在着 2 个以上的杆端弯矩。下面来导出节点处交汇有两个以上杆件情况下的节点力矩平衡方程式。在一般情况下，设刚架中第 i 个节点汇交着 s 根杆件(见图 2-10)，则此节点的弯矩平衡方程式为：

$$M_{i1}+M_{i2}+M_{i3}+\cdots+M_{is}=0$$

即：

$$\overline{M}_{i1}+M'_{i1}+\overline{M}_{i2}+M'_{i2}+\overline{M}_{i3}+M'_{i3}+\cdots+\overline{M}_{is}+M'_{is}=0 \tag{2-5}$$

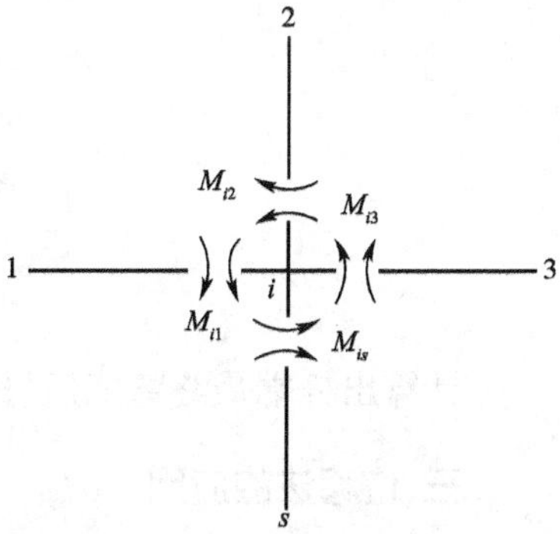

图 2-10 节点平衡方程计算图

将公式(2-3)代入公式(2-5)有：

$$\frac{2EI_{i1}}{l_{i1}}\theta_1+\frac{2EI_{i2}}{l_{i2}}\theta_2+\cdots+\frac{2EI_{is}}{l_{is}}\theta_s+4E\left(\frac{I_{i1}}{l_{i1}}+\frac{I_{i2}}{l_{i2}}+\cdots+\frac{I_{is}}{l_{is}}\right)\theta_i+(\overline{M}_{i1}+\overline{M}_{i2}+\cdots+\overline{M}_{is})=0 \tag{2-6}$$

若令：

$$\left.\begin{aligned}&k_{ii}=4E\left(\frac{I_{i1}}{l_{i1}}+\frac{I_{i2}}{l_{i2}}+\cdots+\frac{I_{is}}{l_{is}}\right)\\&k_{i1}=\frac{2EI_{i1}}{l_{i1}},\quad k_{i2}=\frac{2EI_{i2}}{l_{i2}},\cdots,k_{ij}=\frac{2EI_{ij}}{l_{ij}}\\&\overline{M}_i=-(\overline{M}_{i1}+\overline{M}_{i2}+\cdots+\overline{M}_{is})\end{aligned}\right\} \tag{2-7}$$

则该节点平衡方程可写为：

$$k_{i1}\theta_1+k_{i2}\theta_2+k_{i3}\theta_3+\cdots+k_{ii}\theta_i+\cdots+k_{is}\theta_s=\overline{M}_i \tag{2-8}$$

对于有 n 个可转动节点的结构，共可列出 n 个与式(2-8)相似的力矩平衡方程式，并可建立如下“位移法方程组”：

$$\left.\begin{aligned}&k_{11}\theta_1+k_{12}\theta_2+k_{13}\theta_3+\cdots+k_{1n}\theta_n=\overline{M}_1\\&k_{21}\theta_1+k_{22}\theta_2+k_{23}\theta_3+\cdots+k_{2n}\theta_n=\overline{M}_2\\&k_{31}\theta_1+k_{32}\theta_2+k_{33}\theta_3+\cdots+k_{3n}\theta_n=\overline{M}_3\\&\cdots\cdots\cdots\cdots\cdots\cdots\cdots\cdots\cdots\cdots\\&k_{n1}\theta_1+k_{n2}\theta_2+k_{n3}\theta_3+\cdots+k_{nn}\theta_n=\overline{M}_n\end{aligned}\right\} \tag{2-9}$$

因式(2-9)中 $k_{ij}=k_{ji}$，故此方程式为正则方程式，解此方程便可求出各节点的转角，将计算出来的转角代入式(2-3)，可得各节点杆端强迫弯矩。

4. *杆端最终弯矩*

在位移法中，每一杆件的杆端最终弯矩为基本结构对应节点固端弯矩与强迫弯矩之和。对任一根 $i-j$ 杆有：

$$\left.\begin{aligned}&M_{ij}=\overline{M}_{ij}+M'_{ij}=\overline{M}_{ij}+\frac{4EI_{ij}}{l_{ij}}\theta_i+\frac{2EI_{ij}}{l_{ij}}\theta_j\\&M_{ji}=\overline{M}_{ji}+M'_{ji}=\overline{M}_{ji}+\frac{2EI_{ij}}{l_{ij}}\theta_i+\frac{4EI_{ij}}{l_{ij}}\theta_j\end{aligned}\right\} \tag{2-10}$$

对于图 2-8 中的结构，由上式(2-10)可得：

$$M_{01}=\overline{M}_{01}+M'_{01}=-\frac{1}{12}ql_{01}^2+\frac{2EI_{01}}{l_{01}}\theta_1$$

$$M_{10}=\overline{M}_{10}+M'_{10}=\frac{1}{12}ql_{01}^2+\frac{4EI_{01}}{l_{01}}\theta_1$$

$$M_{12}=\overline{M}_{12}+M'_{12}=-\frac{1}{12}ql_{12}^2+\frac{4EI_{12}}{l_{12}}\theta_1+\frac{2EI_{12}}{l_{12}}\theta_2$$

$$M_{21}=\overline{M}_{21}+M'_{21}=\frac{1}{12}ql_{12}^2+\frac{2EI_{12}}{l_{12}}\theta_1+\frac{4EI_{12}}{l_{12}}\theta_2$$

计算出杆端最终弯矩后,即可通过弯曲要素表求解其他弯曲要素。

三、位移法的应用

综上所述,现将位移法解刚性支座上连续梁和不可动节点刚架结构的步骤归纳如下:

(1)分析结构,看结构有几个节点可能发生转动,从而确定未知数的个数。一般来说,在结构中除了本身就是刚性固定的节点以外,其余的节点都可能发生转动。

(2)在可能发生转动的节点处加上抗转约束,然后根据弯曲要素表查得杆件的固端弯矩。

(3)根据变形连续条件,强迫加固的节点转动,使之发生转角,按式(2-3)写出各杆因强迫转动而产生的杆端强迫弯矩。

(4)按式(2-10)写出各杆的杆端最终弯矩。

(5)对加固的各节点按式(2-5)建立节点力矩平衡方程式,并按式(2-9)组成力矩平衡方程组,解方程组得各转动节点的转角,然后再按式(2-10)计算出各杆的杆端最终弯矩,进而求出各杆的弯曲要素。

例 2-3 用位移法解图 2-11a)的连续梁,已知 $l=8\text{m}$,$P=39.2\text{kN}$,$q=9.8\text{kN/m}$,梁的剖面惯性矩为 I,材料的弹性模量为 E。

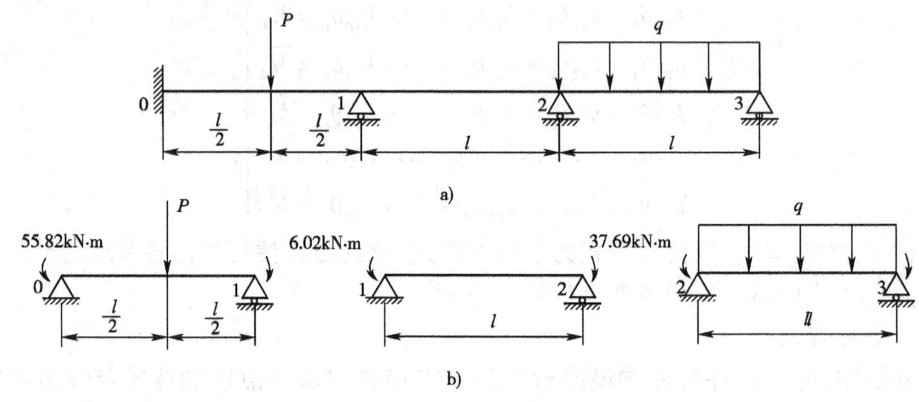

图 2-11 三跨连续梁

解 (1)分析结构知,支座 1、2、3 处的断面可能产生转角,因此,在位移法中,该梁有 3 个未知转角 θ_1、θ_2 和 θ_3。

(2)计算各固端弯矩。加固可动节点 1、2、3,使原来的三跨梁成为三个刚性固定的单跨梁。利用两端刚性固定的单跨梁的弯曲要素表(注意到位移法中的符号规定),并考虑到该例中 $ql=2P$,可以求得各杆固端弯矩为:

$$\overline{M}_{01} = -\frac{1}{8}Pl, \overline{M}_{10} = \frac{1}{8}Pl, \overline{M}_{12} = \overline{M}_{21} = 0$$

$$\overline{M}_{23} = -\frac{1}{12}ql^2 = -\frac{1}{6}Pl, \overline{M}_{32} = \frac{1}{12}ql^2 = \frac{1}{6}Pl$$

(3)按公式(2-3)计算各杆端因转角产生的强迫弯矩：

$$M'_{01} = \frac{2EI}{l}\theta_1, M'_{10} = \frac{4EI}{l}\theta_1$$

$$M'_{12} = \frac{4EI}{l}\theta_1 + \frac{2EI}{l}\theta_2, M'_{21} = \frac{2EI}{l}\theta_1 + \frac{4EI}{l}\theta_2$$

$$M'_{23} = \frac{4EI}{l}\theta_2 + \frac{2EI}{l}\theta_3, M'_{32} = \frac{2EI}{l}\theta_2 + \frac{4EI}{l}\theta_3$$

(4)建立支座 1、2、3 处的力矩平衡方程式：

$$\left.\begin{aligned} M_{10} + M_{12} &= 0 \\ M_{21} + M_{23} &= 0 \\ M_{32} &= 0 \end{aligned}\right\}$$

即：

$$\left.\begin{aligned} (\overline{M}_{10} + M'_{10}) + (\overline{M}_{12} + M'_{12}) &= 0 \\ (\overline{M}_{21} + M'_{21}) + (\overline{M}_{23} + M'_{23}) &= 0 \\ \overline{M}_{32} + M'_{32} &= 0 \end{aligned}\right\}$$

将求得的固端弯矩及强迫弯矩的计算式代入上式，得：

$$\left.\begin{aligned} &\frac{1}{8}Pl + \frac{4EI}{l}\theta_1 + \frac{4EI}{l}\theta_1 + \frac{2EI}{l}\theta_2 = 0 \\ &\frac{2EI}{l}\theta_1 + \frac{4EI}{l}\theta_2 - \frac{1}{6}Pl + \frac{4EI}{l}\theta_2 + \frac{2EI}{l}\theta_3 = 0 \\ &\frac{2EI}{l}\theta_2 + \frac{4EI}{l}\theta_3 + \frac{1}{6}Pl = 0 \end{aligned}\right\}$$

由此解得：

$$\left.\begin{aligned} \theta_1 &= -\frac{5.5}{208}\frac{Pl^2}{EI} \\ \theta_2 &= \frac{9}{208}\frac{Pl^2}{EI} \\ \theta_3 &= -\frac{13.17}{208}\frac{Pl^2}{EI} \end{aligned}\right\}$$

(5)将 θ_1、θ_2、θ_3 代入公式(2-3)，求出各杆端强迫弯矩：

$$M'_{01} = -\frac{5.5}{104}Pl, M'_{10} = -\frac{11}{104}Pl, M'_{12} = -\frac{2}{104}Pl,$$

$$M'_{21} = \frac{12.5}{104}Pl, M'_{23} = \frac{4.83}{104}Pl, M'_{32} = -\frac{17.34}{104}Pl$$

(6)将以上固端弯矩、强迫弯矩代入杆端最终弯矩表达式，求出各杆杆端最终弯矩：

$$M_{01} = \overline{M}_{01} + M'_{01} = -55.82(\text{kN}\cdot\text{m}), M_{10} = \overline{M}_{10} + M'_{10} = 6.02(\text{kN}\cdot\text{m})$$

$$M_{12} = \overline{M}_{12} + M'_{12} = -6.02(\text{kN}\cdot\text{m}), M_{21} = \overline{M}_{21} + M'_{21} = 37.69(\text{kN}\cdot\text{m})$$

$$M_{23}=\overline{M}_{23}+M'_{23}=-37.69\text{kN}\cdot\text{m},M_{32}=\overline{M}_{32}+M'_{32}=0$$

(7)画出各杆的计算图形。这一步非常重要。考虑到位移法中有其单独的符号规定，而在一般的结构力学所用的梁的弯曲要素表中均是使用力法的符号规定，所以在位移法中计算出杆端最终弯矩后一定要将其实际方向标在计算图形上，以免出错误。本例的各杆计算图形如图 2-11b)，即是说图 2-11a) 与图 2-11b) 等效，如要进一步计算各弯曲要素，只要按照计算图形(图 2-11b)查单跨梁的弯曲要素表就行了。

例 2-4 用位移法解图 2-12 中的简单刚架。已知：$l_{12}=l_{34}=l_0,l_{14}=l_{23}=1.2l_0,I_{14}=I_0,I_{12}=I_{34}=2I_0,I_{23}=4I_0$，受载如图。

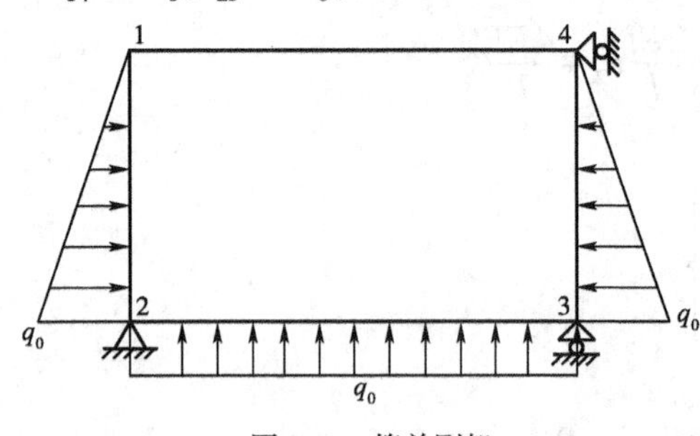

图 2-12 简单刚架

解 (1)分析结构，确定未知转角的数目。本例为对称刚架，故有 $\theta_1=-\theta_4,\theta_2=-\theta_3;M_{14}=-M_{41},M_{23}=-M_{32}$。所以只需求出 1 和 2 节点的转角即可。

(2)加固可转动的节点，使原来的结构变成刚性固定的单跨梁。查弯曲要素表得固端弯矩为：

$$\overline{M}_{12}=\frac{q_0l_{12}^2}{30}=0.033q_0l_0^2,\quad \overline{M}_{14}=0$$

$$\overline{M}_{21}=-\frac{q_0l_{12}^2}{20}=-0.05q_0l_0^2,\quad \overline{M}_{23}=\frac{q_0l_{23}^2}{12}=0.12q_0l_0^2$$

(3)计算因转角引起的杆端强迫弯矩，有：

$$M'_{12}=\frac{4EI_{12}}{l_{12}}\theta_1+\frac{2EI_{12}}{l_{12}}\theta_2,\quad M'_{14}=\frac{4EI_{14}}{l_{14}}\theta_1+\frac{2EI_{14}}{l_{14}}\theta_4$$

$$M'_{21}=\frac{2EI_{12}}{l_{12}}\theta_1+\frac{4EI_{12}}{l_{12}}\theta_2,\quad M'_{23}=\frac{4EI_{23}}{l_{23}}\theta_2+\frac{2EI_{23}}{l_{23}}\theta_3$$

(4)对节点 1、2 列节点弯矩平衡方程式，有：

$$\overline{M}_{14}+M'_{14}+\overline{M}_{12}+M'_{12}=0$$
$$\overline{M}_{21}+M'_{21}+\overline{M}_{23}+M'_{23}=0$$

将求得的固端弯矩和强迫弯矩代入上式，得：

$$\frac{4EI_{14}}{l_{14}}\theta_1+\frac{2EI_{14}}{l_{14}}\theta_4+\frac{4EI_{12}}{l_{12}}\theta_1+\frac{2EI_{12}}{l_{12}}\theta_2+0.033q_0l_0^2=0$$

$$\frac{4EI_{12}}{l_{12}}\theta_2+\frac{2EI_{12}}{l_{12}}\theta_1-0.05q_0l_0^2+\frac{4EI_{23}}{l_{23}}\theta_2+\frac{2EI_{23}}{l_{23}}\theta_3+0.12q_0l_0^2=0$$

将 $\theta_1=-\theta_4,\theta_2=-\theta_3$ 及已知条件代入上式，经整理可得：

$$\left.\begin{aligned}29\theta_1+12\theta_2&=-0.099\frac{q_0l_0^3}{EI_0}\\12\theta_1+44\theta_2&=-0.21\frac{q_0l_0^3}{EI_0}\end{aligned}\right\}$$

解此方程组可得：

$$\theta_1=-0.00162\frac{q_0l_0^3}{EI_0},\theta_2=-0.00433\frac{q_0l_0^3}{EI_0}$$

(5)计算各杆杆端最终弯矩:

$$M_{14}=\overline{M}_{14}+M'_{14}=\frac{4EI_{14}}{l_{14}}\theta_1-\frac{2EI_{14}}{l_{14}}\theta_1=-0.0027q_0l_0^2$$

$$M_{12}=\overline{M}_{12}+M'_{12}=0.033q_0l_0^2+\frac{4EI_{12}}{l_{12}}\theta_1+\frac{2EI_{12}}{l_{12}}\theta_2=0.0027q_0l_0^2$$

$$M_{21}=\overline{M}_{21}+M'_{21}=-0.05q_0l_0^2+\frac{4EI_{21}}{l_{21}}\theta_2+\frac{2EI_{21}}{l_{21}}\theta_1=-0.091q_0l_0^2$$

$$M_{23}=\overline{M}_{23}+M'_{23}=0.12q_0l_0^2+\frac{4EI_{23}}{l_{23}}\theta_2-\frac{2EI_{23}}{l_{23}}\theta_2=0.091q_0l_0^2$$

(6)参照例 2-1 第 7 步方法,即可计算该刚架全部弯曲要素。

第四节 弯矩分配法

应用位移法求解杆系结构时,必须首先求出结构中可动节点的位移,然后才能求得杆件的内力。对于比较复杂的结构,计算节点位移需要解大量的线性方程式,这不仅计算工作量大,而且还容易产生误差。

本节所述的“弯矩分配法”或称“节点逐步平衡法”就是用逐步近似的方法直接求出因节点转动而引起的杆端弯矩,然后把它与杆件的固端弯矩叠加而得到杆端最终弯矩。由于这个方法的优点是在计算时无须解联立方程组,因此被广泛应用。在弯矩分配法中,仍使用位移法中的符号规定。

一、基本原理

下面以图 2-13a)中的刚架为例来说明弯矩分配法的基本原理。

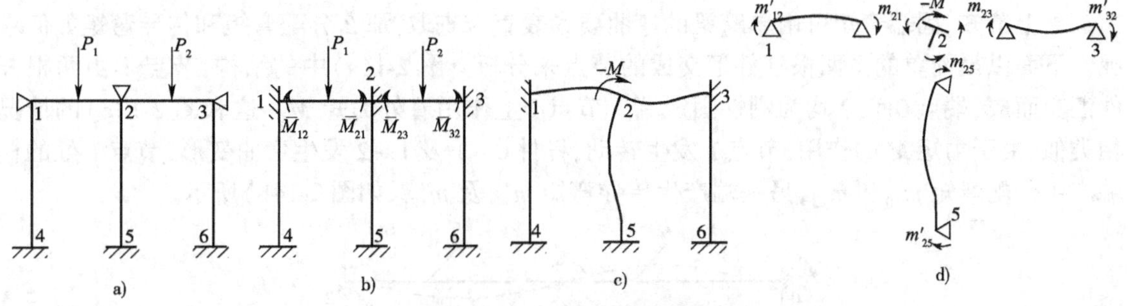

图 2-13 刚架及位移法原理图

在外载荷 P_1、P_2 作用下,该刚架的节点 1、节点 2 和节点 3 都可能发生转动。与位移法一样,对这几个可能转动的节点施加抗转约束,如图 2-13b)所示。这样就得到了弯矩分配法中的基本结构。基本结构的杆端存在着由外载荷作用而产生的“固端弯矩”,该弯矩可由弯曲要素表查得,这一做法和位移法完全一样。

这样处理后的结构显然与原结构不等效。表现在:如原结构中节点 2 可发生转动,而在基本结构中则不能。原结构节点 2 处各杆端部的弯矩达成平衡,而在基本结构中则不能达成平衡。一般情况下,在可转动的节点处,汇交于该节点的各杆的固端弯矩是不会相互平衡的,也

就是说各杆件端部的固端弯矩的代数和不为零。这种在可动节点处，存在的各杆件端部断面上的固端弯矩的代数和我们称为该节点的不平衡弯矩，并以 M 表示。显然，根据作用力反作用力原理，节点断面中存在着总和为 M 的弯矩。为使基本结构趋近于原结构的平衡状态，逐个节点去除抗转约束，任其转动。例如，去除节点 2 的抗转约束，则节点 2 在 M 的驱使下会发生转动，如图 2-13c）所示。这一过程称为"节点的放松"。

由图 2-13c）可见，由于节点放松转动，汇交于该节点的杆件将发生弯曲变形，由此使杆件的两端产生弯矩。如放松节点 2 后杆件 2－1，2－5，2－3 在节点 2 端产生弯矩 m_{21}，m_{25}，m_{23}，这些弯矩称之为"分配弯矩"，这三根杆的另一端将产生弯矩 m'_{12}，m'_{52} 和 m'_{32}，这些弯矩称之为"传导弯矩"。当各杆端弯矩与节点的不平衡弯矩相平衡后，节点停止转动。这一过程称之为节点的平衡。

节点 2 经过放松达到平衡，这意味着基本结构向与原结构的平衡状态等效靠拢了一步。这时重新对节点 2 加上抗转约束。接着对 1、3 等可动节点作同样的处理。

对所有的可动节点作了一次平衡处理后，基本结构是否已完全与原结构的平衡状态等效了呢？显然不是的。如对节点 2 进行平衡处理后，在放松节点 1 和节点 3 时，会在 1－2 杆和 2－3杆的节点 2 处产生传导弯矩 m'_{21} 和 m'_{23}，使已处于平衡状态的节点 2 重归于不平衡。因此必须对节点 2 作第二次平衡处理，同样的道理，对其他可动节点也必须作第二次平衡处理。第二次平衡处理后，基本结构又向原结构的平衡状态接近了一步。如此反复进行节点的平衡处理，能使基本结构无限地接近原结构的平衡状态，然后将各杆端在每次平衡处理过程中得到的分配弯矩、传导弯矩以及固端弯矩求代数和就得到了各杆端的最终弯矩。当然，在实际运算中，是没有必要对节点作无穷多次平衡处理的，而是按照计算精度要求，作有限次的平衡处理就可以了。

以上所述就是弯矩分配法的基本原理。由上面的分析可知，在弯矩分配法中，各杆端的弯矩由三部分组成：固端弯矩、分配弯矩和传导弯矩。

二、分配弯矩与传导弯矩计算公式

由上节知，固端弯矩可由单跨梁的弯曲要素表直接查取，那么分配弯矩和传导弯矩如何求呢？下面以最简单的由两根杆件汇交成的节点来分析。图 2-14a）中的结构，节点 1 由两根杆件汇交而成，端点 0 和 2 均为刚性固定端。节点 1 上作用着外力矩 M。这和图 2-13c）的情况相类似，由于力矩 M 的作用，节点 1 发生转动，杆件 0－1 及 1－2 发生弯曲变形，节点 1 处的杆端产生分配弯矩 m_{10} 和 m_{12}，另一端产生传导弯矩 m'_{01} 及 m'_{21}，如图 2-14b）所示。

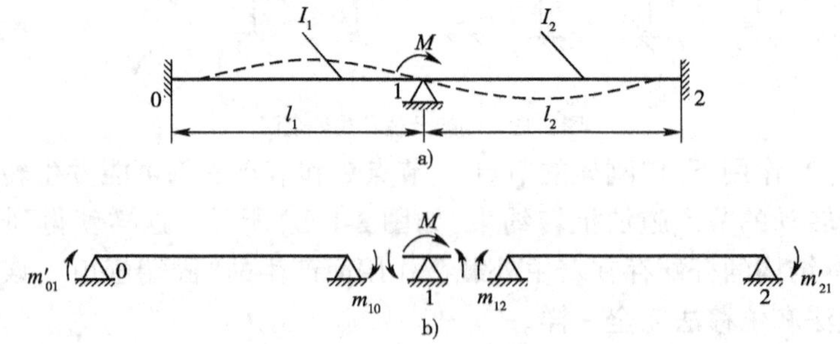

图 2-14　分配与传导弯矩计算图

当杆端的分配弯矩与力矩 M 达到平衡后，节点 1 不再转动，处于平衡状态。这时有下面平衡关系式：

$$M = m_{10} + m_{12} \tag{2-11}$$

另外,在支座0处及支座2处杆端转角为0,利用单跨梁弯曲要素表,有:

$$\theta_0 = \frac{m'_{01} l_1}{3EI_1} - \frac{m_{10} l_1}{6EI_1} = 0$$

$$\theta_2 = \frac{m'_{21} l_2}{3EI_2} - \frac{m_{12} l_2}{6EI_2} = 0$$

整理得:

$$m'_{01} = \frac{1}{2} m_{10} \tag{2-12}$$

$$m'_{21} = \frac{1}{2} m_{12} \tag{2-13}$$

这说明,在弯矩分配法中,某节点放松,该节点处的杆端得到分配弯矩,杆件另一端得到的传导弯矩大小为分配弯矩的一半,方向与分配弯矩一致。

对图2-14b)节点1列转角连续方程:

$$-\frac{m'_{01} l_1}{6EI_1} + \frac{m_{10} l_1}{3EI_1} = \frac{m_{12} l_2}{3EI_2} - \frac{m'_{21} l_2}{6EI_2}$$

将式(2-12)、式(2-13)代入上式,得:

$$m_{10} \frac{l_1}{I_1} = m_{12} \frac{l_2}{I_2} \tag{2-14}$$

解式(2-11)与式(2-14)组成方程组,得:

$$m_{10} = \frac{\dfrac{I_1}{l_1}}{\dfrac{I_1}{l_1} + \dfrac{I_2}{l_2}} M, \quad m_{12} = \frac{\dfrac{I_2}{l_2}}{\dfrac{I_1}{l_1} + \dfrac{I_2}{l_2}} M$$

令:

$$\frac{\dfrac{I_1}{l_1}}{\dfrac{I_1}{l_1} + \dfrac{I_2}{l_2}} = \lambda_{10}, \quad \frac{\dfrac{I_2}{l_2}}{\dfrac{I_1}{l_1} + \dfrac{I_2}{l_2}} = \lambda_{12}$$

称λ_{10}、λ_{12}为分配系数,则分配弯矩可写成:

$$m_{10} = \lambda_{10} M$$

$$m_{12} = \lambda_{12} M$$

显然,$\lambda_{10} + \lambda_{12} = 1$。

同样过程可计算图2-15a)结构1节点在外力矩M作用下,0-1杆及1-2杆杆端分配和传导弯矩为:

$$m_{10} = \frac{\dfrac{I_1}{l_1}}{\dfrac{I_1}{l_1} + \dfrac{3I_2}{4l_2}} M, \quad m_{12} = \frac{\dfrac{3I_2}{4l_2}}{\dfrac{I_1}{l_1} + \dfrac{3I_2}{4l_2}} M$$

$$m'_{01} = \frac{1}{2} m_{10} \text{(式中} \frac{1}{2} \text{称为传导系数)}$$

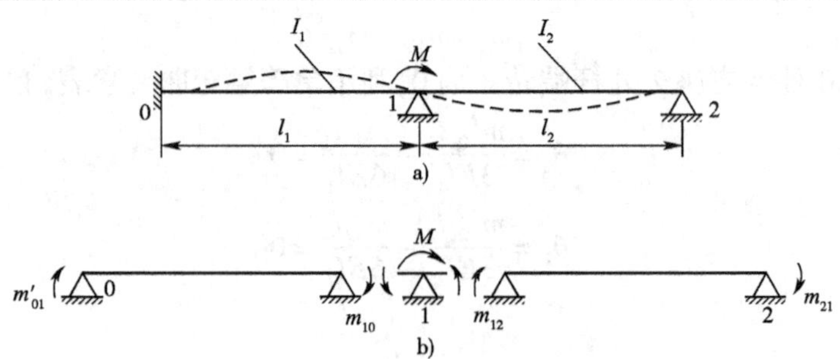

图 2-15　分配与传导弯矩计算图

参照以上两种简单情况下的分配弯矩的求法，不难得出图 2-16 中结构的分配弯矩和传导弯矩：

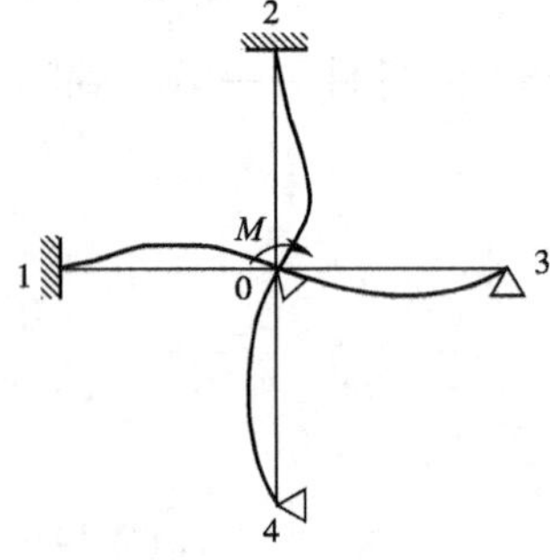

图 2-16　分配、传导弯矩示意图

$$m_{01}=\frac{\dfrac{I_{01}}{l_{01}}}{\dfrac{I_{01}}{l_{01}}+\dfrac{I_{02}}{l_{02}}+\dfrac{3I_{03}}{4l_{03}}+\dfrac{3I_{04}}{4l_{04}}}=\lambda_{01}M$$

$$m_{02}=\frac{\dfrac{I_{02}}{l_{02}}}{\dfrac{I_{01}}{l_{01}}+\dfrac{I_{02}}{l_{02}}+\dfrac{3I_{03}}{4l_{03}}+\dfrac{3I_{04}}{4l_{04}}}=\lambda_{02}M$$

$$m_{03}=\frac{\dfrac{3I_{03}}{4l_{03}}}{\dfrac{I_{01}}{l_{01}}+\dfrac{I_{02}}{l_{02}}+\dfrac{3I_{03}}{4l_{03}}+\dfrac{3I_{04}}{4l_{04}}}=\lambda_{03}M$$

$$m_{04}=\frac{\dfrac{3I_{04}}{4l_{04}}}{\dfrac{I_{01}}{l_{01}}+\dfrac{I_{02}}{l_{02}}+\dfrac{3I_{03}}{4l_{03}}+\dfrac{3I_{04}}{4l_{04}}}=\lambda_{04}M$$

$$m'_{10}=\frac{1}{2}m_{01},m'_{20}=\frac{1}{2}m_{02},m'_{30}=m'_{40}=0$$

由此可推导出弯矩分配法中分配系数、传导系数的通用计算公式。设有某一杆系结构，其中取任一节点 i，知与 i 节点相交有 j 根杆，i 节点不平衡弯矩为 M_i，在考虑到位移法符号规定并结合图 2-13d)，有：

分配弯矩：

$$m_{ij}=-\frac{K_{ij}}{\sum\limits_j K_{ij}}M_i=-\lambda_{ij}M_i \tag{2-15}$$

式中：

$$\lambda_{ij}=\frac{K_{ij}}{\sum\limits_j K_{ij}} \tag{2-16}$$

称 λ_{ij} 为杆 $i-j$ 在 i 端的“分配系数”。在实际计算中，通常将杆件的刚度 K_{ij} 表示为：

$$K_{ij}=\frac{4EI_{ij}}{l_{ij}}\delta_{ij}=\frac{4EI_0}{l_0}k_{ij}\delta_{ij} \tag{2-17}$$

上式中：

$$k_{ij}=\frac{I_{ij}\ l_0}{l_{ij}\ I_0} \tag{2-18}$$

$$\delta_{ij}=\begin{cases}1\text{——当 } j \text{ 端为刚性固定时}\\ 3/4\text{——当 } j \text{ 端为自由支持时}\end{cases} \tag{2-19}$$

于是分配系数可一般写作：

$$\lambda_{ij}=\frac{k_{ij}\delta_{ij}}{\sum_j k_{ij}\delta_{ij}} \tag{2-20}$$

且，$\sum_j \lambda_{ij}=1$。

由以上推导可知，杆件分配弯矩等于分配系数乘以节点不平衡弯矩，方向与不平衡弯矩方向相反。也就是当节点处作用着外力矩，则该力矩将以一定的比例传递给与该节点相连的各个杆。各杆端得到的分配弯矩的大小与该杆的断面惯性矩、跨度及另一端的固定情况有关。断面惯性矩越大，跨度越小，分配弯矩愈大，反之则愈小。杆件另一端的固定程度高，则分配弯矩大。各杆端得到的分配弯矩的比例数即分配系数，分配系数是一个仅取决于结构本身性质，而与外荷重无关的无因次常数。

传导弯矩：

若与 i 节点相连的杆另一端 j 为刚性固定，则：

$$m'_{ji}=\frac{1}{2}m_{ij} \tag{2-21}$$

上式可见，j 端的传导弯矩等于 i 端分配弯矩的一半，方向与分配弯矩相同。公式中的 1/2 叫做“传导系数”。

若与 i 节点相连的杆另一端 j 为自由支持端则：$m'_{ji}=0$。

三、弯矩分配法的应用

综上所述，可归纳弯矩分配法的解题过程如下：

(1)分析结构，将杆端弯矩不为零的可动节点加固(边界节点为自由支持则不用固定)，查找梁的弯曲要素表求出杆件在外载荷作用下各杆的固端弯矩。

(2)按式(2-20)或按图 2-16 对应公式计算各杆的分配系数，并注意汇交于同一节点上各杆端的分配系数代数和为 1。

(3)逐个放松节点使其平衡(一般从不平衡弯矩最大的节点开始)。除对只有一个中间节点的结构仅进行一次分配和传导外，一般来说对二个以上中间节点的结构均需进行多次分配与传导，并记录下分配弯矩和传导弯矩，当传导弯矩相当小时(视计算精度要求定)计算即可结束。

(4)将各杆杆端的分配弯矩、传导弯矩和固端弯矩相加，即得到杆端最终弯矩。

例 2-5　用弯矩分配法解图 2-17 的连续梁。已知 $l=8\text{m}$，截面惯性矩 I 为常数，$q=9.81\text{kN/m}$，$P_1=39.24\text{kN}$，$P_2=19.62\text{kN}$。

解　(1)分析结构。这是一个三跨三次静不定结构，支座 3 为梁的末端且又是自由支持在刚性支座上。用弯矩分配法解时，对支座 1 和 2 施加抗转约束。

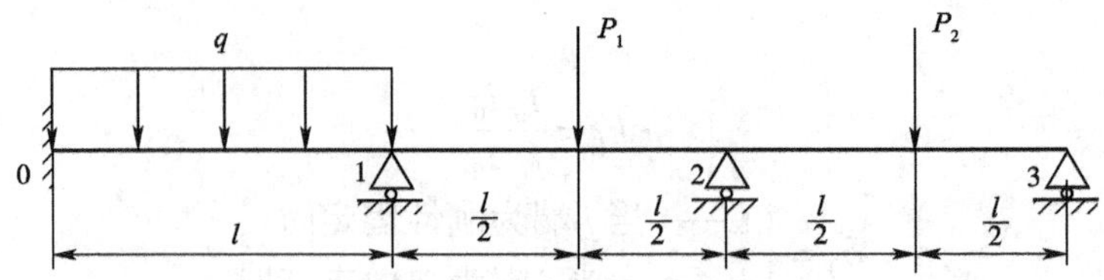

图 2-17　三跨连续梁

(2)计算固端弯矩。利用单跨梁的弯曲要素表,并考虑到弯矩分配法中的符号规定,求得各固端弯矩如下:

$$\overline{M}_{01} = -\overline{M}_{10} = -\frac{1}{24}ql^2 = -\frac{1}{24}\times 9.81\times 8^2 = -26.16(\text{kN}\cdot\text{m})$$

$$\overline{M}_{12} = -\overline{M}_{21} = -\frac{1}{8}P_1 l = -\frac{1}{8}\times 39.24\times 8 = -39.24(\text{kN}\cdot\text{m})$$

对于 2－3 梁,由于 3 端未加抗转约束,所以要查一端刚性固定而另一端为自由支持在刚性支座上的单跨梁的弯曲要素表:

$$\overline{M}_{23} = -\frac{3}{16}P_2 l = -\frac{3}{16}\times 19.62\times 8 = -29.43(\text{kN}\cdot\text{m})$$

(3)计算各杆端的分配系数:

$$\lambda_{10} = \frac{\frac{I}{l}}{\frac{I}{l}+\frac{I}{l}} = 0.5,\lambda_{12} = \frac{\frac{I}{l}}{\frac{I}{l}+\frac{I}{l}} = 0.5,\lambda_{21} = \frac{\frac{I}{l}}{\frac{I}{l}+\frac{3I}{4l}} = 0.572,\lambda_{23} = \frac{\frac{3I}{4l}}{\frac{I}{l}+\frac{3I}{4l}} = 0.428$$

(4)列表 2-1 计算杆端最终弯矩(因节点 1 不平衡弯矩最大,因此从 1 节点开始分配和传导)。

弯矩计算表　　表 2-1

节点号	0	1		2		3
杆端号	01	10	12	21	23	32
分配系数		0.5	0.5	0.572	0.428	
固端弯矩(kN·m)	−26.16	26.16	−39.24	39.24	−29.43	0
分配弯矩与传导弯矩(kN·m)	3.27 ←	6.54	6.54 →	3.27		
			−3.74 ←	−7.48	−5.60	
	0.94 ←	1.87	1.87 →	0.94		
			−0.27 ←	−0.54	−0.40	
	0.07 ←	0.14	0.14 →	0.07		
			−0.02 ←	−0.04	−0.03	
杆端最终弯矩(kN·m)	−21.88	34.71	−34.72	35.46	−35.46	0

例 2-6　用弯矩分配法解图 2-18 的肋骨刚架。已知 $l_{12}=3\text{m}$,$l_{23}=6.6\text{m}$,$l_{24}=9\text{m}$,$I_{12}=0.6\times 10^4\text{cm}^4$,$I_{23}=0.9\times 10^4\text{cm}^4$,$I_{24}=2.4\times 10^4\text{cm}^4$,$q_2=20\text{kN/m}$,$q_4=80\text{kN/m}$。

解 (1)分析结构,此例为仅一个中间节点的刚架结构,整个计算过程同例题2-5,为计算方便,令 $l_0=3\text{m}$,$q_0=20\text{kN/m}$,$I_0=0.6\times10^4\text{cm}^4$,则 $l_{12}=l_0$,$l_{23}=2.2l_0$,$l_{24}=3l_0$,$I_{12}=I_0$,$I_{23}=1.5I_0$,$I_{24}=4I_0$,$q_2=q_0$,$q_4=4q_0$。

(2)计算固端弯矩:

通过查找梁的弯曲要素表知:$\overline{M}_{21}=0.0667q_0l_0^2$,$\overline{M}_{23}=0.605q_0l_0^2$,$\overline{M}_{24}=-1.65q_0l_0^2$,$\overline{M}_{42}=2.1q_0l_0^2$。

(3)计算分配系数(用公式(2-20),或借用图2-16对应的分配系数计算式):

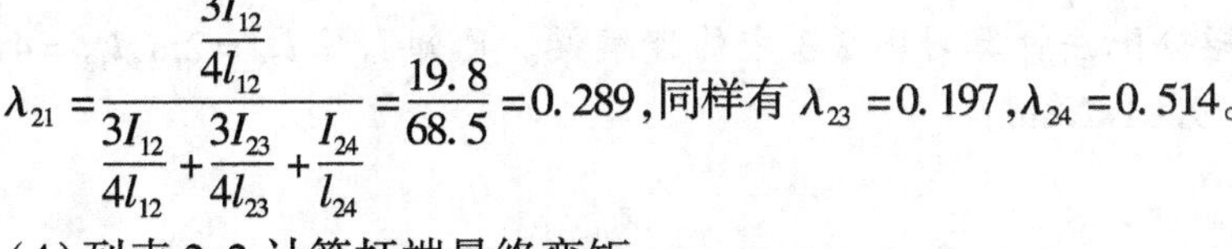

$$\lambda_{21}=\frac{\dfrac{3I_{12}}{4l_{12}}}{\dfrac{3I_{12}}{4l_{12}}+\dfrac{3I_{23}}{4l_{23}}+\dfrac{I_{24}}{l_{24}}}=\frac{19.8}{68.5}=0.289,\text{同样有 }\lambda_{23}=0.197,\lambda_{24}=0.514。$$

图2-18 一个中间节点的刚架结构

(4)列表2-2计算杆端最终弯矩。

弯矩计算表 表2-2

节点号	1	2			4	3
杆端号	12	21	23	24	42	32
分配系数		0.289	0.197	0.514		
固端弯矩 $q_0l_0^2$		0.0667	0.605	−1.65	2.1	
分配弯矩与传导弯矩 $q_0l_0^2$		0.283	0.183	0.503 →	0.251	
杆端最终弯矩 $q_0l_0^2$	0	0.35	0.788	−1.147	2.351	0

由上可见,该刚架节点2第一次放松便达到了真正的平衡状态,因此这里求出的应是精确解。表格中结果的误差是来自运算中的数值误差。各杆端的最终弯矩为:

$$M_{21}=0.35q_0l_0^2=0.35\times20\times3^2=63(\text{kN}\cdot\text{m})$$

$$M_{23}=0.788q_0l_0^2=0.788\times20\times3^2=141.84(\text{kN}\cdot\text{m})$$

$$M_{24}=-1.147q_0l_0^2=-1.147\times20\times3^2=-206.46(\text{kN}\cdot\text{m})$$

$$M_{42}=2.315q_0l_0^2=2.315\times20\times3^2=416.7(\text{kN}\cdot\text{m})$$

至此,该题得解。

思考与练习 SIKAOYULIANXI

一、计算题

1. 用力法解习图2-1中的简单刚架,并画弯矩图。已知 $l_{12}=2l_{23}=2l$,$I_{12}=4I$,$I_{23}=I$。

2. 用三弯矩方程法解习图2-2的刚架结构,并画弯矩图。已知 $l_{12}=l_{23}=l_{34}=l$,$I_{12}=I_{34}=4I$,$I_{23}=3I$。

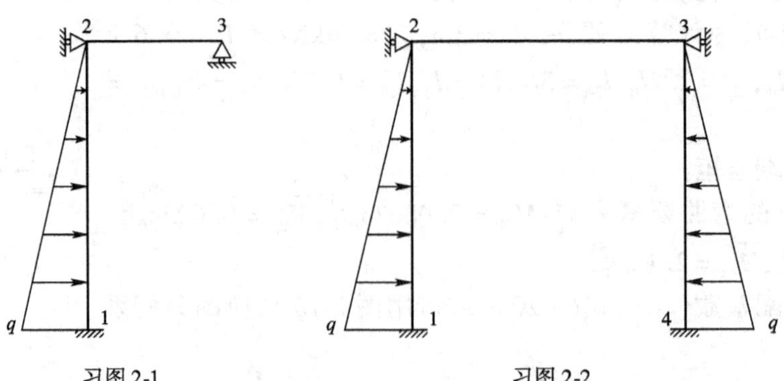

习图 2-1　　　　习图 2-2

3. 分别用位移法和弯矩分配法计算习图 2-3 中的连续梁。已知 $l_{01}=l_{23}=2\text{m}, l_{12}=4\text{m}$，梁的断面惯性矩 I 为常数，$q=9.81\text{kN/m}$。

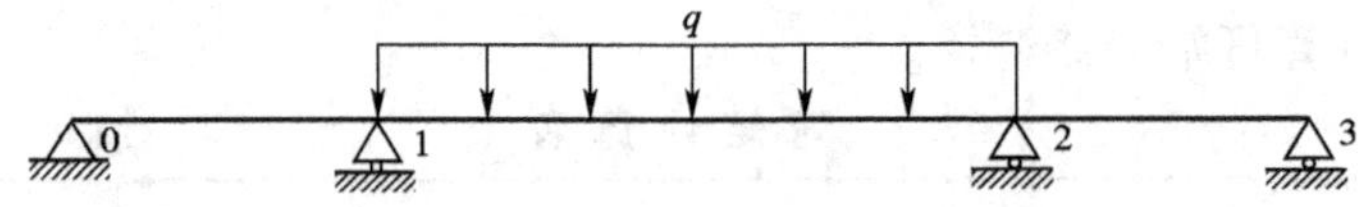

习图 2-3

4. 用弯矩分配法解习图 2-4 的肋骨刚架。已知 $l_{12}=l_{23}=l, l_{24}=1.5l, I_{12}=2I, I_{23}=3I, I_{24}=8I$。

5. 解习图 2-5 中的刚架。已知刚架中各杆跨度均为 l，断面惯性矩均为 I。

6. 解习图 2-6 所示刚架结构。已知：$l_{12}=l, l_{23}=3l, l_{16}=6l, I_{12}=I, I_{16}=5I, I_{23}=2I, I_{25}=1.5I, I_{34}=10I$。

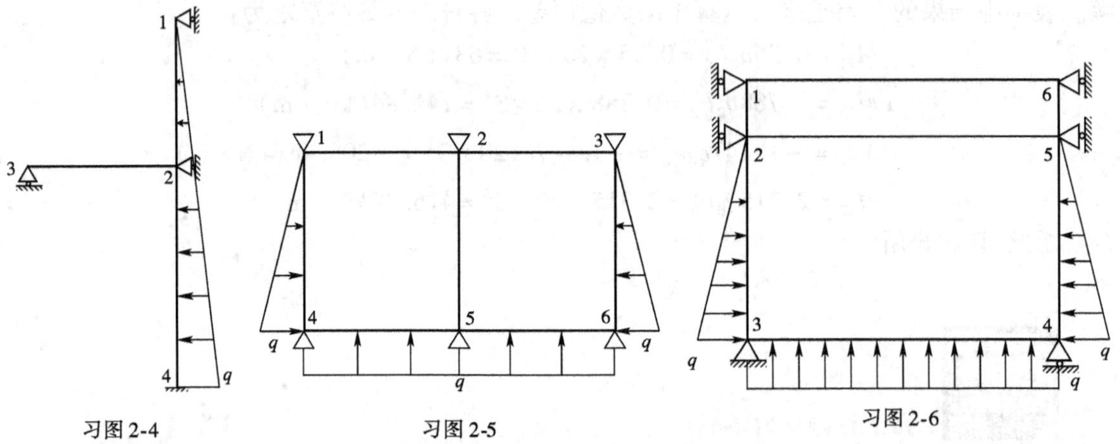

习图 2-4　　　　习图 2-5　　　　习图 2-6

二、填空题

1. 节点处彼此________连接的杆系结构称为刚架。

2. 节点处相交的杆件数不超过 2 的刚架称为________。

3. 刚架中杆件的相交点叫做刚架的________。

4. 肋骨框架一般由甲板横梁、________、________构成。

5. 不可动节点的简单刚架可折合为________来计算，刚架的节点相当于连续梁的________。

6. 对于结构对称、载荷对称的刚架结构，在对称节点处弯曲要素________、________。

7. 位移法的基本结构是________，该方法主要解决________结构问题。

8. 位移法计算过程中，主要要计算基本结构的________、________，然后得到杆端最终弯矩。

9. 在弯矩分配法中，杆端最终弯矩是由各杆端的________、________和________求代数和得到。

10. 在弯矩分配法中，各节点分配系数代数和为________。

11. 用弯矩分配法解杆系结构问题时，对仅有一个中间节点的结构得到的是________解。

三、选择题

1. 若刚架受力后节点无线位移，则称之为________。

A. 不可动节点刚架　　B. 可动节点刚架

C. 简单刚架　　D. 复杂刚架

2. "力法"的"三弯矩方程法"对应的基本结构是________。

A. 多跨梁　　B. 悬臂梁

C. 简单刚架　　D. 两端自由支持单跨梁

3. 位移法中，在外载荷作用下两端刚性固定的单跨梁在固定端中产生的弯矩叫做________。

A. 固端弯矩　　B. 强迫弯矩　　C. 杆端最终弯矩　　D. 分配弯矩

4. 在利用弯矩分配法计算各杆的分配系数时，汇交于同一节点上各杆端的分配系数之和应等于________。

A. 4　　B. 2　　C. 3　　D. 1

5. 弯矩分配法中，传导弯矩一般是分配弯矩的________。

A. 2　　B. 1　　C. 1/2　　D. 1/4

6. 位移法规定________。

A. 杆件上任意一点的转角、弯矩逆时针时为正

B. 杆件上任意一点的转角、弯矩顺时针时为负

C. 杆件上任意一点的转角、弯矩顺时针时为正

D. 杆件上任意一点的转角逆时针时为负、弯矩顺时针时为正

7. 在下面关于弯矩分配法的叙述中，不正确的是________。

A. 在利用弯矩分配法求解问题的过程中，一般须查弯曲要素表

B. 弯矩分配法是逐步近似的方法

C. 在节点不平衡弯矩计算完成后，分配弯矩、传导弯矩与节点不平衡弯矩符号相同

D. 弯矩分配法可计算复杂刚架

第三章 板架计算

●学习目标

知识目标

1. 能正确运用“力法”理论分析简单板架弯曲问题;

2. 能通过弯曲理论计算节点数很少的板架结构。

能力目标

1. 具备从船体结构中提取“板架结构”的能力;

2. 具备计算节点数很少的板架结构的能力;

3. 基本具备分析多根主向梁与一根交叉构件板架弯曲问题的能力。

第一节 概 述

在节点处彼此刚性连接的交叉杆系称为板架,如果交叉杆系在同一平面内,则称为平面板架,板架结构一般受到垂直于板架平面的外载荷作用。板架中梁的交叉点叫做板架的“节点”。本章研究平面板架的弯曲问题。

船体结构中的板架由纵、横向构件交叉而成。例如横骨架式船的龙骨与肋板交叉而成船底板架,这时船底板作为纵、横构件的带板(或翼板),除此以外还有甲板板架结构、船侧板架结构等。船体结构中的纵、横向构件一般是正交的,其周界大都是矩形的,因此这里研究的板架的两个方向上的杆均是正交的。板架两个方向杆的数量往往是不相等的,数量多的方向上的梁称为主向梁,另一方向的梁称之为交叉构件。主向梁的方向称作为板架的主方向。

板架承受垂直于板架平面的载荷作用,在载荷的作用下板架发生弯曲变形,构成板架的主向梁和交叉构件也将随之发生变形。板架弯曲问题就是研究主向梁及交叉构件在板架受力以后的应力与变形。

一般将板架分成以下几种情况来研究:

(1)节点数目很少的板架。

(2)具有多根相同的主向梁与一根交叉构件的板架。

(3)主向梁和交叉构件数目都很多的板架。

相较连续梁和刚架而言,板架弯曲问题更加复杂,本章仅讨论前两种板架的计算,其他类型板架的计算可查找有关书籍和手册。

第二节 节点数很少的板架

节点数很少的板架一般是指节点数在5个以下,且只有一根交叉构件的板架。这种板架在油船结构中常常会遇到。这一类板架比较简单,一般可用力法来解。下面通过一个例子来说明这类板架的计算方法。

例 3-1　求解图 3-1a)所示的板架结构。它代表某油轮在纵、横舱壁之间的船底板架(力学模型),该板架由三根肋板(主向梁)和一根中内龙骨(交叉构件)组成,支承情况如图,板架上受到均布载荷 q(此处 q 为单位面积的荷重)作用,肋板的长度与断面惯性矩为 l 及 i,中内龙骨的长度与断面惯性矩为 L 及 I。

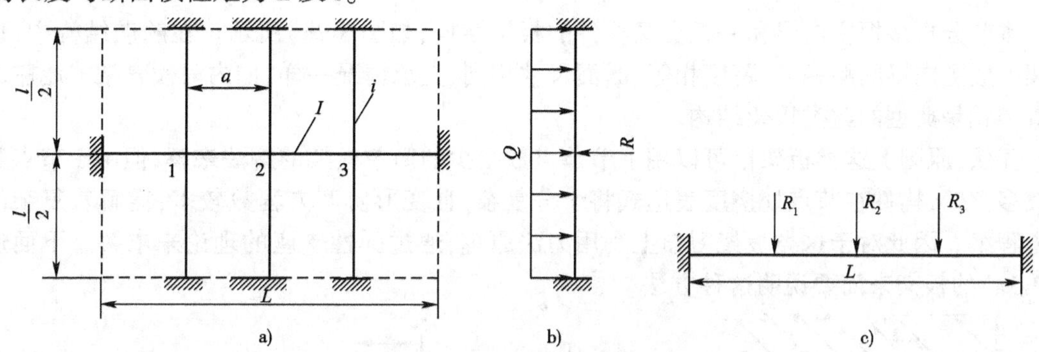

图 3-1　三个中间节点的板架结构

解　该板架受均布荷重 q,即板架平面单位面积上所受到的力为 q。板架上的载荷由板直接承受,然后通过板传递给交叉杆系(中内龙骨),再由交叉杆系传至主向梁(肋板),为计算方便,假设板架上的载荷全部由主向梁(肋板)承受,而交叉构件在节点处承受主向梁给予的作用力。这样,每根主向梁上部受到均布荷重作用,若以 Q 表示一根主向梁上的总载荷,则:

$$Q = qal$$

由于板架的主向梁与交叉构件在节点处的相互作用是比较复杂的,为便于计算我们对主向梁与交叉构件在节点处的相互作用仅考虑节点集中反力 R。

为此可将主向梁和交叉构件分开来研究,即将板架的主向梁与交叉构件在相交节点处拆开,并以节点反力 R_1、R_2、R_3 代替它们之间的相互作用。于是主向梁将有图 3-1b)所示的计算图形,交叉构件将有图3-1c)计算图形,对于本例,由于荷重及构件的对称性,故有 $R_1 = R_3$。

根据力法原理,主向梁与交叉构件在相应节点处挠度必须相等,以保证变形协调,为此可通过查找单跨梁的弯曲要素表建立变形协调方程。先写出边上一根主向梁与交叉构件在节点 1 处挠度相等方程:

$$\frac{1}{384}\frac{Ql^3}{Ei} - \frac{1}{192}\frac{R_1 l^3}{Ei} = \frac{5}{1536}\frac{R_1 L^3}{EI} + \frac{1}{384}\frac{R_2 L^3}{EI}$$

同理可得中间主向梁与交叉构件在节点 2 处挠度相等方程为:

$$\frac{1}{384}\frac{Ql^3}{Ei} - \frac{1}{192}\frac{R_2 l^3}{Ei} = \frac{1}{192}\frac{R_1 L^3}{EI} + \frac{1}{192}\frac{R_2 L^3}{EI}$$

解以上两方程组成的方程组有:

$$R_1 = \frac{(4+2\mu)Q}{8+13\mu+\mu^2}, R_2 = \frac{(4-\frac{3}{2}\mu)Q}{8+13\mu+\mu^2}$$

其中:

$$\mu = \frac{i}{I}\frac{L^3}{l^3}$$

求出节点处相互作用力与反作用力后,原图 3-1a)所示板架问题就转化为求图 3-1b)、图

3-1c)两端刚性固定单跨梁问题,即可分别通过查找弯曲要素表得到各自弯曲要素。

第三节　多根主向梁和一根交叉构件的板架

本节分析多根主向梁和一根交叉构件的板架结构,如图 3-2a)所示。在船舶结构中,这类板架一般主向梁间距相等、跨度相等、断面尺寸相同、支承情况一样,如内河横骨架式船舶的舷侧骨架就是典型的此类板架结构。

显然,原则上这类板架也可以用上节节点数很少的简单板架的解法来解,但由于节点数相对较多,交叉构件在节点处挠度表达式将十分复杂,且变形协调方程数较多,需解较复杂的联立方程组。因此对于这类板架习惯上利用力法原理,通过弹性支座的理论来求解。下面通过图 3-2a)的板架来简要说明这种方法。

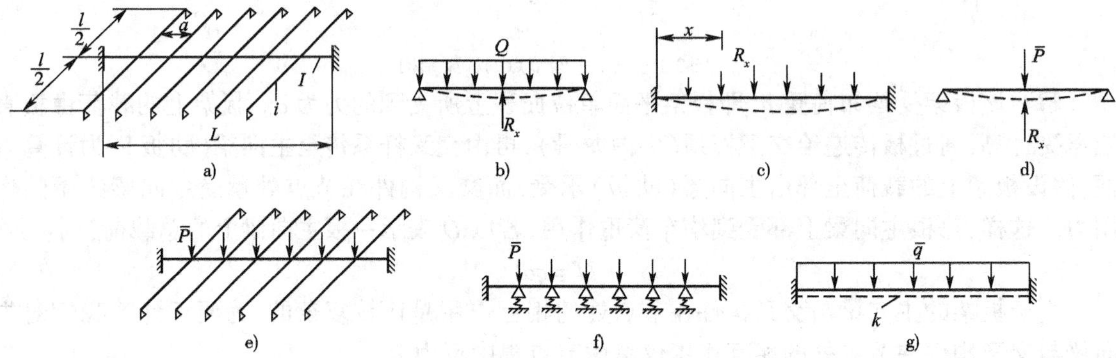

图 3-2　六个中间节点的板架结构

设该板架受均布荷重 q 作用,主向梁两端自由支持在刚性支座上,交叉构件两端刚性固定。根据力法解题原理,将主向梁与交叉构件拆开研究,则在任意节点 x 处,在主向梁及交叉构件相交处有两构件间相互作用力 R_x。假定板架的载荷全部由主向梁承担,则可画出主向梁及交叉构件的计算图形,如图 3-2b)和图 3-2c)所示。

因板架外载荷均布,则主向梁上所受的载荷为:

$$Q = qal$$

查单跨梁的弯曲要素表,可得主向梁在节点处的挠度为:

$$v_x = \frac{5}{384}\frac{Ql^3}{Ei} - \frac{1}{48}\frac{R_x l^3}{Ei} \tag{3-1}$$

将式(3-1)改写成下面的形式:

$$v_x = \frac{1}{48}\frac{l^3}{Ei}\left(\frac{48 \times 5}{384}Q - R_x\right) = \frac{1}{48}(\overline{P} - R_x)\frac{l^3}{Ei} \tag{3-2}$$

式中:$\overline{P} = \dfrac{48 \times 5}{384}Q$。

经这样处理后,主向梁在节点处挠度的计算式就完全等于在节点处受集中力 $\overline{P}$ 与节点反力 R_x 作用的梁的挠度计算式,如图 3-2d)所示。这样,在计算板架交叉构件挠度时完全可以将图 3-2a)中受均布荷重作用的板架化为图 3-2e)中的仅在节点处受集中力 $\overline{P}$ 作用的板架结构。

分析图 3-2e)的板架,假设板架上的集中力都是作用在交叉构件上,即认为主向梁上无外力,按第一章弹性支座的实际概念分析,可将主向梁作为交叉构件的弹性支座来处理,即有图

3-2f)的计算图形,并由式(3-2)可以看出弹性支座的柔性系数为:

$$A=\frac{l^3}{48Ei}$$

对应的刚度系数为:

$$K=\frac{1}{A}=\frac{48Ei}{l^3}$$

进一步的研究知道,当主向梁较多,即节点间距较小时,可以认为主向梁给予交叉构件的支座反力是分布在整个交叉构件上的。这样就是将一个个的弹性支座化为分布的"弹性基础",交叉构件就成了弹性基础梁,见图3-2g)(有关弹性基础梁的弯曲,本教材没有阐述,但很多结构力学著作上都有论述,并配有专门弯曲要素表,相关内容可查找相应著作或手册)。

按弹性基础梁理论,记图3-2g)弹性基础的刚性系数为:

$$k=\frac{K}{a}$$

将集中力$\overline{P}$看成是沿交叉构件长度分布的分布力,其分布力大小为:

$$\overline{q}=\frac{\overline{P}}{a}$$

有了k、$\overline{q}$以后,就可通过相关弹性基础梁弯曲要素表查出交叉构件各位置弯曲要素,即可知道R_x,再通过图3-2b)可得各主向梁全部弯曲要素。实践证明,上述处理方法的结果是相当精确的。当板架的节点数大于5时,用以上方法得出的梁的弯曲要素的误差在5%以内。

SIKAOYULIANXI

一、计算题

1. 解习图示3-1所示结构,画出梁0-1-2的弯矩图。已知梁断面惯性矩均为I,且$l_{13}=l_{14}=l$,$l_{12}=2l_{01}=2l$。

2. 解习图3-2所示板架,主向梁和交叉构件均为两端自由支持在刚性支座上,主向梁断面惯性矩为i,交叉构件断面惯性矩为I。已知:$i=i_0$,$I=8i_0$,$a=l_0$,$l=3l_0$,$L=4l_0$,板架受均布载荷q作用。

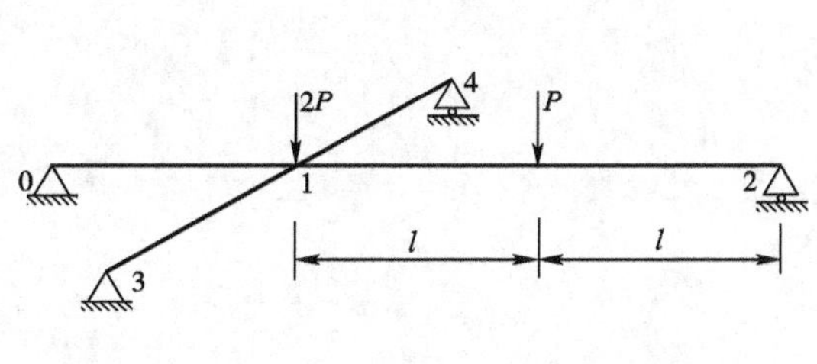

习图3-1

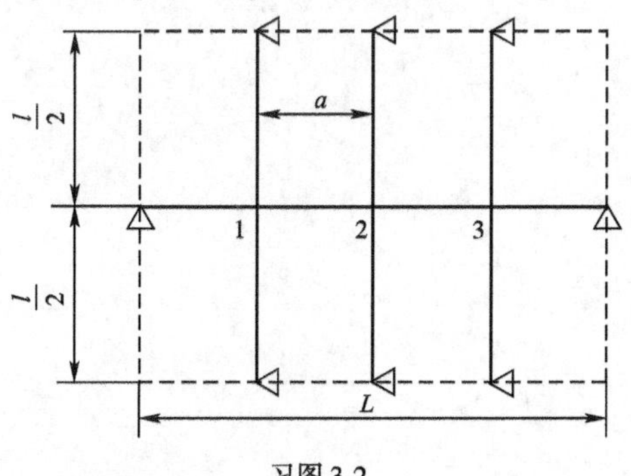

习图3-2

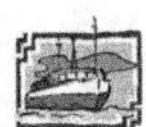

二、填空题

1. 板架结构一般受到垂直于________的外载荷作用。板架中梁的交叉点叫做板架的________。

2. 船体主要板架结构型式为________、________、________。

3. 板架两个方向杆的数量往往是不等的，数量多的方向上的梁称为________，另一方向的梁称之为________。

4. 解板架结构一般用________法。

5. 船体板架结构所受外载荷一般是________。

三、选择题

1. 船体结构中的板架，其周界大都是矩形的，两个方向的梁是正交的，并且两个方向的梁的数目一般是不等的，其中数目较多的一组梁叫做________。

   A. 交叉构件　　B. 节点

   C. 主向梁　　D. 交叉主向梁

2. 船体板架结构力学模型中，各杆横截面为________形状。

   A. 型材截面　　B. 板截面

   C. 型材和附连翼板截面　　D. 翼板截面

3. 解多根主向梁一根交叉构件板架时，一般用________求解。

   A. 挠曲线方程　　B. 三弯矩方程

   C. 位移法　　D. 化为弹性基础梁

第四章　板的弯曲与稳定性

● **学习目标**

知识目标

1. 掌握板的分类及有关概念；
2. 掌握板的筒形弯曲概念；
3. 基本掌握刚性板的一般弯曲；
4. 掌握板的稳定性。

能力目标

1. 能进行刚性板、柔性板的分类；
2. 能区别板筒形弯曲的横向弯曲、复杂弯曲和大挠度弯曲；
3. 能运用刚性板一般弯曲的弯曲微分方程的解求解板的弯曲；
4. 能进行板的稳定性计算。

第一节　概　　述

在研究船体板时，将板视为四周支持在纵横骨架上的矩形平板，这是因为在船体结构中，骨架有足够的刚度，足以作为板的支座；并且通常不计相邻板间的相互作用，即不考虑连续板。因此在本章中主要讨论的对象为承受各种垂直于板面载荷。具有不同边界条件的矩形平板弯曲时的应力与变形问题。其中应力主要是弯曲正应力，变形主要是挠度。

船体结构中的板属于薄板的范畴。按照弹性理论中的分析，所谓薄板是指板的厚度 t 与板短边的比值在以下范围之内：

$$\left(\frac{1}{100}\sim\frac{1}{80}\right)<\frac{t}{b}<\left(\frac{1}{8}\sim\frac{1}{5}\right)$$

对于通常的海船甲板与外板，t/b 常在 $\frac{1}{60}\sim\frac{1}{40}$，对于舱壁板，$t/b$ 还要更小些，约为1/100。

下面我们先对板弯曲时的应力状态作一简要的说明。

一般来说板在弯曲时有六个应力分量与六个应变分量（参见图4-1），即 $\sigma_x,\sigma_y,\sigma_z,\tau_{xy},\tau_{yz},\tau_{zx}$ 及 $\varepsilon_x,\varepsilon_y,\varepsilon_z,\gamma_{xy},\gamma_{yz},\gamma_{zx}$。对于薄板的弯曲，实际上因 $\sigma_z \ll \sigma_x,\sigma_y$，而可不计 σ_z（例如承受10m水头压力的板，$\sigma_z\approx0.1\text{N/mm}^2$，而 σ_x,σ_y，可达 100N/mm^2 的量级）。并不计应变 ε_z，即不计板厚方向的挤压变形。此外，和梁的实用弯曲理论相似，认为板在 x,y 方向的微块断面满足平断面假定，从而认为 $\gamma_{xz}=\gamma_{yz}=0$。因此在板弯曲问题中的应力分量与应变分量为：

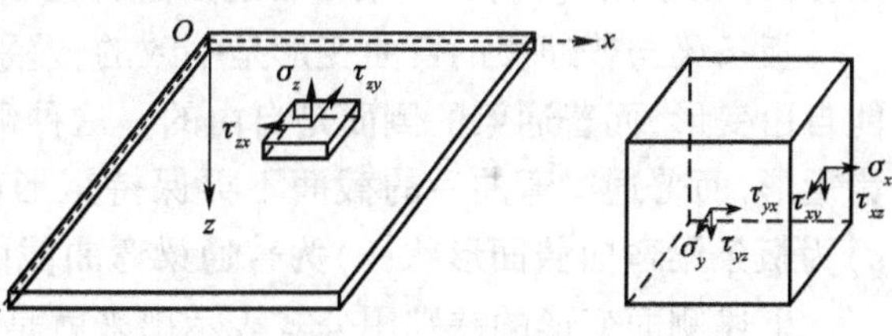

图4-1　板弯曲时三坐标应力分量图

$$\{\sigma\}=\begin{Bmatrix}\sigma_x\\ \sigma_y\\ \tau_{xy}\\ \tau_{xz}\\ \tau_{yz}\end{Bmatrix},\{\varepsilon\}=\begin{Bmatrix}\varepsilon_x\\ \varepsilon_y\\ \gamma_{xy}\end{Bmatrix} \tag{4-1}$$

它们都是坐标 x,y,z 的函数。而位移分量为三个，即 u,v,w，其中 u,v 为 x,y,z 的函数，w 因不计 z 方向挤压变形而仅为 x,y 的函数。

由此得到的应力——应变关系(物理方程式)为：

$$\left.\begin{aligned}\varepsilon_x&=\frac{1}{E}(\sigma_x-\mu\sigma_y)\\ \varepsilon_y&=(\sigma_y-\mu\sigma_x)\\ \gamma_{xy}&=\frac{1}{G}\tau_{xy}\end{aligned}\right\} \tag{4-2}$$

该式与平面应力问题中的形式相同，其中 μ 是泊松比，G 为剪切弹性模量。

板在弯曲时，一般在 x 和 y 方向均有曲率，因此问题要比梁的弯曲复杂。但是在最简单的情况下板只有一个方向有曲率，这时板的弯曲与梁的弯曲有许多类似的地方，并可应用梁的弯曲公式求解，这种情况叫做板发生筒形弯曲。本章我们先讨论板的筒形弯曲，再研究板的一般弯曲。

第二节　板的筒形弯曲

一、筒形板的横弯曲

我们先研究板上仅承受有横向载荷的情形，并首先阐明板发生筒形弯曲的条件是什么。

假定板的边长比相当大(≥2.5～3)，并且外载荷沿板的长边不变化，在这种情况下，理论分析和实验都表明板除了与短边支持边界相邻的一小部分以外，中间大部分的弯曲变形为筒形，即沿短边有曲率，沿长边无曲率，如图 4-2 所示，故名“筒形弯曲”(cylindrical bending)。

板的筒形弯曲是单向弯曲，因此必然与梁的弯曲有基本共同之处。在研究板的筒形弯曲时通常的做法就是在板的筒形部分沿弯曲方向取一个单位宽度的狭条梁来考虑，并把此狭条梁称为“板条梁”。将板条梁与普通梁进行比较，不难导出板条梁的弯曲方程式及解。

板条梁与普通梁的弯曲变形是一致的，差别仅在于板条梁两个侧面受到相邻板的约束不能自由变形，而普通梁的侧面是自由的。这种侧面约束的差别使得板条梁在变形后的截面仍为矩形，而普通梁弯曲后的截面不再保持矩形(受压部分扩大，受拉部分缩小，如图 4-3 所示 a)为板条梁弯曲截面形状；b)为普通梁弯曲截面形状)。

上述侧面变形的差别用公式表示出来就是：对板条梁 $\varepsilon_y=0$，对普通梁 $\varepsilon_y\neq0$。将 $\varepsilon_y=0$ 代入上节式(4-2)中的第二式，得板条梁的 σ_x 与 σ_y 之间的关系为：

$$\sigma_y=\mu\sigma_x \tag{4-3}$$

再代入式(4-2)中的第一式，得：

$$\sigma_x = \frac{E}{1-\mu^2}\varepsilon_x = E_1\varepsilon_x \tag{4-4}$$

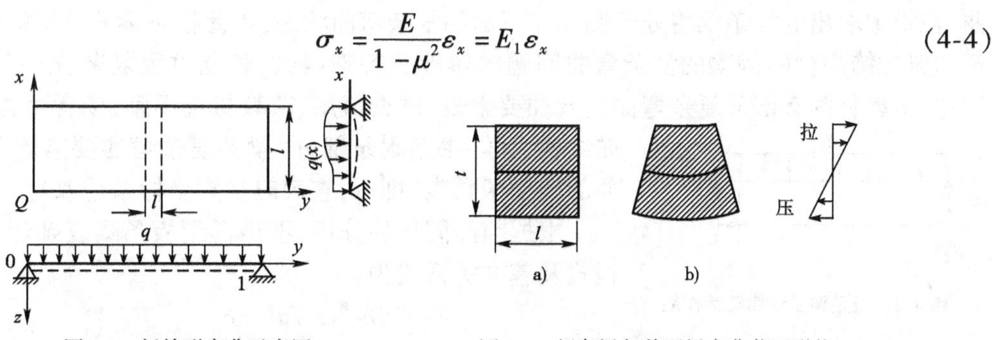

图4-2　板筒形弯曲示意图　　　　图4-3　板条梁与普通梁弯曲截面形状

式中：

$$E_1 = \frac{E}{1-\mu^2} \tag{4-5}$$

公式(4-4)为板条梁的 σ_x 与 ε_x 间的关系，它与对应的普通梁的关系 $\sigma_x = E\varepsilon_x$ 相比仅在于用 E_1 代替了 E。除此以外，认为板条梁弯曲时平断面假定成立，因此必然导得与普通梁同样的基本弯曲微分方程关系式如下：

$$E_1Iw^{IV} = q, E_1Iw''' = N, E_1Iw'' = M \tag{4-6}$$

式中：$I = t^3/12$ 为板条梁的断面惯性矩；$w = w(x)$为板条梁的挠度；M，N 分别为板条梁断面的弯矩与剪力。

令：

$$D = E_1I = \frac{Et^3}{12(1-\mu^2)} \tag{4-7}$$

称为板的“筒形刚度”或“弯曲刚度”(flexural rigidly)，则式(4-6)将变为：

$$Dw^{IV} = q, Dw''' = N, Dw'' = M \tag{4-8}$$

板条梁断面的弯曲正应力为 $\sigma_x = MZ/I$，当 $z = \pm t/2$ 时，得板表面的最大弯曲应力为：

$$\sigma_{x\max} = \frac{6M_{\max}}{t^2} \tag{4-9}$$

由上分析可知，板条梁的弯曲微分方程和基本关系式与普通梁的完全相同，因此板条梁的计算可直接套用普通梁的结果。具体地说，计算板条梁的弯曲要素时，我们可以把它当作是一根普通的梁，只要用 D 代替 EI 即可。

尽管如此，板条梁在 y 方向仍有应力 σ_y，相应的在 y 方向的截面中还有弯矩 M_y。但由式(4-3)可知，σ_y 始终小于 σ_x，相应的 M_y 可始终小于 M。因此在板的局部强度计算中只要考虑 σ_x 就够了。

最后值得指出，在用梁的公式时 q 为单位长度的量(N/mm)，M 的量纲为 N·mm，这时代入公式(4-9)中求 σ_X 时应在分母中乘以单位宽度(1mm)，才能得到应力的量纲为 N/mm²。然而在计算中亦可以取 q 为单位面积的量(N/mm²)；M 的量纲为 N·mm/mm(单位宽度的弯矩)，代入式(4-9)中得到的 σ_x 的量纲仍 N/mm²。后一种做法在板的计算中常被采用。

二、筒形板的复杂弯曲

在船体结构中横骨架式的甲板板与船底板，它们的边长比足够大，并且除了横载荷外还在长边受到作用于板平面内均布的总弯曲应力(中面应力)。在这种情况下板仍将发生筒形弯

曲,在板中取出的板条梁将处于图4-4所示的复杂弯曲状态,因此板条梁的求解就可以用复杂弯曲梁的结果(注:因梁的复杂弯曲问题的解涉及特殊函数,解题过程复杂,第一章没做过多阐述,本教材附有部分复杂弯曲的弯曲要素表,供查值用,若教材查不到,读者可查找相关《船舶结构力学》书籍附录部分"梁的复杂弯曲要素表"和"复杂弯曲的辅助函数表"即可,查表时注意坐标系选取)。

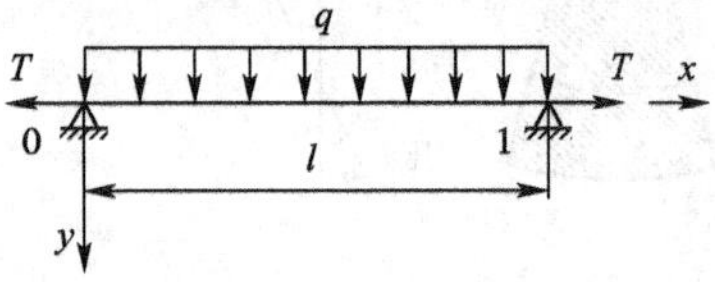

图4-4　板条梁受纵横载荷作用

根据前面同样的分析,不难得到板条梁复杂弯曲的微分方程式及基本关系式为:

$$\left.\begin{aligned} & Dw^{IV} \pm Tw'' = q \\ & Dw'' = M, Dw''' \pm Tw' = N \end{aligned}\right\} \tag{4-10}$$

式中:D为筒形刚度,T为板条梁所受的轴向力,若总弯曲应力为σ_0,则$T=\sigma_0 t$,T前面的负号用于拉力,正号用于压力。

如果板中面应力为σ_t(以拉伸为正),由于板条梁为单位宽度,因此其中面力为:

$$T = t \cdot \sigma_t \tag{4-11}$$

根据梁的复杂弯曲微分方程,可以写出板条梁的复杂弯曲微分方程:

$$Dw^{IV} - Tw'' = q \tag{4-12}$$

该方程的解完全和复杂弯曲梁的结果一样,在梁的复杂弯曲计算公式中,如将抗弯刚度换成板的筒形刚度,就能直接用于板条梁复杂弯曲的计算。例如,受均布荷重作用,四周自由支持在刚性骨架上的板,如按筒形弯曲,且在长边上作用着中面拉力,通过查复杂弯曲要素表(附表1-7),则其板条梁跨度中点的挠度和弯矩为:

$$w\left(\frac{l}{2}\right) = \frac{5}{384}\frac{ql^4}{D}f_0(u) \tag{4-13}$$

$$M\left(\frac{l}{2}\right) = -\frac{ql^2}{8}\varphi_0(u) \tag{4-14}$$

若板受均布荷重作用,四周刚性固定,按筒形弯曲,且在长边上作用着中面内拉力,则其板条梁跨度中点及端点处的挠度,弯矩为:

$$w\left(\frac{l}{2}\right) = \frac{1}{384}\frac{ql^4}{D}f_1(u) \tag{4-15}$$

$$M\left(\frac{l}{2}\right) = -\frac{ql^2}{24}\varphi_1(u) \tag{4-16}$$

$$M(0、l) = \frac{ql^2}{12}x(u) \tag{4-17}$$

式中:

$$u = \frac{l}{2}\sqrt{\frac{T}{D}} \tag{4-18}$$

u为板条梁的复杂弯曲参数。$f_0(u)$、$\varphi_0(u)$、$f_1(u)$、$\varphi_1(u)$、$x(u)$是复杂弯曲辅助函数,可在附表1-7中查取。

如果将式(4-11)代入式(4-18),并取钢材的泊松比$\mu=0.3$,则:

$$u \approx 1.65\frac{l}{100t}\sqrt{\frac{\sigma_t \times 10^4}{B}} \tag{4-19}$$

由式(4-19)可以看出,板条梁的跨度与厚度之比 l/t(即筒形弯曲板的宽厚比)增大,则参数 u 也增大,而复杂弯曲辅助函数 $f_0(u)$、$\varphi_0(u)$ 等离 1 越远,这就意味着中面力对板的弯曲要素的影响越大。当受到中面拉力时,弯曲要素随着中面力的增大而减小;当受到中面压力时,弯曲要素随着中面力的增大而增大。实用上认为复杂弯曲辅助函数距 1 超过 10% ~15% 时,必须考虑中面力对弯曲的影响,这类板属于柔性板。

板条梁的断面应力应为弯曲应力 σ_b 和中面应力 σ_t 叠加的结果:

$$\sigma = \sigma_t + \sigma_b \tag{4-20}$$

一般认为,中面应力在断面上是均匀分布的,而弯曲应力则呈线性分布,中面处的弯曲应力为零。与普通梁一样,其弯曲应力计算公式为:

$$\sigma_b = -\frac{My}{I} \tag{4-21}$$

将板条梁的断面惯性矩 $I = \dfrac{t^3}{12}$ 代入上式,得:

$$\sigma_b = -\frac{12My}{t^3} \tag{4-22}$$

板的上下表面距中面为 $\pm\dfrac{t}{2}$,该处的弯曲应力为:

$$\sigma_b = \pm\frac{6M}{t^2}$$

因此板上下表面的总应力为:

$$\sigma = \sigma_t \pm \frac{6M}{t^2} \tag{4-23}$$

板条梁横断面上的应力分布如图 4-5 所示。

例如两端自由支持的板条梁,受均布荷重及中面拉力时,梁的中点挠度与弯矩分别为:

$$v\left(\frac{l}{2}\right) = \frac{5}{384}\frac{ql^4}{D}f_0(u), M\left(\frac{l}{2}\right) = -\frac{ql^2}{8}\varphi_0(u) \tag{4-24}$$

式中:

$$u = \frac{l}{2}\sqrt{\frac{T}{D}} \tag{4-25}$$

$f_0(u)$,$\varphi_0(u)$为 u 的函数,它们反映了中面力对弯曲要素的影响。如果中面力为压力,数值为 $T^{\cdot}$,则参数 u 应换为 $u^{\cdot}$,函数 $f_0(u)$,$\varphi_0(u)$应换为$f_0^{\cdot}(u^{\cdot})$,$\varphi_0^{\cdot}(u^{\cdot})$。

一旦求得了板条梁的断面弯矩,即可求出弯曲应力 σ_b,板条梁的总应力为弯曲应力与中面应力之代数和,最大应力总是在板的表面(参见图 4-5),其值为:

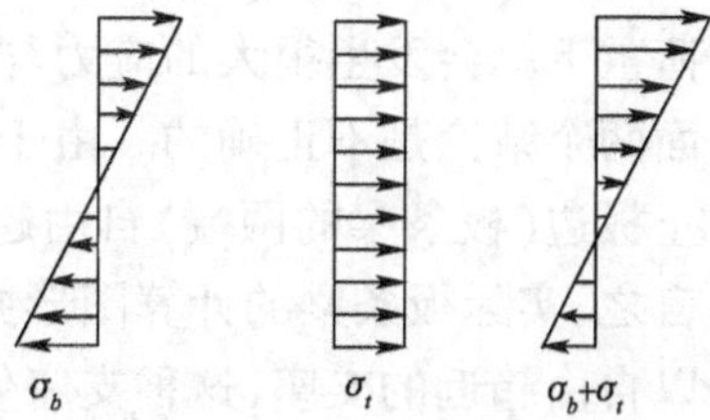

图 4-5　板条梁截面应力分布图

$$\sigma_{max} = \sigma_b + \frac{6M_{max}}{t^2} \tag{4-26}$$

在梁的复杂弯曲中,船体中的梁因为刚度 EI 较大故而参数 u 的值很小(一般≤0.5),从而辅助函数接近于 1,因此在实际计算中可以不计轴向力对弯曲要素的影响。对于船体板,因板的厚度不大,板条梁的刚度 D 较小,使得板条梁在复杂弯曲时的参数 u 相当大(一般≥0.5,

对于一般的海船，数字计算表明，板条梁的 u 值约比梁的 u 值大 10 倍左右），辅助函数与 1 相差很大，因此中面力对板的弯曲要素影响很大，不可不计。这一现象说明板对中面力的作用十分敏感。

因此，若板受到中面拉力，它将减少板的弯曲应力，是有利的；反之是不利的。

例 4-1 已知一矩形板，四周自由支持在刚性周界上，宽 50cm，长 150cm，高 0.5cm，板上有横向均布荷重 $q=0.04905\text{N/mm}^2$，在长边上作用着中面拉应力 $\sigma_t=49.05\text{N/mm}^2$。试求该板中点处的挠度，弯距及板的最大应力。

解 分析已知条件，该板长、短边之比为 150/50 = 3，因此可按筒形弯曲情况来处理。又由于存在中面拉应力，因此必须按筒形板的复杂弯曲来计算该板，并取两端自由支持模型。

取弹性模量 $E=19.62\times10^4\text{N/mm}^2$，泊松比 $\mu=0.3$，板的筒形刚度为：

$$D=\frac{Et^3}{12(1-\mu^2)}=\frac{19.62\times0.5^3\times10^6}{12(1-0.3^2)}=22.46\times10^4$$

参数 u 为：

$$u\approx1.65\frac{l}{100t}\sqrt{\frac{\sigma_t\times10^4}{E}}=1.65\sqrt{\frac{4905\times10^2}{19.62\times10^4}}=2.6$$

查复杂弯曲辅助函数表，得：

$$f_0(u)=0.267,\varphi_0(u)=0.254$$

板中点处的挠度为：

$$w(l/2)=\frac{5}{384}\frac{ql^4}{D}f_0(u)=0.47(\text{cm})$$

板中点处的弯矩为：

$$M(l/2)=-\frac{ql^2}{8}\varphi_0(u)=-3.8933(\text{N}\cdot\text{m/cm})$$

板中的最大应力为：

$$\sigma_{\max}=\sigma_t+\frac{6M}{t^2}=142.49(\text{N/mm}^2)$$

按以上分析，结论为：①中面拉力对板的承载起了很大的作用；②如果没有中面力，板在横荷重下就会发生很大的应力与变形；③板似乎不能承受中面压力。然而，对于船体板来说，后面两个结论是不正确的。由于实际船体板的支持骨架相当强，板在弯曲时其支持骨架总是阻止板边（板条梁的两端）自由趋近，因此板本身就会因弯曲而拉长，从而产生中面拉伸力。换言之，实际板条梁的计算图形并不是像图 4-4 那样两端是可以自由趋近的支座，而是两端不可以自由趋近的支座，这种支座使得板发生挠度后被拉长，即在弯曲时产生中面拉力，这种情况总是在板发生大变形时才有意义，称之为板的大挠度弯曲问题，这里不做介绍。

第三节 刚性板的一般弯曲

上节研究了按筒形弯曲的板，这只适用于板的边长比较大的情况。对于一般的情况，板在两个方向都有弯曲变形，因此不能用筒形弯曲板的理论来描述刚性板的一般弯曲。由于存在两个方向的弯曲变形，因此刚性板的一般弯曲比刚性板的筒形弯曲复杂得多。本节简单介绍刚性板一般弯曲的概念和部分计算公式的使用。

1. 直法线假定

与在梁的弯度研究中采用平断面假设一样，为了在研究中在保证足够精确的前提下导出比较简单的公式，对板的弯曲作直法线假设：

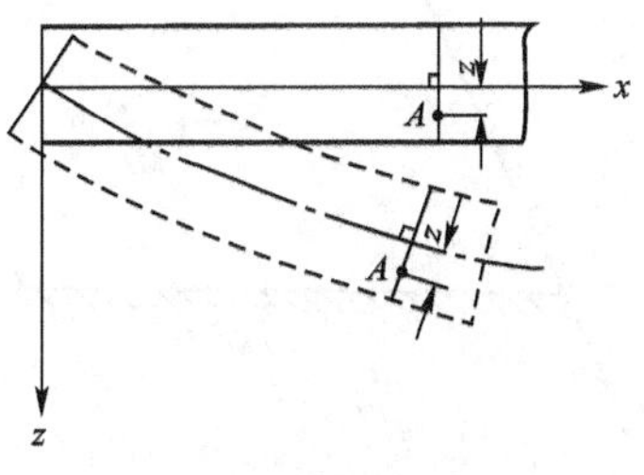

图 4-6　板弯曲直法线图

(1)板变形前位于板中面垂线上的各点在板变形后仍在板中面垂线上，且距中面的距离不变，如图 4-6 所示。

(2)在小挠度情况下，板变形后翘曲的中面并不发生拉伸、压缩和剪切变形。

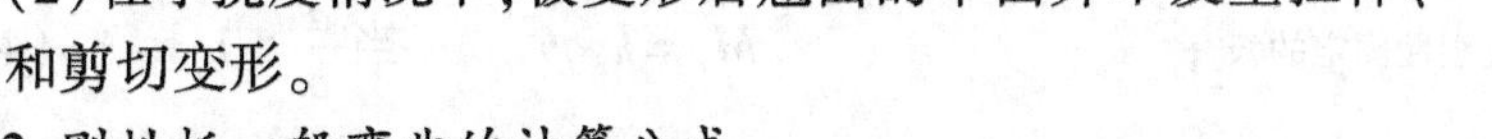

2. 刚性板一般弯曲的计算公式

这里略去对板的弯曲微分方程的研究，直接给出部分支承情况和载荷情况下板的弯曲要素的计算公式。

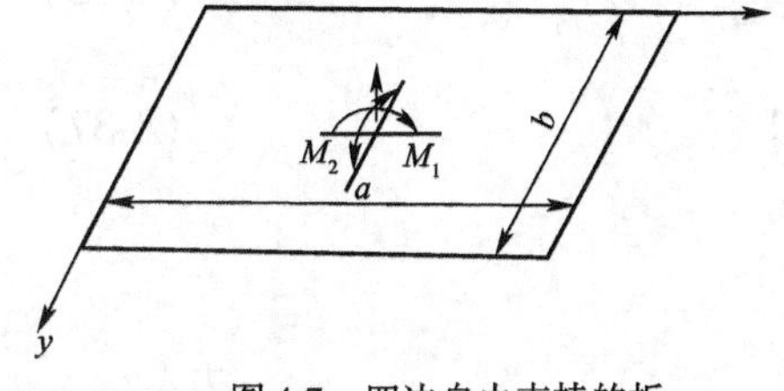

图 4-7　四边自由支持的板

由于板在两个方向上有弯曲变形，因此有关的弯曲要素以及弯曲应力都分别以各自在两个方向上的分量的形式给出。

(1)四边自由支持，受均布荷重作用的板(图 4-7)。

$$w_1 = k_1 \frac{qb^4}{Et^3} \tag{4-27}$$

$$M_1 = k_2 qb^2 \tag{4-28}$$

$$M_2 = k_3 qb^2 \tag{4-29}$$

式中：w_1——板中心的挠度；

M_1——板中心处平行于 yoz 平面的截面之弯矩；

M_2——板中心处平行于 xoz 平面的截面之弯矩；

q——板上横向均布荷重的集度；

b——板的短边长度；

t——板厚；

k_1、k_2、k_3——系数，当边长比 a/b 确定后可由表 4-1 查出。

k_1、k_2、k_3 的值　　表 4-1

a/b	k_1	k_2	k_3	a/b	k_1	k_2	k_3
1	0.0443	0.0479	0.0479	1.8	0.1017	0.0479	0.0948
1.1	0.0550	0.0494	0.0553	1.9	0.1064	0.0417	0.0985
1.2	0.0616	0.0501	0.0626	2.0	0.1106	0.0464	0.1017
1.3	0.0697	0.0504	0.0693	3.0	0.1135	0.0404	0.1185
1.4	0.0770	0.0506	0.0753	4.5	0.1400	0.0384	0.1235
1.5	0.0843	0.0500	0.0812	5.0	0.1416	0.0375	0.1246
1.6	0.0906	0.0493	0.0862	∞	0.1422	0.0375	0.1250
1.7	0.0964	0.0486	0.0908				

(2)一对边自由支持,另一对边刚性固定,受均布荷重作用的板(图4-8)。

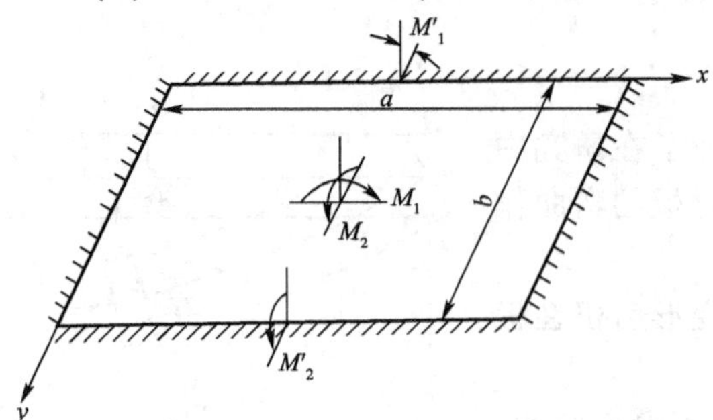

图4-8 一对边自由、一对边刚性固定的板

$$w_1 = k_1 \frac{qb^4}{Et^3} \quad 当\frac{a}{b}>1 \tag{4-30}$$

$$w_1 = k_1 \frac{qa^4}{Et^3} \quad 当\frac{a}{b}<1 \tag{4-31}$$

$$M_2 = k_2 qb^2 \quad 当\frac{a}{b}>1 \tag{4-32}$$

$$M_2 = k_2 qa^2 \quad 当\frac{a}{b}<1 \tag{4-33}$$

$$M_1 = k_3 qb^2 \quad 当\frac{a}{b}>1 \tag{4-34}$$

$$M_1 = k_3 qa^2 \quad 当\frac{a}{b}<1 \tag{4-35}$$

$$M_2' = -k_4 qb^2 \quad 当\frac{a}{b}>1 \tag{4-36}$$

$$M_2' = -k_4 qa^2 \quad 当\frac{a}{b}<1 \tag{4-37}$$

式中: M'_2——板在刚性固定端边缘中点处的弯矩;

k_1、k_2、k_3、k_4——系数,当 a/b 确定后可由表4-2查出。

k_1、k_2、k_3、k_4 的值 表4-2

板的边长比	$a<b$				$a>b$			
	k_1	k_2	k_3	k_4	k_1	k_2	k_3	k_4
1	0.0214	0.0332	0.0244	0.0698	0.0214	0.0332	0.0244	0.0698
1.1	0.0276	0.0370	0.0309	0.0788	0.0228	0.0356	0.0230	0.0739
1.2	0.0349	0.0401	0.0377	0.0868	0.243	0.0374	0.0216	0.0770
1.3	0.0425	0.0426	0.0447	0.0938	0.0255	0.0388	0.0202	0.0793
1.4	0.0504	0.0446	0.0517	0.0998	0.0262	0.0399	0.0189	0.0808
1.5	0.0582	0.0480	0.0585	0.1049	0.0270	0.0406	0.0172	0.0892
1.6	0.0658	0.0495	0.0650	0.1090	—	—	—	—
1.7	0.0730	0.0474	0.0711	0.1124	—	—	—	—
1.8	0.0799	0.0476	0.0768	0.1152	—	—	—	—
1.9	0.0863	0.0476	0.0821	0.1173	—	—	—	—
2	0.0987	0.0474	0.0869	0.1191	0.0284	0.0421	0.0142	0.0842
3	0.1276	0.0421	0.1144	0.1246	—	—	—	—
4	0.1383	0.0390	0.1223	0.1250	—	—	—	—
5	0.1412	0.0370	0.1248	0.1250	—	—	—	—
∞	0.1422	0.0375	0.1250	0.1250	0.0284	0.0417	0.0125	0.0833

(3)四边刚性固定,受均布荷重作用的板(图4-9)。

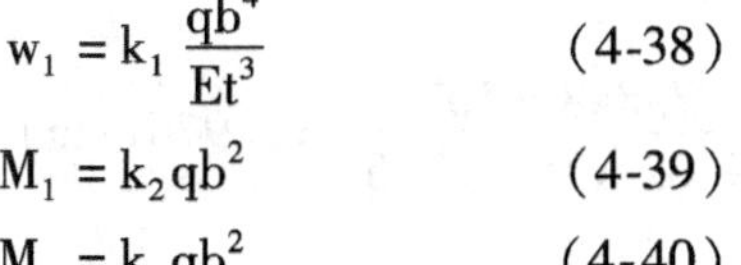

$$w_1 = k_1 \frac{qb^4}{Et^3} \quad (4\text{-}38)$$

$$M_1 = k_2 qb^2 \quad (4\text{-}39)$$

$$M_2 = k_3 qb^2 \quad (4\text{-}40)$$

$$M'_1 = -k_4 qb^2 \quad (4\text{-}41)$$

$$M'_2 = -k_5 qb^2 \quad (4\text{-}42)$$

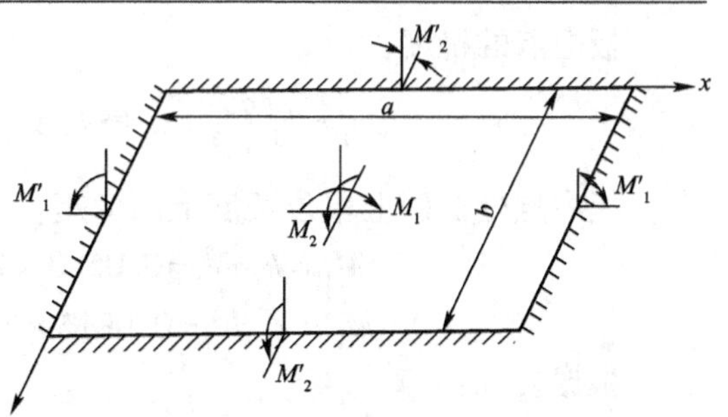

图 4-9　四边刚性固定的板

式中：M'_1——支持周边短边中点的弯矩；

M'_2——支持周边长边中点的弯矩；

k_1、k_2、k_3、k_4、k_5 系数，当 a/b 确定后可由表 4-3查出。

k_1、k_2、k_3、k_4、k_5 的值　　表 4-3

a/b	k_1	k_2	k_3	k_4	k_5
1.0	0.0138	0.0229	0.0229	0.0513	0.0517
1.1	0.0165	0.0234	0.0264	0.0538	0.0554
1.2	0.0191	0.0231	0.0229	0.0554	0.0612
1.3	0.0210	0.0224	0.0327	0.0563	0.0668
1.4	0.0227	0.0215	0.0340	0.0568	0.0714
1.5	0.0241	0.0204	0.0368	0.0570	0.0753
1.6	0.0251	0.0193	0.0381	0.0571	0.0748
1.7	0.0260	0.0182	0.0342	0.0571	0.0807
1.8	0.0267	0.0174	0.0401	0.0571	0.0821
1.9	0.0272	0.0165	0.0407	0.0571	0.0826
2.0	0.0276	0.0158	0.0412	0.0571	0.0829
3.0	0.0279	0.0143	0.0415	0.0571	0.0832
4.0	0.0282	0.0139	0.0417	0.0571	0.0833
5.0	0.0284	0.0139	0.0417	0.0571	0.0833
∞	0.0284	0.0125	0.0417	0.0571	0.0833

例 4-2　一矩形板，边长分别为 $a = 75$cm，$b = 50$cm，板厚 $t = 0.6$cm，板上有均布荷重 $q = 0.07848\text{N/mm}^2$，该板四周均自由支持在刚性周界上。求该板中点处的挠度、弯矩和正应力。

解　该板边长比为：

$$\frac{a}{b} = \frac{75}{50} = 1.5$$

查表 4-1，得：

$$k_1 = 0.0843, k_2 = 0.0500, k_3 = 0.0812$$

根据式(4-38)、式(4-39)、式(4-40)，可求得：

板中点的挠度：

$$w_1 = k_1 \frac{qb^4}{Et^3} = 0.0843 \times \frac{7.848 \times 50^4}{19.62 \times 10^6 \times 0.6^3} = 0.976(\text{cm})$$

板中点处截面上单位长度上的弯矩：

$$M_1 = k_2 qb^2 = 0.0500 \times 7.848 \times 50^2 = 9.81(\text{N} \cdot \text{m/cm})$$

$$M_2 = k_3 qb^2 = 0.0812 \times 7.848 \times 50^2 = 15.93(\text{N} \cdot \text{m/cm})$$

根据公式：

$$\sigma = \pm \frac{M}{W}$$

计算板中点处的最大正应力。对于厚度为 t，单位宽度的板的截面，其剖面模数为 $W = \frac{t^2}{6}$，因此，板中心处的最大正应力为：

$$\sigma_x = \pm \frac{6M_1}{t^2} = \pm \frac{6 \times 9.81 \times 10^3}{6^2 \times 10} = \pm 163.5(\text{N/mm}^2)$$

$$\sigma_y = \pm \frac{6M_2}{t^2} = \pm \frac{6 \times 15.93 \times 10^3}{6^2 \times 10} = \pm 265.5(\text{N/mm}^2)$$

例 4-3 一矩形板，受均布荷重作用，$q = 0.07848\text{N/mm}^2$，长边刚性固定，$a = 150\text{cm}$，短边自由支持，$b = 50\text{cm}$，厚度 $t = 1.0\text{cm}$。试求刚性固定边缘中点处的正应力和板中心处的挠度及最大正压力。

解 本例中 $a > b$，且：

$$\frac{a}{b} = \frac{150}{50} = 3$$

利用表 4-2，求出各系数的值：

$$k_1 = 0.0284, k_2 = 0.0420, k_3 = 0.0138, k_4 = 0.0839$$

根据公式可求得板中心处的挠度：

$$w_1 = k_1 \frac{qb^4}{Et^3} = 0.0284 \frac{7.848 \times 50^4 \times 10^{-2}}{19.62 \times 10^4 \times 1} = 0.071(\text{cm})$$

板中心处截面上单位长度上的弯矩：

$$M_2 = k_2 qb^2 = 0.0420 \times 7.848 \times 50^2 = 8.24(\text{N} \cdot \text{m/cm})$$

$$M_1 = k_3 qb^2 = 0.0138 \times 7.848 \times 50^2 = 2.71(\text{N} \cdot \text{m/cm})$$

由该步计算可知 $M_2 > M_1$，由此可判断，沿短边方向上的正应力一定大于沿长边方向上的正应力。据题意，要求最大正应力，因此只要计算长边上的正应力就行了：

$$\sigma_y = \pm \frac{6M_2}{t^2} = \pm \frac{6 \times 8.24 \times 100}{1} = 49.44(\text{N/mm}^2)$$

刚性固定边缘中心处的弯矩：

$$M'_2 = -k_4 qb^4 = -0.0839 \times 7.848 \times 50^2 = -16.46(\text{N} \cdot \text{m/cm})$$

固定边缘中心处的正应力：

$$\sigma'_y = \pm \frac{6M'_2}{t^2} = \pm \frac{6 \times 16.46 \times 100}{1} = 98.76(\text{N/mm}^2)$$

例 4-4　例 4-3 中如果改为 $a=50\text{cm}$，$b=150\text{cm}$，再解该题。

解　这时 $a<b$，边长比为：

$$\frac{b}{a}=\frac{150}{50}=3$$

查表 4-2，求得各系数的值：

$$k_1=0.1276, k_2=0.0421, k_3=0.1144, k_4=0.1246$$

根据公式可求得板中心处的挠度：

$$w_1=k_1\frac{qa^4}{Et^3}=0.1276\frac{7.848\times50^4}{19.62\times10^6\times1}=0.319(\text{cm})$$

板中心处截面上单位长度上的弯矩：

$$M_2=k_2qa^2=0.0421\times7.848\times50^2=8.26(\text{N}\cdot\text{m/cm})$$

$$M_1=k_3qa^2=0.1144\times7.848\times50^2=22.45(\text{N}\cdot\text{m/cm})$$

由于 $M_1>M_2$，因此 x 方向的应力为最大正应力：

$$\sigma_x=\pm\frac{6M_2}{t^2}=\pm\frac{6\times22.45\times100}{1}=\pm134.7(\text{N/mm}^2)$$

刚性固定边缘中心处的弯矩：

$$M'_2=-k_4qa^2=-0.1246\times7.848\times50^2=-24.45(\text{N}\cdot\text{m/cm})$$

固定边缘中心处的正应力为：

$$\sigma'_y=\pm\frac{6M'_2}{t^2}=\pm\frac{6\times24.45\times100}{1}=\pm146.7(\text{N/mm}^2)$$

例 4-5　一矩形板，四周刚性固定，受均布荷重作用，$q=9.81\text{N/cm}^2$，长边 $a=100\text{cm}$，短边 $b=50\text{cm}$，板厚 $t=1.0\text{cm}$。试求板中心处及周界上的最大正应力。

解　该板的边长比为：

$$\frac{b}{a}=\frac{100}{50}=2$$

查表 4-3，得有关系数为：

$$k_2=0.0158, k_3=0.0412, k_4=0.0571, k_5=0.0829$$

由于 $k_3>k_2$，$k_5>k_4$，因此由式(4－35)～(4－38)可判断平行于长边的截面内的弯矩的绝对值大于另一方向截面内的弯矩的绝对值，最大应力一定发生在与长边平行的截面内。

板中心处平行于长边截面内单位长度上的弯曲为：

$$M_2=k_3\,qb^2=0.0399\times9.81\times50^2=9.79(\text{N}\cdot\text{m/cm})$$

板中心处的最大应力为：

$$\sigma_y=\pm\frac{6M_2}{t^2}=\pm\frac{6\times9.79\times100}{1}=\pm58.74(\text{N/mm}^2)$$

长边中点处的弯矩为：

$$M'_2=-k_5qb^2=-0.0829\times9.81\times50^2=-20.33(\text{N}\cdot\text{m/cm})$$

周界上的最大正应力（即长边中点处之正应力）为：

$$\sigma'_y=\pm\frac{6M'_2}{t^2}=\pm\frac{6\times20.33\times100}{1}=\pm121.98(\text{N/mm}^2)$$

第四节　板的稳定性

船体板由纵横向构件划分为矩形“板格”。当板受到横向荷重作用时，板就以这些纵横向构件为支座，承受外荷重并发生弯曲变形。当船体发生总纵弯曲时，船体板(尤其是甲板与船底板)除了承受横向荷重外，还受到中面内的拉力或压力的作用。与杆一样，当板的中面压力达到一定数值时，平板将不再维持原来的平面平衡状态，而将发生弯曲变形。这时称板失去稳定性，也叫做平板“皱折”。船体结构中的板，由于其四周有刚性周界支撑，因此即使失稳，尚能承受一定的载荷，但承受能力将降低。由于板的失稳，会使整个船体的强度降低。因此，研究板的稳定性对于船舶强度有着十分重要的意义。

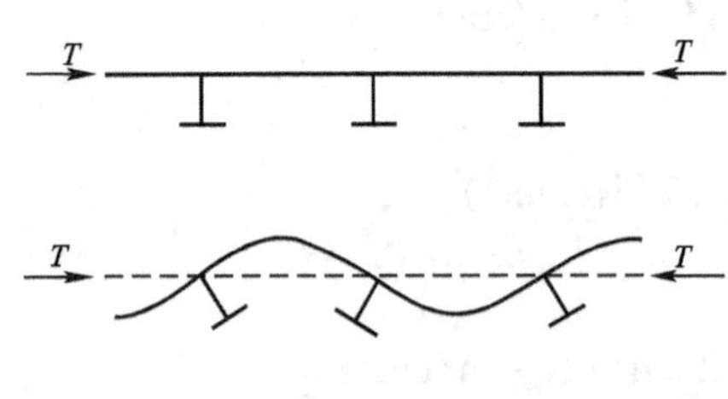

图 4-10　船体板受压变形

由于支承板的船体结构的刚性远大于板的刚性，因此认为板的支座是刚性支座。考察图 4-10，当船体板受到中面压力 T 作用而失稳后，相邻的板格将向相反的反向挠曲，作为支座的骨架也将因此发生扭曲变形，骨架是有一定的抗扭刚度的，因此，板的周界是处于弹性固定的状态。不过为了偏于安全，在船体板的稳定性计算中忽略骨架的抗扭作用，而认为板是自由支持在刚性支座上的。

某些船体板在横荷重作用下而产生挠度，当研究其在中面压力下的稳定性问题时将这些挠度作为“初始挠度”，简称“初挠度”。初挠度的存在将影响板的稳定性。在船体强度研究中，一般船体板的中面力由船体总纵弯曲应力引起，那么在横骨架式结构中船体板的初挠度对于其稳定性是十分不利的。相反，在纵骨架式中，船体板的初挠度是有利于提高板的稳定性的。

一、矩形板的稳定性

这里研究四边自由支持，在一个方向上均匀受压的板的稳定性问题。

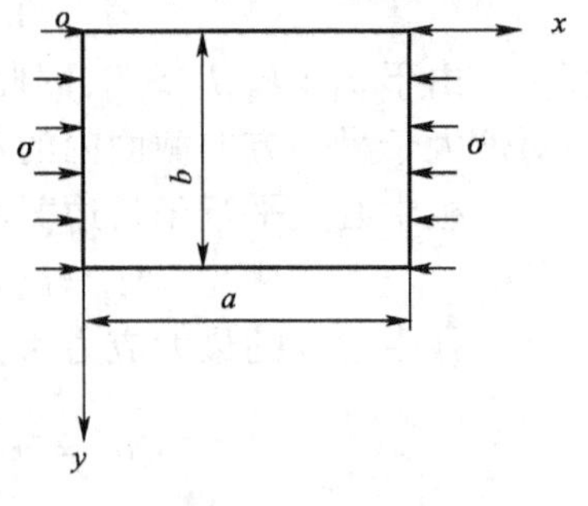

图 4-11　受压板格

1. 板的临界应力

对于图 4-11 的板，通过板中性平衡方程的研究，并考虑到边界条件，可得到板在开始失稳的压应力 σ_x 的表达式：

$$\sigma_x = \frac{\pi^2 D}{b^2 t}\left(m\frac{b}{a} + \frac{1}{m}\frac{a}{b}\right)^2 \qquad (4\text{-}43)$$

式中：D——板的筒形刚度；

m——板失稳后形成的半波数，$m = 1,2,3\cdots n$。

若令：

$$\left(m\frac{b}{a}+\frac{1}{m}\frac{a}{b}\right)^2=k \tag{4-44}$$

则式(4-43)可写成：

$$\sigma_x=k\frac{\pi^2 D}{b^2 t} \tag{4-45}$$

显然式(4-43)中，m 是个不定数，当 m 取一系列不同的数时，相对应的 σ_x 就有无穷多个，这与实际情况是不相符的。事实上，σ_x 必须是所有可能出现的值中最小的一个。由式(4-44)知，K 值的大小与 m 以及板的边长比 a/b 有关。为了便于分析，将 m、k、a/b 之间的关系绘成图 4-12 的曲线。

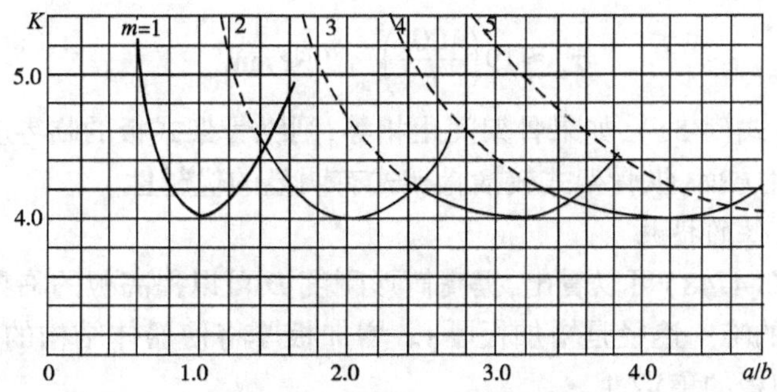

图 4-12　板压应力计算系数曲线

由图 4-12 的曲线可以看出，当 a/b 为不同的数值时，有一与之对应的 m 值，使得 k 值为最小。并且知道，当 $a/b>1$ 时，k 的最小值约为 4。因此可由式(4-45)得出，板开始失稳时所对应的压应力，即临界应力为：

$$\sigma_{cr}=\frac{4\pi^2 D}{b^2 t} \tag{4-46}$$

而当 $a/b<1$ 时，由曲线看出，只有取 $m=1$ 时，才能使 k 值最小，因此板的临界应力为：

$$\sigma_{cr}=\left(\frac{b}{a}+\frac{a}{b}\right)^2\frac{\pi^2 D}{b^2 t}=\left(1+\frac{a^2}{b^2}\right)^2\frac{\pi^2 D}{a^2 t} \tag{4-47}$$

当板的边长比 $a/b\ll 1$ 时，板将按筒形弯曲，这时可近似认为：

$$\frac{a^2}{b^2}\approx 0$$

根据式(4-47)，板的临界应力为：

$$\sigma_{cr}=\frac{\pi^2 D}{a^2 t} \tag{4-48}$$

该式即筒形弯曲板板条梁的临界应力计算公式。

将板的筒形刚度：

$$D=\frac{Et^3}{12(1-u^2)}=\frac{t^3}{12}E_1$$

代入式(4-48)，可得：

$$\sigma_{cr}=\frac{\pi^2 E_1 t^3}{a^2 t\ 12}=\frac{\pi^2 E_1 I}{a^2 t} \tag{4-49}$$

式中：I——板条梁的断面惯性矩。

式(4-49)和两端自由支持在刚性支座上的单跨压杆的临界应力公式是一样的。这说明对于筒形弯曲板在长边上受到中面压力作用时,其稳定问题仍可用板条梁理论来解决。

当船舶发生总纵弯曲时,纵骨架式板格的短边将受到中面压力,这相当于前面说的 $a>b$ 的情况。如果取钢材的弹性模量 $E=2.1\times10^5\text{N/mm}^2$,泊松比 $\mu=0.3$,则根据式(4-46)可得到实用的纵骨架式船体板的稳定性计算公式:

$$\sigma_{cr}\approx76\left(\frac{100t}{b}\right)^2\quad(\text{N/mm}^2)\tag{4-50}$$

而横骨架式船体板格,一般 $a\ll b$,同样可由式(4-48)可得到实用的横骨架式船体板的稳定性计算公式:

$$\sigma_{cr}\approx19\left(\frac{100t}{b}\right)^2\quad(\text{N/mm}^2)\tag{4-51}$$

比较式(4-50)与式(4-51),如果骨架间距相等,则纵骨架式板的临界应力为横骨架式板的 4 倍,这说明在稳定性方面,纵骨架式较横骨架式有明显的优越性。

2. 增加板的稳定性的措施

由式(4-47)及式(4-48)可以看出,提高筒形刚度 D 可以提高板的临界应力。对于一定的材料,提高筒形刚度的唯一途径是增加板厚 t。增加板厚将使船体结构的重量大大增加,因此一般不用此法来增加板的稳定性。

由式(4-45)可以看出,如果系数 k 增大,也可以提高临界应力。但是由图 4-12 的曲线知道,当 $a/b>1$,即纵骨架式板格的情况下系数 k 为定值,无法提高。只有当 $a/b<1$,即在横骨架式板格的情况下,才有可能使 k 值提高。具体方法是在板上设置横向扶强材,使 a/b 的值减小,从而提高 k 值。例如图 4-13 的板,边长比 $a/b=2$,如果在上面设置三道横向扶强材,则板格的边长比将降至0.5,由图 4-12 的曲线查出系数 k 由原来的 4 提高到 6.25,从而使板的临界应力提高至原来的 1.56 倍。由此得出结论,设置横向扶强材可提高板的临界应力,增加板的稳定性,但效果并不理想。

设置纵向扶强材,是增加板的稳定性的最有效的办法。如图 4-14 的矩形板格,短边长为 b,如设置一道纵向扶强材,则板格的宽度降至 $b/2$,根据式(4-42),其临界应力为:

$$\sigma_{cr}=\frac{4\pi^2D}{\left(\frac{b}{2}\right)^2t}=4\,\frac{4\pi^2D}{b^2t}$$

显然,这是没有设置纵向扶强材时板的临界应力的 4 倍。

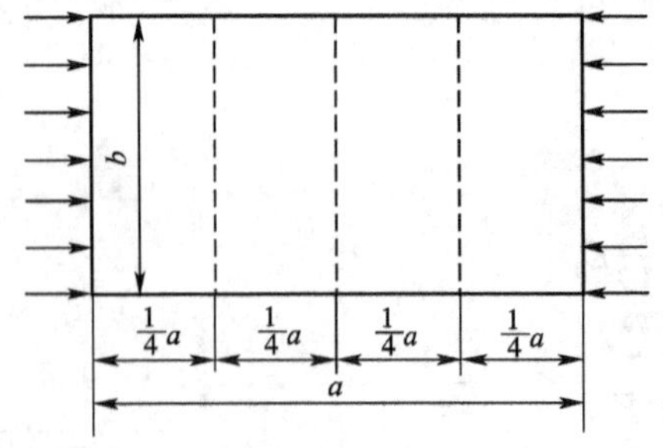

图 4-13　增加横向扶强材的受压板格

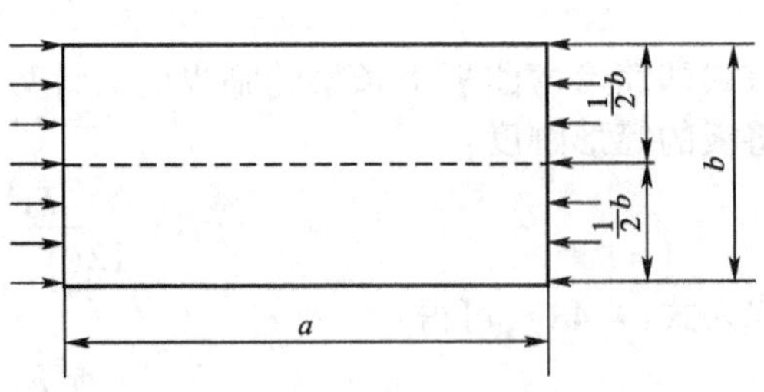

图 4-14　受压板格

二、板失稳后的工作情况

受轴向压力作用的杆，当压力达到临界力时，就可能偏离其原来的平衡位置，这时只要压力再略有增加，杆件就将迅速弯曲，直至破坏。因此认为杆件的压力达到或超过临界压力时，杆件就无法正常工作了。

受中面压力的板，其情况则与杆有所不同。船体板的四周承在船体骨架上，一般认为船体骨架是不能相互趋近的，而且船体骨架的临界应力远大于板的临界应力，因此当板失稳后骨架并不失稳而继续支撑着板，并使板的周界无法相互趋近。因此当板的中面压力大于临界力时板的挠度不可能迅速增大而导致破坏。船体板不是孤立存在的，它要受到相邻板格的制约作用，就这一点而言，是和单块的板不同的，这是当板失稳后板边不能相互趋近的另一个原因。

因此，船体板失稳后不至于破坏，尚能继续工作并承受一定的中面内压力。不过失稳后的板，其承载能力是有所下降的。这种现象称作板的"后屈曲强度"。

板失稳后，承载能力将降低，多余的荷重由支撑其周界的刚性骨架来承担。假如能找到这样一块一定宽度的刚性板，其承受的中面压力与某块板失稳后承受的中面压力一样大，那么我们可以将失稳的板看成上述一定宽度的刚性板在参与弯曲，而这块刚性板的宽度就称为某块板的"有效宽度"。

显然，板的有效宽度一定小于或等于板宽。板的有效宽度的大小与板的中面压力大小有关。在失稳前，板完全有效地参与弯曲，所以有效宽度就是板宽。板失稳后，随着中面压力的增大，板的承载能力下降，有效宽度减小。为了衡量板失稳后的承载能力，引入"折减系数"的概念。板的有效宽度与实际宽度之比，称为板的"折减系数"。"折减系数"用字母 ψ 表示，根据定义，有：

$$\psi = \frac{b_e}{b} \tag{4-52}$$

式中：b_e——板的有效宽度；

b——板的实际宽度。

如果以 $\overline{\sigma}$ 表示支撑板的刚性骨架所承受的压应力，那么，$\overline{\sigma}$ 也就是假想的有效宽度板上的压应力。如果以 σ 表示实际的板中面压应力的平均值，那么根据有效宽度的定义，有：

$$\sigma b = \overline{\sigma} b_e \tag{4-53}$$

或写成：

$$\frac{b_e}{b} = \frac{\sigma}{\overline{\sigma}}$$

将其代入式(4-52)，则可得到折减系数的另一表达式：

$$\psi = \frac{\sigma}{\overline{\sigma}} \tag{4-54}$$

由上面几个式子可以看出，如果折减系数 $\psi = 1$，即板的有效宽度就是板的实际宽度 $b_e = b$，这是板失稳前的情况。ψ 愈接近 1，则 b_e 与 b 的差值愈小，说明板失稳后承载能力的降低愈少。

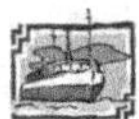

如果能设法求出在已知中面压应力下板的折减系数 ψ,则板失稳后的承载能力也就能确定了。为此,先来分析板失稳后其横断面上压应力的分布情况。

参照图 4-15,如果压应力$\bar{\sigma}_1$不超过板的临界压力,板不失稳,板及其周界都为刚性构件,因此,压应力沿板宽均匀分布;如果板刚性周界上的压应力$\bar{\sigma}_2$已超过板的临界应力,则板失稳,承载能力降低,由图 4-15 的第 2 条曲线可以看出,板边缘处与刚性骨架相连的部分承受的压应力与刚性骨架一样为 σ_2,从边缘到板宽中点,承受的压应力逐步减小,当刚性周界上的压应力继续增加至$\bar{\sigma}_3$,则板的承受能力进一步降低,此时板内压应力分布的不均匀程度更为明显。板的边缘与刚性骨架相连的一部分承担了外载荷中的绝大部分,而离骨架较远的板则承担的载荷小得多。上述这种现象称为应力的重新分配。

有了如图 4-15 的板失稳后压应力分布曲线,从理论上讲就能计算板的折减系数了。但事实上,这是不方便的。为了方便起见,在船舶工程计算中,对失稳后板内的压应力分布做了这样的假设:假定板失稳后,压应力的分布可用阶梯形曲线来代替其应力分布曲线。又假定与骨架相连的板边缘在一定范围内属于刚性构件(如图 4-16,上、下边缘的$\frac{1}{2}\eta b$ 宽度的区域),也就是说其中的压应力始终保持与骨架内的应力一致,为 $\bar{\sigma}$,而余下的板中间区域(图 4-16 中的 b_1)为柔性构件,它仅能承受等于临界压力的 σ_{cr}的压应力。

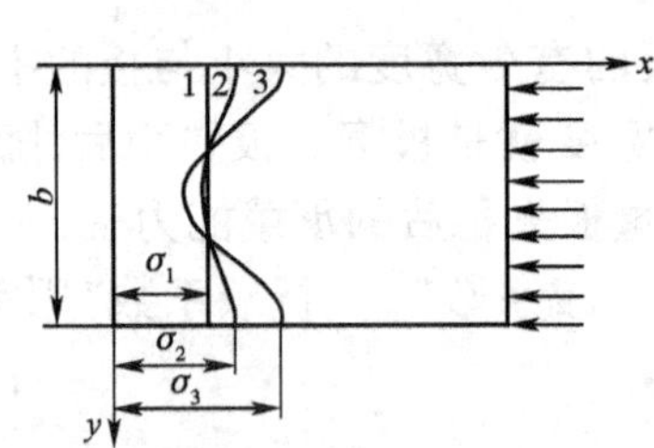

图 4-15　板失稳后压应力分布曲线

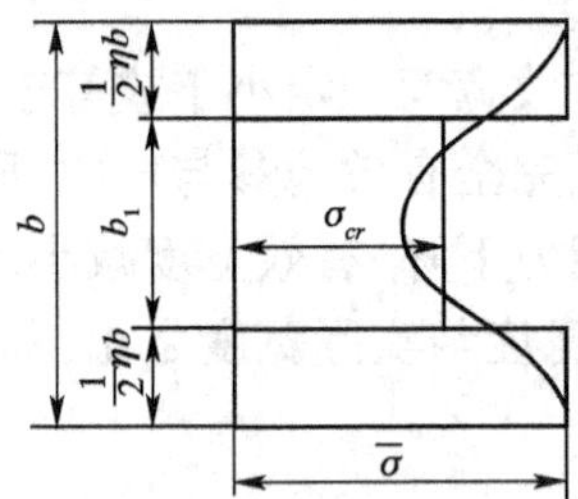

图 4-16　板压应力分布阶梯曲线

根据这一假设,则板边缘与刚性骨架相连的宽度为 ηb 的部分应全部计入板的有效宽度。对于中间部分柔性板,从定义出发,其拆减系数为:

$$\psi = \frac{\sigma_{cr}}{\bar{\sigma}} \tag{4-55}$$

因此整块板的有效宽度为:

$$b_e = \eta b + \psi b_1 \tag{4-56}$$

现在的关键是如何确定刚性构件的宽度 ηb。通过理论分析,提出了这样一个简单的近似计算方法:每边刚性构件的宽度等于板的短边的 0.22 倍。也就是说刚性构件的宽度为板短边长的 0.44 倍。

由此可得出纵骨架式板(图 4-17a)的有效宽度计算式:

$$b_e = 0.44b + (b - 0.44b)\psi = 0.44b + 0.56\psi b \tag{4-57}$$

对于横骨架式板(图 4-17b),有:

$$b_e = 0.44a + (b - 0.44a)\psi \tag{4-58}$$

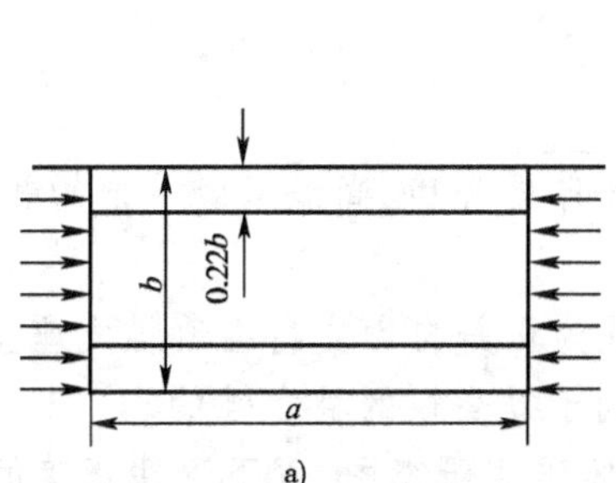

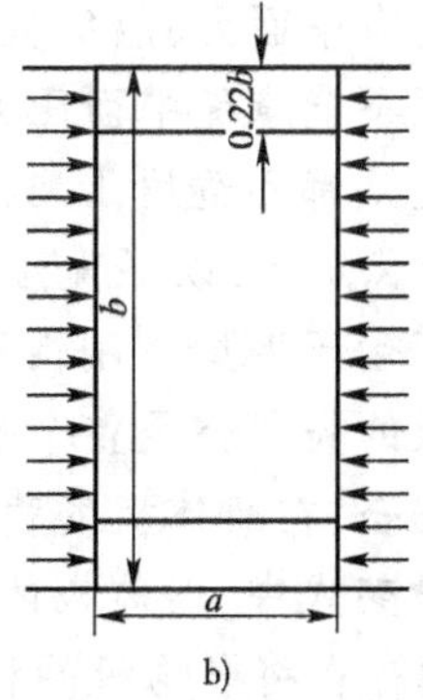

图 4-17　船体板有效宽度示意图

SIKAOYULIANXI

一、计算题

1. 一矩形板，长 300cm，宽 80cm，厚 1.5cm，板四周刚性固定。受均布荷重作用 $q=0.0867\text{N/mm}^2$，板的长边上作用着中面内压应力 $\sigma_t=4.905\text{N/mm}^2$。试求板中心处及长边中点处的应力。

2. 某横骨架式船底板格，长边长 2500mm，短边长 500mm，板厚 6mm。如果船底板受到 49.05N/mm^2 的压应力，试分析该船底板的工作情况。

二、填空题

1. 船体结构的板主要是________的薄板。

2. 船体结构中的板分为__________、___________、___________三类。

3. 不同的板在相同的场合，中面应力对板的弯曲的影响程度____________；相同的板在不同的场合，中面应力对板的弯曲的影响程度___________。

4. 板条梁的总应力为弯曲应力与中面应力之代数和，最大应力总是在板的__________。

5. 某些船体板在横荷重作用下而产生挠度，研究其在中面压力下的稳定性问题时将这些挠度作为___________。

三、选择题

1. 以下说法错误的是________。

A. 对于船体板，因板的厚度不大，则中面力对板的弯曲要素影响不大

B. 中面应力在断面上是均匀分布的

C. 弯曲应力在断面上则呈线性分布

D. 板若受到中面拉力，将减少板的弯曲应力；若板受到中面压力，它将增大板的弯曲应力

2. 对于船体板，以下说法正确的是________。

A. 中面拉力对船体板的承载起了很大的作用

B. 如果没有中面力，船体板在横荷重下就会发生很大的应力与变形

C. 船体板不能承受中面压力

D. 以上说法都不适用于船体板

3. 对于板的稳定性，以下说法错误的是________。

A. 船体板由于四周有刚性周界支撑，因此即使失稳，尚能承受一定的载荷

B. 船体板的失稳会是整个船的强度降低

C. 为了安全，在船体板的稳定性计算中认为板是自由支持在刚性支座上的

D. 在横骨架式中，船体板的初挠度是有利于提高板的稳定性的

4. 初挠度的存在将影响板的稳定性。在船体强度研究中，以下说法正确的是________。

A. 在横骨架式和纵骨架式结构中，船体板的初挠度均有利于提高板的稳定性

B. 在横骨架式和纵骨架式结构中，船体板的初挠度均不利于提高板的稳定性

C. 在横骨架式结构中，船体板的初挠度有利于板的稳定性；在纵骨架式中，船体板的初挠度是不利于提高板的稳定性

D. 在横骨架式结构中，船体板的初挠度不利于其稳定性；在纵骨架式中，船体板的初挠度是有利于提高板的稳定性

第五章　有限元法基础

● **学习目标**

知识目标

1. 掌握有限元法的基本概念；
2. 了解有限元法的基本应用；
3. 了解用有限元分析问题的基本步骤。

能力目标

1. 了解有限元法的特点；
2. 掌握用通用有限元软件分析问题的基本步骤；
3. 了解通用有限元软件的界面。

第一节　有限元法基本原理

一、有限元法的基本概念

有限元法是随着电子计算机发展而发展起来的一种较新的和有效的数值方法，它可以方便地解决具有复杂的结构型式、复杂的载荷及复杂的边界条件的结构分析问题，亦能处理非均匀材料及非线性应力－应变状态的结构问题。下面对有限元法的一些基本概念做一个介绍。

1. 结构的离散化

有限元法是将结构离散为有限个单元。对于二维的平面结构就是将它分为有限个平面单元，这种平面单元可以是三角形的或四边形的，或三角形、四边形的均有，单元的顶点称为“节点”（图 5-1）。

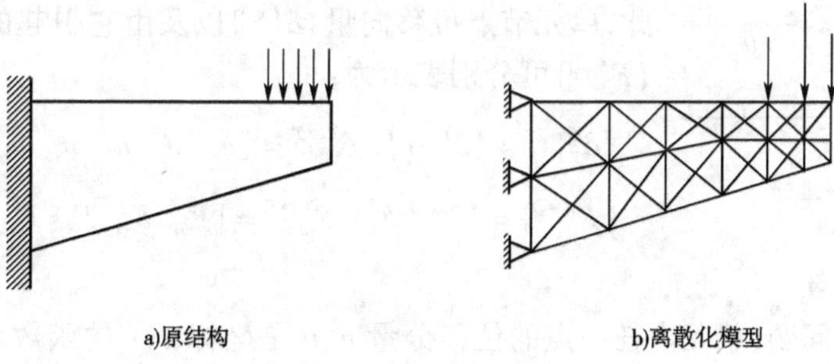

a)原结构　　b)离散化模型

图 5-1　有限元法

2. 单元的位移函数

有限元法也有位移法、力法和混合法（一部分以位移另一部分以应力作为基本未知量的求解方法）之分，但应用最普遍的是位移法。位移法是以节点位移作为基本未知量。在平面应力问题中，每一个节点有两个位移分量，每个节点有两个自由度，相应的有两个由节点位移

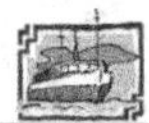

引起的节点力，建立单元节点位移与节点力之间的关系，即求出单元的刚度矩阵，为此就要寻求平面单元的解。首先，对于每一个单元选择一个简单的函数来近似的描述其位移分量的分布规律。所选择的简单函数称为单元的位移函数。有了位移函数之后，再根据能量原理，建立单元节点力与节点位移之间的关系，就可得出单元的刚度矩阵。由于单元的位移函数是选取的，只能近似地描述单元内各点的位移分量的分布规律，所以有限元法是近似法。

3. 分布外力的移置

有限元法是以节点为对象建立平衡方程式，因此若单元上有分布外力（包括边界力与体积力）均需以等效做功的原则将它移置到单元的节点上去，以节点力的形式出现。

除了上述三点外，有限元法的其他做法如刚度矩阵的建立，约束处理等均与矩阵法（通过采用对节点位移作为基本未知量，进而通过矩阵的形式表达方程式，求出未知量的方法）完全一样，不必在此详述。

二、有限元分析问题的基本步骤

对于不同物理性质和数学模型的问题，有限元法的基本步骤是相同的，只是具体公式推导和运算求解不同。现以位移法为例将这些步骤叙述如下：

1. 离散化

将求解区域用点、线或面划分为有限数目的单元。单元形状原则上是任意的。例如，在平面问题中通常采用三角形单元，有时也采用矩形或任意四边形单元。在空间问题中，可以采用四面体、长方体或任意六面体单元。单元划分后，将全部单元和节点按一定顺序编号，每个单元所受的荷载均按静力等效原理移置到节点上，并在位移受约束的节点上根据实际情况设置约束条件。

2. 单元分析

所谓单元分析，就是建立各个单元的节点位移和节点力之间的关系式。现以三角形单元为例说明单元分析的过程。如图5-2所示，三角形有三个节点 i、j、m。在平面应力问题中，每个节点有两个位移分量 u、v，三个节点共有六个位移分量。因此，单元节点位移向量 $\{\delta^{(e)}\}$ 以及由它引起的单元节点力向量 $\{F^{(e)}\}$ 可分别表示为：

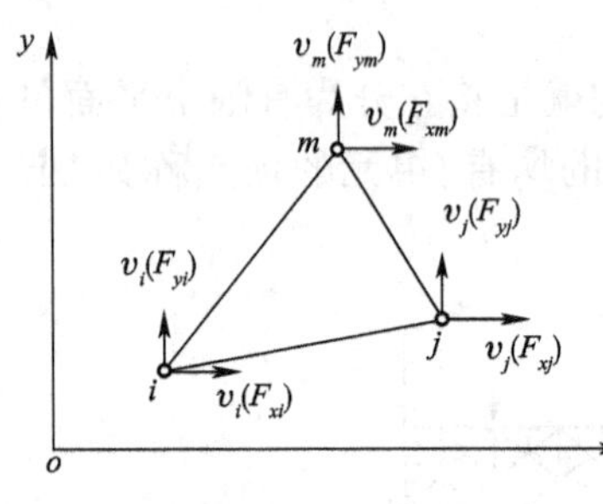

图5-2　三角形单元

$$\{\delta^{(e)}\} = [\delta_i^T \quad \delta_j^T \quad \delta_m^T]^T = [u_i \quad v_i \quad u_j \quad v_j \quad u_m \quad v_m]^T \tag{5-1}$$

$$\{F^{(e)}\} = [F_i^T \quad F_j^T \quad F_m^T]^T = [F_{xi} \; F_{yi} \; F_{xj} \; F_{yj} \; F_{xm} \; F_{ym}]^T \tag{5-2}$$

3. 选取位移函数

对于平面应力问题，单元内任一点的位移分量 u、v 是坐标 x、y 的函数。选取的位移函数要使单元内任一点的唯一都能由单元的节点位移唯一确定。并且还必须考虑收敛准则。例如，对于三角形单元，选取线性函数作为其位移函数，即：

$$\left.\begin{aligned} (x,y) &= \alpha_1 + \alpha_2 x + \alpha_3 y \\ v(x,y) &= \alpha_4 + \alpha_5 x + \alpha_6 y \end{aligned}\right\} \tag{5-3}$$

4. 建立单元刚度方程

选定单元的类型和位移函数后，就可以按最小势能原理（在所有几何可能位移中，真实位移使得总势能取最小值）建立单元刚度方程，它实际上是单元各个节点的平衡方程，其系数矩阵称为单元刚度矩阵，即：

$$[K]^e[\delta]^e=\{F\}^e \tag{5-4}$$

式中$[K]^e$称为单元的刚度矩阵，它的每一个元素都反映了一定的刚度特性，即产生单位位移所需施加的力。

单元刚度矩阵仅取决于单元形态和材料性质。在一个单元范围内，材料性质必须相同，而不同的单元可以各有不同的材料性质，因此它能方便地处理非均质材料问题，这是有限元法的一个突出的优点。

5. 整体分析

整体分析是对各个单元组成的整体进行分析。它的目的是要建立起一个线性方程组，来揭示节点外荷载与节点位移的关系，从而用来求解节点位移。即：

$$[K][\delta]=[R] \tag{5-5}$$

式中：$[K]$——总刚度矩阵；

$[\delta]$——总节点位移向量；

$[R]$——总节点载荷向量。

6. 计算单元的应变与应力

解出节点位移后，根据需要，可由弹性力学的几何方程和物理方程来计算应变和应力。

三、有限元法的特点

有限元法主要具有以下特点：

1. 物理概念清晰，容易掌握

有限元法一开始就从力学角度进行简化，可以通过非常直观的物理途径来学习并掌握这一方法。

2. 具有极大的通用性和灵活性

对于各种复杂的因素，如复杂的几何形状，任意的边界条件，不均匀的材料特性，不同类型构件组合，有限元法都能灵活地加以考虑，而不会发生处理、求解上的困难。

3. 适合计算机的高效计算

由于有限元分析的各个步骤，可以表达成规范化的矩阵形式，因此求解方程可以统一为标准的矩阵代数问题，特别适合计算机的编程和执行。随着计算机软硬件技术的高速发展，以及新的数值计算方法的不断出现，大型复杂问题的有限元分析已成为工程技术领域的常规工作。

总之，有限元法已被公认为应力分析的有效工具而受到普遍的重视并得到广泛的应用。

第二节　有限元法的应用

有限元法起源于20世纪50年代飞机结构的矩阵分析，研究的是平面应力问题，后来这个方法逐步迅速发展，应用于杆系、板、壳等的弯曲问题及稳定性问题，而且随着计算机的发展和

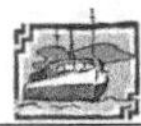

自身理论的不断完善，有限元法迅速从结构工程强度分析计算扩展到几乎所有的科学技术领域，成为一种丰富多彩、应用广泛并且实用高效的数值分析方法。

过去，工程技术人员和科研人员一般都是自己编程来解决各种问题，这对解决个别具体问题可能有利，但通用性不强。近年来，出现了许多大型通用有限元分析软件，如 NASTRAN、ANSYS、ABQUS、MARC 等，为有限元法应用带来很多方便。这些软件一经出现，就受到了大家的青睐。现在人们更倾向于使用这些通用软件来解决工程技术问题。

下面以某散货船克令吊基座及船体局部结构为例，利用通用有限元分析软件 ANSYS（图 5-3）来分析，主要步骤如下：

1. 创建有限元模型

（1）创建或读入几何模型；

（2）定义材料属性；

（3）划分网格（节点及单元）。

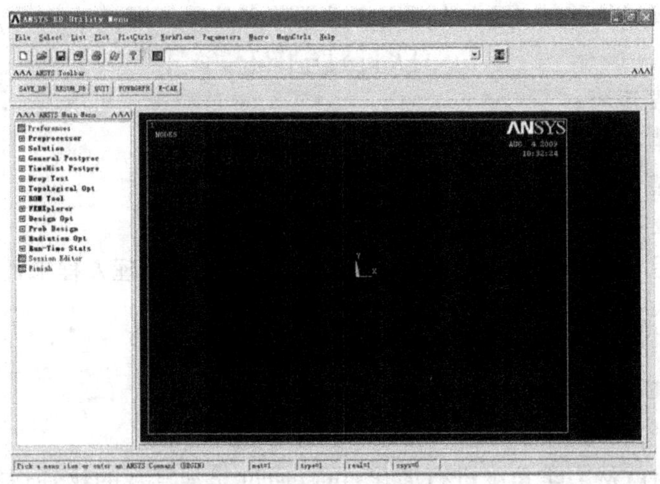

图 5-3　ANSYS 主界面

图 5-4 为 ANSYS 软件创建的某散货船克令吊基座及船体局部结构模型。

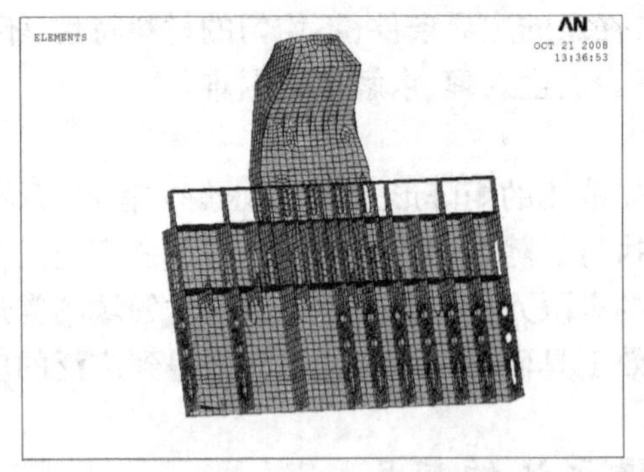

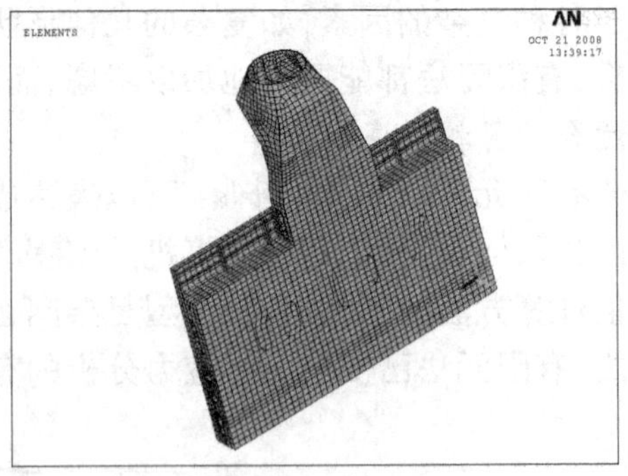

图 5-4　克令吊基座及船体局部结构有限元计算模型

2. 施加载荷并求解

（1）设定边界约束条件；

（2）设定载荷工况；

(3)求解。

3. 查看结果

(1)查看分析结果;

(2)检验结果。

图 5-5 为用 ANSYS 软件求解结果后的应力分布图。

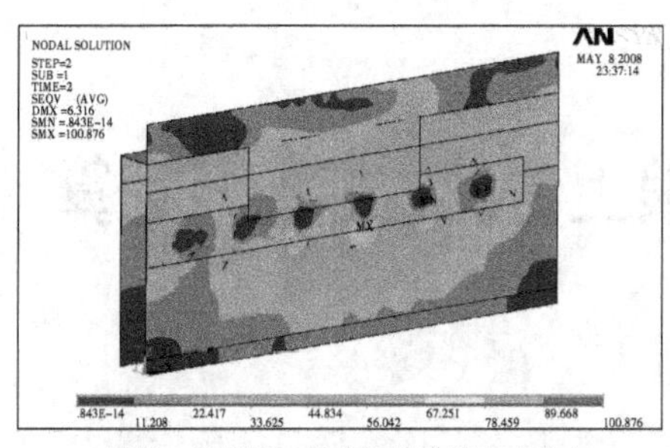

a)甲板、舷侧板、纵舱壁的计算应力分布

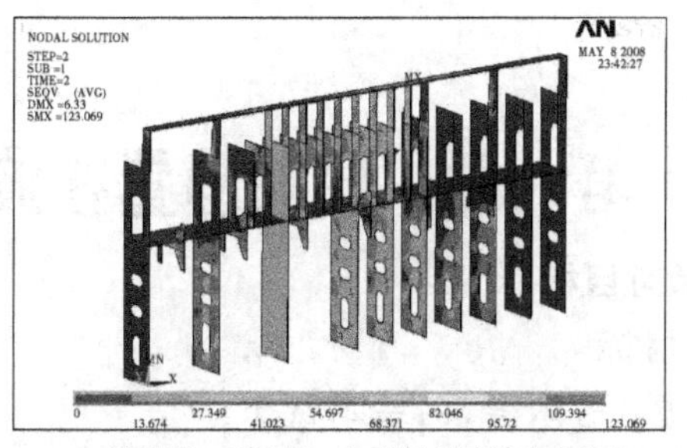

b)肋骨板、平台板、加强板的计算应力分布

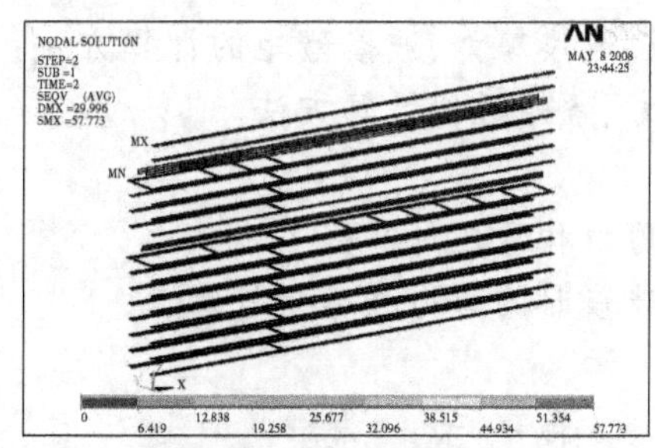

c)甲板、舷侧及纵舱壁上纵骨的计算应力分布

图 5-5　克令吊基座及船体局部结构应力分布图

使用通用有限元分析软件来分析船舶结构问题,首先需要使用者对船舶结构做出准确的分析抽象,建立有限元几何模型。然后录入材料实常数(如密度、弹性模量等,根据具体问题划分网格,得到有限元分析模型。再根据结构的受力情况正确地施加载荷与边界条件,最后经求解和后处理得到分析结果。

SIKAOYULIANXI

简答题

1. 说明有限元法的基本概念。
2. 说明有限元法的应用情况。
3. 说明有限元法的特点。
4. 说明用有限元法分析问题的基本步骤。
5. 说明用通用有限元软件分析问题的基本步骤。

下篇　船体强度与结构设计

第六章　船舶静置在波浪上的剪力和弯矩计算

● **学习目标**

知识目标

1. 掌握“船体梁”的基本概念；
2. 掌握载荷、剪力和弯矩之间的关系；
3. 掌握静水剪力、静水弯矩、波浪剪力、波浪弯矩的计算方法；
4. 了解船舶总纵弯曲的剪力、弯矩近似计算方法。

能力目标

1. 能够利用表格进行静水剪力和弯矩计算；
2. 能够利用表格进行置于波浪时的剪力和弯矩计算。

第一节　概　　述

船舶在波浪上航行时，将受到各种外力的作用，如重力、浮力、推力、阻力、摇摆时惯性力等，其中推力和阻力使船体受到的纵向压缩应力很小，在船体强度的研究中可忽略不计。摇摆时的惯性力只有在研究动力影响时才予以考虑。船体强度的研究是取船舶静置在波浪上，假想船舶以波速度在波浪的前进方向上航行，此时船与波的相对速度为零，这样便可以认为船体是在重力和浮力作用下平衡在波浪上的一根梁。由于重力和浮力沿船长的分布规律并不一致，故两者在每单位船长上的差额就构成作用在船体梁上的分布载荷。船体梁在这个载荷作用下将发生总纵弯曲变形，并在船体梁断面上产生剪力和弯矩。

正常航行的船舶往往也会处于多种不同的状态，我们应取可能出现的最危险的状态为计算状态，才能保证强度计算的可靠性。从这点出发，确定下列状态为计算状态：

船体静置于波浪上与静置于水中相比，浮力分布的不均匀性更为突出，与船舶重量分布规律相差更远，引起的总纵弯矩也更大。因此我们要取船舶静置于波浪上为计算状态。

在波高一定的情况下，当波长等于船长时，对船体最为不利，因此取波长等于船长作为一个计算状态。波长等于船长时，船与波相对位置有两种，一种是波峰在船中，称为“中拱”状态；另一种是波谷在船中，称为“中垂”状态，必须分别考虑这两种状态。对于内河船舶，其可能达到的水域的最大波长往往可能小于船长，这时，船舶斜置在波浪上，首、尾同时处在相邻的波峰或波谷上为最危险状态，取为计算状态。

不同的装载情况将改变船舶的重力分布曲线，一般取下面两种状态为计算状态：

满载：出港、到港；

压载：出港、到港。

船舶在波浪上受力情况可以看成是其静置在静水中的受力(即静水弯矩、剪力)再加上由于波浪的存在引起浮力重新分布而产生的附加力。由附加力而使船体产生的弯矩、剪力称为“附加弯矩”和“附加剪力”。因此船体总纵弯矩和剪力可由静水弯矩、剪力和波浪附加弯矩、剪力两部分构成。

求出总纵弯曲力矩以及相应的总纵弯曲应力，并将它与许用应力进行比较以判定船体的强度，是目前船体总纵强度计算中的常规方法。

第二节　静水剪力和弯矩的计算

船舶在静水中平衡条件是：重力等于浮力；重心和浮心在同一铅垂线上。

设 x 轴沿船长方向，竖轴向上(图 6-1)画出了船舶的重力与浮力沿船长分布的曲线，其中 $w(x)$ 为重力分布曲线，$b(x)$ 为浮力分布曲线。船体的总重量为 W，船的单位长度重量(又称重量集度)为 $w(x)$，船长为 L，则：

$$W = \int_0^L w(x)\,\mathrm{d}x \tag{6-1}$$

船舶重心的纵向坐标：

$$x_g = \frac{1}{W}\int_0^L x \cdot w(x)\,\mathrm{d}x \tag{6-2}$$

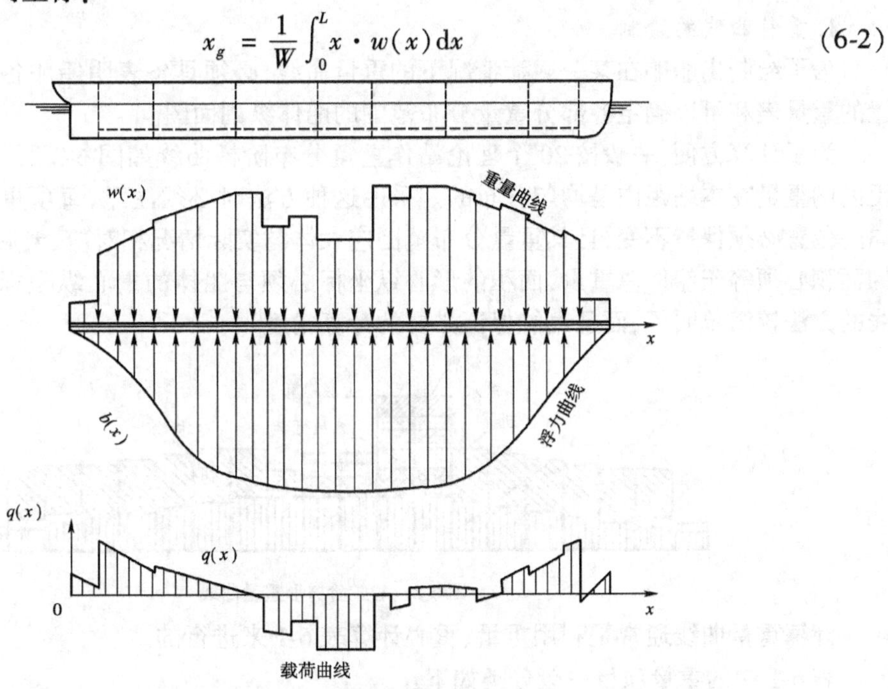

图 6-1　重量曲线、浮力曲线和载荷曲线

同样，若作用在船单位长度上的浮力(又称浮力集度)为 $b_s(x)$，总浮力为 B，则：

$$B = \int_0^L b_s(x)\,\mathrm{d}x \tag{6-3}$$

船舶浮心的纵向坐标：

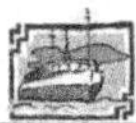

$$x_b = \frac{1}{B}\int_0^L x \cdot b_s(x)\,\mathrm{d}x \tag{6-4}$$

根据平衡条件得：

$$\int_0^L w(x)\,\mathrm{d}x = \int_0^L b_s(x)\,\mathrm{d}x \tag{6-5}$$

$$\int_0^L x \cdot w(x)\,\mathrm{d}x = \int_0^L x \cdot b_s(x)\,\mathrm{d}x \tag{6-6}$$

能够满足式(6-5)和式(6-6)的 $w(x)$和 $b_s(x)$可能有很多组合。一般情况下 $w(x)$和 $b_s(x)$是不同的，其差值 $q_s(x)$即为作用在船体梁上的单位长度的载荷(又称载荷集度)：

$$q_s(x) = w(x) - b_s(x) \tag{6-7}$$

作用在船体梁断面上的剪力和弯矩分别是：

$$N_s(x) = \int_0^x q_s(x)\,\mathrm{d}x \tag{6-8}$$

$$M_s(x) = \int_0^x N_s(x)\,\mathrm{d}x = \int_0^x \int_0^x q_s(x)\,\mathrm{d}x\mathrm{d}x \tag{6-9}$$

由此可见，为了计算静水剪力 $N_s(x)$和静水弯矩 $M_s(x)$，必须先计算出 $w(x)$和 $b_s(x)$，从而求得 $q_s(x)$，然后运用近似积分(即数值积分)法再进行积分计算得到。

一、重量曲线计算

1. 重量曲线的绘制

为了绘制出船舶在某一载荷情况下的重量曲线，必须具备表明船舶各部分重量及重心位置的重量表和可以确定各部分重量分布范围的船体纵剖面图。

为了计算方便，一般按 20 个理论站作重量分布阶梯曲线如图 6-2 所示，近似认为每个站距内的重量在本站距内是均匀分布的。采用这种方法时必须注意，每项重量的重心在船长方向的位置必须保持不变，且其重量分布范围应大体与实际情况相对应、最后绘成的阶梯曲线下的面积必须等于船体总重量，面积的形心纵坐标必须与船体的重心纵坐标相同。采用阶梯曲线的方法较简单明了，而且也能保证必要的计算精度。

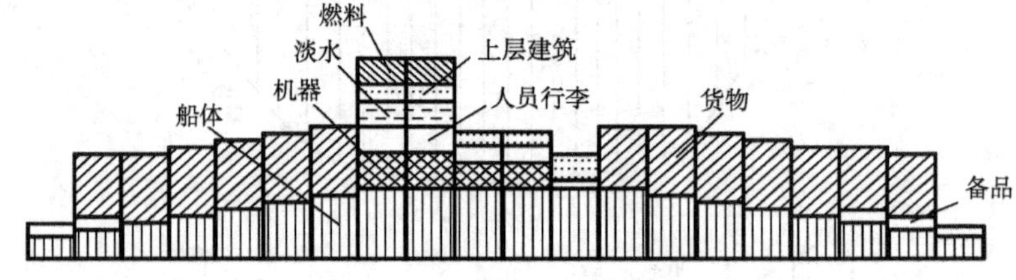

图 6-2　船舶阶梯形重量曲线

计算重量曲线通常是利用重量、重心计算表 6-1 来进行的。

表 6-1 中的重量项目一般分类如下：

(1)船体钢料重量；

(2)设备、舾装重量；

(3)机电设备重量；

(4)粮食、船员及备品重量；

(5)燃料及水等的重量。

重量重心计算表　　　　表6-1

序号	重量项目＼站距	20 19	19 18	18 17	17 16	16 15	…	5 4	4 3	3 2	2 1	1 0	从左至右加之和
1	船体重量												
2	舾装设备												
3	轮机电气												
4	旅客船员												
…	…												
$n-2$	粮食及行李												
$n-1$	货物												
n	燃油及水												
从上至下和													$\sum w=$
对船中力臂 x		9.5	8.5	7.5	6.5	5.5	…	-5.5	-6.5	-7.5	-8.5	-9.5	
力矩 m													$\sum m=$

$$x_g=\frac{\sum m}{\sum w}\Delta L$$

式中：ΔL——理论站距；

x_g——重心距船中的距离，向首为正，向尾为负。

上述的重量曲线计算方法具有足够的精度，但工作十分繁琐。另外在设计的初始阶段，不可能有详细的重量资料提供计算，因此这种方法便无法采用。

在设计初始阶段，往往采用近似方法，分别绘制出船体重量曲线和局部重量分布曲线，最后合成为船体重量分布曲线。

2. 主船体重量曲线的近似绘制方法

(1)主船体重量曲线的围长法。假设主船体结构单位长度重量与该剖面围长成比例。设距尾垂线 x 剖面处的单位长度的重量为 $w(x)$，则：

$$w(x)=\frac{w_h\cdot l(x)}{A} \tag{6-10}$$

式中：w_h——船主体重量的总和；

$l(x)$——x 剖面处围长；

A——船体全表面积。

这种方法适用于船主体结构重量的分布。

(2)主船体重量曲线的梯形法。一般船舶中间肥、两头瘦，且具有平行中体，因此可以用梯形曲线来近似表达其主船体及舾装的重量分布，如图6-3所示。其中 α、β、a、b、c 为系数。由此绘出的梯形曲线必须等于主船体及舾装的重量，面积形心距船中的距离与重量重心距船

中的距离相等。系数 α、β、a、b、c 之值,可根据重量统计资料确定,或采用下列公式计算:

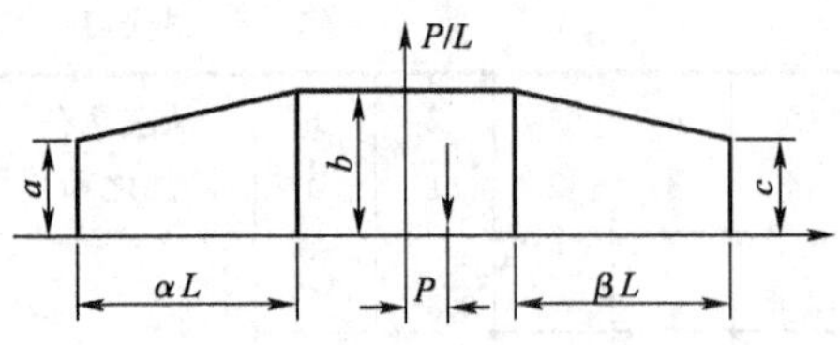

图 6-3 空船重量的三段分布

$$\left.\begin{aligned} &\alpha=\beta=\frac{1}{3}\\ &b=1.17\sim1.20\\ &a=3-2b-\frac{54}{7}\cdot\frac{x_g}{L}\\ &c=3-2b+\frac{54}{7}\cdot\frac{x_g}{L} \end{aligned}\right\} \tag{6-11}$$

式中:L——船长,这里取垂线间长;

x_g——主体钢料重量的重心距船中的距离;

b——根据方形系数 C_b 确定;

当 $C_b>0.75$ 时,取 $b=1.17$;

当 $C_b<0.70$ 时,取 $b=1.20$;

当 $0.70<C_b<0.75$ 时,b 由插值法求得。

图 6-3 所示的主体钢料重量分布规律,并不一定对每条船都适合,但在没有其他重量统计资料时,也可作为参考。

3. 局部性重量的分布

对于主船体以外的项目,如机座、甲板室、舾装、轴隧、货物、燃料、水等作为局部重量,可采用下面的方法将其分配在相应的理论站距上。

为了使船体总重量沿船长按阶梯形分布,并且使每一项重量的重心在船长方向坐标不变,从而保证与实际分配效果一致,则需要介绍将单项重量按矩形分布的方法。

所谓单项重量按矩形分布即把集中载荷或一定长度上的分布载荷转化为等价的每一理论站距间的矩形分布载荷。转化时应遵循"静力等效"原则,即重量大小相等,重心位置不变。

我们分以下 4 种情况介绍:

(1)集中载荷化分布载荷。如集中载荷 P 位于某一站号处,可将 P 均匀地分配到相邻的两个理论站距上,如图 6-4 所示;如 P 位于某一理论站距的中点,可将 P 均匀地分配到这个理论站距上即可,如图 6-5 所示。

其分布载荷 q 大小为:

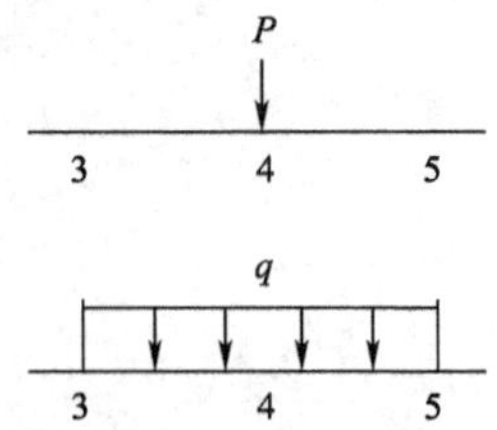

图 6-4 集中载荷位于站号处

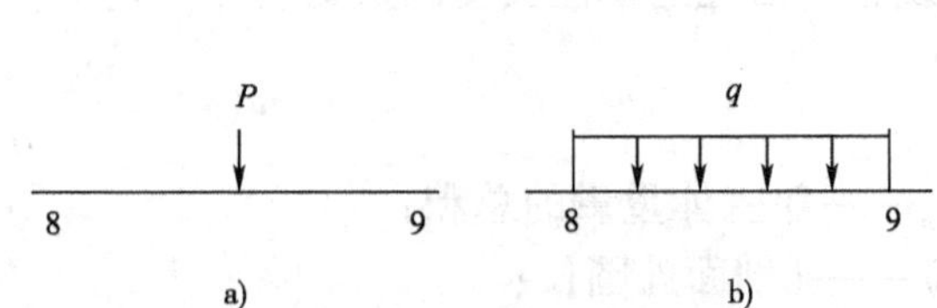

图 6-5 集中载荷位于站号中点

$$q=\frac{P}{n\cdot\Delta L} \tag{6-12}$$

式中:n——分布站距数;

ΔL——站距。

(2)分布在两个理论站距内的局部重量。如果局部重量为 P,其重心距 i 站距离为 a,则可按图6-6那样将其分布在 i 站的前后两理论站距内,成为一阶梯曲线。该曲线下的面积应等于局部重量 P,其形心纵向位置应等于局部重量重心的纵向坐标值。根据这原则,可求出分布在这两个理论站距内的荷重 p_1 和 p_2 的大小。

根据转化前后重量相等、重心位置不变的条件,可得如下方程组:

$$\left.\begin{aligned}(p_1+p_2)\cdot\Delta L=P\\ p_1\cdot\Delta L\cdot\frac{\Delta L}{2}-p_2\cdot\Delta L\cdot\frac{\Delta L}{2}=P\cdot a\end{aligned}\right\}\tag{6-13}$$

解之即得:

$$\left.\begin{aligned}p_1=\frac{P}{\Delta L}\left(0.5+\frac{a}{\Delta L}\right)\\ p_2=\frac{P}{\Delta L}\left(0.5-\frac{a}{\Delta L}\right)\end{aligned}\right\}\tag{6-14}$$

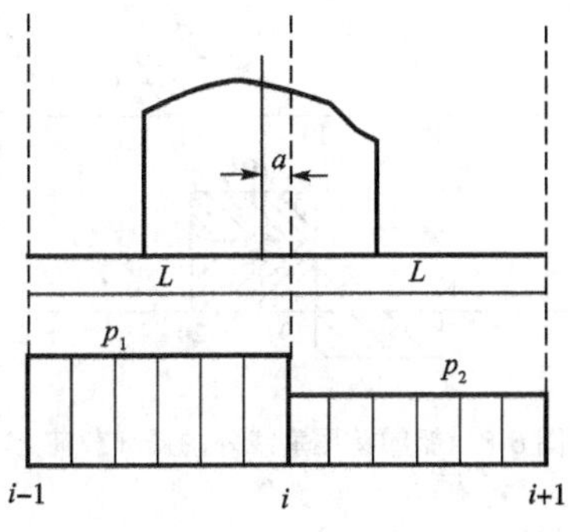

图6-6　分布在两个理论站距内局部载荷

例6-1　某杂货船的第一货舱载重量为 $P=4900\text{kN}$,分布在第7~9两个理论站间。重心在7~8理论站间,且距第8站的距离为 $a=2\text{m}$。理论站间距为 $\Delta L=7\text{m}$。试求等价转化为每一理论站间距上矩形分布载荷 p_1 和 p_2。

解　运用(6-14)公式可得:

$$p_1=\frac{P}{\Delta L}\left(0.5+\frac{a}{\Delta L}\right)=\frac{4900}{7}\left(0.5+\frac{2}{7}\right)=550(\text{kN/m})$$

$$p_2=\frac{P}{\Delta L}\left(0.5-\frac{a}{\Delta L}\right)=\frac{4900}{7}\left(0.5-\frac{2}{7}\right)=150(\text{kN/m})$$

(3)分布在三个站距上的重量载荷。因为只有两个平衡条件,所以一般是根据具体情况,按图6-7的假定分布规律进行分布。其中,对于图a)和b)的情况,可以比较简单地利用静力等效原则直接列出两个方程式,从而求得不同理论站距内的分布载荷。对于图c)情况,可以分步进行:第一步,以1.5ΔL代替 ΔL,用式(6-14)求 p_1 和 p_2。第二步,再利用式(6-14)将 p_1 和 p_2 分别向其相邻的两个理论站距内分布。这样,中间理论站距的分配值为 p_1 和 p_2 的叠加,其他两个站距的分配值分别为 p_1 和 p_2。

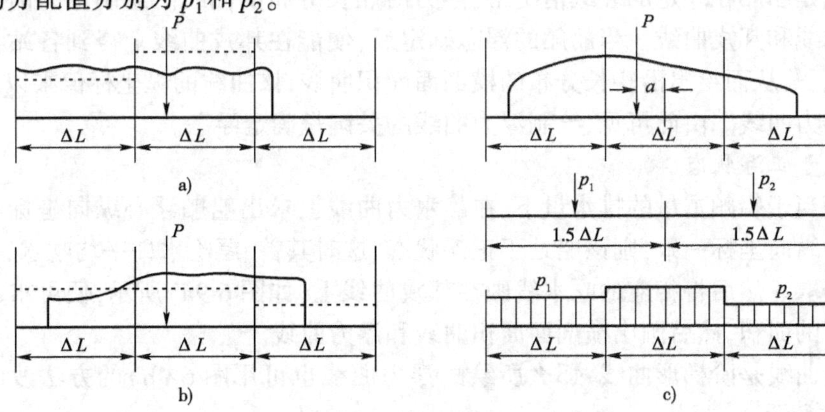

图6-7　分布在三个理论站距内局部载荷

对于在更长范围内分布的重量,均可按上述方法处理,计算时只需将理论站距 ΔL 用分布范围内的等分长度代替即可。

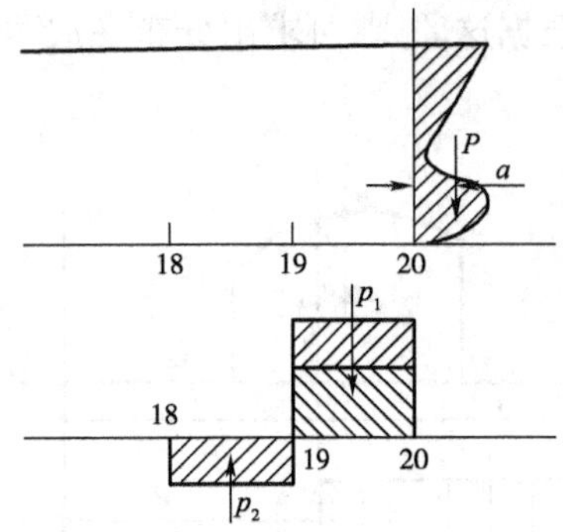

图 6-8　船舶首尾垂线外的局部载荷

(4)船舶首尾垂线外的延长部分载荷重量处理。有些船舶在首尾垂线之外,有相当长的延长部分,且这部分的重量可能超过空船重量的1%。对于这一类的重量应按图 6-8 的办法进行分布。把首尾垂线之外的重量移到相邻的两个理论站距内,但不改变船舶重心坐标,故不致引起船中部弯矩的变化。根据平衡条件:

$$P=(p_1-p_2)\Delta L$$

$$P\cdot a=\left(\frac{3}{2}p_2-\frac{1}{2}p_1\right)(\Delta L)^2$$

可得:

$$\left.\begin{aligned}p_1&=\frac{P}{\Delta L}\left(\frac{3}{2}+\frac{a}{\Delta L}\right)\\p_2&=\frac{P}{\Delta L}\left(\frac{1}{2}+\frac{a}{\Delta L}\right)\end{aligned}\right\}\tag{6-15}$$

式中:a——突出部分重心距端点站的距离。

将各项重量按上述方法分配好之后,就可以把各个理论站距内的重量叠加,绘制出如图 6-2 所示的重量曲线。同时由表 6-1 还可以算得船舶的重量和重心:

$$G=\sum G_i$$

$$z_g=\frac{\sum G_i z_{gi}}{\sum G_i}$$

$$x_g=\frac{\sum G_i x_{gi}}{\sum G_i}$$

二、浮力曲线

浮力曲线是船舶在一定的装载情况下,浮力沿船长分布的曲线。绘制浮力曲线需要利用船舶静水力曲线和邦戎曲线。当船舶的浮态确定后,便能在邦戎曲线上得到各站在确定浮态下的横剖面面积,从而绘出沿船长分布的横剖面面积曲线,该曲线的纵坐标值乘以水的相对密度便得到了浮力曲线。由此可见,绘制浮力曲线的关键是确定浮态。

1. 船舶处于正浮状态

如果在相当于船舶重量的排水量下,在静水力曲线上求出船舶浮心纵向坐标与已知的船舶重量的重心纵向坐标一致,则该船处于正浮状态,这时其首、尾吃水即平均吃水,可在静水力曲线上直接查取。然后将相应的吃水线画在邦戎曲线上,如图 6-9a)所示,便可求出各站横剖面在该吃水下的面积,然后画出横剖面面积曲线和浮力曲线。

如果重量曲线是阶梯形曲线,那么所绘的浮力曲线也可用图 6-9b)的方法改画成阶梯曲线,如图 6-9c)所示。

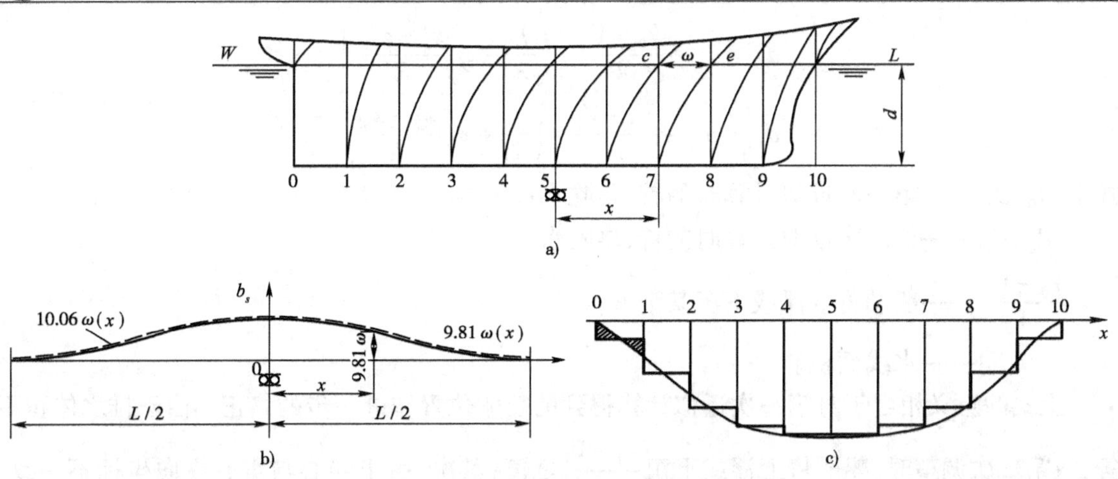

图 6-9　浮力曲线

2. 船舶处于纵倾状态

大部分船舶在正常航行中都有一定的纵倾。对于这种情况则必须先进行纵倾调整，确定其在一定装载状态下的实际吃水线，也就是要确定其首、尾吃水。从计算角度来看，如果在等于船舶重量的排水量下，在静水力曲线图上求得的相应的船舶浮心纵坐标与船舶已知的重心纵坐标不一致时，船舶处于纵倾状态。下面介绍纵倾调整的方法和浮力曲线的表达。

进行纵倾调整时，应具备船舶静水力曲线、邦戎曲线、船舶重量重心资料。

可先假设船舶是正浮的，这时可由静水力曲线求出相应排水量下的吃水 d_m，该吃水是平均吃水，正浮状态下也是首尾吃水。再求出相应的浮心纵坐标值 x_b。对于具有纵倾的船舶，由此求出相应的浮心纵坐标 x_b 与已知的船舶重心纵坐标值 x_g 必然一致，船舶的纵倾浮态便可看成是由于 x_b 与 x_g 不重合而产生的力矩 $(x_g - x_b) \cdot \Delta$（Δ 为船舶的排水量）所致。这样，就可以由静力学的公式算出船舶纵倾后的首、尾吃水：

$$\left.\begin{aligned} d_{f1} &= d_m + \left(\frac{L}{2} - x_f\right) \cdot \tan\varphi \\ d_{a1} &= d_m - \left(\frac{L}{2} + x_f\right) \cdot \tan\varphi \end{aligned}\right\} \tag{6-16}$$

式中：d_m——平均吃水；

d_{f1}——首吃水；

d_{a1}——尾吃水；

x_f——水线面漂心坐标值；

$\tan\varphi = \dfrac{x_g - x_b}{R}$，$R$ 是纵稳心半径。

求出首、尾吃水，通过邦戎曲线可求出其总排水体积 V_1 及浮心纵向坐标 x_{b1}。以上的计算过程称为浮力曲线的第一次近似计算。

如果第一次近似计算得出的 V_1 和 x_{b1} 与船舶给定重量下的排水体积 V_0 及重心纵向坐标值 x_g 相差较大时，则必须进行第二次近似计算，其首、尾吃水由下面的式子求出：

$$\left.\begin{aligned} d_{f2} &= d_{f1} + \frac{V_0 - V_1}{A} + \left(\frac{L}{2} - x_f\right)\frac{x_g - x_{b1}}{R} \\ d_{a2} &= d_{a1} + \frac{V_0 - V_1}{A} - \left(\frac{L}{2} + x_f\right)\frac{x_g - x_{b1}}{R} \end{aligned}\right\} \tag{6-17}$$

式中：d_{f1}、d_{a1}——第一次近似计算时的首、尾吃水；

d_{f2}、d_{a2}——第二次近似计算时的首、尾吃水；

$\frac{V_0 - V_1}{A}$——船舶将上浮或下沉某个值；

A——水线面积。

上式的意义相当于对第一次近似计算得到的船舶位置作进一步的修正。由于排水体积不等，故第二次调整时，船舶将上浮或下沉$\frac{V_0 - V_1}{A}$之值；其次，由于浮心与重心纵向坐标不一致，船舶也将产生某种程度的纵倾。

一般说来，若浮心与重心纵向坐标之差不超过船长 L 的 0.1%，排水量与给定的船舶重量之差不超过排水量 Δ 的 0.5%，则认为调整好了，可不必再往下计算。一般情况下，进行二次近似计算就能达到要求。

确定了吃水线后，就可以按前述的方法绘出曲线。

实际计算过程都是利用表 6-2 来进行的。

船舶平衡位置计算表　　表 6-2

1	2	3	4	5	6
理论站号	力臂系数 k	第一次近似计算		第二次近似计算	
		横剖面浸水面积 ω m^2	力矩函数 $k\cdot\omega=(2)\times(3)$	横剖面浸水面积 ω m^2	力矩函数 $k\cdot\omega=(2)\times(5)$
0	−10	$\omega_0/2$			
1	−9	ω_1			
⋮	⋮	⋮			
19	9	ω_{19}			
20	10	$\omega_{20}/2$			
Σ		$\Sigma3$	$\Sigma4$	$\Sigma5$	$\Sigma6$
$V_1=\Delta L\Sigma3$		$x_{b1}=\Delta L\frac{\Sigma4}{\Sigma3}$		$V_2=\Delta L\Sigma5$	$x_{b2}=\Delta L\frac{\Sigma6}{\Sigma5}$

三、载荷曲线

以重量曲线 $w(x)$ 为正，浮力曲线 $b(x)$ 为负，叠加即得载荷曲线，正值画在坐标轴的上方，负值画在坐标轴的下方。载荷曲线有如下两个性质：

(1)载荷曲线与轴之间所含面积之和为零;

(2)面积对纵轴上任一点的静力矩等于零。

这两个特点实际上就是体现浮力与重力相等,浮心纵坐标与重心纵坐标在同一铅垂线上两个船舶在水中的平衡条件。

四、剪力、弯矩曲线

置于静水中的船舶为两端自由的变断面梁,当其载荷求得之后可按式(6-8)和式(6-9)计算其弯矩和剪力。由于船舶两端完全自由无约束,因此两端的剪力和弯矩值应为零。但是在实际计算中由于误差存在,因此端点处的弯矩 $M(L)$ 和剪力 $N(L)$ 不一定为零,但只要满足:

$$\left.\begin{aligned}\left|\frac{N(L)}{N_{\max}}\right| &\leqslant 0.05\\ \left|\frac{M(L)}{M_{\max}}\right| &\leqslant 0.05\end{aligned}\right\}\tag{6-18}$$

我们就认为已经达到计算精度要求了。式中的 $M_{\max}$ 是总纵弯矩的最大值;$N_{\max}$ 是剪力的最大值(绝对值)。这时,只要对不为0的 $M(L)$、$N(L)$ 值采用线性内插方法进行修正就可以了。

用线性内插方法修正曲线的方法如图6-10所示,线性内插修正实际上就是按直线分比例修正。可以依照图中所示的方法,各用一条直线把剪力曲线和弯矩曲线封闭起来,也就是用所作的直线作为 x 轴,则在右端点处分别有 $N(L)=0$、$M(L)=0$。这样,在第20站处剪力的修正值应为"$-(7)_{20}$"(表6-3中第7项第20站处的剪力值)。依此,就可对每个理论站的剪力和弯矩予以修正。

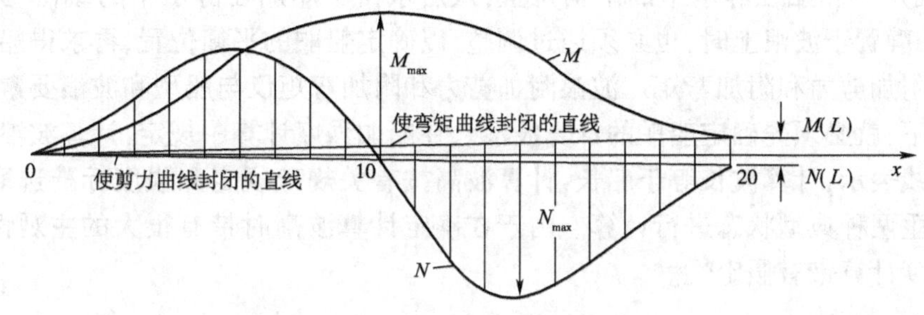

图6-10　线性内插法修正剪力、弯矩曲线

如果不满足式(6-18)的条件,则一定是由于 N、M 计算中有错误,或是纵倾调整中有较大误差。这时,必须进行复查或重新计算。

另外,由弯矩和剪力间的微分关系可知:剪力为零处一定是弯矩最大的地方,利用这一点也可检验弯矩和剪力曲线。

实用上,载荷曲线的积分过程是在表6-3中进行的。表中第10栏为剪力修正值,第13栏为弯矩修正值,它们都是按上述原则修正的。

船舶载荷、剪力、弯矩计算表　　表 6-3

1	2	3	4	5	6	7	8	9	10	11	12	13	14	15
理论站号 i	横剖面浸水面积	载荷及其积分							剪力		弯矩			理论站号 i
		第(2)栏成对和	站距内的浮力 (3) × $\frac{\Delta L}{2}\gamma$	站距内的重量	站距内的载荷 (5) − (4)	修正前剪力值第(6)栏自上至下和	第(7)栏成对和	第(8)栏自上至下和	剪力修正值 $-(7)_{20}\times\frac{i}{20}$	剪力值 $N=(7)+(10)$	修正前弯矩值 $(9)\times\frac{\Delta L}{2}$	弯矩修正值 $-(12)_{20}\times\frac{i}{20}$	弯矩值 $M=(12)+(13)$	
	m^2	m^2	tf (kN)	tf (kN)	tf (kN)	tf (kN)	tf (kN)	tf (kN)	tf (kN)	tf (kN)	tf · m (kN · m)	tf · m (kN · m)	tf · m (kN · m)	
0 1 ⋮ 19 20														0 1 ⋮ 19 20

第三节　波浪附加剪力和弯矩的计算

船舶静置于波浪上，浮力将重新分配，从而引起弯矩和剪力的改变，与船舶静置于静水中的弯矩和剪力相比较，改变的部分称为波浪附加弯矩和波浪附加剪力。从上节的介绍可以看出，我们是利用船舶的邦戎曲线、静水力曲线、重量重心等资料以及一系列公式，通过几次纵倾调整，从而确定了船舶在静水中的平衡位置，最后求得了船舶在静水中的载荷、剪力和弯矩。同样，在船舶静置于波浪上时，也必须通过调整，以确定船舶的平衡位置，再求得船舶静置于波浪上的波浪附加剪力和附加弯矩。波浪附加剪力和附加弯矩仅与船型和波浪要素有关，所以，在既定船型下，就必须先确定船舶的计算波浪。在船舶强度计算中规定，计算波浪的形状用二维坦谷波曲线表示，计算波长等于船长，计算波高按有关规范规定和强度标准选取，并分别考虑中拱和中垂两种典型状态进行计算。由于在确定计算波高时带有很大的主观性，故传统的船舶总纵强度计算带有假定性。

一、绘制坦谷波的方法

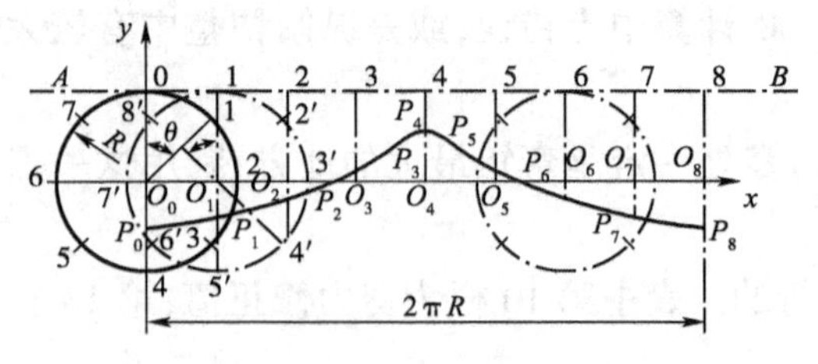

图 6-11　坦谷波的绘制方法

以半径为 R 的圆盘，沿直线 AB 滚动时，圆盘面上距圆心为 r 的 P 点所描出的轨迹，即为一坦谷波曲线，坦谷波顾名思义即波峰较陡峭，波谷较平坦，故称坦谷波。坦谷波的绘制方法如图 6-11 所示。通常把直线 AB 即波长和圆盘周长分为 8 等分，分别以 $O_0, O_1, \cdots, O_8$ 为中心，半波高 r 为半径，顺次旋转 $360°/8=45°$，记下 $P_0, P_1, \cdots, P_8$ 各点位置，用光滑曲线连接各点即得到一坦谷波曲线。

如果波长为 λ，波高为 h，则 R 与 r(半波高)应由下式决定：

$$R=\frac{\lambda}{2\pi}; r=O_0P_0=\frac{h}{2}$$

船体强度计算中，通常是根据坦谷波的波面方程所求得的理论站号上的波高相对值来绘制坦谷波曲线。如果取图 6-11 的坐标系统，则坦谷波的波面方程是：

$$\left.\begin{aligned} x &= \frac{\lambda}{2\pi}\theta + r\sin\theta \\ y &= -r\cos\theta \end{aligned}\right\} \tag{6-19}$$

式中：θ——圆盘转动时的转角；

y——波面距波轴线的垂向坐标；

x——与 θ 或 y 对应的波轴方向坐标。

表 6-4 是根据方程(6-19)求得的在 $\lambda/h=20$ 时，坦谷波面各理论站上的垂向坐标的相对值 y/r。如当 λ/h 值改变时，表中的比值数字也将发生变化。实际计算中，应根据 λ/h 值确定对应的 y/r 值。

y/r 值($\lambda/h=20$)　　表 6-4

理论站号	10	9;11	8;12	7;13	6;14	5;15	4;16	3;17	2;18	1;19	0;20
中拱	1.000	0.932	0.743	0.470	0.158	-0.155	-0.440	-0.677	-0.854	-0.963	-1.000
中垂	-1.000	-0.963	-0.854	-0.677	-0.441	-0.154	0.158	0.470	0.742	0.932	1.000

不同水域的坦谷波要素——波长及波高是不同的，在海洋中一般波长较大，当波长小于船长时，取波长等于船长，即 $\lambda=L$。波长确定后波高可以这样来确定：

当 $L\geqslant 120$m 时，取 $h=\lambda/20$；

当 $60\leqslant L<120$m 时，取 $h=\lambda/30+2$m；

当 $L\leqslant 60$m 时，取 $h=\lambda/20+1$m。

我国内河各航区的波浪要素如表 6-5 所示。

表 6-5

航区	A	B	C
$\lambda\times h$	30×2.5m	15×1.5m	$h=0.5$m

二、波浪附加剪力和弯矩计算

船舶在波浪中浮力分布如图 6-12 所示，船舶在波浪浮力 $b_w(x)$ 是由静水中的浮力 $b_s(x)$ 和静止于波浪的附加浮力(即由于波浪引起的浮力变化量 $\Delta b(x)$)之和构成，即：

$$b_w(x)=b_s(x)+\Delta b(x) \tag{6-20}$$

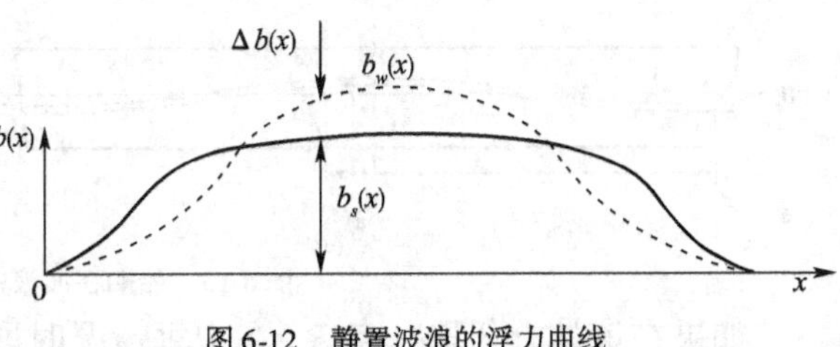

图 6-12　静置波浪的浮力曲线

船舶静止于波浪上时，也应满足静力平

衡条件，即重力与浮力相等，重心与浮心处于同一条铅垂线上。所以船舶在波浪中的浮力变化量必须满足下列两式：

$$\left.\begin{aligned}\int_0^L \Delta b(x)\,\mathrm{d}x &= 0\\ \int_0^L x\cdot\Delta b(x)\,\mathrm{d}x &= 0\end{aligned}\right\}\tag{6-21}$$

由于在波浪中船舶的重量分布曲线没有变化，因此作用在船体上的附加剪力和弯矩仅仅是由于浮力分布的改变量 $\Delta b(x)$ 引起的，即：

$$\left.\begin{aligned}N_w &= -\int_0^x \Delta b(x)\,\mathrm{d}x\\ M_w &= \int_0^x N_w(x)\,\mathrm{d}x = -\int_0^x\int_0^x \Delta b(x)\,\mathrm{d}x\mathrm{d}x\end{aligned}\right\}\tag{6-22}$$

由此可见，只要确定了船舶静止于波浪的平衡位置（即确定了 $\Delta b(x)$），就可以求出波浪附加剪力和弯矩，下面就介绍 $\Delta b(x)$ 的确定方法。直接计算法也可称为麦克尔法（Muckle），它很好地解决了这个问题，其主要思想是：如果以静水吃水线作为坦谷波轴线的位置，当船中在波谷时，由于坦谷波在轴线以上的面积比在轴线以下的面积小，同时由于船中较两端丰满，所以船在此位置时，浮力将比静水中小，而不能处于平衡。为了得到平衡，船舶将下沉 ζ 值；反之，如果船中在波峰时，船舶要上升 ζ 值。由于船舶首尾并不对称，还将发生纵倾变化。

假定船舶静置在波浪上时，尾垂线处下沉了 ζ_0 值，纵倾角变化量为 ψ 值，则在距尾垂线 x 处剖面移动的距离是：

$$\zeta_x = \zeta_0 + x\psi \tag{6-23}$$

式中：ζ_x——下沉为正；

ψ——首下沉为正。

以静吃水线为波轴线，分别绘出波峰在船中和波谷在船中的波形线 $A-A$，如图 6-13a）所示。在船舶各理论站上利用给出的邦戎曲线，量出各理论站与 $A-A$ 波形线的交点 A_i 的剖面积 ω_{Ai} 的值。设在第 i 理论站在实际平衡位置时波面 $C-C$ 与理论站的交点为 C_i，在中垂情况时 C_i 在 A_i 以上，在中拱时 C_i 在 A_i 以下，如图 6-13b）所示。

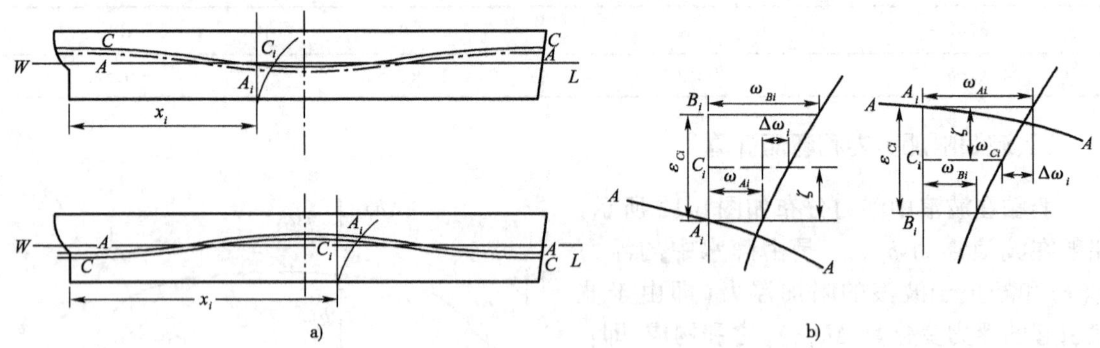

图 6-13　船舶在波浪中浸水面积的量取法

如果在该站上任取一点 B_i，在中垂情况时取在 A_i 以上，在中拱时取在 A_i 以下，点 B_i 与点

A_i的距离为 ε(一般可取 1 ~2m,各理论站均取同一值),并利用邦戎曲线求出 B_i处的 ω_{Bi}值。假设船侧为直壁(一般钢质船舶都适用,亦即邦戎曲线是直线变化趋势),于是写出下列关系式:

$$\omega_{ci} = \omega_{Ai} + \Delta\omega_i = \omega_{Ai} + \frac{\omega_{Bi} - \omega_{Ai}}{\varepsilon} \cdot \zeta_i \tag{6-24}$$

将式(6-23)代入式(6-24)后则得:

$$\omega_{ci} = \omega_{Ai} + \frac{\omega_{Bi} - \omega_{Ai}}{\varepsilon}(\zeta_0 + x_i\psi) \tag{6-25}$$

利用排水量和重心位置与静水中相等的条件,可得:

$$\left.\begin{aligned} &\int_0^L \omega_A(x)\,\mathrm{d}x + \int_0^L \frac{\omega_B(x) - \omega_A(x)}{\varepsilon}(\zeta_0 + x\psi)\,\mathrm{d}x = V \\ &\int_0^L \omega_A(x)\,\frac{x}{L}\mathrm{d}x + \int_0^L \frac{\omega_B(x) - \omega_A(x)}{\varepsilon}(\zeta_0 + x\psi)\,\frac{x}{L}\mathrm{d}x = V \cdot \frac{x_b}{L} \end{aligned}\right\} \tag{6-26}$$

式中:x_b——浮心至尾垂线的距离;

V——船舶在静水中的排水体积。

由方程(6-26)可以看出,在决定方程组的系数时,需要计算五个积分:

$$\sum{}'2 = \int_0^L \omega_A(x)\,\mathrm{d}x$$

$$\sum{}'4 = \int_0^L \omega_A(x)\frac{x}{L}\mathrm{d}x$$

$$\sum{}'6 = \int_0^L [\omega_B(x) - \omega_A(x)]\,\mathrm{d}x$$

$$\sum{}'7 = \int_0^L [\omega_B(x) - \omega_A(x)]\frac{x}{L}\mathrm{d}x$$

$$\sum{}'8 = \int_0^L [\omega_B(x) - \omega_A(x)]\frac{x^2}{L^2}\mathrm{d}x$$

把上列符号代入式(6-26),可得:

$$\left.\begin{aligned} &\sum{}'2 + \frac{\zeta_0}{\varepsilon}\sum{}'6 + \psi\frac{L}{\varepsilon}\sum{}'7 = V \\ &\sum{}'4 + \frac{\zeta_0}{\varepsilon}\sum{}'7 + \psi\frac{L}{\varepsilon}\sum{}'8 = V \cdot \frac{x_b}{L} \end{aligned}\right\} \tag{6-27}$$

从方程组(6-27)中可以解出 ζ_0值和 ψ 值。在实际计算时,仍然是采用表格进行计算,为了使表格计算更方便一些,可对方程(6-27)继续做一些整理。令 $\Delta L = l/20$;$b = L\psi$,代入方程(6-27),并在第一个方程两端同时除以 ΔL,在第二个方程两端同时除以$(\Delta L)^2$ 并乘以 L,得:

$$\left.\begin{aligned} &\sum 2 + \frac{\zeta_0}{\varepsilon}\sum 6 + \frac{b}{\varepsilon}\frac{\sum 7}{20} = \frac{V}{\Delta L} \\ &\sum 4 + \frac{\zeta_0}{\varepsilon}\sum 7 + \frac{b}{\varepsilon}\frac{\sum 8}{20} = \frac{V \cdot x_b}{(\Delta L)^2} \end{aligned}\right\} \tag{6-28}$$

式中:

$$\left.\begin{aligned}\Sigma 2 &= \sum \omega_{Ai} \\ \Sigma 6 &= \sum (\omega_{Bi} - \omega_{Ai}) \\ \Sigma 7 &= \sum K_i(\omega_{Bi} - \omega_{Ai}) \\ \Sigma 4 &= \sum K_i \omega_{Ai} \\ \Sigma 8 &= \sum K_i^2 (\omega_{Bi} - \omega_{Ai})\end{aligned}\right\} \tag{6-29}$$

$$K_i = \frac{x_i}{\Delta L}$$

这些系数可利用表 6-6 进行数值积分求得。

数 值 积 分 表 表 6-6

1	2	3	4	5	6	7	8
理论站号	ω_{Ai} (m^2)	力臂系数 k	$k\omega_{Ai}$ (2)×(3)	ω_{Bi} (m^2)	$\omega_{Bi}-\omega_{Ai}$ (5)−(2)	$k(\omega_{Bi}-\omega_{Ai})$ (3)×(6)	$k^2(\omega_{Bi}-\omega_{Ai})$ (3)×(7)
0	$\omega_{A0}/2$	0		$\omega_{B0}/2$			
1	ω_{A1}	1		ω_{B1}			
⋮	⋮	⋮		⋮			
19	ω_{A19}	19		ω_{B19}			
20	$\omega_{A20}/2$	20		$\omega_{B20}/2$			
	Σ2		Σ4		Σ6	Σ7	Σ8

把式(6-28)再次整理,得:

$$\left.\begin{aligned}\zeta_0 \frac{\Sigma 6}{\varepsilon} + b\frac{\Sigma 7}{20\varepsilon} &= \frac{V}{\Delta L} - \Sigma 2 \\ \zeta_0 \frac{\Sigma 7}{\varepsilon} + b\frac{\Sigma 8}{20\varepsilon} &= \frac{V \cdot x_b}{(\Delta L)^2} - \Sigma 4\end{aligned}\right\} \tag{6-30}$$

用行列式解之,得:

$$\zeta_0 = \frac{\begin{vmatrix} \dfrac{V}{\Delta L} & \Sigma 2 - \dfrac{\Sigma 7}{20\varepsilon} \\ \dfrac{V \cdot x_b}{(\Delta L)^2} - \Sigma 4 & \dfrac{\Sigma 8}{20\varepsilon} \end{vmatrix}}{\begin{vmatrix} \dfrac{\Sigma 6}{\varepsilon} & \dfrac{\Sigma 7}{20\varepsilon} \\ \dfrac{\Sigma 7}{\varepsilon} & \dfrac{\Sigma 8}{20\varepsilon} \end{vmatrix}}; \quad b = \frac{\begin{vmatrix} \dfrac{\Sigma 6}{\varepsilon} & \dfrac{V}{\Delta L} - \Sigma 2 \\ \dfrac{\Sigma 7}{\varepsilon} & \dfrac{V \cdot x_b}{(\Delta L)^2} - \Sigma 4 \end{vmatrix}}{\begin{vmatrix} \dfrac{\Sigma 6}{\varepsilon} & \dfrac{\Sigma 7}{20\varepsilon} \\ \dfrac{\Sigma 7}{\varepsilon} & \dfrac{\Sigma 8}{20\varepsilon} \end{vmatrix}} \tag{6-31}$$

解出 ζ_0 值和 ψ 值后,就可以利用表 6-7 求得船舶在波浪中的实际平衡位置。

由表知:排水量 $\Delta = \rho g \cdot \Delta L \cdot \Sigma 10$,浮心距尾垂线距离 $x_b = \dfrac{\Sigma 11}{\Sigma 10} \cdot \Delta L$。

波浪中船舶平衡位置计算　　表 6-7

1	2	3	4	5	6	7	8	9	10	11
理论站号	乘数 k	ω_A	ζ_0	$\zeta' = \frac{b}{20}k$	$\zeta = \zeta_0 + \zeta'$	$\omega_B - \omega_A$	$\frac{\omega_B - \omega_A}{\varepsilon}$	$\Delta\omega = (8) \times (6)$	$\omega_c = (3) + (9)$	$\omega_c \cdot k$
		m^2	m	m	m	m^2	m	m^2	m^2	m^2
0	0								$\omega_0/2$	
1	1								ω_1	
2	2									
⋮	⋮								⋮	
19	19								ω_{19}	
20	20								$\omega_{20}/2$	
									Σ10	Σ11

根据式(6-24)，用表 6-7 计算船舶在实际吃水位置时的横剖面浸水面积 ω_c。于是波浪中的附加剪力和弯矩可以按下式求出：

$$N_W = -\rho g\int_0^x \Delta\omega(x)\,\mathrm{d}x \tag{6-32}$$

$$M_w = -\int_0^x N_w(x)\,\mathrm{d}x - \rho g\int_0^x\int_0^x x \cdot \Delta\omega(x)\,\mathrm{d}x\mathrm{d}x \tag{6-33}$$

式中：ρg——水的重度；

$\Delta\omega$——$\Delta\omega = \omega_c - \omega$；

ω——静水中横剖面浸水面积。

船舶静置在波浪上的附加剪力和弯矩一般应按中拱和中垂两种情况，用表 6-8 计算。

船舶在波浪上的附加剪力和弯矩计算表　　表 6-8

1	2	3	4	5	6	7	8	9	10	11	12	13	14	15
理论站号 i	波浪上横剖面浸水面积 ω_c	静水中横剖面浸水面积 ω	附加载荷及其积分					附加剪力			附加弯矩			理论站号 i
			(2) − (3) $\Delta\omega$	第(4)栏成对和	第(5)栏自上至下和	第(6)栏成对和	第(7)栏自上至下和	修正前剪力值 $(6) \times \frac{\Delta L}{2} \cdot \gamma$	剪力修正值 $-(9)_{20} \times \frac{i}{20}$	剪力值 $N = (9) + (10)$	修正前弯矩 $(8) \times \frac{\Delta L}{2} \cdot \gamma$	弯矩修正值 $-(12)_{20} \times \frac{i}{20}$	弯矩值 $M = (12) + (13)$	
	m^2	m^2	m^2	tf (kN)	tf (kN)	tf (kN)	tf (kN)	tf (kN)	tf (kN)	tf (kN)	tf·m (kN·m)	tf·m (kN·m)	tf·m (kN·m)	
0														0
1														1
⋮														⋮
19														19
20														20

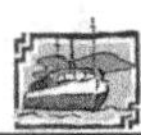

三、总纵弯矩

船舶在同一计算状态下，静水弯矩 M_s 与波浪附加弯矩 M_w 之和称为总纵弯矩，即 $M = M_s + M_w$，该弯矩的最大值就可作为校核船体总纵强度的计算弯矩。

如前所述，在进行船舶总纵弯曲标准计算时，按中拱和中垂两种极端情况进行，这时，船中部出现总纵弯矩最大值。但当波峰或波谷沿船长变化时，其他剖面也会出现比标准计算状态更大的弯矩值。因此，对于非船中的其他剖面，不能取中拱或中垂状态时的总纵弯矩作为计算弯矩。

如果有了船与波浪在各个位置时的弯矩曲线，自然可以作出这些曲线的包络线，从而可以按包络线取得计算剖面的弯矩。但这种做法的工作量太大了，而应采用更加简化的计算方法。为此，在画出中拱及中垂状态弯矩曲线之后，将船中剖面曲线顶点分别向首、尾方向移动 5% 的船长，然后，依次将其他各理论站弯矩曲线的顶点也向两端移动 5% 船长，最后连接各点便得到实用的计算弯矩曲线，如图 6-14 所示，从图中可看到，最大弯矩在 9 ~ 11 站距内。

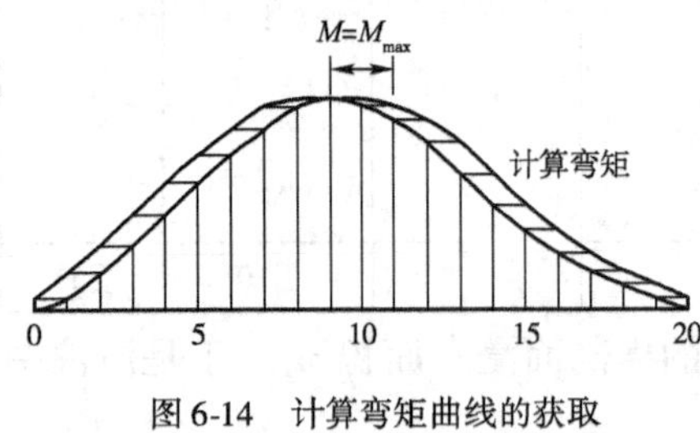

图 6-14　计算弯矩曲线的获取

第四节　船体总纵弯矩与剪力的近似估算

上面介绍的总纵弯矩和剪力的计算方法在船舶设计的初始阶段是无法进行的，因为在设计的初始阶段还不具备各种详细的资料。况且即使在设计后期有了足够的计算资料，在按上述方法计算弯矩和剪力之前，人们也有预知最大弯矩的愿望，即使是近似值也好，以便按此核对船中剖面的纵向构件尺度。

一、总纵弯矩的近似估算

船舶在波浪上船中最大的弯矩可视为船舶满载排水量与船长 L 乘积的一部分，即按下述公式确定：

$$M_{max} = \frac{D \cdot L}{K} \tag{6-34}$$

式中：D——船舶的排水量；

L——船长；

K——系数、其值可按母型船的资料或按统计资料确定。

对于不同类型的船舶，不同装载状况及相应航区的 K 值是不同的，前人经统计分析制成表格供查用，表 6-9 给出了内河小船的 K 值。

K 值选取　　表 6-9

航区	A	B	G
客轮	18	24	30
甲板驳、油驳	30	40	55
舱口驳、货驳	28	35	45

(1)本公式适用于 L 小于 40m 的小船；

(2)A、B、C 级航区按 ZC(内规)规定；

(3)考虑了斜置于波浪上,统计计算的实船波浪附加弯矩是按近似公式计算的。

二、静水中船中弯矩的近似估算的另一种方法

在手工计算船体总纵弯矩时,将弯矩写成 $M=M_s+M_w$。静水中船中弯矩 M_s 的近似公式一般将其表达为由船舶重力因素构成的部分与由船舶浮力因素构成的部分之和。

如图 6-15 所示,将船舶的主体重量假定为按梯形分布,而局部重量则简化为矩形分布或集中力形式,假定浮力沿船长按抛物线形式分布。当船舶在水中处于平衡状态时,船舶重量曲线与横坐标所围的面积等于浮力曲线与横坐标所围的面积,且两个面积形心的坐标值相等。

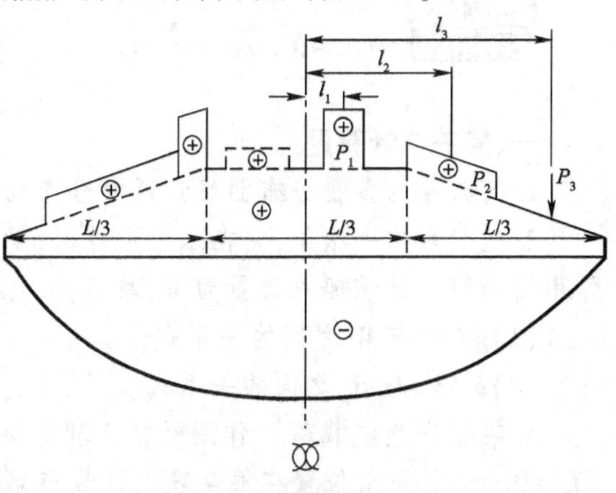

图 6-15　船舶重量分布

由按梯形分布的主船体重力 G 所引起的船中弯矩近似等于$\frac{G\cdot L}{8.7}$。由抛物线分布的浮力引起的船中弯矩近似等于 $-\frac{D\cdot L}{8}\cdot\frac{1}{2-\varphi}$,其中 φ 为船体水下部分的纵向棱形系数。

由局部重量引起的船中弯矩可以这样来求,取位于中横剖面一侧的局部重量对船中之矩如图 6-15 为 $P_1\times l_1+P_2\times l_2+P_3\times l_3+\cdots$。

由此可求出船中的静水总弯矩近似值,对于图 6-15 的情况：

$$M_s=-\frac{D\cdot L}{8}\times\frac{1}{2-\varphi}+\frac{G\cdot L}{8.7}+P_1\times l_1+P_2\times l_2+P_3\times l_3+\cdots \tag{6-35}$$

式中船舶的排水量 D 等于主船体重量与局部重量之和,即：

$$D=G+P_1+P_2+P_3+\cdots$$

这种方法确定的船中静水弯矩约有 15% 的误差,对于结构设计的初始阶段是完全可以采用的。

三、波浪附加弯矩的近似计算

用下面的公式近似计算波浪附加弯矩：

(1)当船中处于波峰时：

$$M_w=\frac{r\gamma BL^2}{20+75(1-\alpha)} \tag{6-36}$$

(2)当船中处于波谷时：

$$M_w=-\frac{\gamma rBL^2}{20+52(1-\alpha)} \tag{6-37}$$

式中：γ——水的相对密度；

r——半波高；

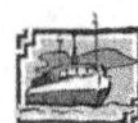

L、B——船长和船宽；

α——水线面系数。

近似计算公式的形式颇多，一般均受船型、主尺度及航区等条件的限制，因此使用者在查阅有关手册、书籍与文献时应注意近似公式的适用范围。

SIKAOYULIANXI

一、简答与计算题

1. 何为船的重量分布曲线？浮力分布曲线？并各举一个例子说明。

2. 把船当作一根梁，它在水中漂浮时，受到沿船长分布的重量集度 $w(x)$ 与浮力集度 $b_s(x)$ 作用而平衡。设该船总重量为 W，总浮力为 B_s，试建立：

(1) $w(x)$ 与 W 之间的关系式；

(2) $b_s(x)$ 与 B_s 之间的关系式。

3. 某船设集中载荷 P 作用于第 2 理论站号与第 4 号理论站号之间的 2 个站距上，站距为 $\Delta L=10\text{m}$。其重心位置在第 4 理论站号与第 3 理论站号之间，且离第 4 站的距离为 2m。试求等价分布在这 2 个站距上的矩形分布载荷集度。

4. 设集中载荷 P 作用于第 2 理论站号与第 5 号理论站号之间的三个站距上，站距为 ΔL。其重心位置在第 4 理论站号与第 5 理论站号之间，且离第 4 理论站号的距离为 b。试求等价分布在这四个站距号上的矩形分布载荷集度 q_1、q_2、q_3。

5. 简叙坦谷波的特征。

6. 正浮态下，绘制一条坦谷波在船上的位置。

7. 何为浮力曲线？试证明船舶的浮力曲线 $b_s(x)$ 与沿着船长的横剖面浸水面积曲线 $\omega(x)$ 成线性关系。

8. 试写出用迭加法求船舶静置于波浪上的剪力 $N_w(x)$、弯矩 $M_w(x)$ 的表达式。并对每一项用积分式表达，再说明其每一项的含义。

9. 用直接计算法计算求船舶静置于波浪上的剪力 $N_w(x)$、弯矩 $M_w(x)$ 的过程与求船舶在静水中的剪力 $N_s(x)$、弯矩 $M_s(x)$ 有什么不同？

10. 某箱型船，长 50m、宽 10m，型深 7m，自重为 1000 吨，沿船长均布。若在中部 10m 范围内堆放 1000 吨均布货物，试计算作出箱型船在静水中时的重量分布曲线，浮力分布曲线，载荷曲线、剪力曲线、弯矩曲线，并求出最大剪力与最大弯矩值。

11. 设某长方形驳船长 40m，正浮于静水中，若驳船自重沿船长均布，此时在驳船中央加 40 吨集中质量，试画出其重量，浮力，载荷、剪力和弯矩曲线，并求出最大剪力和最大弯矩。

二、填空题

1. 船舶在波浪上航行时，将受到________等外力的作用。

2. 船体静置于波浪上于静置于水中相比起________分布一样大。

3. 在波高一定的情况下，当________等于船长时，对船体最不利。

4. 船舶在波浪上受力情况可以看成是其________在水中的受力再加上由于________的存在引起浮力重新分布而产生的附加力。

5. 船舶在静水中平衡条件是：________等于________；重心等于浮心并在________线上。

6. 分布在三个理论站距内的局部重量，都是按________处理的。

7. 剪力曲线与 x 轴的相交处，________曲线必为极值。

8. 船体弯矩与剪力的改变完全取决于________的要素以及船舶与________的相对位置。

9. 在船舶静置于波浪上时，也必须通过________调整，确定船舶的平衡位置。

10. 近似计算法确定的船中________约有 15% 的误差，对于结构设计的初始阶段是完全可以采用的。

三、选择题

1. 船舶中拱的特征是________。
   A. 船中部上拱，上甲板受压，船底受拉　　B. 船中部上拱，上甲板受拉，船底受压
   B. 船中部下垂，上甲板受压，船底受拉　　D. 船中部下垂，上甲板受拉，船底受压

2. 船舶中垂的特征是________。
   A. 船中部上拱，上甲板受压，船底受拉　　B. 船中部上拱，上甲板受拉，船底受压
   B. 船中部下垂，上甲板受压，船底受拉　　D. 船中部下垂，上甲板受拉，船底受压

3. 重力与浮力之差在纵向上的分布称为________。
   A. 重力曲线　　B. 载荷曲线　　C. 切力曲线　　D. 弯矩曲线

4. 船舶所受的载荷曲线的一次积分即为________。
   A. 重力曲线　　B. 载荷曲线　　C. 剪力曲线　　D. 弯矩曲线

5. 船舶所受的载荷曲线的二次积分即为________。
   A. 重力曲线　　B. 载荷曲线　　C. 剪力曲线　　D. 弯矩曲线

6. 船舶尾端所受的总弯矩________，所受的局部作用力________。
   A. 较小，较小　　B. 较大，较大　　C. 较小，较大　　D. 较大，较小

7. 船舶装载后呈中垂状态，若航行中波长近似等于船长，且________在船中时，会减少中垂弯矩。
   A. 波峰　　B. 波谷
   C. 波长的 1/3 处　　D. 波谷与波峰之间

8. 一般货船，其剪力的最大值通常位于________。
   A. 船中前后　　B. 距首尾 $L_{bp}/2$ 处
   C. 距首尾 $L_{bp}/4$ 处　　D. 距船中 $L_{bp}/6$ 处

9. 一般货船，其弯矩的最大值通常位于________。
   A. 船中前后　　B. 距首尾 $L_{bp}/2$ 处
   C. 距首尾 $L_{bp}/4$ 处　　D. 距船中 $L_{bp}/6$ 处

10. 船舶的总纵弯矩值沿船长方向的分布规律为________。
    A. 向首尾两端逐渐增加　　B. 向首尾两端逐渐减小
    C. 向首尾两端保持不变　　D. 向首尾两端变化无规律

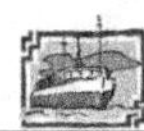

第七章　船体总纵强度计算

● **学习目标**

知识目标

1. 掌握船体结构的受力和传力过程；
2. 掌握等值梁的概念；
3. 掌握船体总纵弯曲应力的第一次近似计算方法；
4. 掌握船体纵向构件局部弯曲应力计算方法；
5. 掌握船体总纵弯曲强度的校核方法。

能力目标

1. 能够利用表格进行船体等值梁剖面要素计算；
2. 能够进行纵向构件局部弯曲应力及应力合成计算；
3. 能够进行船体总纵弯曲强度校核。

第一节　概　　述

前面已经讲过，浮于水面的船体是一根变截面的空心梁，当其总纵弯矩求出以后就可以着手计算总纵弯曲应力，并进行强度校核。在进行强度校核前，我们首先对船体相关情况做一简要说明。

一、船体结构受力过程

船体结构是由许多部件组成，这些部件各自承担着一定的作用。其中一些是直接承受外力的构件，另一些则承受别的构件传来的力。现以两种典型结构型式的船底板架为例，进行船体结构的受力和传力过程分析。图 7-1a）是典型的横骨架式；图 7-1b）是典型的纵骨架式。

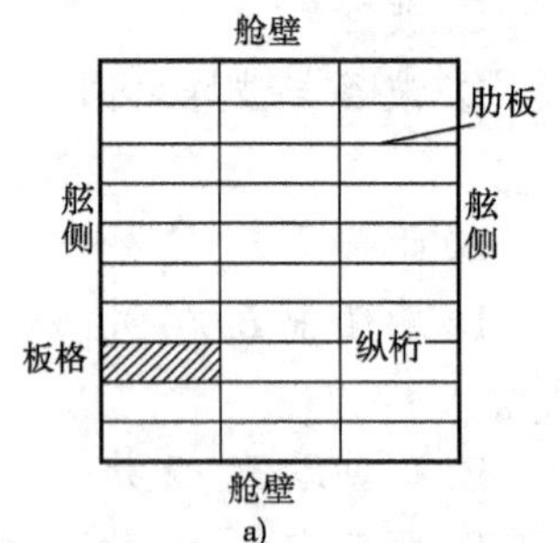

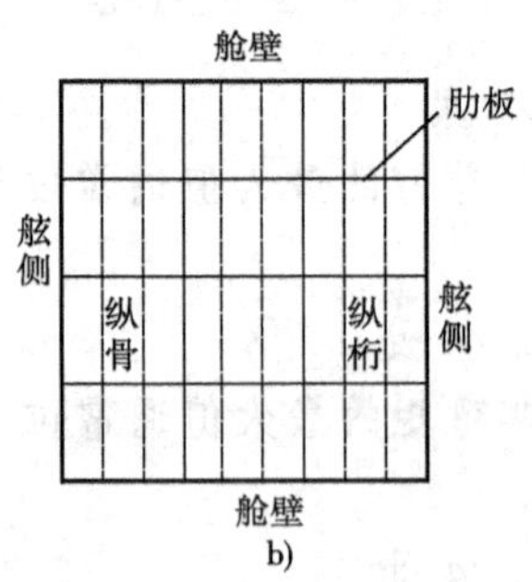

图 7-1　船底骨架型式

为了讨论方便，假定在船底板架上只作用着水压力。直接承受水压力的构件是外底板，外底板将水压力传给骨架（纵骨、肋板以及船底纵桁等），然后再传到板架的支承周界（横舱壁及

舷侧)上去,传力过程如图7-2所示。同样,甲板上的荷重也传给舱壁及舷侧。横舱壁在这些力以及与舷侧相交处的剪力作用下取得平衡。在舷侧上作用的这些力以及与舱壁相交处的剪力构成舷侧板架所受的不平衡力,这个力以剪力的形式传给相邻的舷侧板架,它就是总纵弯曲时作用在船体剖面中的剪力。

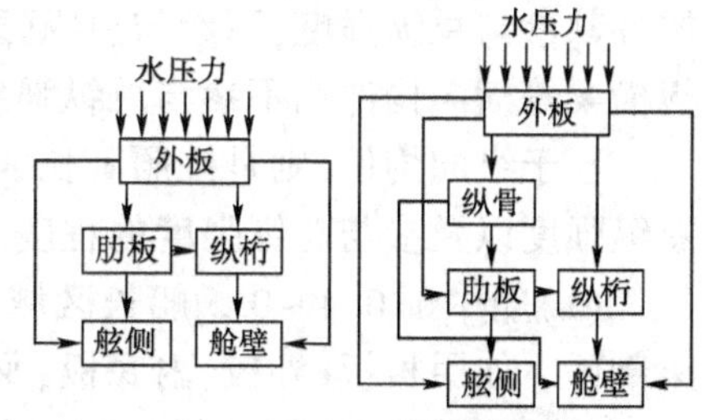

图7-2　船底板架的传力过程

二、等值梁假设

在计算总纵弯曲应力时,将实际船体结构视作一根具有相当抗弯刚度的实心变截面直梁来处理,该梁称作"等值梁"假设,此时,可以将船体剖面中所有参与抵抗总纵弯曲的构件,在保持其高度和面积不变的条件下,假想地平移到船舶中纵剖面附近,对称的构成一梁的剖面,即等值梁的剖面,如图7-3所示。

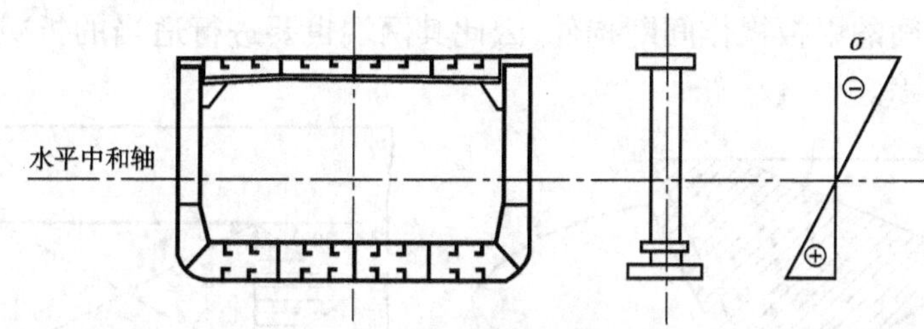

图7-3　船体等值梁

于是船体总纵弯曲应力就可以按照梁的弯曲理论来计算,即:

$$\sigma = \frac{M}{I}Z \tag{7-1}$$

式中:M——计算剖面的总纵弯矩;

I——计算剖面对水平中和轴的惯性矩;

Z——所求某构件的应力点至中和轴的距离。

由式(7-1)可以看出,船体剖面上的总纵弯曲应力呈线性分布,离中和轴最远处—上甲板处弯曲应力最大。因此在船体强度计算中通常将式(7-1)写成下面的形式:

$$\sigma = \frac{M}{W} \tag{7-2}$$

式中:$W = \frac{I}{Z}$称为船体剖面模数,其中,Z是截面上离中和轴最远处构件的纵坐标值,W是船体结构抵抗弯曲变形能力的特征几何量,也是衡量船体强度的一个重要标志。显然,弯矩值一定时,最小剖面模数越大,则最大应力越小。

第二节　船体总纵弯曲应力近似计算

一、参与总纵强度的构件

在计算剖面惯性矩之前必须先确定等值梁剖面。在船舶发生总纵弯曲时,并不是所有的

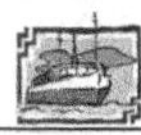

构件都参与总纵强度,不参与总纵强度的构件是不能计入等值梁剖面的。例如肋板,肋骨,甲板横梁等横向构件均不参与总纵强度,因此不能计入等值梁。

至于纵向构件,则是按照其长度、连续性、传递总纵弯曲应力的效能等来确定其是否参与总纵强度以及参与总纵强度的程度。下面给出确定纵向构件参与总纵强度的一般标准。

(1)船中部0.4~0.5船长区域内的纵向连续构件,均有效地参与总纵弯曲,应计入等值梁剖面。如甲板板、外板、内底板、龙骨、纵桁和纵骨等,我们称这些构件为纵向强力构件。

(2)船中部只占部分船长的纵向非连续构件(称为中间构件),则要根据它们本身的长度和构造来确定其参与总纵强度的程度。对于上层建筑,其长度如果超过船长的0.15倍,且不小于本身高度的6倍,则认为其中部完全参与总纵弯曲;对于甲板室,如果它同时受到不少于三个横舱壁的支持,则也认为其中部完全参与总纵弯曲。但是这些构件的端部,由于抵抗总纵弯曲的能力较弱,必须进行适当的折减,如图7-4所示扣除阴影部分的构件面积。

(3)甲板开口的宽度如果超过甲板宽度的20%,则应扣除其宽度,不能计入等值梁剖面。甲板上相邻舱口之间的甲板视作间断构件,因此其两端也要进行适当的折减,如图7-5所示阴影部分的面积应扣除。

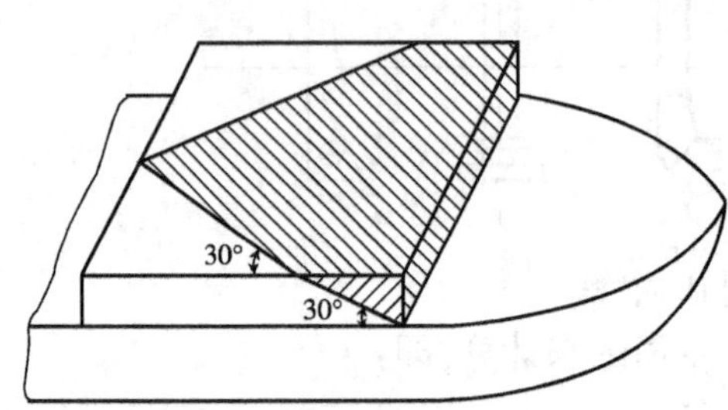

图7-4 甲板室端部折减

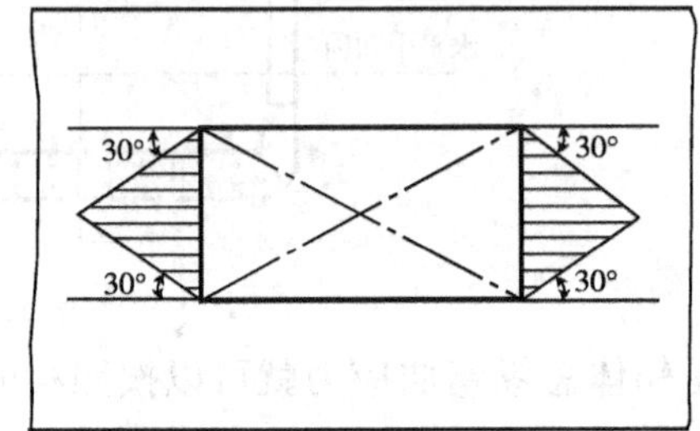

图7-5 开口端部折减

(4)连续纵向构件的开孔,如人孔、舷窗等,在计算剖面惯性矩时不必扣除。纵桁腹板上的开口,如大于腹板高度的20%,则应扣除开口部分。

二、总纵弯曲应力的第一次近似计算

当确定了船体剖面中计入等值梁剖面的各构件的位置、尺寸后,便可计算等值梁剖面几何要素——剖面积、静矩、惯性矩以及剖面模数。

在横剖面图上,画出所有参与总纵弯曲的构件,然后就可以计算剖面惯性矩了。由于船体结构左右对称,因此计算剖面惯性矩时只需考虑一半剖面。计算前必须对每个构件编号,便于列表计算。

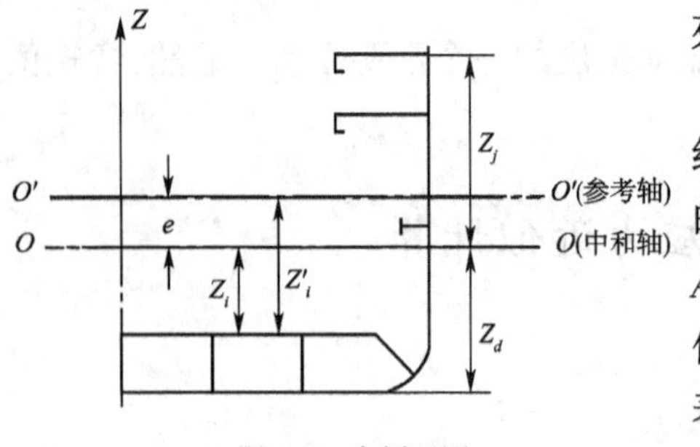

图7-6 半剖面图

参照图7-6,取参考轴$O'-O'$,该轴可选在船舶基线以上0.45~0.5型深处,分别求取各构件距参考轴的距离用Z'_i($Z'-O'$坐标系坐标值),各构件的剖面积A_i,静矩$A_iZ'_i$和惯性矩$A_iZ'^2_i$,对于高度较大的垂向构件,如船侧板等,还需计算自身惯性矩i_0,计算过程见表7-1中的1~8列。令:

$$A=\sum A_i,B=\sum A_iZ'_i,C=\sum(A_iZ'^2_i+i_0)$$

则剖面中和轴至参考轴的距离为：

$$e=\frac{B}{A}=\frac{\sum A_i Z'_i}{A_i}\quad (\mathrm{m}) \tag{7-3}$$

利用惯性矩的平行轴公式，可求得整个船体剖面对水平中和轴 $O—O$ 的惯性矩为：

$$I=2(C-e^2A)=2\left(C-\frac{B^2}{A}\right)\quad (\mathrm{cm^2\cdot m}) \tag{7-4}$$

任意构件至中和轴的距离为：

$$Z_i=Z'_i-e\quad (\mathrm{m})$$

剖面中任意一构件的总纵弯曲应力为：

$$\sigma_i=\frac{M}{I}Z_i\cdot 10^3\quad (\mathrm{kgf/cm^2}) \tag{7-5}$$

或：

$$\sigma_i=\frac{M}{I}Z_i\cdot 10^2\quad (\mathrm{N/mm^2}) \tag{7-6}$$

式中弯矩 M 为校核剖面所在舱段内总纵弯矩的最大值，以 N · m(tf · m)计，中拱时为正，中垂时为负。按公式(7-5)或(7-6)求得的应力 σ_i 称为总纵弯曲应力第一次近似计算值。将这样得到的各构件的应力值填入表 7-1 第 10 列和第 11 列中。

船体剖面几何要素计算表　　表 7-1

1	2	3	4	5	6	7	8	9	10	11	12
构件编号	构件名称	构件尺寸	剖面积 A_i	至参考轴距离 Z'_i	静矩 $A_iZ'_i$	对参考轴惯性矩 $A_iZ'^2_i$	自身惯性矩 i_0	至中和轴的距离 Z_i	弯曲应力		欧拉应力
									中拱	中垂	
		mm	$\mathrm{cm^2}$	m	$\mathrm{cm^2\cdot m}$	$\mathrm{cm^2\cdot m^2}$	$\mathrm{cm^2\cdot m^2}$	m	$\mathrm{N/mm^2}$	$\mathrm{N/mm^2}$	$\mathrm{N/mm^2}$
1 2 3 ⋮											
Σ			A		B		C				

若甲板和船底距中和轴最远距离分别为 Z_j 和 Z_d，则甲板和船底的剖面模数分别为：

$$W_j=\frac{1}{Z_j},W_d=\frac{I}{Z_d}$$

通常，甲板的剖面模数比船底的剖面模数小，所以有时也称甲板剖面模数为船体剖面的最小剖面模数。在我国内河及海船规范中一般都是以该模数作为对船体结构总纵强度的要求。

三、船体总纵弯曲应力的逐次近似计算

在上一节的第一次近似计算中，并没有判断等值梁剖面内是否丧失稳定性。实际上，当船体受到的外载荷增大到一定程度时，参加抵抗总纵弯曲的构件并非都能全部有效地工作，特别是有些柔性构件（主要是板材），在受到压力作用时发生皱折现象，从而使构件中应力分布发生变化，使得与之相连接的刚性构件（主要是骨架）中的应力大大提高，有可能超过许用应力

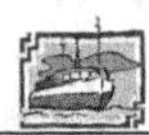

而导致结构的损坏。所以无条件地运用梁的弯曲理论，求出计算应力，以此来衡量船体强度是不够完善的。因此，对船体结构的要求，既要保证必要的强度，又要保证必要的稳定性。第一次近似计算后必须对所有参与总纵弯曲的纵向构件进行稳定性校核，确定其折减系数，以便进行应力重新分配计算。

1. 船体构件的稳定性检验

如上所述，船体构件在总纵弯曲压应力作用下可能丧失其稳定性。所以应该确定船体外板、甲板板、内底板和作为龙骨、纵桁及其他纵向构件腹板、翼板的所有板、纵向骨材，以及整个板架的临界应力 σ_{cr}。

2. 船体板折减系数的计算

当船体总纵弯曲时，纵向骨架梁在计算载荷下是不允许丧失稳定性的，因此在船体构件中只有板是可能丧失稳定性。第一次近似计算求出总纵弯曲应力之后，若所得压应力大于相应构件的临界应力，表明该构件失稳。此时，为了仍能运用简单梁的公式计算总纵弯曲应力，一般采用折减系数 ψ 把船体剖面中的一部分失稳的板构件剖面积化为假想地不失稳的刚性构件剖面积（具体计算见第四章第四节）。

3. 总纵弯曲应力的逐次近似计算

计算了构件的折减系数之后，可以进行总纵弯曲应力第二次近似计算。如果第二次近似计算的总纵弯曲应力与第一次近似计算值相差不大于5%，则可用第二次近似计算值进行总纵强度校核，否则必须进行第三次近似计算。如果计算结果仍然不能满足要求，则说明结构设计不甚合理，应考虑新的设计方案，如设法提高柔性构件的稳定性等。

第三节　某些纵向构件的局部弯曲应力及应力合成

船体结构的受力情况是比较复杂的，要完全如实的反映出来比较困难。为分析方便起见，一般假定船舶在航行中，某些构件同时起着几种作用，承受几种应力。例如某些船底纵向构件同时承受着总纵弯曲应力和由船底板架在局部荷重作用下产生的局部弯曲应力，即板架弯曲应力。对于这样一些构件，除按照强度标准分别校验其强度条件外，尚有必要考虑到外载荷的最不利的组合情况，按照强度条件判断所设计的构件是否能保证其强度要求。这一过程称为应力合成。

为区分不同工作状态的构件，按照纵向构件在传递载荷过程中所产生应力种类，将纵向强力构件分为四类：

（1）只承受总纵弯曲应力 σ_1 的纵向构件，称为第一类构件。如不计荷重的上甲板；

（2）同时承受总纵弯曲应力 σ_1 和板架弯曲应力 σ_2 的纵向构件，称为第二类构件。如船底纵桁；

（3）同时承受总纵弯曲应力 σ_1、板架弯曲应力 σ_2 及纵骨弯曲应力（或板的弯曲应力）σ_3 的纵向构件，称为第三类构件。如纵骨架式中的纵骨或横骨架式中的船底板；

（4）同时承受总纵弯曲应力 σ_1、板架弯曲应力 σ_2、纵骨弯曲应力 σ_3 及板的弯曲应力 σ_4 的纵向构件，称为第四类构件。如纵骨架式中的船底外板。

同时承受几种外力的构件，按每种外力分别计算其应力。在计算某一外力作用所产生的

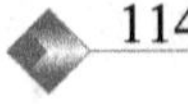

应力时,不考虑其他外力的作用。应力合成时,按单向应力考虑,即求各单独应力的代数和。

通常不必对所有纵向构件进行应力合成,而根据构件所处的部位和所承受载荷的情况来确定哪些构件须进行应力合成验算。须进行应力合成的构件,不必对构件每个剖面作校核,只要根据受力情况来判断可能出现最大合成应力的剖面,并对其进行校核。在一般情况下,除上甲板装有货物的船舶外,只需对底部构件进行应力合成的验算。

下面介绍船底部构件的局部弯曲应力。

一、船底板架弯曲应力计算

作用在船底板架上的载荷,对于载货舱,取船底外板上的水压力与舱内货物压力之差。对于非载货舱,取船底板上的水压力。上述水压力应是与计算总纵弯曲应力时同一吃水状态下的水压力。在校核中部剖面中拱或中垂状态下的强度时,静水压力值应按照船舶在对应状态下,船底板架在波面下的深度来确定,并近似认为水压力在舱长范围内是相等的。

在船体强度计算中,往往以“计算水柱高”h 来表示结构的计算载荷,而载荷集度则为:

$$q = h\gamma \tag{7-7}$$

式中:γ——水的相对密度。

船底板架的计算水柱高在货舱以外的区域取:

$$h = d + r \quad (\text{m}) \tag{7-8}$$

式中:d——船舶满载吃水;

r——船舶航区的半波高。可根据不同航区由表 7-2 查得。

内河船舶航区的半波高　　表 7-2

航区	A	B	C
r	1.25m	0.75m	0.25m

货舱区船底板架的载荷,其最大值显然是出现在空载时(此时船底无货物压力)。因此其计算水柱高应为船舶空载吃水与波浪产生的附加水柱高叠加而成。经统计,内河机动船的空载吃水平均为满载吃水的 1/2 左右,而非机动船则在 1/4 左右。因此货舱区船底板架的计算水柱为:

机动船　$$h = 0.5d + r \quad (\text{m}) \tag{7-9}$$

非机动船　$$h = 0.5d + r \quad (\text{m}) \tag{7-10}$$

船底板架在舷侧可认为是自由支持的,而在横舱壁处则为刚性固定。例如图 7-7,就是横骨架式船底板架的计算图形。

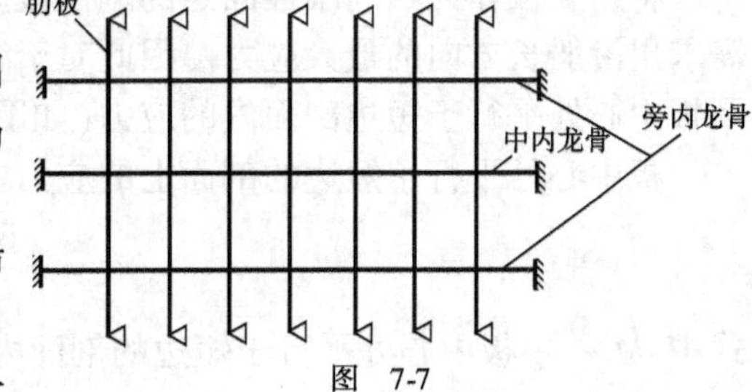

图　7-7

确定了船底板架的载荷及计算图形,就可以用结构力学的方法进行板架计算,求出纵向构件的局部弯曲应力。

应该指出的是,有些内河船舶船宽较大,当船长与船宽之比小于 0.8 时,可不必进行板架计算,而将船底纵桁作为两端刚性固定在横舱壁上的单

跨梁来处理。

还必须注意到，内河船舶的船底板架较软，即交叉构件的断面惯性矩与主向梁的断面惯性矩相差不大。主向梁是交叉构件的弹性基础，其参数 u 为：

$$u = k_1 \sqrt[4]{\frac{i}{I} \cdot \frac{L^4}{al^3}} \tag{7-11}$$

式中：i——主向梁断面惯性矩；

I——交叉构件断面惯性矩；

l——主向梁长度；

L——交叉构件长度；

a——主向梁间距；

k_1——系数。

k_1 取决于交叉构件的数量及主向梁在舷侧弹性固定的刚性系数。如果主向梁在舷侧自由支持，则 k_1 由表 7-3 给出。

k_1 的取值 表 7-3

交叉构件数	1	2	3	4	5
k_1	0.931	0.849	0.785	0.740	0.709

由弹性基础梁的知识可知，当参数 u 愈大，则弹性基础的刚度愈大。由式(7-11)可以看出，u 的大小与主向梁断面惯性矩和交叉构件断面惯性矩的比值有关，比值越大，参数 u 越大。另外 u 还与主向梁的间距、主向梁与交叉构件长度的比值等有关。当弹性基础$u > 3.7$时，则可将交叉构件作为具有中间刚性支座的连续梁来计算，并且可以仅仅计算梁的一个跨距，即可认为交叉构件是两端刚性固定在肋板上的单跨梁。

二、船底纵骨弯曲应力计算

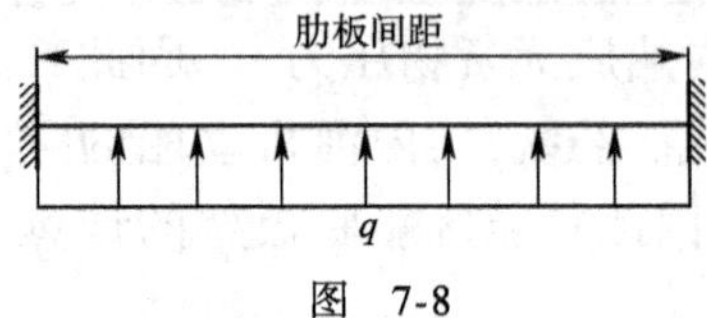

图 7-8

船底纵骨可认为是两端刚性固定在肋板上的单跨梁来进行计算(图 7-8)，其均布载荷的集度为船底水压力与纵骨间距的乘积。船底计算水柱可按船底板架部分的方法确定。纵骨的带板宽取纵骨间距。

三、船底板的弯曲应力计算

1. 纵骨架式船底板

将船底板作为四周刚性固定的刚性板。其板格的长边沿船长方向，在总纵强度计算中只需求出沿船长方向的最大应力。因此对于纵骨架式船底板，只要求出其短边中点处的应力以及板中心处平行于短边剖面内的应力(如图 4-11 所示)。

板中心处平行于短边的剖面上的应力：

$$\sigma = \pm \frac{6M_1}{t^2} \quad (\text{N/mm}^2) \tag{7-12}$$

式中：M_1——板中心处平行于短边的剖面内弯矩[按式(4-39)计算]；

t——板厚。

板短边中点处的应力：

$$\sigma = \pm \frac{6M'_1}{t^2} \quad (\text{N/mm}^2) \tag{7-13}$$

式中：M'_1——短边中点处弯矩[按式(4-41)计算]；

t——板厚。

2. 横骨架式船底板

将船底板作为四周刚性固定的刚性板。横骨架式船底板格的短边沿着船长方向，因此在总纵强度计算中只要求出板中心处平行于长边的剖面内的应力以及长边中点处的应力(图7-9)。

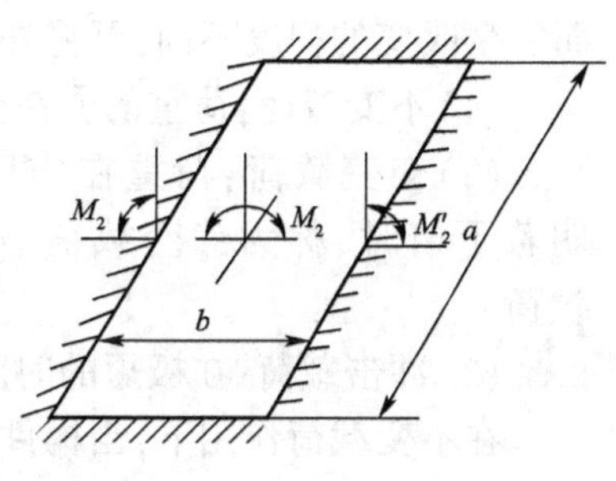

图　7-9

板中心处平行于长边的剖面上的应力：

$$\sigma = \pm \frac{6M_2}{t^2} \quad (\text{N/mm}^2) \tag{7-14}$$

式中：M_2——板中心处平行于长边的剖面内的弯矩[按式(4-40)计算]；

t——板厚。

长边中点处的应力：

$$\sigma = \pm \frac{6M'_2}{t^2} \quad (\text{N/mm}^2) \tag{7-15}$$

式中：M'_2——长边中点处的弯矩[按式(4-42)计算]；

t——板厚。

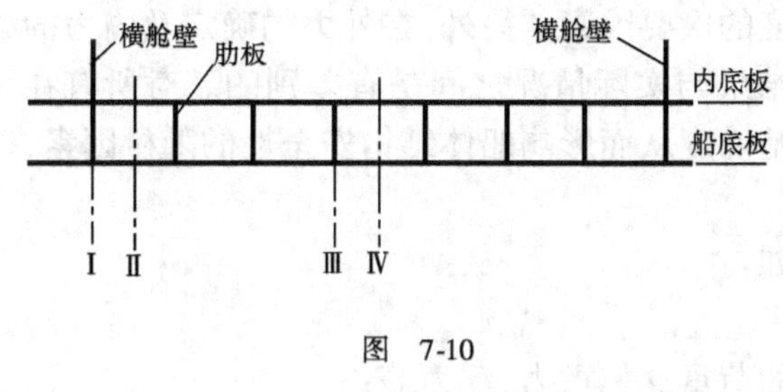

图　7-10

求出了各纵向构件的总纵弯曲应力及局部弯曲应力以后，就可以进行应力合成和校核强度了。一般应在构件的支座处和跨度中点处进行校核，因此对于船底构件，可校核图7-10所示的四个剖面。在求合成应力时，假设总纵弯曲应力在舱长范围内相同，板架弯曲应力在一个肋距内相同。

第四节　许 用 应 力

一、船体强度的衡准

在造船工程中，常采用“许用应力法”来衡量船舶强度是否足够。其表达式为：

$$\sigma \leqslant [\sigma] \tag{7-16}$$

式中：σ——计算应力，以计算载荷求出的船体构件中的应力；

$[\sigma]$——材料的许用应力。它等于危险应力除以安全系数K。

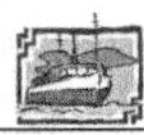

二、危险状态与危险应力

当船体发生破坏或产生较大的塑性变形时,船体就失去了工作能力,这时称其达到了危险状态,构件内的应力称为危险应力。

当船体构件所受到的外荷重的形式不同时,其危险应力值也是不同的,按载荷随时间变化而发生改变的程度不同,可将外荷重分为以下几类:

(1)不变载荷:荷重的值在全部作用时间内不变;

(2)交变载荷:荷重在作用时间内周期性地变化,当其变化周期超过结构的固有周期若干倍时,称为静变载荷。当其变化周期接近或等于结构的固有周期时,称为动变载荷;

(3)冲击载荷:在极短的时间内,突然作用在结构上的荷重。

在不变载荷作用下,当构件内的应力达到屈服极限时,材料开始产生塑性变形。因此,这种情况下,其危险应力就是材料的屈服极限。

在交变载荷作用下,危险应力是其疲劳极限。当材料上的交变应力超过了疲劳极限,则交变应力在作了有限次的循环后,构件就可能出现疲劳裂纹而招至破坏。

在冲击载荷作用下的构件,其危险应力可取材料的屈服极限,但安全系数应较不变载荷时取得大一点。

对于独立工作的构件来说,丧失稳定也将是一种破坏形式,因此其危险应力应取其临界应力。

三、安全系数

在强度计算过程中,往往忽略了许多影响强度的次要因素。另外,在外力的确定及内力的计算方法上都作了一系列的简化。因此,计算的结果与实际情况之间是有差别的。对所有在计算中无法明显地加以考虑,但又会影响到计算精确度从而影响船体结构安全性的随机因素,都可以用安全系数的方法加以处理。

安全系数的确定,取决于一系列的因素。例如:

(1)荷重作用的特点:

①经常性荷重:在所有时间内作用于结构上的荷重。如重力、浮力等;

②偶然性载荷:只作用有限次数的荷重。例如密性试验时的压力、坞内荷重等。

(2)结构上应力分布的特点:

①总应力:分布于结构大部分剖面中。如总纵弯曲应力;

②局部应力:分布于不大一部分的剖面上。例如甲板横梁的局部弯曲应力等。

局部应力作用范围小,即使最大应力超过了材料的屈服极限,也不至于引起严重的后果,因此对于一些仅承受局部应力的不重要构件,安全系数可适当地取得小一点。

(3)外力确定的精确度;

(4)应力计算方法的精确度;

(5)船舶营运条件、使用年限、磨损及锈蚀的情况;

(6)建造工艺的影响,如冷作硬化的影响,焊接变形及残余应力的影响;

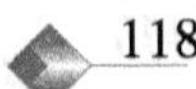

(7)材料机械性能的稳定性程度。

考虑到上述各项因素,结合船舶设计、建造、营运的经验,并在积累实船航行试验的基础上确定安全系数。可见,安全系数的确定是经验性的。

四、造船工程中的许用应力

目前,在造船工程中均以材料的屈服极限作为危险应力。船体结构中每一构件的许用应力都以占危险应力的份数来表达:

$$[\sigma] = K \cdot \sigma_y \tag{7-17}$$

式中:K——许用应力所占屈服极限的份数;

σ_y——屈服极限。

在实践中,可以这样来确定许用应力标准:选一批实船,这些船必须是经过长期航行考验,被证明具有足够强度的船,对这些船按照静置于波浪上的计算方法,求出其总纵弯曲应力,称为计算应力。将这些应力加以分析整理,并求其统计平均值,这个统计平均值就可以作为许用应力值的基础。

世界上一些船级社对于许用应力都做出了规定。苏联内河船舶登记局 1975 年颁发的《内河船舶分级与建造规范》中规定:

(1)仅承受总纵弯曲应力,而不受局部载荷作用的等值梁刚性构件,取系数 $K=0.70$;

(2)参与总纵弯曲并受局部载荷作用的刚性构件(如各种船舶载货甲板和船底构件),取系数 $K=0.95$;

(3)船舶载货甲板纵桁和各种船舶内龙骨,承受总纵弯曲和板架弯曲合成应力,在跨度中间剖面处,取系数 $K=0.75$,在支座剖面处,取系数 $K=0.95$;

(4)不进行板架应力计算的纵向梁材(如连续扶强材),承受总纵弯曲和局部弯曲合成应力,在跨度中间剖面处取系数 $K=0.85$,在支座剖面处,取系数 $K=0.95$。

英国劳氏船级社(LR)1981 年颁发的《内河船舶入级规范》规定,计算船体剖面模数所使用的许用应力为:

(1)纵向弯曲 $[\sigma]=137\text{N/mm}^2$;

(2)设有连续舱口围板的船舶,在围板顶部的总纵弯曲,取 $[\sigma]=137\text{N/mm}^2$;

(3)由于总纵弯曲和局部载荷应力合成引起的许用合成应力 $[\sigma]=177\text{N/mm}^2$。

思考与练习 SIKAOYULIANXI

一、简答题

1. 试以纵骨架式船底板架为例,用图表示当船底外板受到水压作用时船体构件之间力的传递。

2. 何为“等值梁”? 等值梁成立的条件是什么? 应用公式求 $\sigma=\frac{M}{I}Z$ 时,为什么是近似的?

3. 举例说明船体结构中的构件哪些属于第一类？哪些属于第二类？哪些属于第三类？

4. 按照载荷随时间变化而发生改变的程度不同，可以将外荷重分为几类？确定安全系数要考虑哪些因素？

二、选择题

1. 在下面关于等值梁的叙述中，不正确的是________。

A. 所谓等值梁，是指在抵抗总纵弯曲方面与船体具有相同抵抗能力的一种梁，也就是与船体等效的一种梁

B. 等值梁的剖面可以把船体剖面中所有参与抵抗总纵弯曲的构件，在保持其高度和面积不变的条件下，假想地平移至船舶中纵剖面附近，并对称的构成一梁的剖面

C. 实验表明，在一定条件下（剖面内没有构件丧失稳性）下，用实心梁弯曲理论对船体梁进行强度计算所得的结果与实际测量结果基本相符，或极近似

D. 船体所有的构件都可以计入等值梁

2. 船体剖面模数是表征船体结构抵抗弯曲变形能力的一种几何特性，也是衡量船体强度的一个重要标志，其单位是________。

A. m　　B. m^2　　C. m^3　　D. m^4

3. 同时承受总纵弯曲和板架弯曲的纵向构件称为第二类构件，如船底纵桁，其应力记为________。

A. σ_1　　B. $\sigma_1+\sigma_2$

C. $\sigma_1+\sigma_2+\sigma_3$　　D. $\sigma_1+\sigma_2+\sigma_3+\sigma_4$

4. 在计算船体等值梁剖面几何要素时，以下说法正确的是________。

A. 对于高度较大的垂向构件，要计算其自身惯性矩，水平构件一律忽略不计

B. 对于高度较大的垂向构件，不必计算其自身惯性矩，水平构件一律忽略不计

C. 对于高度较大的垂向构件，还要计算其自身惯性矩，水平构件也要计入

D. 对于高度较大的垂向构件，不必计算其自身惯性矩，水平构件则应一律计入

第八章　船体局部强度计算

● **学习目标**

知识目标

1. 掌握局部强度的基本概念；
2. 掌握局部强度的计算内容；
3. 掌握局部强度的应力标准及计算的方法。

能力目标

1. 能够建立局部结构强度计算的力学模型；
2. 能够进行局部结构强度的计算与校核。

第一节　甲板板架计算

一、甲板板架的计算载荷

甲板板架所受的局部载荷为货物、人员的压力以及甲板上浪后的水压力。一般认为这些载荷在甲板上是均布的，在强度计算中，常用计算水柱高 h 表示，如果水的相对密度为 γ，则甲板板架的计算载荷(均布载荷)的集度 q 可表示为：

$$q = h\gamma \tag{8-1}$$

内河船甲板计算水柱高，可参照《钢质内河船舶建造规范》规定选取：

(1)对于强力甲板，取计算水柱高 $h = 0.5\text{m}$；

(2)对于旅客舱室甲板，取计算水柱高 $h = 0.45\text{m}$；

(3)对于船员舱室甲板，取计算水柱高 $h = 0.35\text{m}$；

(4)对于顶篷甲板，取计算水柱高 $h = 0.20\text{m}$；

(5)载货甲板取货物重量的相当水柱高度，$h = KQ/F$，但对于 A 级航区强力甲板应不小于 0.725m；B 级航区强力甲板应不小于 0.6m；C 级航区强力甲板和其余甲板应不小于 0.5m；Q 为载货甲板货载总量，t；F 为载货甲板面积，m^2。K 为系数，货物的积载因数小于或等于 $0.45\text{m}^3/\text{t}$ 时，取 $K = 1.30$；货物的集载因数大于 $0.45\text{m}^3/\text{t}$ 时，取 $K = 1.15$。

二、甲板板架的力学模型

1. 纵骨架式甲板板架

图 8-1 为具有舱口的纵骨架式甲板板架。对于这类甲板板架，不考虑甲板半梁及横梁对纵桁的影响，将纵桁看成是刚性固定在横舱壁上，并具有中间弹性支座(舱口端梁)的阶梯变断面梁(图 8-1b)。并认为纵桁受均布荷重作用。其集度为：

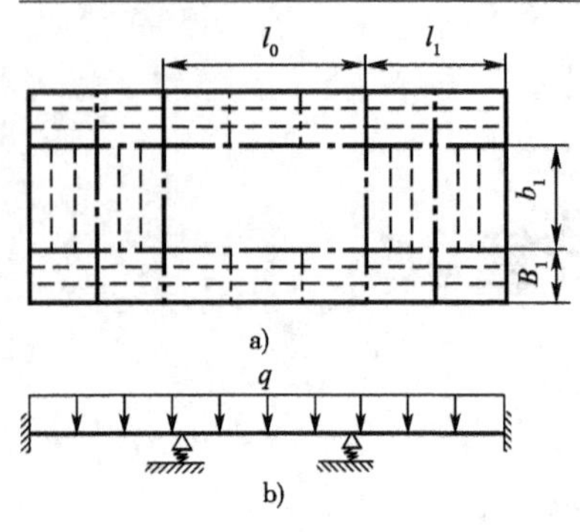

图 8-1　纵骨架式甲板骨架

$$q = \frac{1}{2}(B_1 + b_1)h\gamma \quad (\mathrm{N/m}) \tag{8-2}$$

计算纵桁的剖面惯性矩时，计入剖面中的甲板板带板宽度可取为：

在开口区：$\frac{1}{12}l_0$

在开口区以外：$\frac{1}{6}l_1$

舱口端横梁作为弹性支座，其柔性系数为：

$$A = \frac{l^3}{12EI_3}\left(\frac{b_1}{2l}\right)^3 \frac{3+8-\frac{I_3}{I_2}\frac{B_1}{b_1}}{3+2\frac{I_3}{I_2}\frac{B_1}{b_1}+\frac{b_1}{2B_1}\left(3+\frac{b_1}{2B_1}\right)} \tag{8-3}$$

式中：l——板架的半宽；

l_0——开口长度；

l_1——开口横边与横舱壁之间的距离；

b_1——开口的宽度；

B_1——开口纵边和舷侧之间的距离；

I_2——舷侧到开口之间那段舱口端梁的剖面惯性矩；

I_3——开口区域舱口端梁的剖面惯性矩。

舱口端梁可看作是自由支持在舷侧，支柱作为其中间刚性支座，在与纵桁的交叉点上承受纵桁给予的集中反力。显然，舱口端梁也是一根阶梯变断面梁。

如果甲板支柱设在舱口角隅处（纵桁与端横梁的交叉点）则甲板纵桁可看成是中间有刚性支座的梁。

2. 横骨架式甲板板架

图 8-2 为具有舱口的横骨架式板架。对于这类板架的纵桁及舱口端梁的计算，与纵骨架式板架相似。

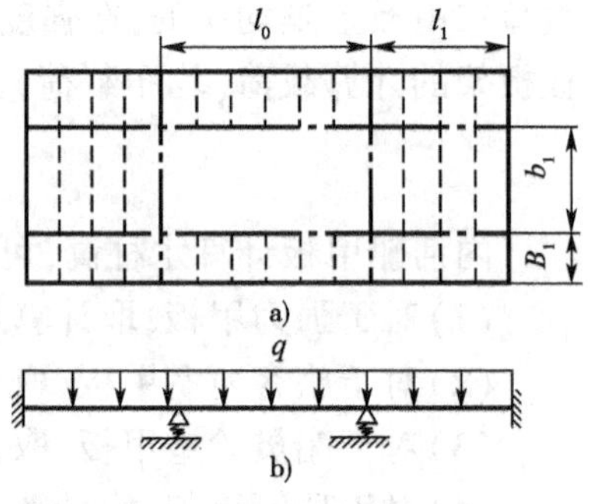

图 8-2　横骨架式甲板骨架

上述板架中的纵骨、普通横梁、普通半梁均作为小骨材，计算方法见第三节小骨材计算。

第二节　肋骨框架计算

肋骨框架计算仅限于强肋骨框架。由计算确定横梁、纵舱壁扶强材、肋骨以及肋板的弯曲应力。

1. 肋骨框架的计算载荷

对于构成肋骨框架的横梁及肋板，其计算水柱高分别按甲板板架计算水柱及船底板架计算水柱取值，其载荷为一个强肋骨间距内的负荷的总和。

构成肋骨框架的舷侧肋骨，其计算水柱除考虑在静水中的吃水外，尚须考虑到波浪影响，

其表达式为：

$$h = d + r \tag{8-4}$$

式中：d——吃水，m；

r——半波高，m。

计算肋骨框架时，必须考虑到最不利的载荷搭配形式：

(1)计算肋骨时横梁不承受载荷，肋骨承受计及波浪静水压力的荷载(图8-3a)。

(2)计算上甲板横梁时，上甲板横梁受载，下甲板横梁不承受载荷，肋骨承受计及波浪静水压力的荷载(图8-3b)。

(3)计算下甲板横梁时，所有横梁承受载荷，肋骨承受计及波浪静水压力的荷载(图8-3c)。

2. 肋骨框架的力学模型

计算肋骨框架时，假定框架各构件为直杆，框架平面内的支柱长度不变，忽略舷侧纵桁对肋骨的作用。通常可将肋骨底部简化为刚性固定端。用肋骨框架各构件的弹性中心线来代替线梁，各构件的计算跨长为各构件弹性中心线交点之间的长度(图8-4)。对于一般船体肋骨框架可认为是节点不可动刚架。如肋骨框架为多层甲板，上甲板不载货，则在确定舷侧舱内肋骨和底部构件的强度时上层框架可忽略不计。计算肋骨框架时，均要考虑带板在内的剖面惯性矩。

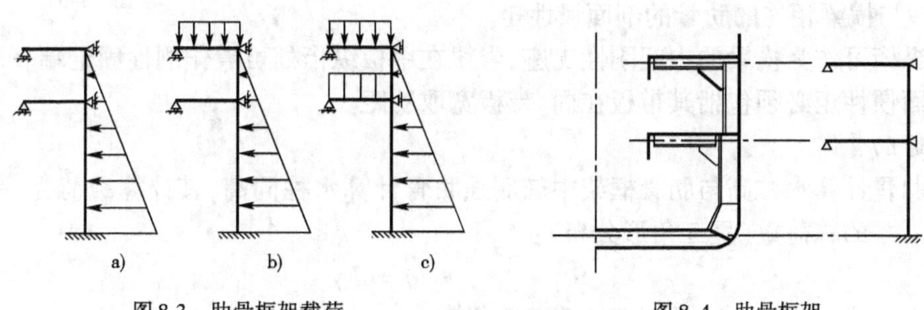

图8-3　肋骨框架载荷　　　　图8-4　肋骨框架

肋骨框架的计算，可用结构力学中钢架的计算方法进行。

第三节　小骨材计算

纵骨架式结构的甲板纵骨、船底纵骨、横骨架式结构的甲板横梁、半梁、普通肋骨以及船底骨材等都属于小骨材。这些小骨材一般都可以单独按照连续梁来处理。这里介绍纵骨架式的甲板纵骨、横骨架式的甲板横梁以及舷侧肋骨的计算。

1. 甲板纵骨

甲板纵骨的计算水柱高同甲板板架，其计算载荷为一个纵骨间距内的总荷重：

$$q = bh\gamma \tag{8-5}$$

式中：q——甲板纵骨上计算载荷的集度；

b——纵骨间距；

h——甲板计算水柱高；

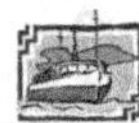
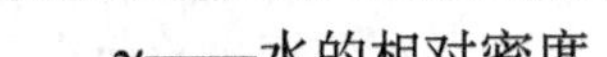

γ——水的相对密度。

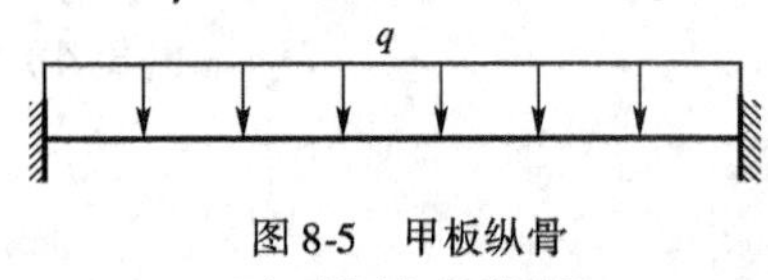

图 8-5　甲板纵骨

由于跨度和载荷的对称性，因此可将甲板纵骨作为刚性固定在强横梁上的单跨梁来计算（图 8-5）。计算纵骨的剖面惯性矩时，必须包括带板在内，带板宽可取纵骨间距。

2. 甲板横梁和半梁

甲板横梁与半梁的计算水柱高同甲板板架，其计算载荷为一个肋距内的总荷重：

$$q = ah\gamma \tag{8-6}$$

式中：q——甲板横梁（半梁）上计算载荷的集度；

a——肋骨间距（横梁间距）；

h——甲板计算水柱高；

γ——水的相对密度。

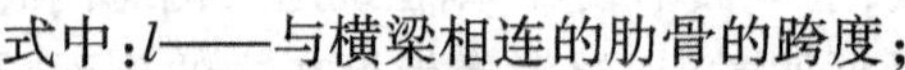

横梁及半梁在舷侧为弹性固定（图 8-6），舷侧弹性固定端的柔性系数可取为：

$$A = \frac{l}{3Ei} \tag{8-7}$$

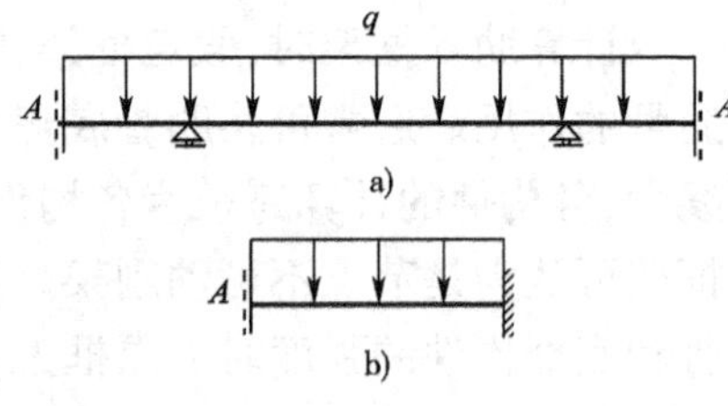

图　8-6

式中：l——与横梁相连的肋骨的跨度；

E——与横梁相连的肋骨的弹性模量；

i——与横梁相连的肋骨的剖面惯性矩。

甲板纵桁可作为横梁的中间刚性支座，半梁在甲板纵桁处可看作刚性固定端。计算横梁、半梁的剖面惯性矩必须包括其带板在内，带板宽取肋距。

3. 普通肋骨

普通肋骨计算水柱高与肋骨框架中舷侧强肋骨计算水柱同高，其计算载荷为一个肋距内的总荷重（呈三角形分布）：

$$q = ah\gamma \tag{8-8}$$

式中：q——肋骨下端计算载荷集度；

a——肋骨间距；

h——舷侧计算水柱高；

γ——水的相对密度。

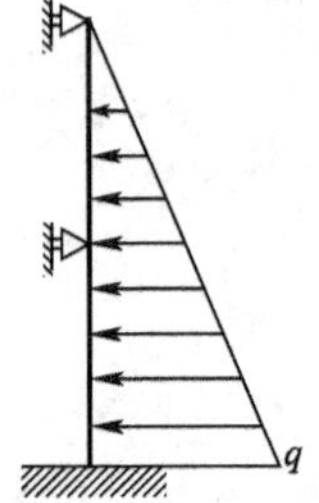

图　8-7

肋骨与甲板连接处可视为自由支持，下端与船底肋板相连处可简化为刚性固定端，舷侧纵桁一般可作为其中间刚性支座（图 8-7）。

SIKAOYULIANXI

一、简答题

1. 作用在甲板上的力有哪些？

2. 作用在肋骨刚架上的力有哪些？

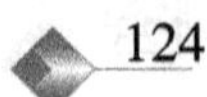

3. 结构力学模型的建立要注意哪些要素？

4. 小骨材计算举两例。

二、填空题

1. 甲板板架所受的局部载荷为________的压力以及甲板上浪后的________。

2. 内河船甲板计算水柱高，可参照规范定取。《钢质内河船舶建造规范》规定；对于强力甲板，取计算水柱高________；对于顶篷甲板，取计算水柱高________。

3. 载货甲板取________重量作相当水柱高度。

4. 计算肋骨框架时，必须考虑到________的载荷搭配形式。

5. 小骨材一般都可以单独按照________来处理。

第九章 船体型材剖面几何要素确定

● **学习目标**

知识目标

1. 掌握型材的种类；
2. 掌握型材剖面要素计算；
3. 掌握型材剖面的优化设计。

能力目标

1. 能进行型材剖面模数与惯性矩的计算；
2. 能进行型材剖面的优化设计；
3. 能进行型材剖面最佳尺寸的实用设计公式。

第一节 型材种类和特点

在船体结构中，支撑船体钢板的骨架通常占船体结构钢料的30%左右，因此其构件尺寸的合理选择，不仅对保证船体结构强度，而且对节约钢材都具有重大意义。

一、船体结构中的型材

船体结构中的骨架构件，一些仅承受拉伸或压缩荷重的作用，如支柱、桁架斜杆等，这类构件剖面的设计比较简单，并且已在材料力学课程中充分地讨论过了；另一些（船体结构中绝大部分构件）主要承受弯曲，即作为“梁”使用。因此，在本章只介绍承受弯曲的梁材剖面设计问题。

船体结构中的骨架梁大多由轧制型钢（见图9-1）、T型材或折边钢板等制成，并与船体钢板焊接形成组合梁，共同抵抗弯曲。轧制型钢（扁钢，角钢、球扁钢、I型钢、槽型钢等）国家已批量生产，设计时只是按要求选择型号。T型材最合理地使用材料而得到最高的强度，且能使结构具有良好的对称性，在船体结构中的使用范围已越来越广泛。随着冶炼技术的发展，可望供船舶使用的轧制T型钢将大量生产。但是，目前大量使用的T型材均由船厂拼装焊接而成，因此其剖面最佳尺寸的确定便是本章的任务。

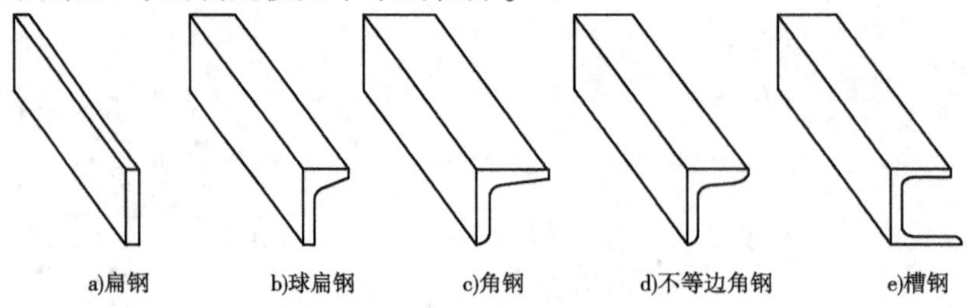

图9-1 船体结构中的型材

二、衡量型材剖面材料利用的指标

型材剖面设计应符合下列要求：

(1)具有足够的强度、刚度和稳定性；

(2)应尽可能符合生产与工艺方面的要求，如制造简单、施工方便等；

(3)满足特殊结构与营运使用的要求，例如，为保证货舱容积而对型材剖面高度的限制、因腐蚀磨损而对最小板厚的要求等；

(4)剖面内材料分布合理，使所得结构重量最轻，这是船体结构工程师的重要目标之一。衡量型材剖面内材料分布合理程度的指标有：剖面利用系数和比面积。

大家知道，梁材受横荷重作用时，其抵抗弯曲的能力由剖面的最小剖面模数保证。剖面的最小剖面模数 W_1 为：

$$W_1 = \frac{I}{|Z|_{max}} = \frac{\int_F Z^2 \mathrm{d}F}{|Z|_{max}} = |Z|_{max}\int_F \left(\frac{Z}{|Z|_{max}}\right)^2 \mathrm{d}F \tag{9-1}$$

式中：$I = \int_F Z^2 \mathrm{d}F$——型材剖面积对其中和轴的惯性矩；

Z——微面积 $\mathrm{d}F$ 至中和轴的距离；

$|Z|_{max}$——剖面上最远纤维至中和轴的距离。

因而，在给定剖面 F 时，若 $Z = |Z|_{max}$，上式具有最大值，即：

$$W_1 = |Z|_{max} \cdot F \tag{9-2}$$

这就相当于由两个离中和轴的距离为 $|Z|_{max}$、面积各为 $0.5F$ 的翼板组成的剖面（见图9-2）。可是，这种型材实际上是无法制造的，因为它没有连接两翼板的腹板，所以称为“理想”剖面。记“理想”剖面的剖面模数为 W_0，则：

$$W_0 = \frac{1}{2}hF \tag{9-3}$$

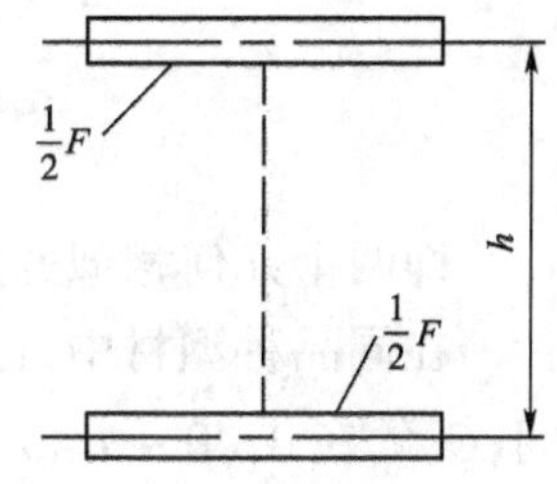

图9-2　“理想”剖面

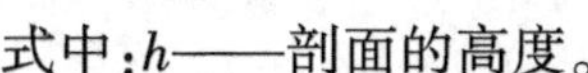

式中：h——剖面的高度。

实际所用的各种型材，其最小剖面模数仅为 W_0 的一部分，即：

$$W_1 = \eta W_0 = \eta \frac{1}{2}hF \tag{9-4}$$

式中系数 η 称为剖面的利用系数，表9-1列出了一些型材剖面的利用系数。

型材剖面的利用系数　　表9-1

编号	型材剖面	η	编号	型材剖面	η
1	实心圆剖面	0.25	5	轧制槽钢和Ⅰ型钢	0.60
2	实心矩形剖面	0.33	6	轧制球尾角钢或球尾T型钢	0.40～0.45
3	小厚度空心圆管	0.50	7	组合工字型材	0.70～0.75
4	等厚度薄壁空心方盒	0.67			

在剖面积 F 和高度 h 相同的情况下，系数 η 能表明材料在剖面中分布的合理程度，即 η

值越大，所设计的型材剖面越接近于“理想”剖面，剖面材料的利用率就越高。由于剖面高度对剖面模数有很大影响，当剖面高度 h 不同时，η 值的大小就不能反映材料在剖面中的利用率了。

为了衡量剖面材料的利用率，引入剖面模数比面积：

$$C_w = \frac{F}{W^{2/3}} \tag{9-5}$$

及剖面惯性矩比面积：

$$C_i = \frac{F}{I^{1/2}} \tag{9-6}$$

式中：F——型材剖面积；

W——型材最小剖面模数；

I——型材剖面惯性矩。

对焊接在钢板上的船体骨架梁，在上述比面积公式中，F 为不包括带板的型材剖面积，而 W、I 则为包括带板的型材剖面模数和惯性矩。

C_w 的意义就是产生单位剖面模数（$W^{2/3}$）所需的剖面积。显然，C_w 越小，剖面材料的利用率就越高，剖面设计得就越好。

对于几何相似的型材剖面，因所有尺寸相差 n 倍，便有下述关系：

$$F_2 = n^2F_1, I_2 = n^4I_1, W_2 = n^3W_1$$

$$C_w = \frac{F_1}{W_1^{2/3}} = \frac{F_2}{W_2^{2/3}} = \text{常数}$$

$$C_i = \frac{F_1}{I_1^{1/2}} = \frac{F_2}{I_2^{1/2}} = \text{常数}$$

即两个几何相似的型材剖面其比面积是相同的。

在同品种型材中，比面积的变化范围也不大。例如，船用球扁钢的 C_w 约在 0.64 ~ 0.68 之间，C_i 约在 0.40 ~ 0.45 之间，在设计计算中可近似地取 $F = 0.65W^{2/3}$ 和 $F = 0.40I^{1/2}$。

第二节　剖面几何要素计算

为了保证型材有足够的强度，必须使翼板上的最大正应力和腹板上的最大剪应力小于许用应力，即：

$$\frac{M}{W_1} \leqslant [\sigma] \quad 及 \quad \frac{NS}{It} \leqslant \tau \tag{9-7}$$

式中：M、N——作用于剖面的弯矩及剪力；

W_1——最小剖面模数；

I——型材剖面对中和轴的惯性矩；

S——剖面中和轴以上或以下的剖面积对中和轴的静矩；

t——型材腹板的厚度。

为此，首先要建立型材剖面要素与剖面几何尺寸之间的关系式。

一、型材剖面模数与惯性矩的计算

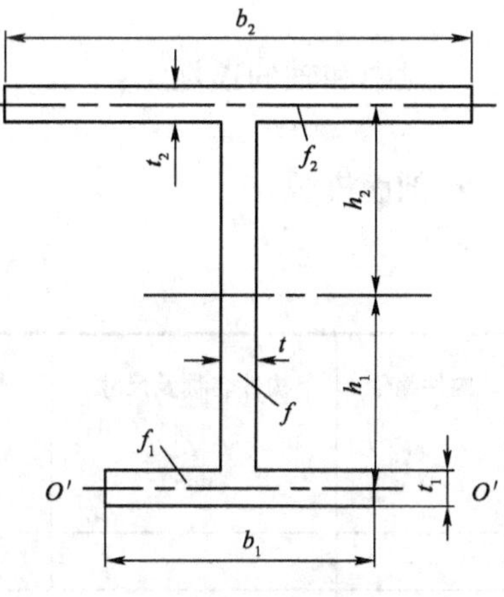

图 9-3　T 型材尺寸标记

焊接于船体钢板上的 T 型材，研究其强度、稳定性时采用图 9-3 所示的标记：

f_1, t_1, b_1——小翼板（亦称自由翼板、面板）剖面积、厚度及宽度；

f_2, t_2, b_2——大翼板（即型材带板）剖面积、厚度及宽度；

f, t, h——腹板的剖面积、厚度及高度（两翼板重心间距离）；

h_1, h_2——翼板重心到剖面中和轴的距离。

并且假定两翼板的厚度远小于剖面高度（一般，厚度不超过高度 1/8 即可）。

设参考轴 $O'-O'$ 取在小翼板厚度中点的轴线上，利用剖面特性计算的移轴定律，剖面中和轴至参考轴的距离为：

$$h_1 = \frac{f_2 h + f\dfrac{h}{2}}{f_1 + f_2 + f} \tag{9-8}$$

剖面对中和轴的惯性矩为：

$$I = f_2 h^2 + f\left(\frac{h}{2}\right)^2 + \frac{f h^2}{12} - (f_1 + f_2 + f)h_1^2$$

将式(9-8)代入上式得：

$$I = h^2\,\frac{f_1 f_2 + \dfrac{f}{3}(f_1 + f_2) + \dfrac{f^2}{12}}{f_1 + f_2 + f} \tag{9-9}$$

由此，小翼板的剖面模数为：

$$W_1 = \frac{I}{h_1} = h\,\frac{f_1 f_2 + f_1\dfrac{f}{3} + f_2\dfrac{f}{3} + \dfrac{f^2}{12}}{f_2 + \dfrac{1}{2}f}$$

以 $(f_1 f/2 - f_1 f/6)$ 代替 $f_1 f/3$，便可得：

$$W_1 = h\left(f_1 + \frac{f}{6}\,\frac{4f_2 - 2f_1 + f}{2f_2 + f}\right) \tag{9-10}$$

同理，大翼板的剖面模数为：

$$W_2 = \frac{I}{h_2} = h\left(f_2 + \frac{f}{6}\,\frac{4f_1 - 2f_2 + f}{2f_1 + f}\right) \tag{9-11}$$

式中 h_2 为大翼板重心到中和轴的距离，即：

$$h_2 = h - h_1 = h\,\frac{f_1 + \dfrac{1}{2}f}{f_1 + f_2 + f} \leqslant 0.5h \tag{9-12}$$

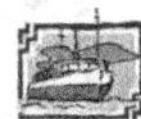

型材剖面模数及惯性矩也常利用表 9-2 及下述公式计算。

剖面中和轴至参考轴的距离：

$$e = B/A$$

对中和轴的惯性矩：

$$I = C - Ae^2 = C - eB$$

剖面模数：

$$W = I/h_1, W_2 = I/(h - h_1)$$

剖面要素计算表 表 9-2

构件编号 i	构件名称及尺寸 (mm)	构件剖面积 f_i (cm^2)	至参考轴距离 Z_i (cm)	静矩 $f_i Z_i$ (cm^3)	对参考轴的惯性矩 $f_i \cdot Z_i^2$ (cm^4)	自身惯性矩 i_0 (cm^4)
…						
	Σ	A		B	C	

小翼板的剖面模数为型材剖面的最小剖面模数。为介绍方便，将式(9-10)改写为：

$$W_1 = h(f_1 + f/K) \tag{9-13}$$

式中：

$$K = 6 \times \frac{2f_1 + f}{4f_2 - 2f_1 + f} \tag{9-14}$$

令中和轴到大、小翼板距离的比值为 β，即：

$$\beta = \frac{h_2}{h_1} = \frac{2f_1 + f}{2f_2 + f} < 1 \tag{9-15}$$

则可得：

$$K = \frac{6}{2 - \beta} \tag{9-16}$$

利用式(9-10)或式(9-13)可解决在型材剖面中材料合理分布的问题：

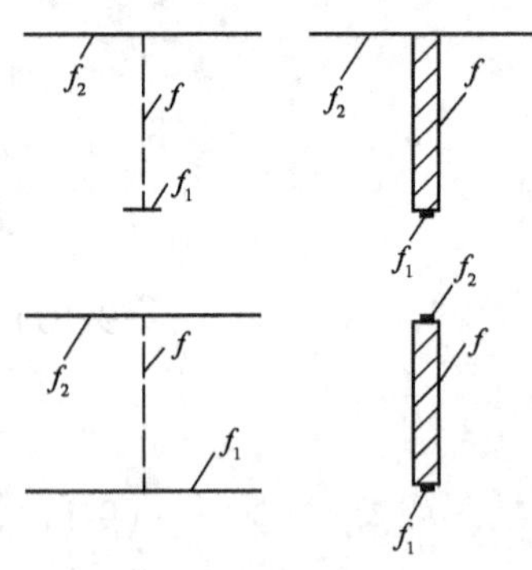

图 9-4 系数 K 等于最小值及最大值时的剖面图

(1) K 值的变化范围不大，在 3 与 6 之间。图 9-4 表明系数 K 等于最小值及最大值时，剖面中材料分布的情况。如剖面是对称的，则 $f_1 = f_2$，$\beta = 1$，$K = 6$；如将大翼板增至无穷大，则 $\beta = 0$，$K = 3$。

(2) 只要剖面高度 h 不变，增加大翼板的剖面积，虽然可使剖面模数增加，但增加得极为缓慢，从节约材料的观点来看，这不是好办法。由此可知，船体骨架梁带板宽度的变化对梁材最小剖面模数的影响是不大的。

(3) 增加不对称剖面型材最小剖面模数最有效的办法是增加腹板的高度；或者腹板高度不变时，增加小翼板的剖面积。

为了尽可能减小结构重量，在必须减小不对称剖面型材最小剖面模数时，减少大翼板剖面积将比减少小翼板剖面积更有利。但是，在船体结构中，大翼板为带板，其厚度是由其他条件决定的。

二、腹板的相当面积

式(9-7)中腹板上的最大剪应力公式可写成：

$$\tau = \frac{N}{\bar{f}} \tag{9-17}$$

式中：

$$\bar{f} = \frac{It}{S} \tag{9-18}$$

称为型材腹板的相当面积，它相当于使最大剪应力沿腹板高度均匀分布的剖面积。

利用 $I = W_1 h_1$ 及 $S = f_1 h_1 + \frac{1}{2}h_1^2 t$，腹板面积 $f = ht$ 及式(9-8)与式(9-10)，可得到腹板的相当面积与腹板面积的关系式：

$$\bar{f} = f\frac{f_1 + \frac{f}{6}\cdot\frac{4f_2 - 2f_1 + f}{2f_2 + f}}{f_1 + \frac{f}{4}\cdot\frac{2f_2 + f}{f_1 + f_2 + f}} \tag{9-19}$$

一般船用型材的大翼板为带板，其剖面积可作为常量。当小翼板剖面积 f_1 与腹板剖面积 f 之比值在下述范围变化时，即：

$$0 < f_1 : f < \infty$$

$\bar{f}$ 的变化范围为：

$$0.67f < \bar{f} < f$$

因此，在强度计算中可近似取为：

$$\bar{f} = 0.85f \tag{9-20}$$

这表明薄壁 T 型材剖面上的剪力主要由腹板承受。

于是，为抵抗剪切，腹板的剖面积必须满足下式，即：

$$f \geqslant \frac{N}{0.85[\tau]}$$

三、梁材抗弯强度与抗剪强度间的关系

我们知道，承受一定载荷的梁所受到的弯矩随跨度 l 的增长而增大，而其剖面抵抗弯矩的能力随剖面高度 h 的增高而增大，因此剖面上的弯曲正应力的大小不仅与剖面材料的分布有关，而且随 l 与 h 之比值(l/h)的增加而增加。然而，由式(9-17)及式(9-19)可知，承受一定载荷的梁之最大剪应力仅与剖面上材料的分布有关。由此可知，若假定梁剖面中的最大剪应力与最大正应力同时达到各自许用应力时，所对应的比值 l/h 为最小值 $(l/h)_{min}$，当 l/h 大于此数值时，若满足了梁的抗弯强度条件，则梁的抗剪强度必然是有保证的；反之，l/h 小于此数值时，则梁的抗剪切要求是主要的，即满足了抗剪强度条件，梁的抗弯强度便自动得到保证。

按第四强度理论来校核一般弯曲的强度时，梁的剪切许用应力为 $[\tau] = [\sigma]/\sqrt{3}$。因而有：

$$\frac{\tau_{max}}{\sigma_{max}} = \frac{[\tau]}{[\sigma]} = 0.57$$

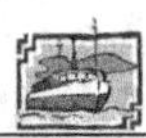

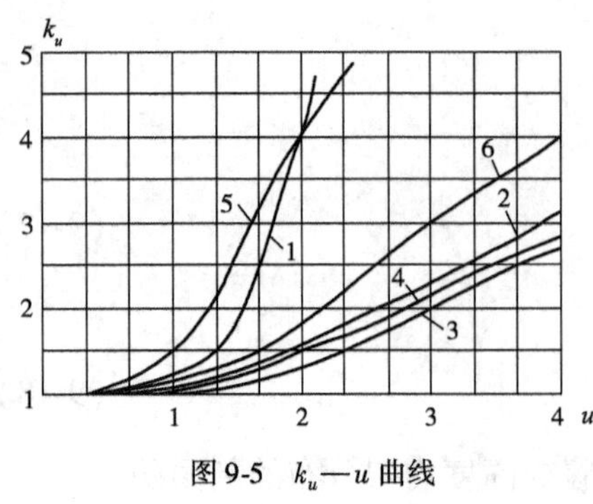

图 9-5 k_u—u 曲线

表 9-3 列出一些梁在不同载荷和端点固定情况时的 $(l/h)_{\min}$ 值。对于支持在弹性基础上的梁，剪力对强度的影响大大增加。此时，表 9-3 所列 $(l/h)_{\min}$ 值须乘以一修正系数 k_u。系数 k_u 按参数 u，即：

$$u=\frac{1}{2}\sqrt[4]{\frac{K}{4EI}} \tag{9-21}$$

式中：K——梁弹性基础的刚性系数；

EI——梁的弯曲刚度。

k_u 可从图 9-5 中查得。

不同端点固定情况的 $(l/h)_{\min}^{②}$ 值　　　表 9-3

编号③	载荷种类和端点固定情况	f_1/f①				
		0.4	0.6	0.8	1.0	1.2
1		5.3	6.7	8.1	9.4	10.8
2		6.7	8.4	10.1	11.7	13.4
3		8.0	10.0	12.1	14.2	16.1
4		8.0	10.1	12.1	14.2	16.1
5		2.7	3.4	4.1	4.7	5.4
6		5.3	6.7	8.1	9.4	10.8

注：①f_1/f 为型材自由翼板面积与腹板面积之比；

②在计算 $(l/h)_{\min}$ 时，假定带板面积大于型材；

③编号 1，…，6 对应图 9-5 中的 1，…，6。

四、型材的局部稳定性

保证型材的局部稳定性，系指保证其翼板和腹板的稳定性。

1. 翼板的稳定性

将型材自由翼板的一半视为三边自由支持在刚性支座上，另一边完全自由的单向受压的长矩板（见图 9-6），其临界应力为：

$$\sigma_{cr}=8.2\left(\frac{100t_1}{b}\right)^2 \quad (\text{N/mm}^2) \tag{9-22}$$

式中：b——由腹板至自由边的翼板宽度；

t_1——翼板厚度。

一般要求压缩应力达到材料屈服极限 σ_r 时，翼板仍是稳定的。令 $\sigma_{cr}=\sigma_r$，且忽略腹板的厚度，可得：

$$n_0=\frac{b}{t_1}=10\sqrt{\frac{820}{\sigma_r}} \tag{9-23}$$

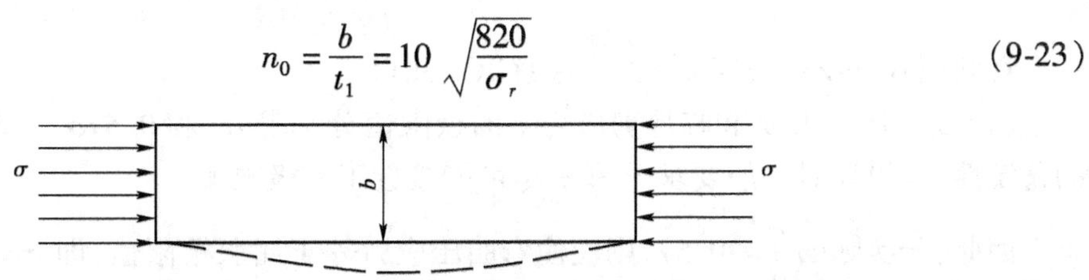

图 9-6　自由翼板稳定性计算图形

上式仅适用于弹性范围，当压应力超过弹性范围时应作修正。此外，考虑到在实际船体结构中，自由翼板具有初挠度，以及使用上的要求（翼板宽度太大，就难以在梁材之间进行检查及油漆等工作），通常应使 n_0 值不超过 7.5～10，或者按下式决定的值：

$$n_0=\frac{b}{t_1}=10\sqrt{\frac{184}{\sigma_r}} \tag{9-24}$$

2. 腹板的稳定性

研究腹板的稳定性时，将其视为四周自由支持在刚性支座上的矩形板，沿四周作用着定值剪应力，同时沿腹板高度作用着线性分布的弯曲正应力（见图 9-7）。

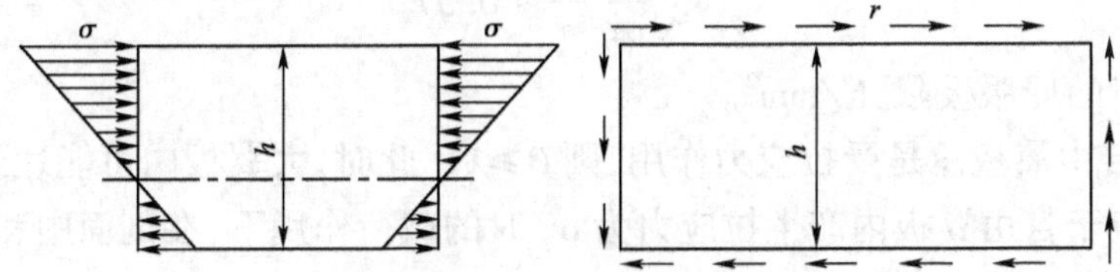

图 9-7　腹板稳定性计算图形

板单独受非均匀线性分布的弯曲正应力作用时，其临界应力为：

$$\sigma_{cr}=76\left(\frac{100t}{h}\right)^2\left[1+0.95(1+\beta)^{2.33}\right]\quad(\mathrm{N/mm^2}) \tag{9-25}$$

式中 β 为一个翼板内的拉应力与另一个翼板内的压应力之比的绝对值。

板单独受定值剪应力作用时，其临界应力为：

$$\tau_{cr}=102\left(\frac{100t}{h}\right)^2\quad(\mathrm{N/mm^2}) \tag{9-26}$$

板同时受这两种应力作用时，若 σ 和 τ 满足下述相关方程便发生失稳，即：

$$\frac{\sigma}{\sigma_{cr}}+\frac{\tau}{\tau_{cr}}=1$$

或：

$$\frac{\sigma}{A}+\frac{\tau}{102}=\left(\frac{100t}{h}\right)^2$$

式中：

$$A=76\left[1+0.95(1+\beta)^{2.33}\right] \tag{9-27}$$

由此得到：

$$m=\frac{h}{t}=\frac{100}{\sqrt{\frac{\sigma}{A}+\frac{\tau}{102}}} \tag{9-28}$$

在利用式(9-28)确定 m 时，应注意以下几点：

(1)临界压应力 σ 和临界剪应力 τ 的极限值分别是 σ_r 和 $0.57\sigma_r$。为保证腹板具有足够的稳定性，在设计时一般要求 σ 和 τ 尽可能接近于其极限值。

因此，若实际的 $\frac{\tau}{\sigma}\leqslant 0.57$，则应使弯曲压应力等于屈服极限值，即 $\sigma=\sigma_r$ 而 τ 为相应于该正应力时剖面中和轴处的剪应力。这样，根据式(9-28)，应按下式确定 m：

$$m=\frac{h}{t}=\frac{100}{\sqrt{\frac{102}{A}+\frac{\tau}{\sigma}}}\sqrt{\frac{102}{\sigma_r}} \tag{9-29}$$

若实际的 $\frac{\tau}{\sigma}>0.57$ 时，则应使 $\tau=0.57\sigma_r$，并保持 $\frac{\tau}{\sigma}$ 的比值不变。于是，根据式(9-28)，应按下式确定 m：

$$m=\frac{h}{t}=\frac{100}{\sqrt{\frac{58}{A}\frac{\sigma}{\tau}+0.57}}\sqrt{\frac{102}{\sigma_r}} \tag{9-30}$$

式中：σ_r——材料的屈服极限，N/mm^2。

(2)若型材自由翼板总是受拉应力作用，则 $\beta\geqslant 1$。此时，大翼板内可能达到的临界压应力为 σ_r/β，τ 为相应于自由翼板内产生拉应力为 σ_r 时的载荷作用下，在剖面中和轴处的剪应力，即计算时仍保持实际的 τ/σ 之比值不变。

(3)由于 m 与剖面中和轴的位置和比值 τ/σ 有关，所以只能通过逐次近似计算确定。初次计算时可取 $\beta=0.5$，$\frac{\tau}{\sigma}=0.5$。

(4)考虑到在实际船体结构中梁材腹板初挠度的影响，以及电焊过程中所发生的偏斜现象，在内河船舶设计中一般 $m\leqslant 75$，在海船设计中通常 $m<70\sim 100$。

五、型材的总稳定性

大家知道，当作用于型材剖面最大刚性平面内的横荷重比较小时，梁材将仅在其最大刚性平面内弯曲。但是，当横荷重超过某一限度时，梁材会离开它自己的弯曲平面，并在其最小刚性平面内发生弯曲，同时还伴有扭转变形，即丧失了弯曲平面形状的稳定性，常称为型材侧向失稳。这种失稳是整体性的，它将导致整个结构的破坏，故亦常称为型材总稳性。在船体结构中，几乎所有的梁都是焊接在钢板上的，而且钢板平面内的刚性要比梁的弯曲刚性和扭转刚性大得多，以致可以将梁视为沿梁与钢板的连接线不发生任何侧向位移。因此，型材的侧向失稳可视为扭转轴线固定了的开口薄壁杆件的侧向失稳问题。

舱壁扶强材的侧向失稳就是型材总稳定性丧失的典型例子。对两端为自由支持的 T 型材(图 9-8)，为了不发生侧向失稳，其跨度中点的横荷重不得大于按下式求得的临界载荷。

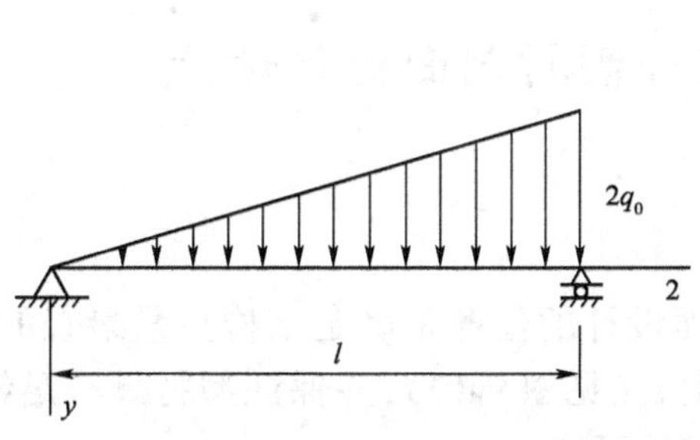

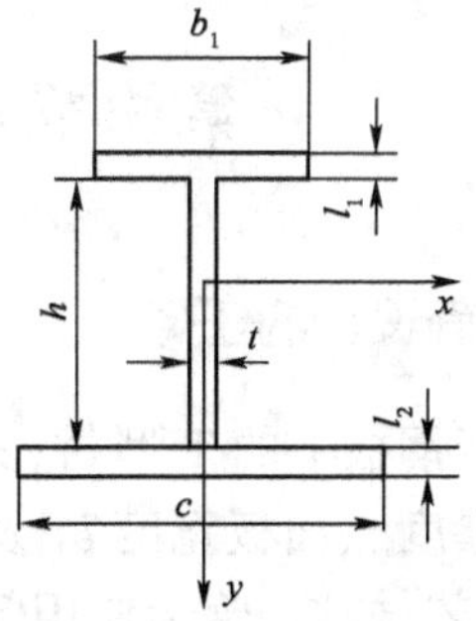

图 9-8　两端自由支持的 T 型材

$$q_{0.cr}=\frac{EI_{\omega}^{*}}{|\beta_1^{*}|l^4}\Phi(a_1,a_2) \tag{9-31}$$

式中：　　E——材料弹性模量；

$I_{\omega}^{*}=\frac{1}{12}t_1b_1^3h^2$——扶强材剖面扇性惯性矩，$\mathrm{cm}^6$；

$\beta_1^{*}=\frac{1}{I_x}\left(\int_F y^3\mathrm{d}F+\int_F x^2y\mathrm{d}F\right)-2b_y$　(cm)；

$\Phi(a_1,a_2)$——按 a_1 及 a_2 由图 9-9 查得的函数值，其中：

$$a_1=\frac{I_al^2}{I_{\omega}^{*}},a_2=\frac{k_0l^4}{EI_{\omega}^{*}}$$

I_x——剖面对 x 轴的惯性矩，cm^4；

$I_a=\frac{1}{3}b_1t_1^3+\frac{1}{3}ht^3$——扶强材扭转惯性矩，$\mathrm{cm}^4$；

$k_0=\frac{Et_2^3}{3c(1-\mu^2)}$——扶强材单位宽度带板抗扭刚性系数；

t_2——扶强材带板厚度，cm；

c——扶强材间距，cm。

若扶强材在丧失稳定性时，应力超过了材料弹性极限，上述临界载荷计算公式应予以修正。

研究式(9-31)，不难发现，影响型材总稳定性的主要因素是：梁材腹板高度 h、小翼板的宽度 b_1 及梁材跨度 l。梁材跨度 l 越大，小翼板宽度 b_1 越小、腹板高度 h 越大，则型材越容易丧失总稳定性。

初次近似计算时，可按下式校核型材的总稳定性：

$$\frac{l}{b_1}<100\sqrt{\frac{100}{\sigma_r}} \tag{9-32}$$

式中：σ_r——材料屈服极限，$\mathrm{N/mm^2}$。

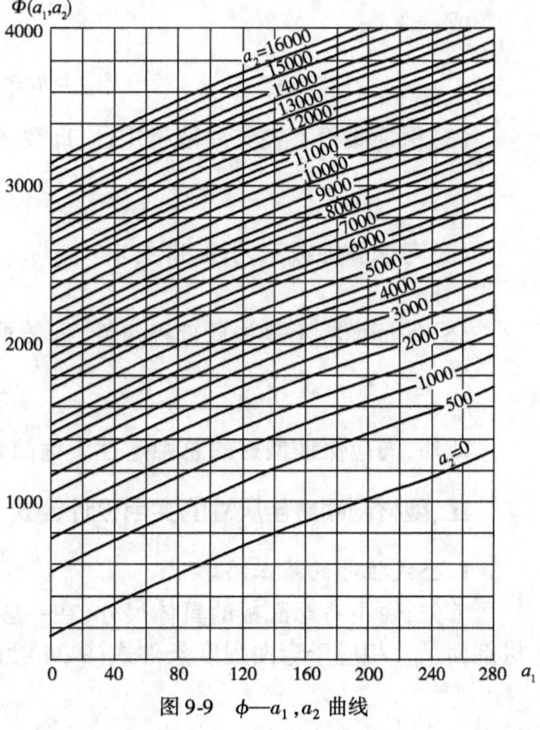

图 9-9　ϕ—a_1，a_2 曲线

第三节　组合型材剖面优化设计

一、型材剖面设计的任务

对于焊接于钢板上的T型材，其剖面设计的任务是确定结构重量最轻的剖面尺寸：型材腹板高度 h 及厚度 t、面板宽度 b_1 及厚度 t_1（见图9-10），并保证型材具有足够的强度和稳定性，以及满足工艺、构造、营运使用等方面的要求。

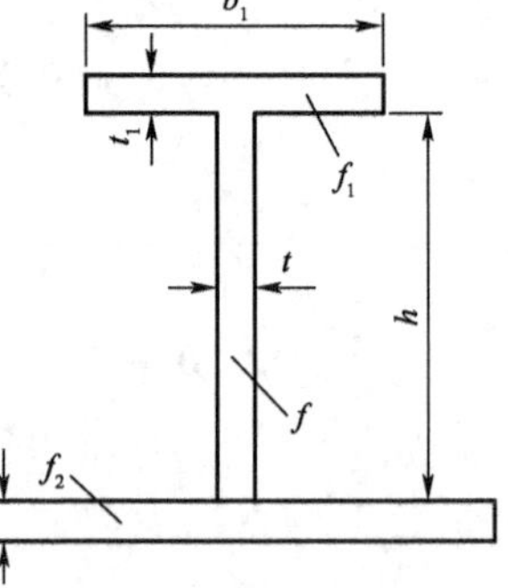

图9-10　T型材尺寸标记

求最优的 h,t,b_1,t_1 使不包括带板剖面积 f_2 的型材剖面积为最小，即：

$$F = ht + b_1t_1 \to \min \tag{9-33}$$

并满足下列要求：

（1）翼板最大弯曲正应力 σ 不超过许用应力 $[\sigma]$，即：

$$\sigma = \frac{M}{W_1} \leqslant [\sigma] \tag{9-34a}$$

或：

$$W_1 \geqslant \frac{M}{[\sigma]} \tag{9-34b}$$

（2）腹板最大剪应力 τ 不超过许用值 $[\tau]$，即：

$$\tau = \frac{NS}{It} \leqslant [\tau] \tag{9-35a}$$

或：

$$f = ht \geqslant \frac{N}{0.85[\tau]} = f_0 \tag{9-35b}$$

（3）保证腹板不丧失局部稳定性，即要求：

$$\frac{h}{t} \leqslant m \tag{9-36}$$

（4）考虑腐蚀或工艺性，即要求：

$$t \geqslant t_0 \tag{9-37}$$

（5）保证面板不丧失局部稳定性，即要求：

$$\frac{b}{t_1} \leqslant n_0 \tag{9-38}$$

此外，尚应保证型材的总稳定性。为简化讨论，将这一要求作为最后的补充校核之用。

二、型材剖面最佳尺寸的实用设计公式

1. 公式推导的基本思路

首先，暂不考虑面板的具体尺寸，在一般情况下，保证梁材的弯曲强度是主要的，即最轻型材剖面尺寸相应于弯曲强度条件式(9-34)为临界约束，取该式的等式，即：

$$W_1 = \frac{M}{[\sigma]} \tag{9-39}$$

又利用式(9-13),将型材面板的面积表示为腹板尺寸的函数,即：

$$f_1 = b_1 t_1 = \frac{W_1}{h} - \frac{ht}{K} \tag{9-40}$$

于是,可将型材剖面积 F 式(9-33)转化为：

$$F = \frac{W_1}{h} + \frac{K-1}{K}ht \tag{9-41}$$

而约束条件为：

$$h/t \leqslant m \tag{9-42}$$

$$t \geqslant t_0 \tag{9-43}$$

$$ht \geqslant f_0 \tag{9-44}$$

图9-11、图9-12及图9-13表示了几种典型情况下的最优化图像。下面将分别加以说明。

2. 腹板的最佳高度

(1)最轻剖面高度仅受腹板最小厚度条件控制。如图9-11所示。此时式(9-43)取等式,式(9-42)及式(9-44)取不等式。

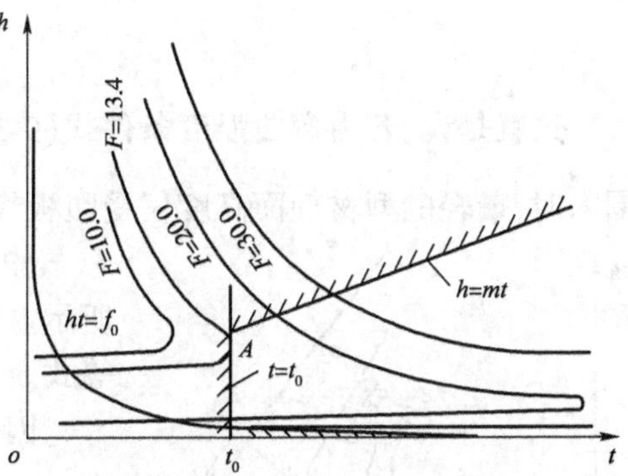

图9-11　受最小厚度控制的最优设计

因取 $t = t_0$,式(9-41)型材剖面积 F 又进一步简化为一个单变量函数,即：

$$F = \frac{W_1}{h} + \frac{K-1}{K}ht_0$$

于是,由：

$$\frac{\partial F}{\partial h} = -\frac{W_1}{h^2} + \frac{K-1}{K}t_0 = 0$$

求得使剖面积 F 为最小的腹板高度 h_{opt} 为：

$$h_{opt} = \sqrt{\frac{K}{K-1}\frac{W_1}{t_0}} \tag{9-45}$$

此解为图9-11中目标函数等值线与 $t = t_0$ 的直线的切点 A。

以 K 的最大值($K=6$)与最小值($K=3$)代入式(9-45)得：

$$1.10\sqrt{\frac{W_1}{t_0}} \leqslant h_{opt} \leqslant 1.22\sqrt{\frac{W_1}{t_0}}$$

由此可知,K 值对 h_{opt} 的影响不大。

一般在设计中,取其平均值进行近似计算,即：

$$h_{opt} = 1.16\sqrt{\frac{W_1}{t_0}} \tag{9-46}$$

由于已假定腹板的稳定性条件自动满足,即：

$$\frac{h_{opt}}{t_0} = \frac{\sqrt{\dfrac{K}{K-1}\cdot\dfrac{W_1}{t_0}}}{t_0} \leqslant m$$

由此得关系式：

$$W_1 \leqslant \frac{K-1}{K} m^2 t_0^3 \tag{9-47}$$

如令：

$$W_0 = \frac{K-1}{K} m^2 t_0^3 \tag{9-48}$$

则式(9-47)变为：

$$W_1 \leqslant W_0 \tag{9-49}$$

另外，还假定腹板的剪切强度条件自动满足，即：

$$\frac{f_0}{t_0} \leqslant \sqrt{\frac{K}{K-1} \cdot \frac{W_1}{t_0}}$$

由此又得关系式：

$$W_1 \geqslant \frac{K-1}{K} \cdot \frac{f_0^2}{t_0} \tag{9-50}$$

这就是说，若由弯曲强度条件式(9-39)决定的最小剖面模数 W_1 在 $\frac{K-1}{K} \cdot \frac{f_0^2}{t_0} \leqslant W_1 \leqslant W_0$ 范围内时，最轻的型材剖面高度仅受腹板最小厚度条件控制。

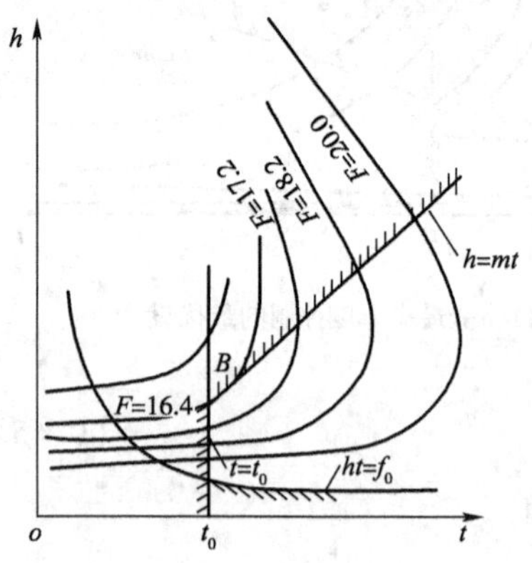

图 9-12　受腹板稳定性控制的最优设计

(2)最轻剖面高度仅受腹板稳定性条件控制。如图 9-12 所示。此时，式(9-42)取等式，式(9-43)及式(9-44)取不等式。

因为：

$$\frac{h}{t} = m$$

故有：

$$f = ht = \frac{h^2}{m}$$

将其代入式(9-41)得：

$$F = \frac{W_1}{h} + \frac{K-1}{K} \cdot \frac{h^2}{m}$$

利用：

$$\frac{\partial F}{\partial h} = -\frac{W_1}{h^2} + 2\,\frac{K-1}{K} \cdot \frac{h}{m} = 0$$

求得使剖面积 F 为最小的腹板高度 h_{opt} 为：

$$h_{opt} = \sqrt[3]{\frac{K}{2(K-1)} W_1 m} \tag{9-51}$$

此解为图 9-12 中目标函数等值线与 $h = mt$ 的直线的切点 B。

代入 K 值的最大值与最小值，可知 h_{opt} 值在 $0.84\sqrt[3]{W_1 m} \leqslant h_{opt} \leqslant 0.9\sqrt[3]{W_1 m}$ 范围内。因此，在设计中一般可取其平均值进行近似计算：

$$h_{opt} = 0.87\sqrt[3]{W_1 m} \tag{9-52}$$

因为已假定腹板的最小厚度条件自动满足，即：

$$t \geqslant t_0 \quad 或 \quad h = mt \geqslant mt_0$$

所以有：

$$\sqrt[3]{\frac{K}{2(K-1)}W_1 m} \geqslant mt_0$$

由此得：

$$W_1 \geqslant \frac{2(K-1)}{K}m^2 t_0^3 \tag{9-53}$$

根据式(9-48)得：

$$W_1 \geqslant 2W_0 \tag{9-54}$$

由于$\frac{f_0}{t_0} < mt_0$，显然腹板的剪切强度条件自动满足。

(3)若最小剖面模数 W_1 在 W_0 与 $2W_0$ 之间。此时，最轻剖面高度将同时受腹板稳定性及最小厚度两条件控制，即图 9-13 所示该两约束曲线的交点 C 由图可见，此时若仅以最小厚度条件决定最佳高度(即 A 点)又不能满足腹板的稳定性要求；而若仅以腹板的稳定性条件决定最佳高度(即 B 点)又不能满足最小厚度要求。

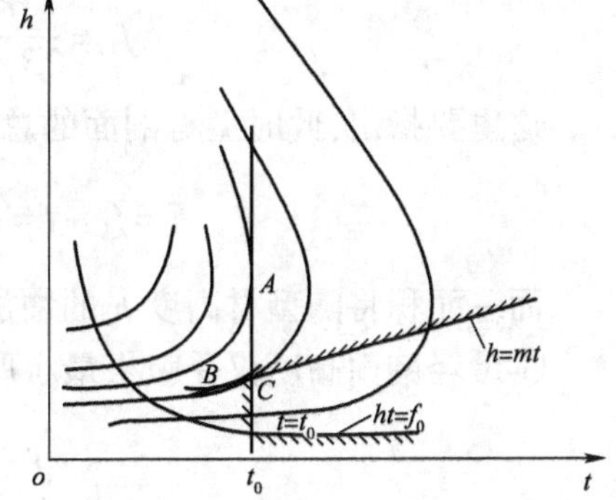

图 9-13　W_1 在 W_0 与 $2W_0$ 之间控制的最优设计

(4)带板应力受限制的型材剖面设计。在造船实践中，有时舱壁板采用比舱壁扶强材机械性能低的材料，以充分发挥材料的作用。

此时，梁材的弯曲强度尚应附加对带板弯曲正应力的限制，即：

$$\frac{M}{W_2} \leqslant [\sigma'] \tag{9-55}$$

式中：W_2——型材剖面带板的剖面模数；

$[\sigma']$——带板的许用应力。

考虑到式(9-39)、式(9-55)可转化为：

$$\beta \leqslant \beta_0 \tag{9-56}$$

式中：$\beta = \frac{W_1}{W_2} = \frac{2f_1 + f}{2f_2 + f} < 1$；

β_0——两翼板的许用应力之比，$\beta_0 = \frac{[\sigma']}{[\sigma]}$。

因此，带板与型材材料不同时，可以先假定它们是相同的来确定剖面的最佳尺寸。然后，校核强度条件式(9-56)，若该式成立，则最佳尺寸可求得；若该式不满足，则带板应采用机械性能更高的材料或者设法降低型材剖面的 β 值，使其等于 β_0。由于带板剖面积 f_2 为一定值，要

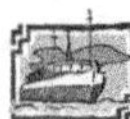

降低β值(即要使剖面中和轴移向带板),只有靠减少小翼板面积f_1。但是,为了不破坏小翼板的强度条件,又必须同时提高腹板的高度。

令:

$$\beta = \frac{2f_1 + f}{2f_2 + f} = \beta_0 \tag{9-57}$$

则得:

$$f_1 = \beta_0 f_2 - \frac{1 - \beta_0}{2} f \tag{9-58}$$

又知:

$$f_1 = \frac{W_1}{h} - \frac{2 - \beta_0}{6} f \tag{9-59}$$

联列求解式(9-58)和式(9-59),可得满足大、小翼板弯曲强度条件的腹板面积,即:

$$f = \frac{6}{2\beta_0 - 1}\left(\frac{W_1}{h} - \beta_0 f_2\right) \tag{9-60}$$

以及小翼板面积,即:

$$f_1 = \frac{6}{2\beta_0 - 1}\left(\beta_0 \frac{2 - \beta_0}{6} f_2 - \frac{1 - \beta_0}{2} \cdot \frac{W_1}{h}\right) \tag{9-61}$$

这里要指出,此时型材剖面的总面积为:

$$F = f_1 + f = \frac{6}{2\beta_0 - 1}\left(\frac{1 + \beta_0}{2} \cdot \frac{W_1}{h} - \beta_0 \frac{4 + \beta_0}{6} f_2\right) \tag{9-62}$$

而总面积将随型材高度h的增加而单调下降,因此不存在极值条件下的重量最轻解。

①最轻剖面高度仅受腹板最小厚度条件限制,即最轻解在约束曲线$t = t_0$上。此时,由:

$$f = ht_0 = \frac{6}{2\beta_0 - 1}\left(\frac{W_1}{h} - \beta_0 f_2\right)$$

得二次方程式:

$$h^2 + \frac{6\beta_0 f_2}{(2\beta_0 - 1)t_0} h - \frac{6}{2\beta_0 - 1} \cdot \frac{W_1}{t_0} = 0 \tag{9-63}$$

解此方程式,便得型材剖面最佳高度h。

由于已假定腹板的稳定性条件自动满足,即由式(9-63)求得的h满足$h < mt_0$。所以,最小剖面模数W_1必定在下述范围内:

$$W_1 < \frac{2\beta_0 - 1}{6} m^2 t_0^3 + mt_0 f_2 \beta_0$$

令:

$$W_0 = \frac{2\beta_0 - 1}{6} m^2 t_0^3 + mt_0 f_2 \beta_0 \tag{9-64}$$

则得:

$$W_1 < W_0 \tag{9-65}$$

②最轻剖面高度仅受腹板稳定性条件限制,即最轻解在约束曲线$h = mt$上。此时,由:

$$f = ht = \frac{h^2}{m}$$

式(9-60)变为：

$$h^3 + \frac{6\beta_0}{2\beta_0 - 1} f_2 mh - \frac{6}{2\beta_0 - 1} mW_1 = 0 \tag{9-66}$$

解此三次方程式，便求得最佳剖面高度 h。

由于已假定腹板的最小厚度条件取不等式，即上式求得的 h 满足：

$$\frac{h}{m} > t_0$$

所以，最小剖面模数 W_1 必定：

$$W_1 > W_0 \tag{9-67}$$

③最轻剖面高度同时满足 $t \geqslant t_0$ 及 $\frac{h}{t} \leqslant m$ 的条件，即最轻解在 $t = t_0$ 及 $h = mt$ 约两束曲线的交点 C 上。

3. 梁材面板的尺寸

在 W_1、h、f 及 f_2 已知的情况下，梁材面板的剖面积可根据式(9-10)求得，即：

$$f_1 = \frac{2f_2(3W_1 - fh) + f(6W_1 - fh)}{4h(3f_2 + f)} \tag{9-68}$$

或者按式(9-59)确定。

在设计型材剖面时，必须尽可能增大自由翼板的宽度和减小其厚度，以提高型材的总稳定性。但是，其尺寸还受到自由翼板不丧失局部稳定性的限制，即：

$$\frac{\left(\frac{b_1}{2}\right)}{t_1} \leqslant n_0 \tag{9-69}$$

式中 n_0 按式(9-23)或式(9-24)决定。

在式(9-69)中取等号，并由：

$$f_1 = b_1 t_1 = b_1 \frac{b_1}{2n_0} = 2n_0 t_1^2$$

得自由翼板的尺寸：

$$b_1 = \sqrt{2n_0 f_1} \tag{9-70}$$

$$t_1 = \sqrt{\frac{f_1}{2n_0}} \tag{9-71}$$

在确定型材面板尺寸时还应考虑使用及施工过程中的问题。面板宽度过大就难以在梁材间进行检查及油漆等工作。腹扳与翼板的厚度相差太大对梁材焊接工作不利，因为在焊接过程中，热量向厚度大的组成部分传递比向厚度小的组成部分快。因此，对焊接T型材面板厚度 t_1、腹板厚度 t 及带板厚度 t_2 之间一般有如下关系：

$$t_1 \leqslant t + 4\text{mm}$$

$$1.4t \leqslant t_1 \leqslant 2t$$

$$t_2 - 4\text{mm} \leqslant t \leqslant t_2 + 4\text{mm}$$

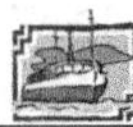

另外，在设计时还应注意，用扁钢制造T型材面板比用钢板简单、经济。

三、型材剖面设计示例

1. 型材剖面设计的基本步骤

根据上节的讨论，型材剖面最佳高度与参数 m 及 K 等有关，而 m，K 又与剖面尺寸有关。因此，型材剖面尺寸只能通过逐步近似的过程确定。

通常，可按下述步骤决定T型材剖面尺寸：

(1)确定设计前提。

这里包括：

①根据梁材所受的载荷、梁材间距、跨度及端部固定情况，确定设计用的计算弯矩 M 及剪力 N。

②型材及带板材料的屈服极限 σ_y，σ'_y 和相应的许用应力 $[\sigma]$、$[\sigma']$、$[\tau]$。

由此决定要求的剖面模数：

$$W_1 = \frac{M}{[\sigma]}, W_2 = \frac{M}{[\sigma']}$$

腹板最小剖面积：

$$f_0 = \frac{N}{0.85[\tau]}$$

③腹板的最小允许厚度 t_0。

④带板的宽度及厚度。带板宽度一般可按规范的规定确定，或根据弹性力学的结果确定：对两端刚性固定梁，取跨度的1/6；对两端自由支持梁，取跨度的1/3，但均不得大于梁材间距。

(2)第一次近似决定 m。

初步可取 $\beta = 0.5$，$\frac{\tau}{\sigma} = 0.5$，$K = 4$ 进行计算。

(3)根据 m 与 t_0 计算 W_0。

因取 $K = 4$，所以有：

$$W_0 = 0.75m^2 t_0^3$$

(4)比较 W_1 与 W_0 的大小，按表9-4选择合适的公式，h_{opt}，f，f_1。

(5)第二次近似决定 m。

先计算 β，τ 及 τ/β，然后按公式计算 m。

(6)重复(3)与(4)步骤。

应注意，若前后两次近似计算未改变型材剖面设计所选用的计算公式，则逐步近似计算就可不继续进行。因为，中和轴位置的改变，对最佳剖面尺寸的影响不大于10%。型材剖面设计不同公式见表9-4。

(7)计算面板的宽度与厚度。

(8)根据使用要求、钢材规格及施工要求等，最后确定剖面尺寸，并以最后选定的尺寸检验强度要求是否满足。

(9)校验型材总稳定性。

仅当初步估算不能满足时，才选用更加精确的方法。

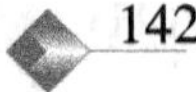

第一次近似计算　　表 9-4

最小腹板面积 f_0 的范围	最小剖面模数 W_1 的范围	剖面最佳高度 h_{opt}	腹板剖面积 f	面板剖面积 f_1
$f_0 \leqslant mt_0^2$	$W_1 \leqslant \frac{K-1}{K} \cdot \frac{f_0^2}{t_0}$	$\frac{f_0}{t_0}$	f_0	$\frac{a_2(3a_1-1)+0.25(6a_1-1)}{3a_2+1} \cdot f$ $a_1 = \frac{W_1}{fh}$ $a_2 = \frac{f_2}{f}$
	$\frac{K-1}{K} \cdot \frac{f_0^2}{t_0} < W_1 < W_0$	$\sqrt{\frac{K-1}{K} \cdot \frac{W_1}{t_0}}$	$h_{opt}t_0$	
	$W_0 \leqslant W_1 \leqslant 2W_0$	mt_0	mt_0^2	
	$W_1 > 2W_0$	$\sqrt[3]{\frac{K}{2(K-1)} \cdot W_1 m}$	h_{opt}^2/m	

如果型材与带板用不同的材料制造，尚需补充比较 β 与 β_0 的大小。若 $\beta \leqslant \beta_0$，上述设计为最佳设计；若 $\beta > \beta_0$，则应根据 W_1 与 W'_0 的关系选用不同的公式重新确定 h，以降低 β 值，使其等于 β_0。

2. 例题

例 9-1　试确定某船实肋板尺寸。已知：$M = 770\text{kN} \cdot \text{m}$，$N = 71\text{kN}$，$\sigma_r = 235\text{N/mm}^2$，$[\sigma] = 176\text{N/mm}^2$，$[\tau] = 100\text{N/mm}^2$，$f_2 = 18\text{cm}^2$，$t_0 = 4\text{mm}$，$l = 8\text{m}$。

解　(1)计算 W_1 及 f_0：

$$W_1 = \frac{M}{[\sigma]} = 437.5(\text{cm}^3),\ f_0 = \frac{N}{0.85[\tau]} = 8.35(\text{cm}^2)$$

(2)第一次近似决定 m：

初步取：

$$\beta = 0.5,\ \frac{\tau}{\sigma} = 0.5 < 0.57$$

因为：

$$A = 76[1 + 0.95(1+\beta)^{2.33}] = 261.7$$

所以：

$$m = \frac{100}{\sqrt{\frac{102}{A} + \frac{\tau}{\sigma}}} \cdot \sqrt{\frac{102}{\sigma_y}} = 70$$

(3)计算 W_0：

因为：

$$K = 4$$

所以：

$$W_0 = 0.75m^2t_0^3 = 235.2(\text{cm}^3)$$

(4)第一次近似计算型材剖面尺寸：

因为 $W_0 < W_1 < 2W_0$ 及 $f_0 < mt_0^2$，最佳高度同时受腹板稳定性及最小厚度条件限制，计算结果为：

$$h_{opt} = mt_0 = 28(\text{cm})$$

$$f = mt_0^2 = 11.2(\text{cm}^2)$$

$$f_1 = \frac{a_2(3a_1 - 1) + 0.25(6a_1 - 1)}{3a_2 + 1}f = 13.4(\text{cm}^2)$$

(5)第二次近似决定 m：

因为：

$$\beta = \frac{2f_1 + f}{2f_2 + f} = 0.805$$

$$\tau = \frac{N}{0.85f} = 74.6(\text{N/mm}^2)$$

$$\frac{\tau}{\sigma} = \frac{\tau}{[\sigma]} = 0.424$$

所以：

$$m = \frac{100}{\sqrt{\frac{102}{A} + \frac{\tau}{\sigma}}} \cdot \sqrt{\frac{102}{\sigma_y}} = 78.4$$

(6)第二次近似计算型材剖面尺寸：

因为：

$$K = \frac{6}{2 - \beta} = 0.502$$

$$W_0 = \frac{K - 1}{K}m^2 t_0^3 = 315\text{cm}^3 < W_1 < 2W_0$$

所以：

$$h_{opt} = mt_0 = 31.4(\text{cm})$$

$$f = mt_0^2 = 12.54(\text{cm}^2)$$

$$f_1 = \frac{a_2(3a_1 - 1) + 0.25(6a_1 - 1)}{3a_2 + 1}f = 11.3(\text{cm}^2)$$

式中：

$$a_1 = \frac{W_1}{fh} = 1.11, a_2 = \frac{f_2}{f} = 1.435$$

因为第二次近似计算未改变所使用的计算公式，所以不必进行第三次近似计算。

(7)确定面板尺寸：

考虑到制造因素，取腹板尺寸为 300 ×4。于是，为保证弯曲强度，面板面积为：

$$f_1 = \frac{a_2(3a_1 - 1) + 0.25(6a_1 - 1)}{3a_2 + 1}f = 12.1(\text{cm}^2)$$

由式(9-23)及式(9-24)决定的 n_0 在 9 ~ 18 之间。

由式(9-70)，面板宽度为：

$$b_1 = \sqrt{2n_0 f_1} = 14.8 \sim 20.9(\text{cm})$$

由式(9-71)，面板厚度为：

$$t_1 = \sqrt{\frac{f_1}{2n_0}} = 0.82 \sim 0.58(\text{cm})$$

考虑到钢材牌号。实取面板尺寸为 160×8。

(8)按最后选定的尺寸检验强度条件：

利用最后选定的尺寸可得：

$$\beta=\frac{2f_1+f}{2f_2+f}=0.783, K=4.93$$

$$W_1=h\left(f_1+\frac{f}{K}\right)=457(\mathrm{cm}^3)>437.5(\mathrm{cm}^3)$$

(9)总稳定性检验：

$$\frac{l}{b}=\frac{800}{16}=50<100\sqrt{\frac{100}{\sigma_r}}=65.2$$

所以，总稳定性可以得到保证。

SIKAOYULIANXI

一、计算题

1. 已知某船底板厚度 $t=1.3$cm，船底纵骨为 22a 号球扁钢。试计算该纵骨（含带板）的剖面要素及剖面积利用系数（带板宽度 $b=60$cm）。

2. 已知型材剖面的尺寸如习图 9-1 所示。试计算在下述情况下小翼板的剖面模数的变化情况：

(1)当小翼板的剖面积 f_1 增加 1cm² 时；

(2)当大翼板的剖面积 f_2 增加 1cm² 时。

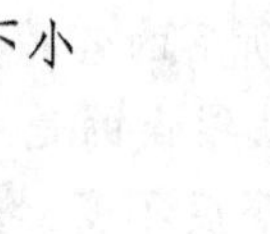

习图 9-1

3. 试设计一舱壁扶强材。已知：舱壁厚度 $t=7.5$mm，最小厚度 $t_0=5$mm，扶强材间距 $c=750$mm，许用应力 $[\sigma]=0.8\sigma_y=192$N/mm，$[\tau=0.5[\sigma]$。扶强材的固定情况及水柱高度如习图 9-2 所示（要求校核总稳定性）。

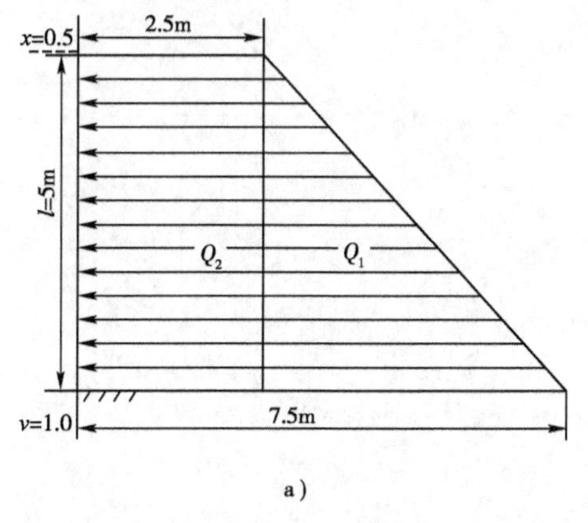

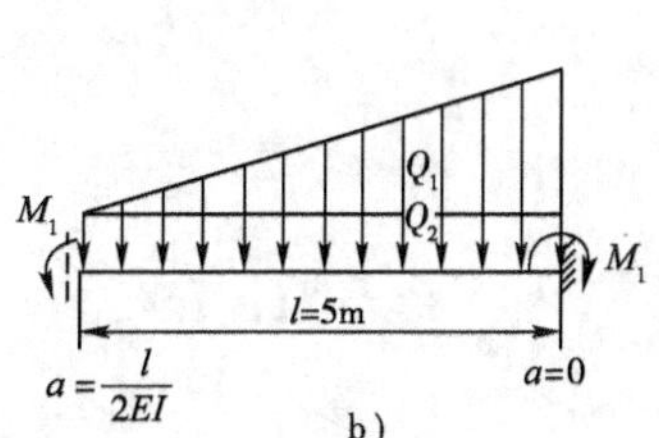

习图 9-2

4. 若梁材的高度 $h = 250\text{mm}$ 不能改变，试根据受到的剪力 $N = 72\text{kN}$ 及弯矩 $M = 770\text{kN}\cdot\text{m}$，选择型材的剖面尺寸（许用应力 $[\sigma] = 176\text{N/mm}^2$，$[\tau] = 88\text{N/mm}^2$）。

二、填空题

1. 衡量型材剖面内材料分布合理程度的指标有__________、__________。

2. 在剖面积 F 和高度 h 相同的情况下，系数 η 能表明材料在剖面中分布的合理程度，即 η 值越大，所设计的型材剖面越接近于__________，剖面材料的利用率就越____________。

3. 剖面模数比面积 C_w 的意义就是产生单位剖面模数（$W^{2/3}$）所需的剖面积。那么，C_w 越小，剖面材料的用率就越____________，剖面设计得就越____________。

保证型材的局部稳定性，指保证______和______的稳定性。

三、选择题

1. 关于型材剖面设计，以下说法错误的是________。

A. 具有足够的强度、刚度和稳定性

B. 应尽可能制造简单、施工质量高

C. 应尽量满足特殊结构与营运使用的要求

D. 为保证强度、刚度和稳性，不需考虑其重量

2. 关于型材的“理想”剖面，以下说法正确的是________。

A. 型材“理想”剖面没有翼板

B. 中面拉力对船体板的承载起了很大的作用

C. 实心圆剖面型材最接近“理想”剖面

D. 实际所用的各种型材，其最小剖面模数仅为“理想”剖面剖面模数的一部分

3. 以下说法错误的是________。

A. 剖面高度不变，增加大翼板的剖面积，剖面模数会极为缓慢的增加

B. 船体骨架梁带板宽度的变化对梁材最小剖面模数的影响是不大的

C. 增加不对称剖面型材最小剖面模数最有效的办法是增加腹板的高度

D. 在船体结构中，通过减少大翼板剖面积来减小结构重量

第十章　船体结构规范设计

● **学习目标**

知识目标

1. 掌握船舶结构设计的任务、要求和步骤；
2. 能理解船体骨架型式的选择及构件布置原则；
3. 能理解规范的一些规定。

能力目标

1. 能利用规范对总纵强度的要求进行总纵强度校核；
2. 能利用规范进行船体中横剖面结构设计。

船体结构设计通常是在船舶总体设计初步完成后，根据已经确定的主要尺度、型线图、总布置图并按技术任务书对结构的要求（船舶用途、航区、装载情况、建筑形式、甲板层数、主要设备及使用要求等），对船体结构进行设计。

第一节　船体结构设计规范通则

一、船体结构设计的任务与要求

在方案设计及技术设计阶段结构设计的主要任务是：

(1)确定整个船体结构设计的原则，如选择材料、骨架型式、肋骨间距、分析结构重量对经济性的影响。

(2)解决结构设计中的主要技术问题，确定构件的尺寸和连接方式，同时应充分考虑结构施工的可行性。

(3)提出船体主要钢料预估单，并为总体设计提供船体钢料的重量重心资料。

在这一设计阶段通常需要完成的主要图纸及技术文件有：

总纵强度计算书及有关局部强度计算书；中剖面图；基本结构图；首、尾结构图；首尾柱结构图；肋骨型线图；外板展开图；油密和水密舱壁图；机舱结构图；主机座和推力轴承座结构图；尾轴架结构图；货舱口结构图；舱盖结构图和强度计算书；甲板室和上层建筑结构图；通风筒、空气管和排水口布置及结构图；焊接方式和规格；《安全装载手册》（如适用时）；船级社认为必要的图纸资料等。

《安全装载手册》应包括以下内容：船舶的主要参数及航区、各种允许的装载工况、各种允许的装载工况货物分布图（表）、允许装卸程序、载货甲板（内底板）或舱口盖最大允许荷重、各种允许的装载工况的压载配置图（表）、不同纵倾浮态下的排水量对照表（图）（如要求时）。

如果进入施工设计阶段，则还需要绘制所有结构及零件、部件的施工详图，例如对分段建造的船舶，要绘出分段划分图、分段结构图等。

结构设计中会出现众多的矛盾，正确处理好这些矛盾，使设计的船体具有适当的强度和良好的技术经济性能。

1. 船体结构强度与重量的矛盾

保证船体结构具有足够的强度、刚度和稳定性是设计者应首先考虑的问题。但这并不是说构件选得越大、越坚固越好，强度过剩会造成重量增加，钢材消耗多，建造成本提高并减少船舶载运能力。我们希望在保证船体结构满足强度、刚度和稳定性的前提下，力求减轻结构重量，节约材料，降低成本，提高船舶的营运经济性。

2. 结构与工艺性的矛盾

在结构设计时，还必须考虑到结构工艺性要求。好的结构工艺性包括：考虑到船舶所有部位的装配和施焊的可能性；尽可能扩大分段建造范围，缩短造船周期，改善作业条件，提高造船质量；尽量简化零部件结构，减少规格品种，尽可能采用标准件；尽量减少零部件的曲线外型，结构上的开孔、切角等应符合标准尺寸或常取尺寸；考虑船体结构维修与保养的可能性与方便性等。

3. 结构与使用性的矛盾

结构布置与构件尺寸要符合使用要求。例如，货船的结构布置要便于装卸货物；旅客及船员住舱应有足够净空高；支柱的布置应不妨碍总体布置及机器设备安装的要求等。因此结构设计要与总体、轮机和设备的设计密切配合，树立整体观念，保证船舶各方面都有良好的性能。此外，根据使用要求在选取构件尺寸时要合理地考虑锈蚀、磨损余量及其他特殊加强，以提高构件的使用年限。

二、船体结构设计的方法及步骤

目前，结构设计的方法一般有两种：一种是规范设计，另一种是计算设计法。

规范设计法是指按照有关部门颁布的规范来进行船体结构的布置及构件尺寸的确定。目前一些主要造船国家都有自己的内河船舶规范。例如，中国船级社颁布的《钢质内河船舶建造规范》，英国劳氏船级社（LR）的《英国内河船舶入级规范》，美国船级社（ABS）也有内河船舶规范。

规范根据以往的经验，且统计分析了大量母型船和实船测量资料，并辅之以日趋发展的结构力学计算方法，总结出一系列的规定和经验公式，作为新船船体结构设计的依据。利用规范设计船体结构能比较方便地确定构件的布置与尺寸。目前，民用船舶一般都采用规范设计。

船体结构规范设计也有其局限性，一是规范制订中某些不合理因素限制了新船结构设计的合理性，二是不断诞生的新型船舶无法依据规范进行结构设计，三是造船新材料的问世也使得原有规范不便使用。

船体结构的计算设计法是根据结构力学的原理来确定满足强度、刚度和稳定性要求的船体结构布置及构件尺寸，电子计算机技术的发展，给计算设计提供了迅速有效的工具，加之结构优化设计理论的发展，结构的计算设计法将有较大的发展。对于设计技术要求较高，对结构

重量控制严格的军用船舶，只能用计算设计法。

必须指出，在目前，船体结构的计算设计必须辅之以经验设计才能完成。这是由于船舶结构设计的计算方法还不完整，计算设计一般只能在船舶中部的结构设计中实现，对于首、尾这些复杂部分还需参考型船进行设计。

本教材仅介绍按中国船级社2009年颁布的《钢质内河船舶建造规范》（以下简称《内规》）及2012修改通报进行设计的方法。

结构设计的一般做法是：

（1）根据总布置图、型线图及船舶使用要求，通过调查研究，分析和参考同类型船舶的结构情况，确定设计船舶的结构型式、骨材间距、构件布置等。并要求考虑在型船的基础上对设计船舶结构的改进问题。

（2）结构设计是从船舶中部开始确定构件布置及构件尺寸，因为船体中部的构件承受着最大的总纵弯曲应力，是船体总强度的关键。一般应在中部 $0.4L$ 范围内选择2～4个具有代表性的剖面（例如中部货舱在开口处、机舱开口处、上层建筑突变处）进行设计，并绘制中横剖面草图，在草图上确定构件的定位尺寸及构件的跨距等。便于利用规范公式进行构件剖面要素的计算。

（3）根据绘出的中剖面图和总布置图进行全船结构布置，即绘制基本结构图。完成船体主要结构计算书。

（4）进行船体结构的重量重心计算，完成船体钢料的预估单。

三、船体骨架型式的选择及构件布置原则

事实上，在船舶总体设计一开始就必须考虑船体结构的骨架型式。船体结构的骨架型式有：横骨架式结构、纵骨架式结构、混合骨架式结构三种。

横骨架式结构，横向构件较为密集，由纵横向构件分隔成的板格的长边是平行于船宽方向的，横骨架式结构中大部分梁不能计入船体等值梁剖面，其总纵强度主要由甲板、船底板、纵舱壁、龙骨及甲板纵桁等来保证，因此横骨架式结构的总纵强度是较弱的。由结构力学的研究知道，在局部载荷作用下，船体板的最大正应力是沿着板格的短边方向的，对于横骨架式结构来说，这正是船长方向，因此在总纵强度中从应力合成结果来看，对总纵强度也是不利的。另外，横骨架式结构的稳定性也不理想。

在横骨架式结构中，密集的横向构件十分有利于船体的横向强度和局部强度。横骨架式结构工艺较简单，造价也比较低。

纵骨架式结构，纵向构件较为密集，有较多的梁可以计入船体等值梁剖面，因此总纵强度及稳定性较好。由于纵骨架式板格的短边平行于船宽方向，因此与横骨架式结构相比，在总纵强度中，应力合成结果要小一些，有利于总纵强度。纵骨架式结构，单位排水量的钢料重量较横骨架式小，这对于减轻自重和节省材料是有利的。

纵骨架式结构的横向强度相对较弱。另外，从工艺性和使用条件考虑，纵骨架式结构节点复杂。装配与焊接施工比较困难，且舱容、净空损失较大。

内河大型船舶、海洋船舶及军用船舶，对于总纵强度要求较高，应采用纵骨架式结构。

有些较大的船舶，对于保证总纵强度起着重要作用的甲板及船底采用纵骨架式结构，而在

主要承受局部弯曲的舷侧采用横骨架式结构，形成了“混合骨架式”。混合骨架式结构的船舶，其首、尾部一般都取横骨架式结构，这是由于首、尾部的总纵弯曲不再是主要的，而较多考虑局部强度的要求。

内河中、小型船舶，尤其是船长小于 50m 的船舶，确定构件尺寸时，工艺因素占相当的比重，总纵强度一般都有较大的裕度，它不是主要矛盾，因此一般应采用横骨架式结构。

选择好合适的型船以后，设计船舶构件的布置一般是不会发生很大困难的，但是，对于构件布置必须按照如下原则：

1.框架性原则

船体结构的主要作用是保证船体强度，而整个船体结构是由各个局部构成的，为使每个局部结构都能有效地工作，必须考虑到构件的布置要有利于构件之间载荷的有效传递。例如，内河横骨架式结构船舶，舷侧肋骨受到水压力作用，并传递给作为其刚性支座的舷侧纵桁，而舷侧纵桁两端又刚性固定在横舱壁上，因此载荷又将传递给横舱壁。同时，肋骨还将载荷传递给与其连接的甲板及船底部分的构件。这里，肋骨与舷侧纵桁构成舷侧板架，舷侧板架与甲板板架、船底板架及横舱壁构成一个空间结构。而舷侧肋骨与甲板横梁、船底肋板构成同一平面内的横向框架结构；同样地，船底桁材、甲板纵桁、舱壁扶强材、支柱应尽可能布置在同一纵剖面内，以形成纵向框架结构；舷侧纵桁、舱壁水平桁、水平撑材要求布置在同一水平面内，以形成水平框架结构。

2.连续性原则

一种结构型式或某一构件，在其布置方向不能突然中断或尺寸突变，以免破坏内力的传递和引起严重的应力集中，例如，中部 $0.4L$ 内所有纵向构件应连续贯通；凡前后不能在同一延伸线上的纵向构件在中断处应彼此交错延伸两档以上；双层底结构向首、尾单底结构过渡时，应采用水平过渡舌形肘板等措施逐步进行；中部纵骨架式向首、尾横骨架式过渡时，纵骨不能同时中断在同一剖面处，而应逐渐消失等。

3.等间距性原则

支承构件应尽可能等间距布置，这不仅给设计、施工带来方便，而且可以使被支承骨材按等强度条件来决定尺寸。以利于减少构件品种规格，充分利用材料，降低结构重量。例如，等间距布置的强横梁可使甲板纵骨等跨距，等间距布置的支柱可使甲板纵桁等跨距，均可使各跨的甲板纵骨或甲板纵桁具有相同的强度尺寸。

4.节点刚性连接原则

船体不同方向的构件交汇形成了节点，在节点处一般采用肘板连接，肘板可以保证刚性连接、传递内力、减少应力集中。例如，内河横骨架式船舶，舷侧肋骨下端与肋板用连接肘板（舭肘板）连接，舭肘板作为肋骨下端的刚性固定端。但当肋骨与肋板的连接不采用舭肘板或其他的有效连接形成时，肋骨在肋板上的固定程度将大大减弱，这对肋骨的弯曲显然是不利的。

四、《内规》通则及 2012 修改通报简介

1.适用范围

适用于航行于内河水域船长大于或等于 20m 和小于或等于 140m 的焊接结构钢质民用

船舶。

2. 定义

(1) 船长 L(m)：沿满载水线自首柱前缘量至舵柱后缘的长度；无首柱船舶的船长应自船体中纵剖面前缘与满载水线的交点量起；无舵柱船舶量至舵杆中心线；但均应不大于满载水线长度，亦不小于满载水线长度的96%。无舵船舶的船长取满载水线长度。

满载水线系指由船旗国主管机关或主管机关授权本社核定的船舶的最高级别航区载重线对应的水线。

满载水线长度系指船舶的满载水线面在中纵剖面上的投影长度。

(2) 船宽 B(m)：不包括船壳板在内的船体最大宽度，舷伸甲板宽度不计入。

(3) 型深 D(m)：在船长中点处沿舷侧自平板龙骨上表面量至干舷甲板下表面的垂直距离。对甲板转角为圆弧形的船舶，应由平板龙骨上表面量至干舷甲板下表面的延伸线与舷侧板内缘延伸线的交点。

(4) 吃水 d(m)：在船长中点处由平板龙骨上表面量至满载水线的垂直距离。

(5) 方形系数 C_b：方形系数 C_b 由下式确定：

$$C_b = \frac{\Delta}{LB_{wl}d}$$

式中：Δ——相应于满载水线时的型排水体积，m^3；

L、d——见上述定义；

B_{wl}——满载水线在中部不包括船壳板在内的船体最大宽度，m。

(6) 中部——船长 L 中点向前、后各 0.2L 长度范围。

(7) 首、尾部——船长 L 中点前、后各 0.4L 以外的长度范围。

(8) 过渡区域——介于中部与首、尾部之间的区域。

(9) 干舷甲板——用以量计干舷的甲板，它应符合主管机关的规定。

(10) 强力甲板——构成等值梁剖面最上层翼板的纵通连续甲板。

(11) 上层建筑及甲板室——位于强力甲板上，由一舷伸至另一舷或其侧壁板离船体舷侧板向内不大于船宽(B)4%的围蔽建筑称为上层建筑，即桥楼、首楼、尾楼；其他围蔽建筑称为甲板室。

(12) 深舱——除双层底以外的压载舱、船用水舱、货油及燃油舱。

3. 结构设计原则

(1) 一般要求。船体结构可采用横骨架式、纵骨架式和混合骨架型式。

无论采用何种骨架型式，纵向构件均应有良好的结构连续性；甲板、舷侧及船底骨架应有效地连接，构成完整的刚性整体。

长江水系航区划分如表 10-1 所示，航行于 J 级航段船舶的船体结构应符合 B 级航区船舶的规定。

应尽可能减少在组合型材腹板上开孔。如须开孔，开孔的高度应不大于腹板高度的 0.4 倍，开孔的宽度应不大于开孔高度的 3 倍。否则应对开孔予以补强，且开孔处的剖面模数不小于规范要求值。

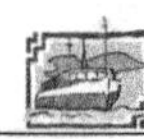

长江水系航区划分 表10-1

航区	区　段	半波高 r
A级	自江阴——吴淞口(包括崇宝沙至堡镇)之间及长江北口五条港	1.25m
B级	长江——自江阴至宜昌(包括江阴及宜昌港) 黄浦江——自分水龙王庙经闵行至吴淞口 淮河——自新城口至许咀子 赣江——自南昌经吴城至鄱阳湖 湘江——自珠州以下至洞庭湖、洪泽湖、高邮湖、邵泊湖、太湖、峃湖、鄱阳湖、洞庭湖以及类似的大型水库	0.75m
C级	长江——自宜昌以上 黄浦江——自分水龙王庙以上 赣江——自南昌以上 湘江——自株洲及其以上 源水、澧水、资水、汉水、嘉陵江、岷江、乌江以及A、B级没有提到的其他长江水系支流	0.25m

开孔的边缘距腹板下缘的距离应不小于腹板高度的0.25倍。当有骨材穿过腹板时,则开孔宽度应不大于两骨材间距的0.6倍且开孔两端距两骨材的距离应尽可能相等。开孔的边缘应平滑,角隅应设圆弧。孔缘与孔缘之间的距离应尽可能远离,且不小于开孔高度的2倍。

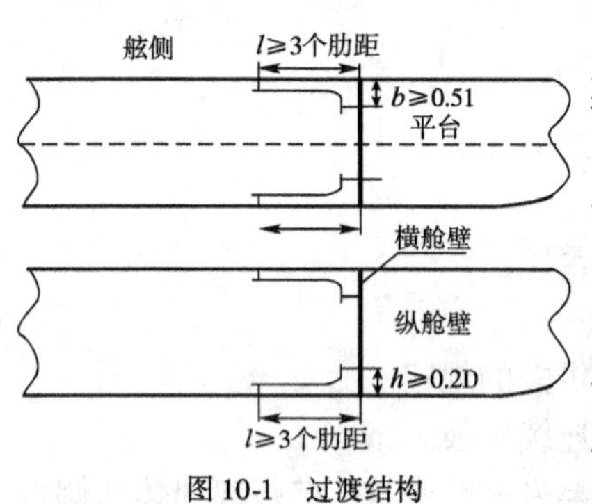

图10-1　过渡结构

在甲板、平台、纵舱壁(或内舷壁)终断处,应设肘板或其他能降低应力集中的过渡结构。见图10-1。

三峡库区水域:系指重庆马桑溪大桥至葛洲坝之间的长江干流及支流水域。

(2)骨材间距。骨材是船体板格的支承周界,确定骨材间距必须从强度条件、最小重量原则以及工艺原则出发。一般情况下,当肋骨间距 $S=500\sim600$mm 较为理想,长江小型船舶有86%采用 $S=500$mm,85%的大、中型船舶采用 $S=550$mm。

纵骨间距可适当大一点。船舶首部考虑到局部强度的需要可适当减小肋骨间距。

《内规》规定,船舶的肋骨或纵骨间距一般应不大于600mm。

(3)骨材带板、构件剖面模数和惯性矩。在船体结构中,大部分骨材并不是单独工作的,当骨材承受外荷重时,与骨材焊接在一起的板有一部分将参与骨材的工作,这一部分板称为骨材的带板。如何确定骨材带板的宽度?这从理论上精确地计算出来是有困难的,目前对此有不少的推荐算法,但也存在着不小的争议。

规范对骨材带板宽度作了如下的规定:

当骨材直接与板相连接时,要求的剖面模数和惯性矩为连带板的最小要求值;普通骨材的带板宽度取骨材间距;强骨材带板宽度取强骨材跨距的1/6,但不大于负荷平均宽度,亦不小于普通骨材间距。若骨材仅一侧有带板时,则带板宽度取上述规定的50%。

当骨材不直接与板相连时,要求的剖面模数和惯性矩仅为骨材不含带板的最小要求值。

甲板上开口宽度 b 大于或等于该处甲板宽度的5%时,则开口面积和阴影面积不能计入剖面模数计算，如图 10-2 所示。

在船中部连续的纵向构件，如上层建筑侧壁、舱口围板等，在终断处其阴影部分不计入船体剖面模数，如图 10-3 所示。

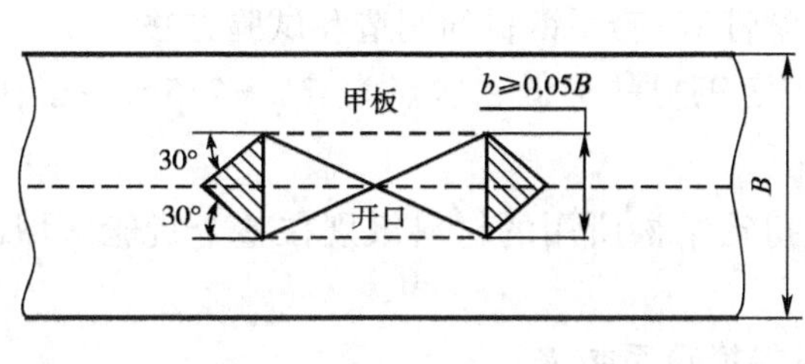

图 10-2　甲板上开口宽度

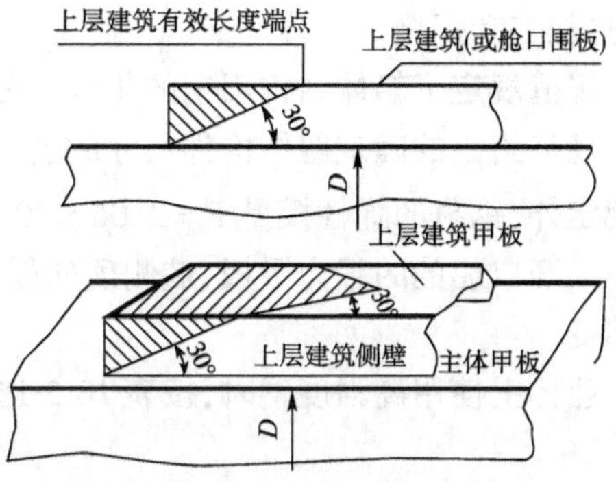

图 10-3　上层建筑侧壁、舱口围板

(4)构件计算跨距的确定。强构件(甲板强横梁、甲板纵桁、强肋骨、舷侧纵桁、实肋板、底龙骨或纵桁等)可作为普通构件(甲板横梁、甲板纵骨、舷侧纵骨、船底纵骨、普通肋骨和底肋骨等)的刚性支撑。

船底结构、舷侧结构、甲板结构(含舷舱内平台甲板)、纵、横舱壁(围壁)以及在两横舱壁(或两舷)间连续且高度(上弦杆上缘与下弦杆下缘间的距离)不小于型深的 0.5 倍、长度不大于高度 6 倍的双向桁架，可作为实肋板、龙骨、强肋骨、桁材、甲板强横梁及甲板纵桁等强构件的刚性支撑。

首、尾尖舱内的支柱，或当支柱自船底向上连续布置且支撑甲板层数大于等于 3 时，可作为所支撑构件的刚性支撑。

构件的计算跨距为构件上两刚性支撑中心点间的距离。

强骨材如桁材、强横梁、实肋板、强肋骨等的端部若在舱壁、舷侧处有肘板加强固定时如图 10-4 所示，距构件端部 b_e 处的点可作为计算其跨距的端点。距离 b_e 由下式确定：

$$b_e = b_b\left(1 - \frac{d_w}{d_b}\right)$$

式中：b_b——强骨材端部肘板的宽度；

d_w——强骨材的高度；

d_b——强骨材端部肘板高度与强骨材高度之和。

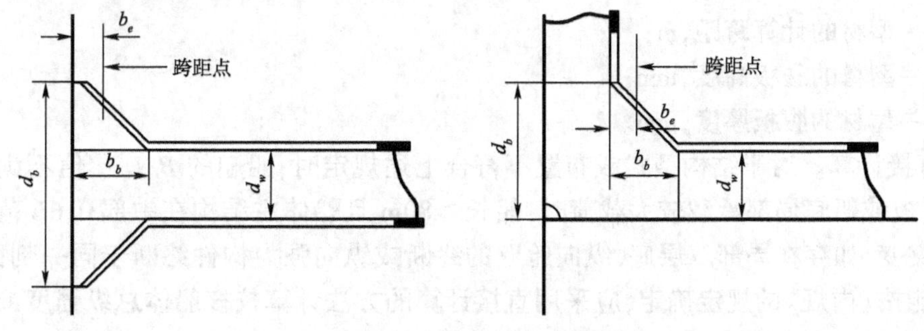

图 10-4　强骨材的有效跨距

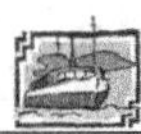

(5)船体结构用钢。建造船体的钢材要求具有一定的机械性能,即有一定的强度、塑性、韧性以及抗疲劳性,以保证船舶在各种设计受力状态时构件不被破坏。船体钢材还要求有良好的耐腐蚀性,以达到一定的耐用程度。船体钢材必须具有良好的工艺性,便于船体构件进行冷、热加工和焊接。

规范规定了船体结构用钢的化学成分、力学性能;船用钢材的制造和试验方法。

规范给出的确定船体构件尺寸的公式均规定钢材的最低屈服点为 $R_{eH}=235\mathrm{N/mm^2}$;除另有规定外,钢材的弹性模量 $E=2.06\times10^8\mathrm{kN/m^2}$。

大开口船的的强力甲板、舷侧顶列板及抗扭箱结构所用的材料级别在整个货舱区域内保持不变。

船体上使用高强度钢时,按表 10-2 选择材料换算系数 K。

材料换算系数 K 表 10-2

屈服应力 R_{eH}(N/mm²)	K	屈服应力 R_{eH}(N/mm²)	K
235	1	355	0.72
315	0.78	390	0.68

(6)构件尺寸的确定。引用增量方法确定构件尺寸时,均应以计算值为基础进行增量。

按规范计算所得的钢板厚度如果小于 10mm,其在小数点后的数值应按 0.25mm 进位,小于 0.25mm 时舍去;等于或大于 0.75mm 时进 1mm;等于或大于 0.25mm 并小于 0.75mm 时应进到 0.5mm,如无 0.5mm 规格则进 1mm。如果计算所得板厚度大于 10mm,小数点后的数值可按四舍五入取舍。

船中部或载货区域的 T 型组合型材的面板宽度应不大于其厚度的 18 倍,折边型材的折边宽度 b 应不大于下式计算之值:

$$b=10t+15 \quad (\mathrm{mm})$$

式中:t——折边型材板厚,mm。

船中部或载货区域的 T 型组合型材(含折边型材)腹板的剖面积 a,以及腹板高度 h 与其厚度 t 之比应符合下式要求:

$$a\geqslant0.096\frac{W}{l}\quad(\mathrm{cm^2});\frac{h}{t}\leqslant65$$

式中:W——各节要求的型材剖面模数,cm³;

l——型材的计算跨距,m;

h——型材的腹板高度,mm;

t——型材的腹板厚度,mm。

(7)直接计算。对于结构型式或布置不符合上述规定时;船舶的 B/D 比值不满足表 10-3 要求时;甲板或船底局部承载较大载荷时;船长≥80m 且船体主结构在中部 $0.6L$ 范围内存在纵向结构突变,如存在局部双层底,纵向舱壁的终断或纵向强力构件终断于同一剖面等,其结构尺寸不能按《内规》的规定确定,应采用直接计算的方法计算校核船体总纵强度或构件的强度和尺寸。

第二节　《内规》对总纵强度的要求

由梁的弯曲理论可知，船体最大总纵弯曲应力 σ 为：

$$\sigma=\frac{M}{W}$$

如果总纵弯曲应力小于材料的许用应力，则认为船体有足够的总纵强度。从上式出发，还能有其他两种衡量船体总纵强度的形式：

其一是如果船舶的剖面模数大于确定弯矩下与许用应力相对应的剖面模数，则认为船体有足够的总纵强度；

其二是如果船舶的总纵弯矩小于确定剖面模数下与许用应力相对应的总纵弯矩，则认为船体有足够的总纵强度。

因此，规范对总纵强度的要求，可有下面三种表达方式：

$$\sigma\leqslant[\sigma]_0, M\leqslant M_0, W\geqslant W_0$$

式中：M_0、W_0、$[\sigma]_0$ 是由规范规定的总纵弯矩标准值、剖面模数标准值和许用应力标准值。

我国规范采用以中剖面模数 W_0 为总纵强度标准。规定实船中剖面模数必须满足：

$$W\geqslant W_0$$

那么如何确定总纵强度标准呢？目前，各国船级社都是采用“母型船”方法来制定强度标准的。选定一定数量的、经过各种海况考验的实船，按一定的参数统计方法，订出母型船的平均值，大致确定母型船总纵强度特征的范围，再参考若干实船总纵强度计算结果，从而订出规范的总纵强度标准。下面介绍《内规》2009 及 2012 修改通报对总纵强度的要求。

一、一般要求

设计船舶的主尺度比值必须在表 10-3 所列的范围之内。

主尺度比值范围　　表 10-3

类别 \ 比值		L/D		B/D	
		A 级	B、C 级	A 级	B、C 级
干货船、客船、拖、推船	自航船	≤25.0	≤30.0	≤4.0	≤4.5
	非自航船	≤28.0	≤33.0	≤5.0	≤5.0
甲板船	自航船	≤25.0	≤30.0	≤4.5	≤5.0
	非自航船	≤28.0	≤35.0	≤5.5	≤6.0
油船	自航船	≤25.0	≤30.0	≤4.5	≤5.0
	非自航船	≤28.0	≤35.0	≤5.5	≤6.0

强力甲板上符合以下条件之一的开口为大开口（图 10-5）（半舱船除外）。具有大开口的船舶尚应符合大舱口船船体结构的补充规定：

(1) $\frac{b}{B_1}\geqslant 0.7$；

(2) $\frac{\sum l_H}{L}\geqslant 0.6$；

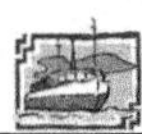

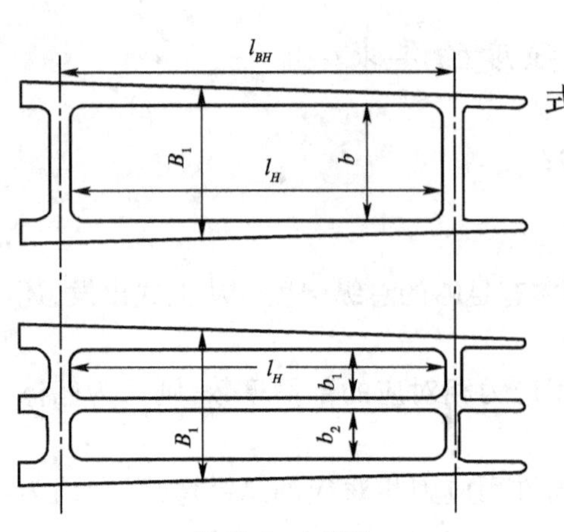

图 10-5　大开口

(3) $\frac{b}{B_1}\geqslant 0.6$ 且 $\frac{l_H}{l_{BH}}\geqslant 0.7$。

式中：b——舱口宽度，m，如有几个舱口并列，则 b 代表各舱口宽度之和，即 $b=b_1+b_2$，见图 10-5；

B_1——在舱口长度中点处包括舱口在内的甲板最大宽度，m；

l_H——舱口长度，m；

L——船长，m；

l_{BH}——每一舱口两端横向甲板条中心线之间的距离，m，见图 10-5。如舱口前或后再无其他舱口时，则 l_{BH} 算到舱壁为止。

船长大于或等于 50m 小于 80m 的干货船、油船、甲板船，可免于按本规范的规定进行总纵弯曲强度和屈曲强度的校核，但船中部的船底骨架和强力甲板骨架应采用纵骨架式。

对于需对总纵强度及屈曲强度进行计算校核的船舶，若船舶完工后实船的空船重量与设计空船重量的误差大于 ±10%，或实船的空船重心纵坐标与设计空船重心纵坐标的误差大于船长的 ±1.5%，则应重新按本规范的规定对总纵弯曲强度及屈曲强度进行校核。

对于要求计算总纵强度的船舶，当其 $L/B<3.5$（大舱口船除外）时，尚应按规范的规定采用有限元法计算船舶的总纵强度。

二、船体中剖面模数和中剖面惯性矩

1.《内规》要求

我国《内规》(2009) 规定，船长大于或等于 50m 时，船体中部最小剖面模数 W_0（强力甲板边线或平板龙骨处）应不小于按下式计算所得之值：

$$W_0 = aK_1K_2L^2B \quad (\mathrm{cm^2\cdot m}) \tag{10-1}$$

式中：L——船长，m；

B——船宽，m；

a——航区系数，A 级航区取 $a=1$，B 级航区取 $a=0.85$，C 级航区取 $a=0.75$；

K_1 和 K_2——系数，可按表 10-4 公式计算。

C_b——方形系数，当 $C_b<0.6$ 时，取 $C_b=0.6$；当 $C_b>0.85$ 时，取 $C_b=0.85$；

K_1 和 K_2 选取　　表 10-4

船　型	K_1	K_2
干货船、拖推船	$K_1=(8195-50.4L+0.27L^2)\times10^{-5}$	$K_2=2.369-2.787C_b+1.345C_b^2$
油船	$K_1=(10086-62.1L+0.33L^2)\times10^{-5}$	$K_2=2.369-2.787C_b+1.345C_b^2$
客船	$K_1=(7780-48.5L+0.26L^2)\times10^{-5}$	$K_2=2.369-2.787C_b+1.345C_b^2$
甲板船	$K_1=(6619-40.7L+0.22L^2)\times10^{-5}$	$K_2=2.369-2.787C_b+1.345C_b^2$

船长大于或等于50m时，船中部剖面对水平中和轴的惯性矩 I_0（干货船、甲板船、油船、拖、推船）应不小于按下式计算所得之值：

$$I_0 = 3.5 W_0 L \times 10^{-2} \quad (\mathrm{cm^2 \cdot m^2})$$

式中：W_0——船中剖面模数，$\mathrm{cm^2 \cdot m}$，按式(10-1)计算；

L——船长，m。

对于船长等于或大于40m的大舱口船，其船体中部剖面的最小剖面模数 W 应不小于按下式计算所得值：

$$W = K_1 \cdot W_0 \quad (\mathrm{cm^2 \cdot m}) \qquad (10\text{-}2)$$

式中：W_0——基本剖面模数，$\mathrm{cm^2 \cdot m}$，装载一般散货和集装箱时取式(10-1)计算所得之值；装载积载因数小于或等于 $0.45\mathrm{m^3/t}$ 的颗粒状散货时，取式(10-1)计算所得之值的1.15倍；

K_1——系数，按基本结构型式和船长由表10-5选取。

系数 K_1 选取　　表10-5

基本结构型式	船长范围(m)	K_1
双底双舷	$40 \leqslant L \leqslant 80$	1
双底单舷顶部设抗扭箱	$L > 80$	$(-783 + 33.5L - 0.14L^2) \times 10^{-3}$
单底双舷	$40 \leqslant L \leqslant 60$	1
	$L > 60$	$(-253 + 28.1L - 0.12L^2) \times 10^{-3}$
单底单舷	$40 \leqslant L \leqslant 60$	$(58 + 0.109L) \times 10^{-2}$

当舱口围板在船中部连续时，则在计算船体中部剖面模数及剖面对其水平中和轴的惯性矩时，应计入舱口围板的剖面积。舱口围板顶缘处的剖面模数尚应不小于上式计算所得之值。

规范还规定船长大于或等于40m的大舱口船，船体中剖面惯性矩 I 应不小于按下式计算所得之值：

$$I = 3.0 W_0 L \times 10^{-2} \quad (\mathrm{cm^2 \cdot m^2})$$

式中：L——船长，m；

W_0——同上，$\mathrm{cm^2 \cdot m}$。

2. 中剖面模数及中剖面惯性矩的计算

(1)计算剖面取中部的最弱剖面；

(2)计算船中部剖面对其水平中和轴的惯性矩和剖面模数时，应计入强力甲板及其以下和以上所有在船中部连续的纵向构件（如外板、甲板、内底板、纵舱壁板、舷伸甲板、纵桁、龙骨、纵骨及平板护舷材等）的剖面积；

(3)甲板开口线外侧的孤立圆形和椭圆形开孔应符合甲板开口的有关规定（见第四节），否则计算时应扣除开孔的剖面积；

(4)上述的总纵强度规定准许货物自尾向首（或自首向尾）的连续装卸程序。对尾机型船，一般应自尾向首装，自首向尾卸载。在采用其他对船体总纵强度更为不利的装卸程序时，则应另外提供强度计算和重量重心分布曲线资料；

(5)对于客船及货船,计算主船体和上层建筑的联合剖面模数时,应计至强力甲板以上的最下一层建筑甲板。其中上层建筑甲板纵向应力与强力甲板纵向应力之比值f_d应这样来选取:对单甲板船其上甲板参与总纵弯曲,取$f_d=1.0$;对双甲板船其游步甲板参与总纵弯曲,取$f_d=0.5$。

下面介绍客货船中剖面模数的计算方法。计算中采用下列符号规定:

A——主体半剖面积,cm^2;

B——主体半剖面对强力甲板的静矩,$cm^2 \cdot m$;

C——主体半剖面对强力甲板的惯性矩,$cm^2 \cdot m^2$;

D_s——自船底至强力甲板边线处的计算型深,m;

h——最下一层上层建筑的高度,m;

d——中和轴至强力甲板的距离,m;

a_i——最下一层上层建筑半剖面积,cm^2;

f_d——最下一层上层建筑顶部纵向应力σ_d与强力甲板纵向应力σ_0之比值,$f_d=\dfrac{\sigma_d}{\sigma_0}$,如图10-6a)所示;

y——最下一层上层建筑(或甲板室)构件中心至强力甲板的距离,m;

I_e——主体与上层建筑联合剖面惯性矩,$cm^2 \cdot m^2$。

主体与上层建筑联合剖面几何要素按下列公式计算:

$$d=\frac{B}{A+\sum f_d a_i} \quad (\mathrm{m})$$

$$I_e=2[d\sum f_d(d-y)a_i+d^2A-2dB+C] \quad (\mathrm{cm^2 \cdot m^2})$$

强力甲板边线处剖面模数为:

$$W_{甲}=\frac{I_e}{d} \quad (\mathrm{cm^2 \cdot m})$$

平板龙骨处剖面模数为:

$$W_{平}=\frac{I_e}{D_s-d} \quad (\mathrm{cm^2 \cdot m})$$

当以干舷甲板为强力甲板时上甲板以图10-6a)所示的形式参加总纵弯曲,取$f_d=1.0$;当以上甲板为强力甲板时,游步甲板以图10-b)所示的形式参加总纵弯曲,取$f_d=0.5$。

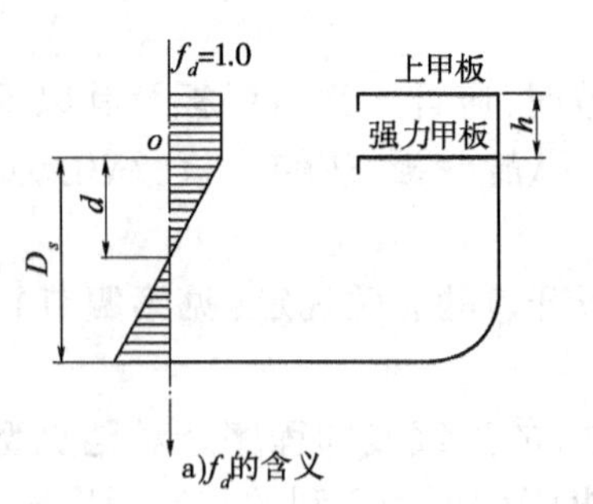

a)f_d的含义

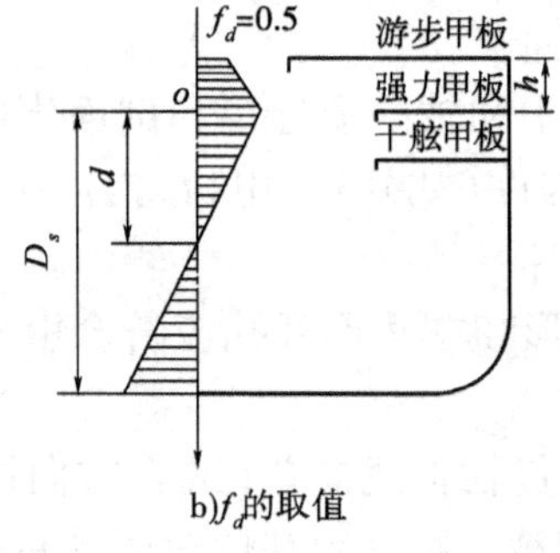

b)f_d的取值

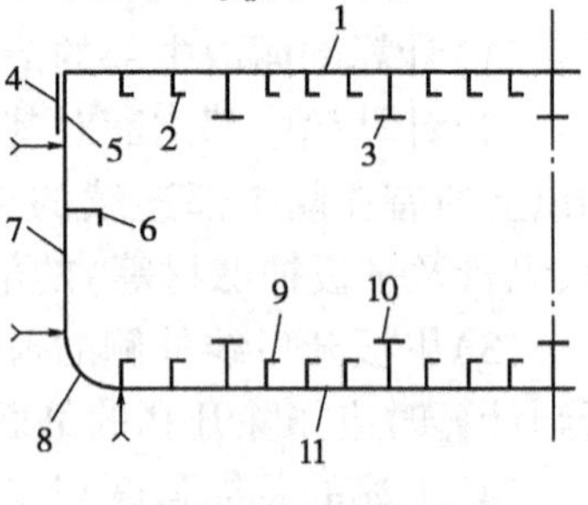

c)参加船体总纵弯曲的构件

注:图中编号在表10-6中有说明。

图10-6　船舶中横剖面

3. 总纵弯曲强度校核

船长大于或等于 80m 的干货船、油船、甲板船；船长大于或等于 50m 的客船；船长大于或等于 50m 的单底单舷结构型式、船长大于或等于 60m 的单底双舷结构型式、船长大于或等于 80m 的双底双舷结构型式和双底单舷顶部设抗扭箱型式的大舱口船除满足上述的要求外，尚须按照规范的规定对总纵弯曲强度和屈曲强度进行校核。相关内容可参阅《钢质内河船舶建造规范》。

例 10-1　长江 B 级航区甲板驳，单底纵骨架式结构，主尺度为 $L \times B \times D \times d = 72 \times 10.5 \times 3.5 \times 2.6$m，方形系数 $C_b = 0.8055$。中部参加船体总纵弯曲的构件剖面如图 10-6c）所示（注：图中的编号在表 10-6 中有说明）。

试按《钢质内河船舶建造规范》校核其总纵强度。

解　（1）实船中剖面模数计算。

以基线为参考轴，列表计算船体中部剖面要素。见表 10-6。

船体中部剖面要素　　表 10-6

编号	构件名称	构件尺寸（mm）	剖面积 A_i（cm^2）	至基线距 Z_i（m）	静矩 A_iZ_i（$cm^2 \cdot m$）	惯性矩 $A_iZ_i^2$（$cm^2 \cdot m^2$）	自身惯性矩 i_0（$cm^2 \cdot m^2$）
1	甲板板	8×5250	420	3.5	1470	5145	—
2	甲板纵骨	8L100×63×8	8×12.6	3.433	346.046	1187.977	—
3	甲板纵桁	$2.5\perp\frac{5\times300}{8\times80}$	2.5×21.4	3.304	176.764	584.028	—
4	平板护舷材	16×350	56	3.275	183.4	600.635	0.57
5	舷侧顶列板	8×750	60	3.125	187.5	585.94	2.81
6	舷侧纵桁	$\perp\frac{6\times300}{80}$	22.8	1.9	43.32	82.308	—
7	舷侧外板	6×2200	132	1.65	217.8	359.37	53.24
8	舭部外板	6×864	51.48	0.289	14.98	4.33	1.31
9	船底纵骨	8L90×50×6	8×8.54	0.061	4.17	0.254	—
10	内龙骨	$2.5\perp\frac{5\times300}{8\times80}$	2.5×21.4	0.196	10.486	2.055	—
11	船底板	6×4700	282	0	0	0	—
Σ			$A = 1300.76$		$B = 2654.47$	$C = 8609.83$	

剖面中和轴至基线的距离为：$\Delta Z = \dfrac{B}{A} = \dfrac{2654.47}{1300.76} = 2.04$(m)

剖面惯性矩为：$I = 2(C - \Delta ZB) = 2(8609.83 - 2.04 \times 2654.47) = 6389.43$($cm^2 \cdot m^2$)

船底板处剖面模数为：$W = \dfrac{I}{\Delta Z} = \dfrac{6389.43}{2.04} = 3132.07$($cm^2 \cdot m$)

（2）按规范校核总纵强度。

规范确定的船体中部最小剖面模数为：$W_0 = aK_1K_2L^2B$($cm^2 \cdot m$)

对于本船，取 $a = 0.85$，$K_1 = (6619 - 40.7L + 0.22L^2) \times 10^{-5} = 0.037$

$$K_2 = 2.369 - 2.787C_b + 1.345C_b^2 = 1.21$$

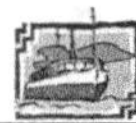

则 $W_0 = 0.85 \times 0.037 \times 1.21 \times 72^2 \times 10.5 = 2071.38(\mathrm{cm}^2 \cdot \mathrm{m})$

船舯剖面对水平中和轴的惯性矩 I_0：

$$I_0 = 3.5W_0L \times 10^{-2} = 3.5 \times 2071.38 \times 72 \times 10^{-2} = 5219.9(\mathrm{cm}^2 \cdot \mathrm{m}^2)$$

由此可见 $W > W_0, I > I_0$ 因此本船总纵强度满足要求。

第三节　船体外板设计

一、外板的作用与结构

船体外板是保证船体水密的构件，外板与骨架共同保证了船舶的外形。外板在船体强度方面起着十分重要的作用，船底板、舷侧板是船体等值梁下翼板和腹板的重要组成部分，是保证船体总纵强度的基本构件。外板除了承受总纵弯曲应力外，还直接承受局部水压力的作用。当板架在荷重作用下发生弯曲变形时，外板以骨架带板的形式参与板架弯曲。外板还要承受水浪的砰击力以及水面漂浮物的撞击力。在船舶尾部，外板还要承受螺旋桨的振动力。总纵弯曲应力以及局部水压力是外板受力中最主要的部分。外板厚度的确定主要依据这两种力的大小。

船体外板由许多钢板按一定规律排列焊接而成。考虑到船体外形在纵向及横向不同程度的曲率变化，以及钢板的供应尺寸，组成船体外板的钢板均将长边沿着船长方向排列，板与板短边相接成一长列称为板列。板与板的短边接缝称为外板的端接缝；板列之间的接缝称为外板的边接缝。外板接缝的分布位置对船体的强度、变形、施工、外观和经济性等诸多方面会产生不同程度的影响。外板边接缝尽量设计成直线，使所用的钢板为仅有单向曲度的矩形板，以减少钢板的加工量，同时又便于使用自动焊，有利于提高焊接质量。边缝不能与纵向构件的角焊缝重叠，并要尽量避免边缝与纵向构件小角度（15°）相交，如无法避免时，应将边缝改成阶梯形，如图 10-7 所示。外板端缝位于船体横剖面上，对船体强度有相当的影响。应根据具体情况，合理按排端缝，尽可能减少端缝数量。考虑到工艺性以及避免应力集中，端缝不应布置在肋骨剖面上，一般应布置在肋距的 1/4 ~ 3/4 处。组成外板的一系列板，按其所处位置的不同，可分为：平板龙骨、船底板、舭列板、舷侧板和舷侧顶列板（图 10-8）。

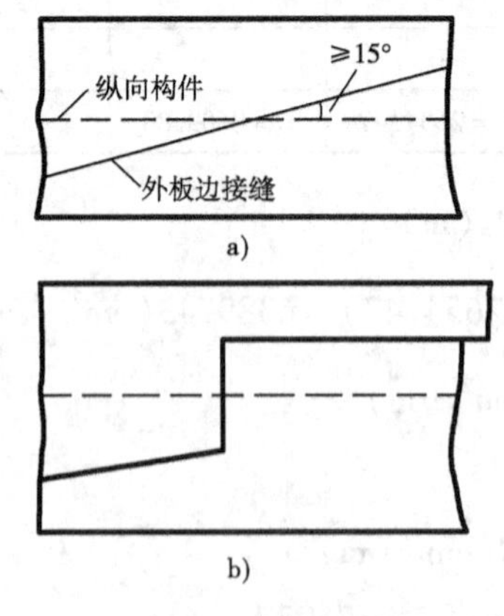

图 10-7　阶梯形边缝

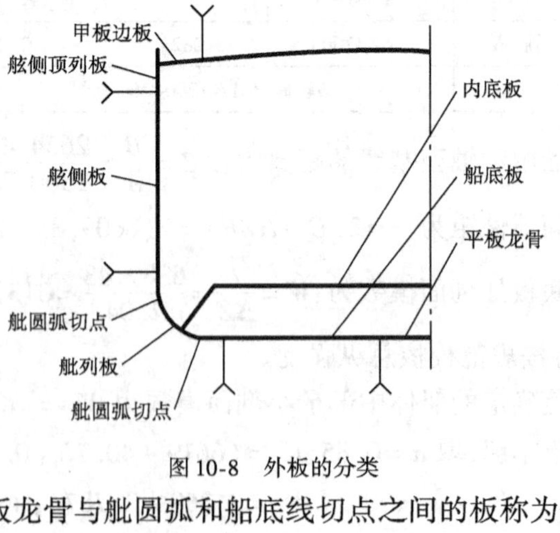

甲板边板
舷侧顶列板
内底板
舷侧板
船底板
平板龙骨
舭圆弧切点
舭列板
舭圆弧切点

图 10-8　外板的分类

位于船底中线处的板称为龙骨板；平板龙骨与舭圆弧和船底线切点之间的板称为船底板；

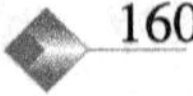

舭圆弧与船底及舷侧的切点之间的板称为舭列板；舷侧最高处与甲板边板相接的板称为舷侧顶列板；舷侧顶列板与舭列板之间的板称为舷侧板。

所处位置不同的板，它们的受力情况也是不一样的。对于局部水压力，位置愈高的外板受力越小；而对于总纵弯曲应力，则离中和轴愈远受力越大，如舷侧顶列板、平板龙骨和船底板。设计船体外板应从等强度观点出发，不同位置的外板其受力特点取不同厚度，这样能充分利用材料，减轻船体重量。一般情况下，船体外板厚度的分布情况如下：

1. 板厚沿船长方向的分布

船中部的外板受有最大的总纵弯曲应力，而船舶首部的外板则受有较大的波浪砰击力、碰撞力等局部外荷重，船舶尾部受到因螺旋桨的转动而产生的强烈的振动力。这几个区域是外板在船长方向的特殊区域，这些区域的外板须厚一些。过渡区的外板受力一般要小一些，因此板厚可薄一些。如图 10-9 所示。

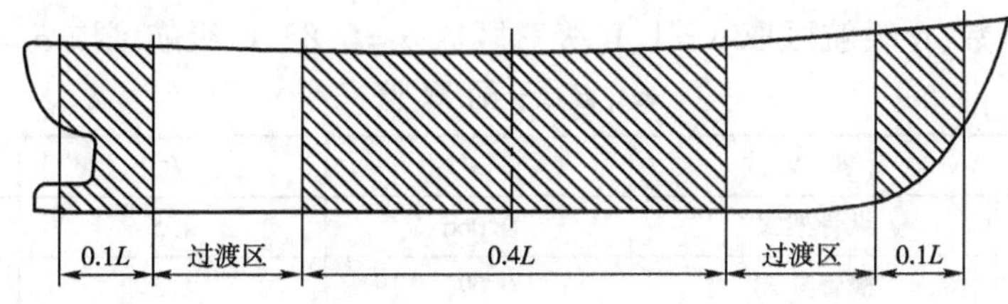

图 10-9　外板区域划分

2. 板厚沿船深方向的分布

平板龙骨除了受有较大的总纵弯曲应力外，常因搁浅、进坞等受到很大的支撑反力作用和磨损，因此要求平板龙骨的厚度大于船底板厚度。舷侧顶列板是离中和轴最远的构件，受有很大的总纵弯曲应力，因此它的厚度也比其他舷侧板大。

必须指出，上述的外板厚度分布规律在船长小于 30m 的内河小型船舶上几乎体现不出来。如内河小船除平板龙骨较其他板厚一点外，其余外板常常是一样厚的。原因之一是小型船舶尺度小，如一定要按等强度原则区分外板尺寸的话，尺寸之间的差异并不大，板缝却会因此而增加，既降低了钢板的利用率，又增加了工时，得不偿失；原因之二是决定小型船舶外板厚度的诸因素中，工艺性因素以及使用上的要求往往占有较大的比重，因此在强度方面一般都有较大的裕度，所以没有必要再区分各区域的板厚；对舷侧顶板而言原因之三是一般的内河小型船舶在舷顶部均设有防撞的钢质护舷材，这就相当于加强了舷侧顶板。

对于某些特殊区域的外板，必须局部加强。大致有下列几种情况：

外板开口处局部加强：外板上的开口削弱了船体的强度，产生应力集中，必须进行局部加强。干舷甲板以下的外板开口，应尽可能为圆形或长轴沿船长方向布置的椭圆形开口，以减少应力集中。中部区域的矩形开口，角隅应为圆角，并必须用加厚板或复板补强。舷门开口两侧须设竖桁材，开口上端须装设短桁材，开口上、下的舷侧外板均应采用等于原厚度 1.5 倍的加厚板或厚度相等的复板加强。加厚板或复板须向舷门边线两侧各延伸两档肋距，并应将圆角包住（图 10-10）。

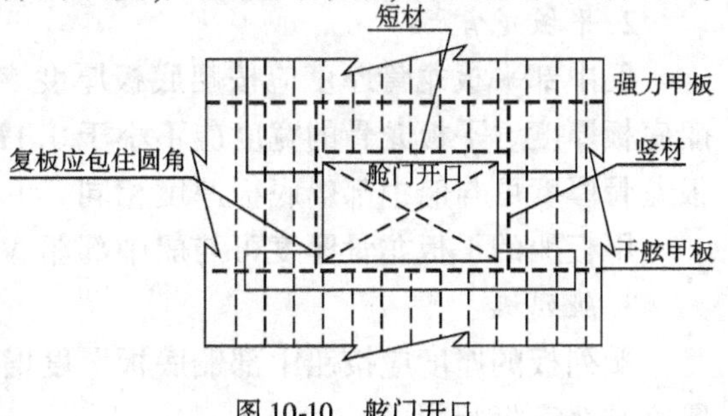

图 10-10　舷门开口

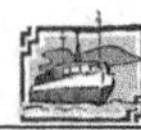

主机座下的船底板，尾轴出口处的外板以及螺旋桨叶稍附近的外板均应按中部船底板厚增加1~2mm。尾轴架穿过处的外板，应增加0.5倍或加等厚复板。锚链筒出口处的外板及其下方的一块外板厚度应增加0.5倍或加等厚复板。

二、船体外板厚度的确定

1. 船底板

船舶中部底板厚度应不小于按下式计算所得之值：

$$t=a(\alpha L+\beta s+\gamma)\quad(\text{mm})\tag{10-3}$$

式中：L——船长，m；

s——肋骨或纵骨间距，m；

α、β、γ——系数，由表10-7选取；

a——航区系数，A级航区取 $a=1$，B级航区取 $a=0.85$，C级航区取 $a=0.7$。

α、β、γ的取值 表10-7

船舶类型	骨架型式	α	β	γ
干货船	纵骨架式	0.066	4.5	-0.8
	横骨架式	0.076	4.5	-0.4
客船	横骨架式	0.046	3.3	0.8
	纵骨架式	0.038	3.5	0.5
甲板船	横骨架式	0.044	4.4	0.2
	纵骨架式	0.035	3.8	0.3
大舱口船	横骨架式	0.06	4.4	1.2
	纵骨架式	0.05	3.9	1.0

首尾部船底板厚度应不小于船中部的船底板厚度。

过渡区域船底厚度应不小于中部船底板厚度的0.8倍。

船底部厚度尚应不小于按下式计算所得之值：

$$t=4.8s\sqrt{d+r}\quad(\text{mm})\tag{10-4}$$

式中：d——吃水，m；

s——肋骨或纵骨间距，m；

r——半波高，m。

2. 平板龙骨

船中部平板龙骨厚度应按船底板厚度增加1mm，首尾部分平板龙骨厚度应不小于船中部船底板厚度。平板龙骨的宽度应不小于 $0.1B$，且不小于0.75m也不必大于1.5m；平底船的平板龙骨厚度可与船中部船底板厚度相同。

甲板船的平板龙骨厚度可与船中部船底板厚度相同。

3. 舭列板

舭列板的厚度应按船中部船底板厚度增加0.5mm。若船底板厚度大于8mm时，则舭列板厚度与船底板相同。

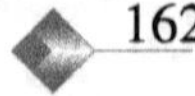

如果舭部为折角型，当用连接型材与船底板及舷侧外板对接或搭接相连时，型材厚度也应符合上述对舭列板厚度的要求。舭列板与相邻船底板或舷侧外板采用搭接焊接时，舭列板应位于船底板和舷侧外板的外侧，搭接宽度应符合规范的有关规定。

如果采用圆舭，则舭列板向两侧延伸至少超过舭部圆弧以外100mm，并应超过实肋板面板表面以上150mm。

4. 船侧外板

船中部及过渡区域船侧外板厚度应不小于船底板厚的0.9倍。首尾部船侧外板厚度，应不小于船中部船底板的厚度。

甲板船中部及首尾部船侧外板厚度应与船中部船底板厚度相同。过渡区域的船侧板厚度应不小于中部船底板厚度的0.8倍。

大舱口船的船侧外板厚度与船底板厚度相同。大舱口船的内舷板(纵舱壁)厚度应不小于船侧外板的厚度，内舷板一般应直接延伸至船底板。当内舷板在内底板处间断时，则应在内舷板的平面内设置底纵桁。矿石船的内舷下列板厚度应增加2mm。

5. 船侧顶列板

船侧顶列板在强力甲板下的宽度应不小于$0.1D$，且应不小于250mm。

船中部船侧顶列板的厚度应不小于强甲板边板厚度的0.85倍或船侧外板增厚1mm，取其中大者。船侧顶列板的厚度可逐渐向两端减薄至首、尾部的船侧外板厚度。

兼作护舷材的船侧顶列板厚度应按船侧外板厚度增厚。其增厚值Δt应不小于按下式计算所得之值：

$$\Delta t = 0.05L + 2.5 \quad (\text{mm})$$

式中：L——船长m。

船侧顶列板高出甲板的上缘应平整；且在船中部$0.4L$范围内的船侧顶列板的甲板以上部分，不应开设流水孔。

对于大舱口船，内舷板顶列板在货舱区域内的宽度应不小于$0.15D$，其厚度应不小于舷侧外板厚度加1mm或强力甲板厚度的0.85倍之大者。

内舷板在舱底平面以上$0.2D$高度范围内的板厚，应不小于舷侧外板厚度加1mm。当装载积载因数小于或等于$0.45\text{m}^3/\text{t}$的颗粒状散货时，其厚度t尚应不小于按下式计算所得之值之大者：

$$t = 5.2s\sqrt{\frac{H}{2v}} + 1 \quad (\text{mm})$$

式中：s——扶强材间距，m；

H——货物堆高，m，自内底板上表面量至货物自由表面最高点的垂直距离，但不小于舱深的0.5倍；

v——货物的积载因数，m^3/t。

6. 内底板

内底板厚度t应不小于船底板厚度计算值的0.8倍。

载货部位内底板厚度t应不小于下式计算所得之值：

$$t = 5.5s\sqrt{h} \quad (\text{mm})$$

式中：s——肋距或纵骨间距，m；

h——计算水柱高，m，载货部位自内底板上缘量至干舷甲板边线（或舱棚顶板与围壁板交线）下缘垂直距离，非载货部位取0.5m。

机舱内的内底板厚度尚应增加1mm。

如果采用抓斗或其他类似机械卸货时，内底板尚应加厚2mm。

内底边板的厚度应不小于内底板厚度。

对于大舱口船，装载颗粒状散货时内底板厚度应不小于按下列两式计算所得之值：

$$t=5.5s\sqrt{h}\quad(\text{mm})$$

$$t=0.8t_1\quad(\text{mm})$$

式中：s——肋骨或纵骨间距，m；

t_1——按式(10-3)计算所得的船底板厚度，mm；

h——内底计算水柱高，m，由下式计算所得：

当货物的积载因数小于或等于$0.45\text{m}^3/\text{t}$时：

$$h=0.84\sqrt{\frac{Q}{l_1\cdot v}}\quad(\text{m})$$

当货物的积载因数大于$0.45\text{m}^3/\text{t}$时：

$$h=\frac{Q}{l_1b_1}+\frac{0.15b_1}{v}\quad(\text{m})$$

式中：Q——舱内载货总重量，t；

l_1——货舱底部总长度，m；

b_1——货舱底部平均宽度，m；

v——货物积载因数，m^3/t。当v大于$0.833\text{m}^3/\text{t}$时，取$v=0.833\text{m}^3/\text{t}$。

装运集装箱或件杂货时内底板厚度应不小于按下列两式计算所得之值：

$$t=5.5s\sqrt{h}\quad(\text{mm})$$

$$t=0.8t_1\quad(\text{mm})$$

式中：s——肋骨或纵骨间距，m；

t_1——按式(10-3)计算所得的船底板厚度，mm；

h——计算水柱高，m，自内底板上缘量至干舷甲板边线（或舱口围板顶缘）的距离。

例10-2 长江100客交通艇，单底单甲板横骨架式结构，航行于A级航区。主要尺度为$L\times B\times D\times d=34\times6.8\times3\times2.1\text{m}$，肋骨间距$S=500\text{mm}$。试确定该船外板厚度。

解 (1)船底板。

按公式(10-3)：

$$t=a(\alpha L+\beta s+\gamma)\quad(\text{mm})$$

查表(10-7)：取$\alpha=0.046$，$\beta=3.3$，$\gamma=0.8$，且$L=34\text{m}$，A级航区取$a=1$，代入上式得：

$$t=0.046\times34+3.3\times0.5+0.8=4.0\quad(\text{mm})$$

按公式(10-4)：

$$t=4.8s\sqrt{d+r}\quad(\text{mm})$$

将已知条件 $s=0.5\text{m}$，$d=2.1\text{m}$，A 级航区半波高 $r=1.25\text{m}$ 代入上式，得：

$$t=4.8\times0.5\times\sqrt{2.1+1.25}=4.4(\text{mm})$$

实取该船全船船底板厚为 $t=6\text{mm}$。

(2)平板龙骨。

规范规定，平板龙骨宽度应不小于 $0.1B=0.1\times6.8=0.68\text{m}$，实取平板龙骨宽度为 $b=1.3\text{m}$。

规范规定中部平板龙骨的厚度应按船底板厚增加 1mm，即：

$$t\not<4.4+1=5.4\approx5.5(\text{mm})$$

实取全船平板龙骨厚度为 $t=7\text{mm}$。

(3)舭列板。

规范规定，舭列板应按中部船底板厚度增加 0.5mm，即：

$$t\not<4.4+0.5=4.9\approx5.0(\text{mm})$$

实取舭列板厚度为 $t=6\text{mm}$。

(4)船侧外板。

规范规定，船侧外板厚度应不小于船底板厚度的 0.9 倍，即：

$$t\not<4.4\times0.9=3.96\approx4.0(\text{mm})$$

实取全船舷侧板厚度为 $t=6\text{mm}$。

(5)船侧顶列板。

规范规定，船侧顶列板的宽度应不小于 $0.1D$ 且应不小于 250mm，即：

$$b\not<0.1\times3=0.3(\text{m})$$

实取船侧顶列板宽度为 $b=650\text{mm}$。

规范规定，船侧顶列板厚度应不小于强力甲板边板厚度的 0.85 倍，按规范规定，本船甲板边板的厚度应不小于 6.8mm(由甲板设计确定)，因此船侧顶列板厚度应：

$$t\not<5.16\times0.85=4.39\approx4.4(\text{mm})$$

同时规范还规定船侧顶列板的厚度应比船侧外板增加 1mm，即：

$$t\not<3.96+1=4.96\approx5.0(\text{mm})$$

实取中部船侧顶列板厚度为 $t=7\text{mm}$。

规范规定船侧顶列板厚度可逐渐向两端减薄至首、尾部船侧外板厚度，因此取本船首、尾部船侧顶列板厚度为 $t=6\text{mm}$。

第四节　甲板设计

一、甲板的作用与结构

甲板与外板共同围成一定形状的空间，构成船体的外形，组成船舶的主体。甲板能直接承载货物、人员、行李等。甲板作为船体等值梁的上翼板，在抵抗总纵弯曲方面起着十分重要的作用。甲板还作为甲板板架的带板参与板架弯曲。

根据甲板所处的位置、作用和受力情况，可将甲板作如下分类：

(1)强力甲板。中部纵通连续的甲板，由它构成船体等值梁的上层翼板，因此强力甲板又称为计算甲板。对于仅有一层甲板的内河船舶，则该甲板既是干舷甲板，又是强力甲板。

(2)上层建筑甲板。强力甲板以上各层甲板均可作为上层建筑甲板。例如单甲板船的上甲板,双甲板船的游步甲板、驾驶甲板以及顶篷甲板等。

(3)舷伸甲板。主体甲板在舷外侧的延伸部分称为舷伸甲板。舷伸甲板一般可在舷侧水线以上部分设置,宽度为1～1.5m(图10-11)。舷伸甲板的剖面积应计入甲板剖面积,并参与总纵弯曲。舷伸甲板扩大了船舶甲板面积,提高船舶的使用价值,对于内河船舶是有较大意义的。

此外,按甲板载货与否,还可以将甲板分为载货甲板和不载货甲板。甲板货船(如甲板驳等)的干舷甲板是载货甲板,双甲板船的干舷甲板也常常用作载货,也可作为载货甲板。

甲板具有双向曲度。甲板在宽度方向的弧形称为梁拱,它两边低中间高,便于排除甲板上的积水。梁拱的高度随船宽而定,一般为船宽的1/100～1/50。甲板在纵向的弧形称为舷弧,舷弧的存在可以防止船舶航行时波浪冲到甲板上,舷弧的大小根据船舶的航区、航速以及用途而定。

甲板板(图10-12)与舷侧邻接的部分称为甲板边板。甲板边板是甲板中自首至尾纵向连续的构件,它将全部有效地参与总纵弯曲,对船体总纵强度起着十分重要的作用。因此在甲板板中,甲板边板应该是最厚的。在甲板大开口之间的甲板板以及首、尾端的甲板板是间断构件,并不参与总纵弯曲,因此板厚可以小一些,只要能满足局部强度和使用上的要求就可以了。

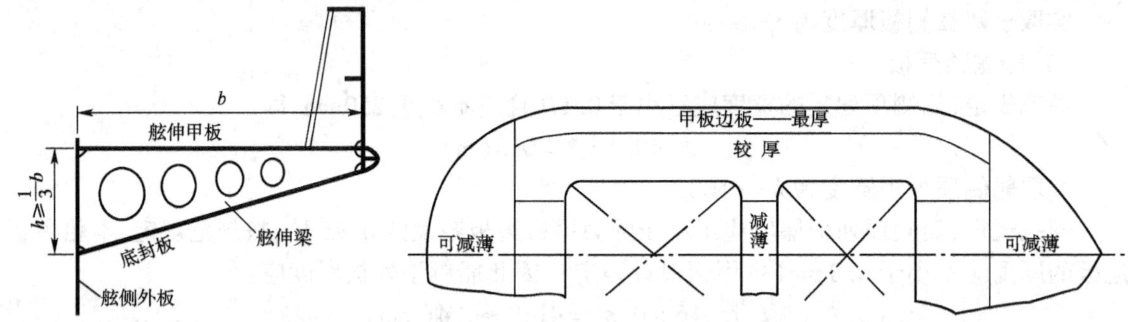

图10-11　舷伸甲板骨架　　　　图10-12　甲板板

根据使用要求,甲板上常有各种开口,例如人孔、货舱口、机舱口等。甲板大开口的角隅处会产生严重的应力集中,甚至使船舶撕裂。因此,在大开口角隅处应予以补强,或将角隅做成一定的形状,以减小应力集中。一般的做法有:

(1)大开口角隅做成圆角,圆角半径应不小于开口宽度的1/10。如果圆角半径小于610mm,则应采用等于甲板厚度1.5倍的加厚板或用甲板厚度等厚的复板加强。补强范围和尺寸如图10-13所示。复板与甲板应用塞焊焊妥。

如果圆角半径大于610mm或采用抛物线形、椭圆形的舱口角隅时,可不必补强。

(2)大开口角隅做成抛物线形、椭圆形。其尺寸要求如图10-14所示。

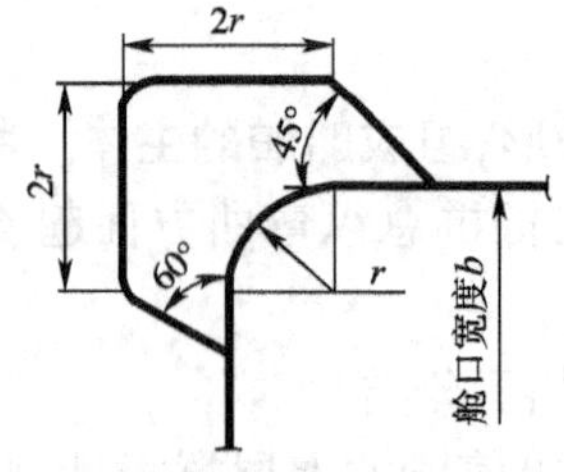

图10-13　补强范围和尺寸

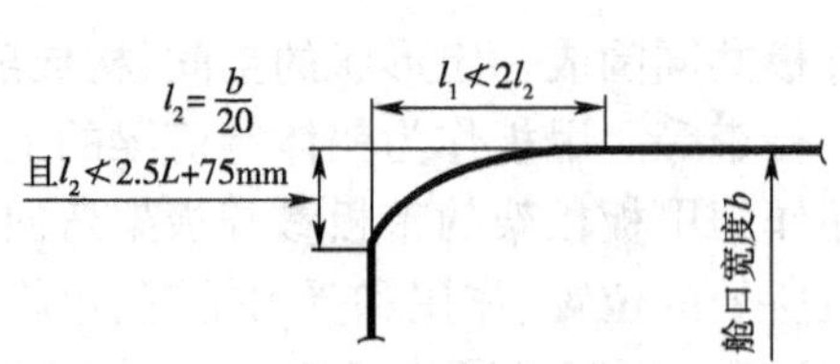

图10-14　抛物线形、椭圆形舱口角隅尺寸

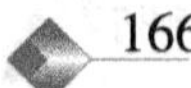

强力甲板上的机舱或货舱开口宽度应不大于0.7倍船宽。

在强力甲板开口两侧及其边线延长线外的甲板上应尽量减少开孔。若需开孔,应开设圆形或长轴沿船长方向布置的椭圆形孔口,孔口边缘应适当补强。各孔口间应互相远离,且应避开舱口角隅。当船中部区域以内的孔口宽度超过甲板开口一侧甲板宽度的0.15倍时,或船中部区域以外的孔口宽度超过甲板开口一侧甲板宽度的0.3倍时,应补偿开孔所损失的甲板剖面积。任何情况下不允许孔口宽度超过甲板开口一侧甲板宽度的0.5倍。

内河船舶甲板与舷侧的连接形式有图10-15所列几种。其中图10-15a)、b)两种连接形式施工方便,但应力集中较大。是内河船常用的一种连接形式。图10-15c)、d)、e)三种连接形式施工也较方便,其中图10-15c)、d)还可以增加舷边走道的宽度,是内河小船常用的一种边接形式。图10-15f)这种连接形式施工较麻烦,但有舷边流水槽,适合于长江客货船。

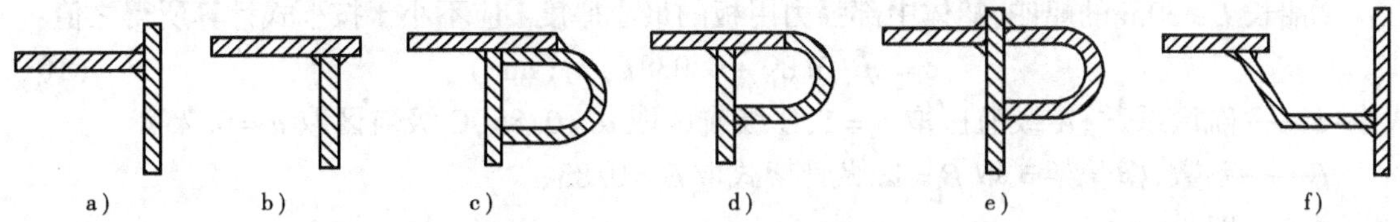

图10-15　甲板与舷侧的连接形式

凡在甲板上布置有甲板机械、系缆设备部位应采用加厚板或用复板加强。若采用复板加强应用塞焊与甲板焊妥,以保证有足够的连接强度。

二、甲板板尺寸的确定

1. 干货船

(1)强力甲板

①船长$L \leqslant 50$m的船舶,其强力甲板的最小厚度t不应小于表10-8的规定。且中部强力甲板的半剖面积a尚应不小于按下式计算所得之值:

$$a = K\frac{B}{2}(0.48L + 10.8) \quad (\mathrm{cm}^2) \tag{10-5}$$

式中:K——系数,A级航区取$K=1$;

B级航区取$K=(6882+61.84L-0.66L_2)\times10^{-4}$;

C级航区取$K=(6768+23.16L-0.18L_2)\times10^{-4}$;

L——船长,m;

B——船宽,m。

强力甲板的最小厚度　　表10-8

t(mm) 航区 / 船长L(m)	A级	B级	C级
$50>L>40$	5.5	5	5
$40\geqslant L\geqslant 20$	3.5	3.5	3

甲板半剖面积,包括船体中部甲板中纵剖线一侧,开口线以外的甲板、甲板边板、舷伸甲板、甲板纵骨、甲板纵桁及中部连续的舱口围板等纵向连续构件的剖面积。

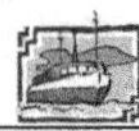

如果除甲板板以及甲板边板以外，计入甲板半剖面积的构件总面积为 a_2，甲板纵中线一侧的甲板板与甲板边板剖面积之和为 a_1，则有 $a_1 = a - a_2$，若甲板板厚度为 t，则甲板边板厚度为 $t+1$mm。若除大开口以外的甲板半宽为 b，则甲板板的宽度为 $b-0.1B$，其中 $0.1B$ 为甲板边板的宽度。由此可得：

$$a_1 = t(b-0.1B)+(t+1)0.1B$$

由此可以求出强力甲板的厚度为：

$$t=\frac{a_1-B}{100b} \quad (\text{cm})$$

式中：各量的单位为：a_1 为 cm^2；b 为 m；B 为 m。

上式可用于初步确定强力甲板的厚度。

②船长 $L \geqslant 50$m 的船舶，船体中部强力甲板的最小厚度 t 应不小于按下式计算所得之值：

$$t = a\beta(3.89+0.038L) \quad (\text{mm}) \tag{10-6}$$

式中：a——航区系数，A 级航区取 $a=1$，B 级航区取 $a=0.85$，C 级航区取 $a=0.75$；

β——系数，横骨架式取 $\beta=1$，纵骨架式取 $\beta=0.83$；

L——船长，m。

③船长大于或等于 50m 的船舶，首、尾部强力甲板的最小厚度应不小于按式(10-6)计算所得之值的 0.9 倍。

④载货部位甲板厚度尚应不小于下式计算所得值：

$$t=6.3s\sqrt{h} \quad (\text{mm}) \tag{10-7}$$

式中：s——肋骨或纵骨间距；

h——计算水柱高，按式(10-20)说明选定，m。

若甲板上的货物用抓斗装卸时，则载货部位甲板厚度应增加 2mm。

⑤船中部强力甲板边板的宽度应不小于 $0.1B$，B 为船宽。厚度应较甲板增厚 1mm。首、尾部甲板边板的厚度可与该处的甲板厚度相同。

船长等于和小于 30m 的船舶，甲板边板应不小于表 10-9 列出的值。

甲板边板尺寸 表 10-9

船长(m)	甲板边板厚(mm)	甲板边板宽(m)
$20 \leqslant L \leqslant 25$	对 B、C 级航区应按甲板厚度增加 0.5mm	0.5
$25 < L \leqslant 30$		0.6

甲板中部没有布置大开口的船舶，其甲板边板可以和甲板板同厚。

具有舷伸甲板的船舶，应将甲板边板布置在船侧的内侧。

⑥在甲板开口之间的开口线以内的强力甲板厚度可比开口线以外甲板厚度减薄 1mm。

(2)舷伸甲板。强力甲板(或干舷甲板)两舷设置舷伸甲板时，舷伸甲板的厚度应与强力甲板(或干舷甲板)的厚度相同。

(3)非强力甲板厚度。其他各层非强力甲板厚度一般不小于 3.0mm。顶篷甲板可以减薄至 2.0mm。

(4)舱口。干舷甲板上的舱口,除满足本节要求外,尚应符合船舶登记国主管机关的有关规定。

强力甲板上非纵通舱口围板厚度一般应不小于表10-10的规定,非强力甲板上的舱口围板厚度可适当减薄。围板顶缘应设有加强型材。

强力甲板上非纵通舱口围板厚　　　　表10-10

<table>
<tr><th>航区</th><th>船长 L(m)</th><th>围板厚度(mm)</th><th>航区</th><th>船长 L(m)</th><th>围板厚度(mm)</th></tr>
<tr><td rowspan="3">A级</td><td>≤50</td><td>4.5</td><td rowspan="3">B、C级</td><td>≤50</td><td>4</td></tr>
<tr><td>50~100</td><td>6</td><td rowspan="2">>50</td><td rowspan="2">5</td></tr>
<tr><td>≥100</td><td>7</td></tr>
</table>

露天的非长大舱口围板的高度一般应在200~350mm范围内,若舱口围板较高时,应设水平加强材及垂向肘板。非露天的舱口围板高度可适当降低。

2. 大舱口船补充规定

(1)强力甲板:

①货舱区域内的强力甲板的厚度 t 尚应不小于按下式计算所得之值:

$$t = 1.1\sqrt{L} \quad (\text{mm})$$

式中:L——船长,m。

货舱区域外的强力甲板可以逐渐减薄至与甲板板相同的厚度。

②强力甲板货舱舱口角隅的圆弧半径 r 应不小于 $b/20$(b 为货舱舱口宽度)。位于船舶首尾区域的舱口角隅可采用图10-16a)或b)的形式(图中 s 为肋距),图中阴影区域所示的甲板应采用较货舱区域强力甲板增厚0.5倍的加厚板或不小于货舱区域强力甲板厚度的复板予以补强。如采用其他角隅形式,应提交理论计算或试验依据供本社审查。若货舱舱口端线与首或尾升高甲板横端壁重合时,货舱舱口端部可不设角隅圆弧。位于首尾部的舱口端部强力甲板应在其平面内向非货舱一边过渡,且在图10-16c)所示的阴影区域内采用较货舱区域强力甲板增厚0.5倍的加厚板予以补强。舷侧外板在由甲板升高所形成的角隅处,应设如图10-16d)所示的弧形过渡肘板。

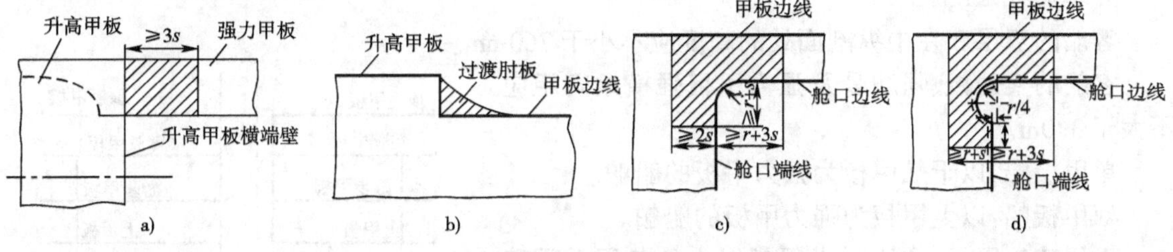

图10-16　舱口角隅

③强力甲板大舱口边线两侧及其延长线以外的甲板上应尽量减少开孔。若需开孔,应开设圆形或长轴沿船长方向布置的椭圆形孔口,各孔口间应互相远离,且应远离货舱舱口角隅,孔口边缘应用厚度不小于8mm,高度不小于80mm的垂向围板加强。在大舱口范围内,若大舱口一侧甲板上的开孔宽度大于等于0.15倍的边甲板宽度时,孔口处的甲板应按图10-17的规定,采用较货舱区域强力甲板增厚0.5倍的加厚板或不小于货舱区域强力甲板厚度的复板予以补强。

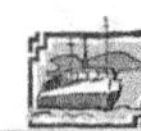

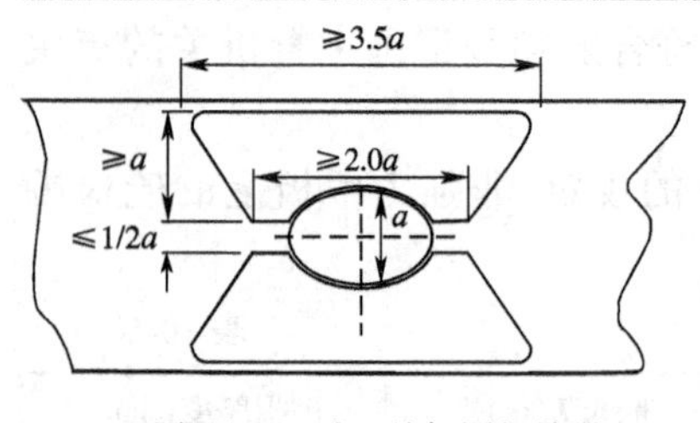

图 10-17　孔口处加厚板补强

④大舱口边线两侧强力甲板上开孔的宽度，任何情况下不得大于该处甲板宽度的0.5倍。

(2)舱口围板：

①船长大于等于40m且大舱口围板在船中部0.4L范围内连续时，舱口围板伸出甲板以上的高度h应不大于按下式计算所得之值且不大于1500mm：

$$h = KD \quad (\text{mm})$$

式中：K——系数，$K = 1248 - 16L + 0.061L^2$；

D——型深，m；

L——船长，m。

②大舱口围板厚度t应不小于按下式计算所得之值：

$$t = 0.1L + 2.5 \quad (\text{mm})$$

式中：L——船长，m。

B、C级航区船舶的长大舱口的围板厚度，可分别为上式计算值的0.95倍及0.80倍。

③大舱口围板伸入甲板以下至少200mm。双舷或舷顶设有抗扭箱的大舱口船，舱口围板应与内舷板或抗扭箱内侧板布置在同一平面内并与之连接。单舷结构大舱口船，舱口围板下缘应设面板，面板厚度不小于围板厚度，宽度不小于围板厚度的8倍。

④大舱口围板上应设置垂直桁和水平扶强材，顶缘应设置面板。当围板高度大于1m时，尚应至少设置一道水平桁。垂直桁应与强横梁在同一平面内，水平扶强材的间距应不大于500mm。围板顶缘面板的剖面积，应不小于甲板以上围板剖面积的0.12倍。垂直桁高度中点处的剖面积，应不小于甲板以上围板剖面积的0.3倍。水平桁的尺寸应与该处垂直桁的尺寸相同，普通水平扶强材应满足大舱口船对甲板纵骨的规定。

⑤当舱口围板在船中部连续时上述(4)的规定外，围板顶缘面板的宽度尚应不大于其厚度的15倍，距围板顶缘面板不大于围板厚度30倍且不小于300mm处应设置一道水平扶强材。

3. 客船补充规定

客船的双层底在中纵剖面处的高度应不小于760mm。

客船的实肋板、强肋骨及强力甲板强横梁间距应不大于3.0m。

单甲板船：以干舷甲板为强力甲板的船舶。

双甲板船：以上甲板为强力甲板的船舶。

上层建筑甲板：位于强力甲板以上的各层上层建筑甲板，各层甲板名称如图10-18所示。

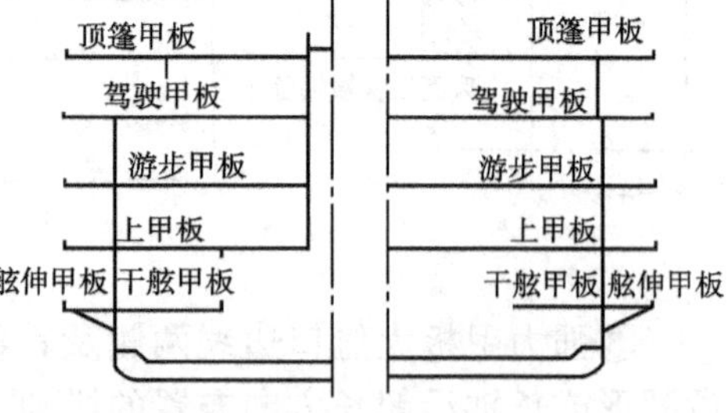

图 10-18　上层建筑甲板

对于双甲板船在计算主尺度比值时，计算型深取在船长中点处沿舷侧自平板龙骨上表面量至上甲板下表面的垂直距离(其他涉及型深参数的计算仍取规范定义的型深)。

客船中的双甲板船，其干舷甲板厚度t应不小于按下式计算所得之值，但不必大于6mm也不小于3mm：

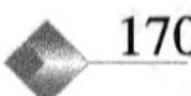

$$t = 0.03L + C \quad (\text{mm})$$

式中：L——船长，m；

C——对A级航区船舶取2.3，对B、C级航区船舶取1.8。

首尾部干舷甲板的厚度可减薄但应不小于上式计算所得之值的0.85倍。

当干舷甲板载货时其厚度t尚应不小于按下式计算所得之值：

$$t = 5s\sqrt{h} \quad (\text{mm})$$

式中：s——肋骨间距，m；

h——计算水柱高度，按式(10-20)说明选取，m。

舷伸甲板厚度取与干舷甲板相同的厚度。

参与总纵弯曲的上层建筑(甲板室)甲板的厚度应按式(10-35)计算。

例10-3　长江A级航区100客交通艇，单底单甲板横骨架式结构。主尺度为$L \times B \times D \times d = 34 \times 6.8 \times 3 \times 2.1\text{m}$，肋骨间距$s = 500\text{mm}$。试确定其中部强力甲板、前客舱升高甲板、驾驶甲板和顶篷甲板的尺寸。

解　(1)强力甲板。

规范规定，船长≤50m的船舶，其强力甲板的最小厚度$t = 3.5$，中部强力甲板的半剖面积a尚应不小于按下式计算所得之值：

$$a = K\frac{B}{2}(0.48L + 10.8) \quad (\text{cm}^2)$$

取$K = 1$，$L = 34\text{m}$，$B = 6.8\text{m}$，代入得$a = 92.21\text{cm}^2$

该船中部甲板上有机舱口，纵中剖线一侧除大开口以外的甲板半宽为1.5m，计入甲板半剖面积的构件(甲板纵桁等)面积之和为$a_2 = 23\text{cm}^2$。因此甲板纵中线一侧的甲板板与甲板边板剖面积之和a_1为：

$$a_1 = a - a_2 = 92.21 - 23 = 69.21(\text{cm}^2)$$

强力甲板厚度t应为：

$$t \geqslant \frac{a_1 - B}{100b} = \frac{69.21 - 6.8}{100 \times 1.5} = 0.416\text{cm} \approx 4.2(\text{mm})$$

实取强力甲板厚为$t = 5\text{mm}$。

规范规定，强力甲板边板的宽度应不小于$0.1B = 0.1 \times 6.8 = 0.68\text{m}$，实取甲板边板宽度为$b = 0.7\text{m}$。

规范规定强力甲板边板厚度应较甲板厚度增加1mm，实取强力甲板边板厚度为$t = 7\text{mm}$。

(2)升高甲板。

规范规定，升高甲板的厚度应不小于按式(10-35)计算所得之值：

$$t = 0.03L + 2.5 \quad (\text{mm})$$

该船$L = 34\text{m}$，代入上式得：

$$t = 0.03 \times 34 \times 2.5 = 3.52(\text{mm})$$

实取升高甲板的厚度为$t = 5\text{mm}$。

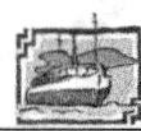

(3)驾驶甲板。

规范规定,这一类甲板厚度一般不小于3.0mm,因此取驾驶甲板厚度 $t = 4\mathrm{mm}$。

(4)顶篷甲板。

取顶篷甲板厚度 $t = 3\mathrm{mm}$。

均满足规范要求。

第五节　船底骨架设计

一、单底骨架设计

按结构型式,单底结构可分为单底横骨架式、单底纵骨架式两种。

横骨架式单底结构如图10-19所示。从图中可以看出,横骨架式单底结构由实肋板、中内龙骨、旁内龙骨等主要构件而成。

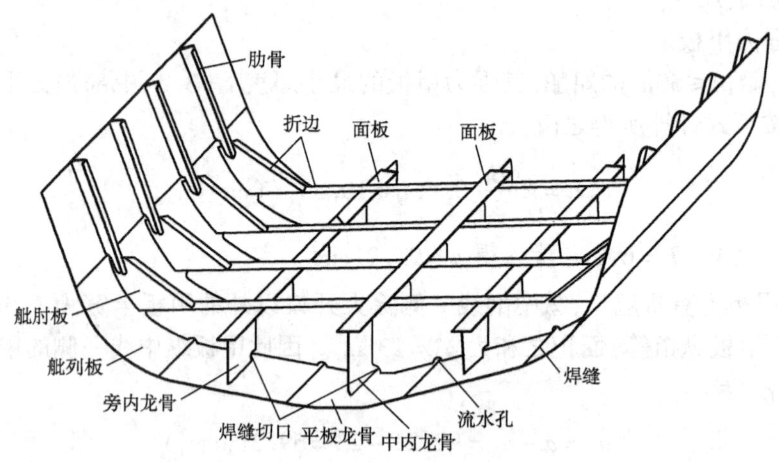

图10-19　横骨架式单底结构

实肋板可以用组合T型材或者折边型材做成,但在机舱部位,一般都用组合T型材。肋板在中内龙骨处间断,以保证中内龙骨的纵向连续性,但必须将它与中内龙骨焊牢。为了方便于清除舱底积水,实肋板以及旁内龙骨下方均应开设流水孔。

中内龙骨是连续的纵向构件,在横骨架式船体结构中,它对于保证总纵强度起着重要作用。中内龙骨还作为肋板的支承点。中内龙骨由组合T型材做成。中内龙骨在舱室内保持连续,一般在横舱壁处间断。

旁内龙骨起着联系肋板的作用,它在肋板之间是间断设置的。旁内龙骨应尽可能与甲板纵桁设置在同一纵剖面内,以便于布置支柱以及构成纵向框架,使力能很好地相互传递。旁内龙骨一般可以用组合T型材做成,在小型船舶上也可以用折边型材做成。

图10-20为纵骨架式单底结构。从图中可以看出,纵骨架式单底结构由中内龙骨、旁内龙骨、肋板和船底纵骨等主要构件组成。为了保证纵向构件的连续性,内龙骨都设计成纵向连续贯通的,肋板则在内龙骨处间断。内龙骨的高度通常等于肋板高度。船底纵骨大多采用球扁钢。船底纵骨与肋板相交处有两种连接方式:一种是在肋板上开梯形切口让纵骨穿过,仅在纵

骨腹板的一面与肋板焊接。这种连接形式的优点是易于装配；另一种是肋板上的切口与纵骨形状相同，将纵骨穿过，周围全部焊接，这种连接形式的优点是连接可靠，但是装配难度较大。单底船中内龙骨腹板上是不允许开孔的。

有时应船舶管路等通过的需要在实肋板或旁内龙骨腹板上开孔时，应予以补强。

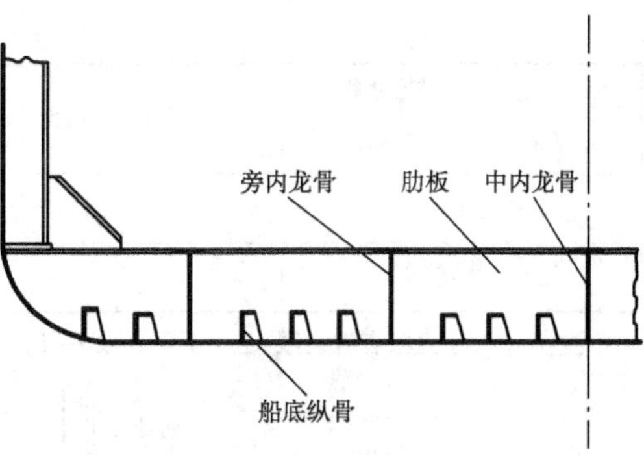

图 10-20　纵骨架式单底结构

1. 干货船

单层底的船底骨架可为横骨架式或纵骨架式。船长 $L \leqslant 30$m 的船舶，宜采用横骨架式。

船底纵向构件不应突然中断。船底骨架由一种型式过渡到另一种型式时，应采用增设肘板，或延续构件等办法，相互延伸 2 个或交错 4 个肋距。

(1) 实肋板。横骨架式船底应在每个肋位上设置实肋板，船长小于或等于 30m 时，可隔一个肋位设置。

横骨架式船底的实肋板间距应不大于 1.8m，纵骨架式船底实肋板间距应不大于 2.5m。

实肋板剖面模数 W 应不小于按下式计算所得之值：

$$W = Ks(fd + r)l^2 \quad (\text{cm}^3) \tag{10-8}$$

式中：s——实肋板间距，m；

f——系数，货舱外 $f = 1$；自航船货舱内 $f = 0.5$；非自航船货舱内 $f = 0.25$；

d——吃水，m；

r——半波高，m；

l——实肋板跨距，m，取两舷侧（或内舷板）之间的距离，或舷侧（内舷板）与中纵舱壁之间的距离；

K——系数，根据实肋板跨距内的龙骨道数按下式计算：

$$K = a(l_1/l - 1.1) + b$$

其中：a、b——系数，按表 10-11 选取；

l_1/l——舱长比，取值范围由表 10-12 规定，l_1 是舱底平面长度（取两横舱壁的间距）。

***a*、*b* 的选取**　　表 10-11

骨架型式 \ 系数	横骨架式						纵骨架式		
	主肋骨制			交替肋骨制					
	一根龙骨	三根龙骨	五根龙骨	一根龙骨	三根龙骨	五根龙骨	一根龙骨	三根龙骨	五根龙骨
a	2.50			2.00			1.25		
b	4.00	3.50	3.00	3.20	2.80	2.40	2.00	1.75	1.50

当舱内设有多道纵舱壁或双向纵桁架时，实肋板的剖面模数可按规范的规定进行计算。

对于机动船，机舱部位横骨架式必须每档肋位设置实肋板，纵骨架式实肋板间距应不大于 1.25m。机舱内实肋板的腹板应比式(10-8)要求的货舱外实肋板腹板增厚 1mm，面板截面积增加 1 倍。

l_1/l 的取值范围　　表 10-12

龙骨数 / l_1/l 范围	1 根龙骨	3 根龙骨	5 根龙骨
上限值	1.5	1.7	1.9
下限值	1.1		

注：l_1/l 大于上限者取上限；小于下限者取下限。

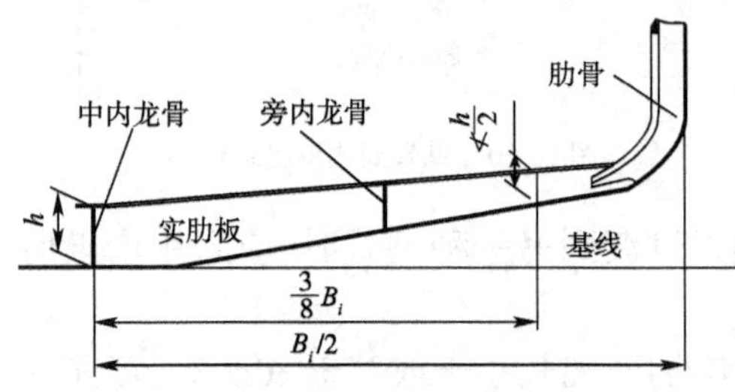

图 10-21　斜底船中部的实肋板

斜底船中部向船侧延伸的实肋板，其腹板高度可逐渐减小，但在离中纵剖面 3/8B 处的腹板高度应不小于中纵剖面处腹板高度的 1/2，如图 10-21 所示。

(2)中内龙骨。船底应设置中内龙骨。中内龙骨应尽量贯通全船，首、尾尖舱部分可用间断板。平底船允许以 2 根旁内龙骨（左右各 1 根）代替中内龙骨。单机船的主机基座纵桁如在机舱内贯通，机舱内的中内龙骨可以省略，此时，与机舱毗邻的后舱允许以延伸机座纵桁的 2 根旁内龙骨代替中内龙骨。中内龙骨与旁内龙骨及基座纵桁不应在舱壁处突然中断，应各自向舱壁的另一面延伸，相互交错不小于 3 个肋距；或加过渡性肘板，肘板长度不小于 2 个肋距。如图 10-22 所示。

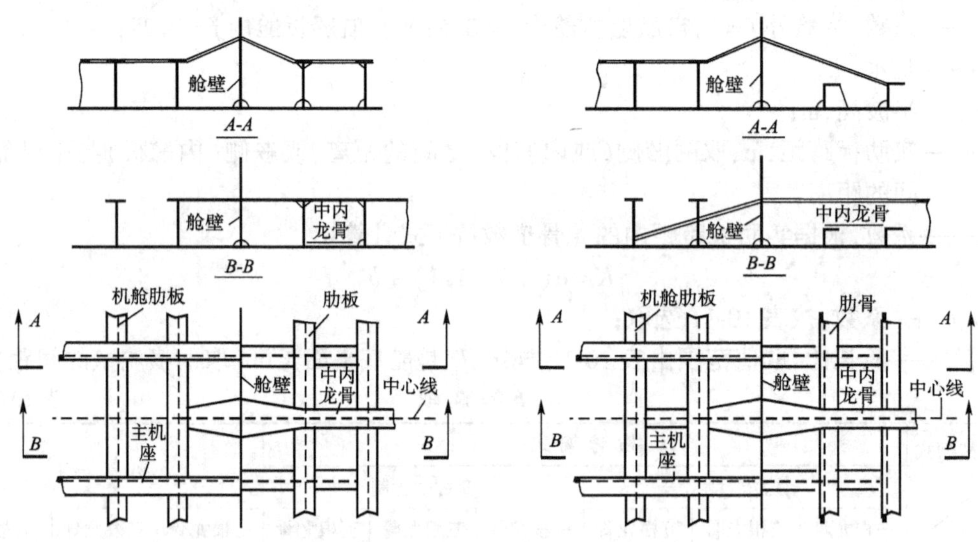

图 10-22　中内龙骨的连续性

中内龙骨腹板的高度和厚度与该处的实肋板相同，其面板截面积应不小于实肋板面板截面积的 1.5 倍。

(3)旁内龙骨。旁内龙骨可用间断板构成，其尺寸与该处实肋板相同。在船首、尾区域内，旁内龙骨腹板与外板间的夹角应不小于 45°。

旁内龙骨应尽可能均匀设置，旁内龙骨之间、旁内龙骨与中内龙骨及舷侧之间的间距应不大于 2.5m。船长小于或等于 30m 时，此间距应不大于 2.0m。

内龙骨与横舱壁应有效地连接,并尽可能减小应力集中。一般可采用下面几种连接方法:

①将内龙骨腹板在一档肋距内逐步升高至原高度的1.5倍,内龙骨的面板应延伸至舱壁并与舱壁焊接(图10-23a)。

②用有面板或折边的肘板与舱壁或垂直桁(扶强材)连接。肘板的直角边长应等于内龙骨的高度,肘板的厚度及面板(或折边)尺寸与内龙骨相同。此时内龙骨面板可不与舱壁焊接(图10-23b)。

③将内龙骨的面板的宽度在一档肋距内逐渐放宽,至横舱壁处为原宽度的2倍,并与舱壁焊接(图10-23c)。

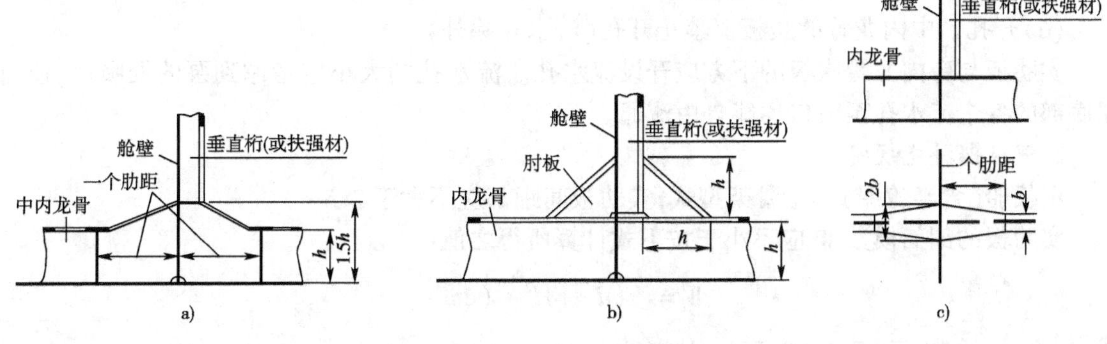

图10-23　内龙骨与横舱壁连接

(4)底肋骨。横骨架式船底未设实肋板的肋位上应设置底肋骨。底肋骨的剖面模数 W 应不小于按下式计算所得之值:

$$W = 4.2s(d + r)l^2 + 5 \quad (\text{cm}^3) \tag{10-9}$$

式中:s——肋骨间距,m;

d——吃水,m;

r——半波高,m;

l——底肋骨跨骨,m,取内龙骨间距或内龙骨与船侧间的距离,取大者。

底肋骨的剖面惯性矩 I 应不小于按下式计算所得之值:

$$I = 3Wl \quad (\text{cm}^4)$$

式中:W——由式(10-9)计算所得之剖面模数;

l——同式(10-9)。

(5)船底纵骨。船底纵骨的剖面模数 W 应不小于按下式计算所得之值:

$$W = Ks(d + r)l^2 \quad (\text{cm}^3) \tag{10-10}$$

式中:K——系数,在船中部 $K = 0.015L + 5.6$,L 为船长,船中部以外逐步递减为 $0.8K$;

s——纵骨间距,m;

r——半波高,m;

d——吃水,m;

l——纵骨跨距,取实肋板间距,m。

纵骨的剖面惯性矩 I 应不小于按下式计算所得之值：

$$I = 1.1(C_w W^{2/3} + f)l^2 \quad (\text{cm}^4) \tag{10-11}$$

式中：W——按式(10-10)计算所得的剖面模数，cm^3；

f——纵骨带板剖面积，cm^2；

C_w——系数，角钢取 $C_w = 0.73$，球扁钢取 $C_w = 0.66$；

l——同式(10-10)。

船底纵骨应用肘板与横舱壁连接，肘板的直角边为纵骨高度的2倍，厚度与纵骨相同。肘板面板(或折边)应符合梁肘板的规定。

(6)开孔。中内龙骨的腹板上禁止开孔(流水孔除外)。

实肋板与旁内龙骨腹板的下方应开设流水孔。流水孔的大小应考虑到泵的抽吸率，使自船底部的各个流水孔至吸口均能自由流通。

2. 甲板船补充规定

甲板船(含半舱船)不论骨架型式，实肋板间距都应不大于2.5m。

实肋板的剖面模数 W 应不小于按下式计算所得之值：

$$W = Ks(d + r)l^2 \quad (\text{cm}^3)$$

式中：K——系数，$K = 7.1 - 0.72l + 0.056l^2$；

s、d——同式(10-8)；

r——半波高，m；

l——实肋板跨距，m，取舷侧至纵舱壁(双向纵桁架)或纵舱壁(双向纵桁架)之间跨距点的距离(按跨距点规定)，取其大者，但不小于下式计算值：

$$l = 1.2 + 0.072B$$

其中：B——船宽，m。

3. 大舱口船补充规定

船底骨架可为横骨架式或纵骨架式。船长小于或等于30m的船宜采用横骨架式。

船底骨架不论何种骨架型式，其龙骨间距应不大于2.6m，平底船可免设中内龙骨。

(1)实肋板。横骨架式单底应在每个肋位上设置实肋板，纵骨架式船底实肋板间距应不大于2.6m。

货舱区域实肋板的剖面模数 W 应不小于按下式计算所得之值：

$$W = 3.4s(d + r)l^2 \quad (\text{cm}^3)$$

式中：s——实肋板间距，m；

d——吃水，m；

r——半波高，m；

l——实肋板跨距，m，取实肋板面板与舷侧处板(或内舷板)交点之间的距离。

货舱以外区域实肋板的剖面模数应满足式(10-8)的要求。

(2)船底纵骨。纵骨架式船底纵骨的剖面模数 W 应不小于按下式计算所得之值：

$$W = Ks(d + r)l^2 \quad (\text{cm}^4) \tag{10-12}$$

式中：K——系数，在船中部 $K=0.02L+4$；船中部以外可逐步递减至 $0.8K$，其中 L 为船长；

s——纵骨间距，m；

d——吃水，m；

r——半波高，m；

l——纵骨跨距，m，取实肋板间距。

纵骨的剖面惯性矩 I 应不小于按下式计算所得之值：

$$I=1.1(C_w W^{2/3}+f)l^2 \quad (\mathrm{cm}^4) \tag{10-13}$$

式中：W——按式(10-12)计算所得的剖面模数，cm^3；

f——纵骨带板剖面积，cm^2；

C_w——系数，角钢取 $C_w=0.73$，球扁钢取 $C_w=0.66$。

l——同式(10-12)。

例 10-4　长江 A 级航区 100 客交通艇，单底单甲板横骨架式结构，船侧采用交替肋骨制。主要尺度为 $L\times B\times D\times d=34\times6.8\times3\times2.1$m，中部舱内船底平面的长度为 $l_1=8.5$m，设置 3 道内龙骨。肋骨间距 $s=500$mm。试确定该船底部件尺寸。

解　(1)实肋板。

根据已知条件查表 10-11，得系数 $a=2.00$，$b=2.80$。该船中部舱室内实肋板跨距 $l=5.2$m，因此舱长比 $l_1/l=8.5/5.2=1.63$，查表 10-12，得知 3 根内龙骨时，舱长比的范围为 $1.1\leqslant l_1/l\leqslant1.7$，可见舱长比在此范围之内。交通艇中部舱室应作为"货舱外"处理，因此取系数 $f=1$，于是可求出内龙骨修正系数 K：

$$K=a(l_1/l-1.1)+b=2.00\times(1.63-1.1)+2.80=3.86$$

由公式(10-8)计算该船实肋板的剖面模数 W：

$$W\geqslant Ks(fd+r)l^2=3.86\times0.5\times(2.1+1.25)\times5.2^2=174.8(\mathrm{cm}^3)$$

经组合型材剖面设计，实取该船实肋板为组合 T 型材 $\perp\dfrac{5\times300}{6\times60}$，其连带板剖面模数 $W=232\mathrm{cm}^3$，满足要求。

(2)内龙骨。

①中内龙骨：规范规定中内龙骨腹板高度及厚度与实肋板相同，面板截面积应不小于肋板面板截面积的 1.5 倍，因此取中内龙骨为组合 T 型材 $\perp\dfrac{5\times300}{8\times80}$。

其面板截面积为 $8\times80=640>1.5(6\times60)=540$，满足要求。

②旁内龙骨：规范规定，旁内龙骨与该处实肋板相同，因此取旁内龙骨为组合 T 型材 $\perp\dfrac{5}{6\times60}$。

由于该船底有底部升高，所以旁内龙骨的腹板高度可在结构图上由该处的实肋板腹板高度来确定。

二、双底骨架设计

按结构型式，双底骨架可分为横骨架式和纵骨架式两种。

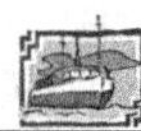

图 10-24 是横骨架式双底结构。从图中可以看出,横骨架式双层底由中底桁、旁底桁、实肋板、水密肋板、组合肋板及内底板、船底板等组成。

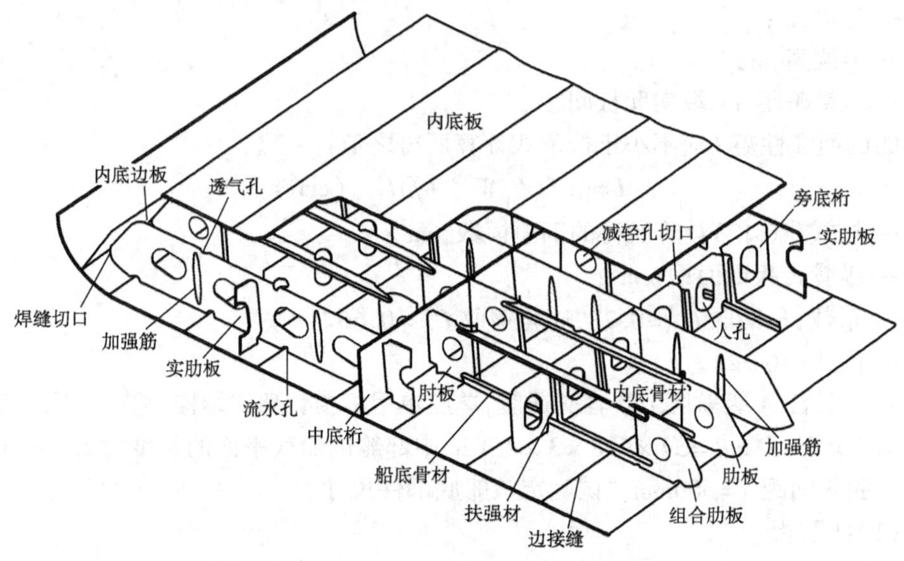

图 10-24　横骨架式双底结构图

处在中线处的底纵桁称为中底桁,它与平板龙骨及内底板部分的带板构成组合"工"字钢。中底桁在整个舱室内连续。

对称地布置在中线两侧的底纵桁称为旁底桁(图 10-25)。旁底桁在实肋板处间断,并与实肋板焊接。旁底桁的四个角上都有焊缝切口。旁底桁上、下缘开孔让组合肋板的横向骨材穿过。旁底桁上可以开设长圆形的人孔以及减轻孔,但在支柱的下方或横舱壁扶强材的下方不允许开孔。

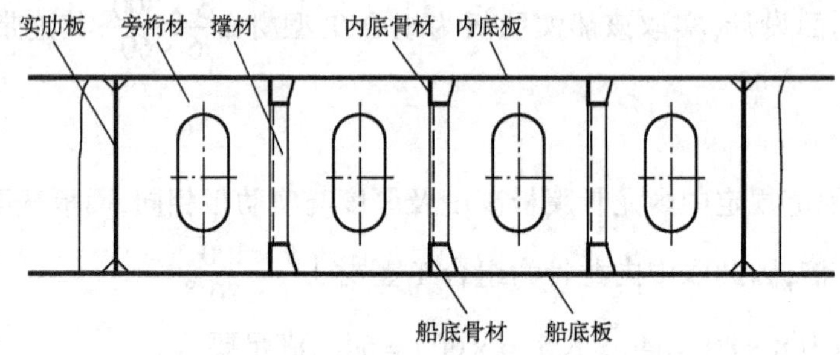

图 10-25　旁底桁

横骨架式双底结构中,应间隔设置实肋板。实肋板在中底桁处间断,并与之焊接,而在其余部位则保持连续。实肋板上开有流水孔、透气孔和焊缝切口,还可以开设人孔和减轻孔。实肋板上可视具体情况设置扶强材。对于机动船,机舱部位可每隔一档设置实肋板。推力轴承座下应设置实肋板。

为分隔不同用途的双层底舱,可设置水密肋板。一般在水密横舱壁下方都相应设置水密肋板。水密肋板上没有任何开孔,并保证在规定压力下保证水密。水密肋板上可视具体情况设置扶强材。

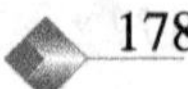

不设实肋板和水密肋板的肋位上，设置组合肋板。组合肋板由内底骨材、船底骨材、撑材和肘板等组成（图 10-26）。撑材起到支撑横向骨材的作用，同时又是旁桁材的扶强材。与实肋板相比，组合肋板的强度较低，但是重量轻，设置组合肋板是减轻船底结构重量的一个有效手段。

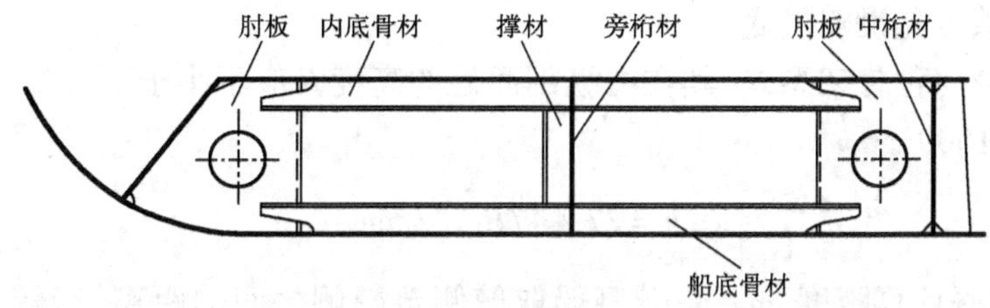

图 10-26　组合肋板

图 10-27 是纵骨架式双底结构。由图中可以看到，纵骨架式双底结构由中底桁、旁底桁、实肋板、水密肋板、内底纵骨、船底纵骨、内底板以及船底等主要构件组成。

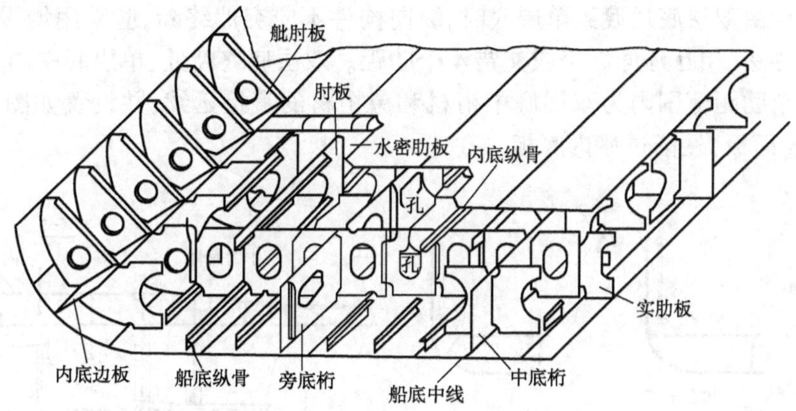

图 10-27　纵骨架式双底结构

处在中线处的底纵桁称为中底桁，中底桁是水密的纵向连续构件。由于肋板间距较大，为保证中底桁的稳定性，在两肋板间的中底桁两侧设置肘板（图 10-35）。

旁底桁是非水密的纵向构件，它对称地布置在中线两侧。旁底桁在肋板处间断并与之焊接。在旁底桁上可以开设人孔及减轻孔。旁桁材在实肋板间距中点须设一道加强筋。

实肋板在中底桁处间断，并与之焊接。纵骨架式双底结构中的实肋板与横骨架式双底结构中的实肋板结构相似，图 10-28 是实肋板结构图。实肋板上有切口以便让内底纵骨和船底纵骨穿过。对于机动船，机舱部位可每隔一档肋距设置实肋板，推力轴承座下应设置实肋板。

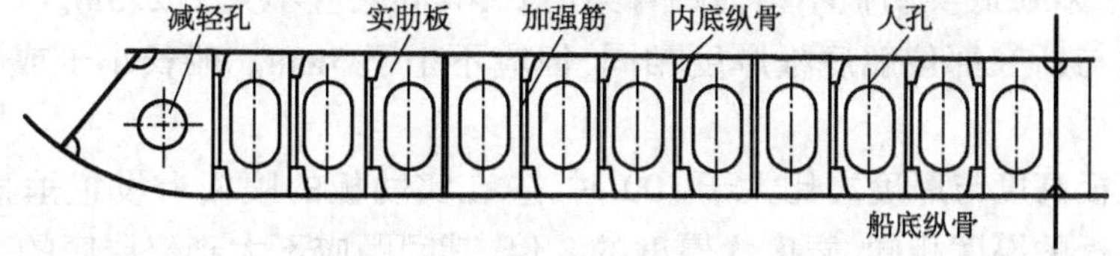

图 10-28　纵骨架式双底结构实肋板结构图

纵骨是纵向连续构件，多采用球扁钢，也可以采用不等边角钢。

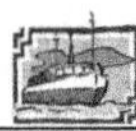

1. 干货船

(1)一般要求

①双层底应尽可能自首防撞舱壁至艉尖舱舱壁间连续布置。双层底沿船长方向可采用阶梯形式,但在船中部区域应保持高度不变。船底板距基平面的高度大于或等于350mm的尾部区域及尾轴包区域可免设双层底。

②双层底无论何种骨架型式,其在中纵剖面处的高度h应不小于下式计算之值,且不小于700mm也不大于1500mm。

$$h = 27 + 47B_1 \quad (\text{mm})$$

式中:B_1——双层底计算跨度,m。单舷侧船取舷侧至舷侧之间的距离,双舷侧船取内舷板至内舷板之间的距离。

③双层底的内底板应延伸至船的两侧,内底边板可以是水平的,也可以是倾斜的,如图10-29所示。航行于J级航段的船舶内底边板应按图10-29a)、b)、c)所示盖没船的舭部。

④船底骨架由双层底过渡到单层底时,纵向构件不应突然终断,应采用增设肘板、短桁材或延续桁材等办法,相互延伸2个或交错4个肋距。双层底终断处,单层底中内龙骨和旁内龙骨应至少在三个肋距范围内为双层底中桁材和旁桁材的直接延续,并设置如图10-30所示的水平过渡肘板(面板)逐渐过渡内底板。

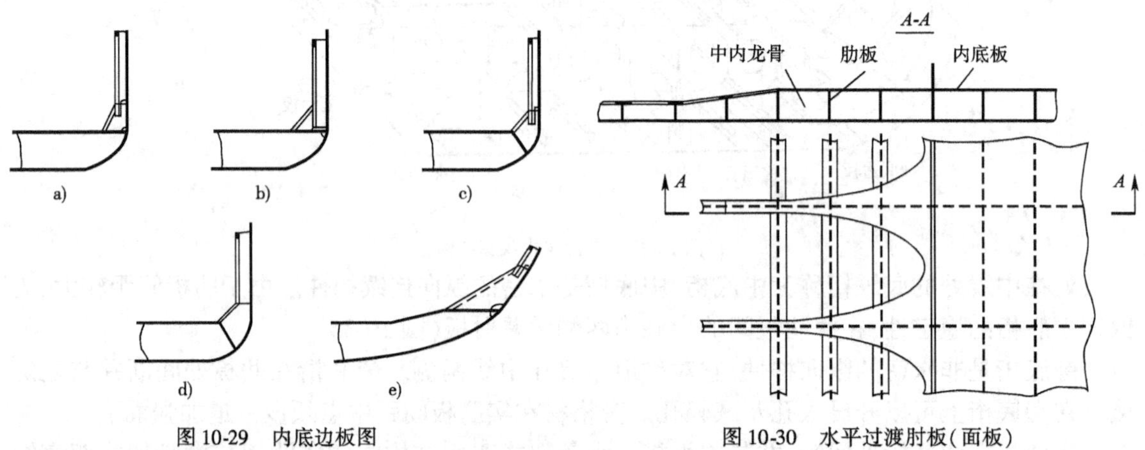

图10-29 内底边板图　　图10-30 水平过渡肘板(面板)

除自船首或尾端滚上滚下装卸货物的船舶,若双层底延伸至距首尾垂线距离小于或等于0.075L的舱壁上时,则舱壁的背面可免设内底板的水平过渡肘板。

(2)实肋板。双层底实肋板不论何种骨架型式,其间距应不大于2.5m。

实肋板厚度与所在部位船底板厚度相同,但应不小于5mm。船长小于或等于30m时,应不小于4mm。

实肋板的腹板高度与厚度之比大于100时,应在实肋板的腹板上设置垂直加强筋。加强筋的厚度与实肋板的厚度相同,宽度为厚度的8倍,其间距应不大于双层底的高度。

(3)水密肋板。双层底内应设置间距不大于0.3L的水密实肋板。水密横舱壁下方应设置水密实肋板。水密实肋板的厚度与实肋板的厚度相同,且应符合对实肋板的规定。

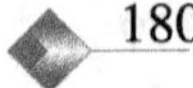

(4)中桁材。中桁材应连续贯通。

中桁材的厚度应与所在部位平板龙骨的厚度相同,但应不小于相连实肋板的厚度。

(5)旁桁材。旁桁材由间断板构成。

旁桁材的厚度应与所在部位船底板厚度相同,但应不小于相连实肋板的厚度。

纵骨架式的旁桁材应在实肋板间距的中点设置一道加强筋,其厚度与桁材的厚度相同,宽度为厚度的8倍。

旁桁材间距:横骨架式应不大于4.0m(图10-31);纵骨架式应不大于4.5m(图10-32)。

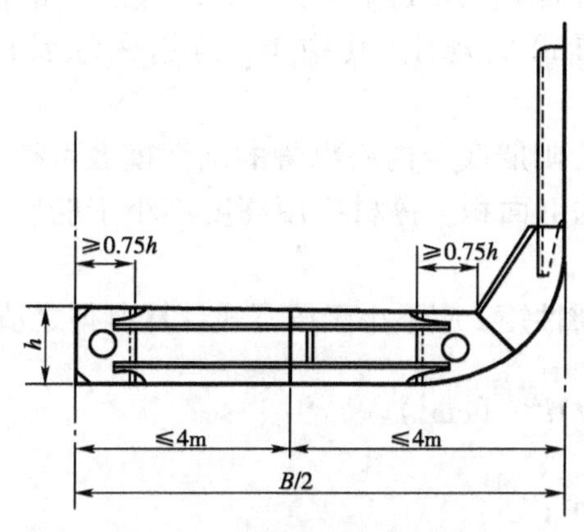

图10-31　横骨架式桁材间距

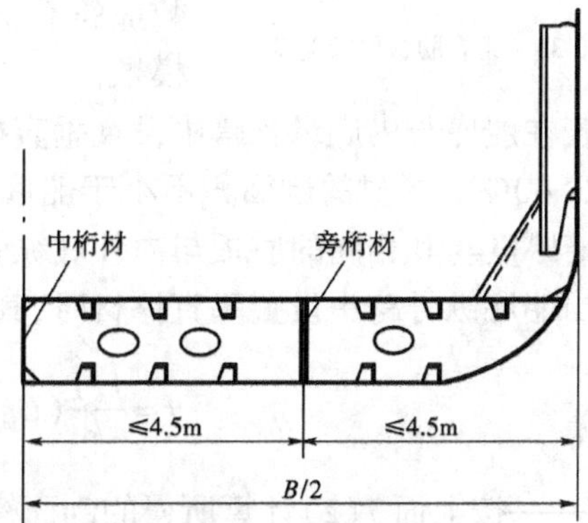

图10-32　纵骨架式桁材间距

(6)组合肋板。横骨架式双层底未设实肋板的肋位上,应设置组合肋板。

组合肋板船底骨材的剖面模数 W 应不小于按下式计算所得之值:

$$W = 3.8s(d + r)l^2 \quad (\text{cm}^3) \tag{10-14}$$

式中:s——船底骨材间距,m;

d——吃水,m;

r——半波高,m;

l——船底骨材跨距,m,量自桁材与桁材或桁材与舷侧之间的距离,取大者。

若在船底骨材跨距中点设置撑材,船底骨材的剖面模数可按式(10-14)的要求减少40%,此时,撑材的剖面积应不小于船底骨材的剖面积。撑材应用高度不小于船底骨材高度1.5倍,厚度与其相同的肘板与内外底骨材连接。

内底骨材的剖面模数 W 应不小于按下式计算所得之值:

$$W = W_1 \frac{h}{D} \quad (\text{cm}^3) \tag{10-15}$$

式中:W_1——外底纵骨计算所得之剖面模数,cm³;

h——自内底板量至干舷甲板(或舱棚顶板)下缘的垂直距离,m;

D——型深,m。

内底骨材的剖面模数尚应不小于船底骨材剖面模数的0.85倍。

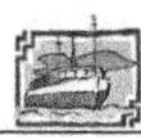

组合肋板在中桁材的两侧及内底边板处,均应设置与实肋板厚度相同的肘板。肘板宽度,在中桁材的每一侧和倾斜的内底边板处均应不小于双层底高度的0.75倍(图10-31);在水平内底边板处应不小于双层底高度(图10-33)。当肘板高度与厚度之比大于100时,其自由边应折边或加面板。在旁桁材一侧应设置撑材,撑材尺寸与内底骨材相同。

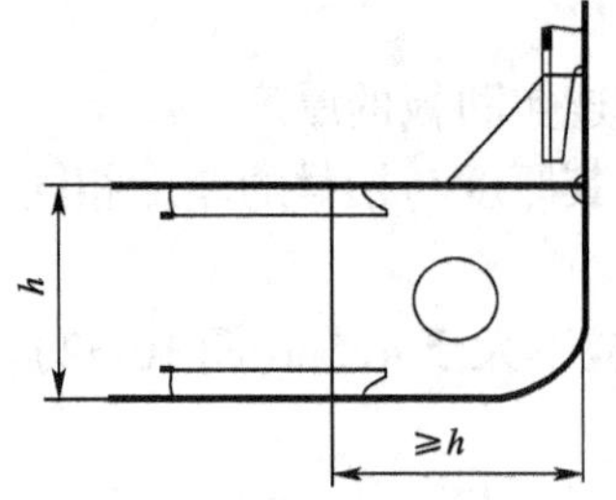

图10-33　组合肋板肘板宽度

(7)船底纵骨与内底纵骨

①船底纵骨的剖面模数为式(10-10)计算所得之值的0.8倍。惯性矩应符合式(10-11)的规定。内底纵骨的剖面模数应符合式(10-15)的规定,其中 W_1 为船底纵骨的剖面模数。

②若在船底与内底纵骨跨中设置垂直撑材时,则船底及内底纵骨的剖面模数可按上述的要求减少40%。撑材的剖面积不小于船底纵骨的剖面积。撑材应用高度不小于船底纵骨高度1.5倍厚度与其相同的肘板与内外底纵骨连接。

③当船底纵骨跨中设置垂直撑材时,其剖面惯性矩 I 应不小于按下式计算所得之值:

$$I = \frac{1.1}{k}(C_w W^{2/3} + f)l^2 \quad (\text{cm}^4)$$

式中:W——按上面7(2)计算所得的剖面模数,cm^3;

f——纵骨带板剖面积,cm^2;

C_w——系数,角钢取 $C_w = 0.73$,球扁钢取 $C_w = 0.66$;

l——纵骨跨距(实肋板间距),m;

k——修正系数,$k = 1.85 - 1.54\beta + 0.64\beta^2$;

β——系数,$\beta = -0.34 + 0.29D - 0.022D^2$;

D——型深,m。

船底纵骨、内底纵骨应均匀设置,其穿过实肋板时,应与实肋板焊接,切口的角隅应为圆角,如图10-34所示。

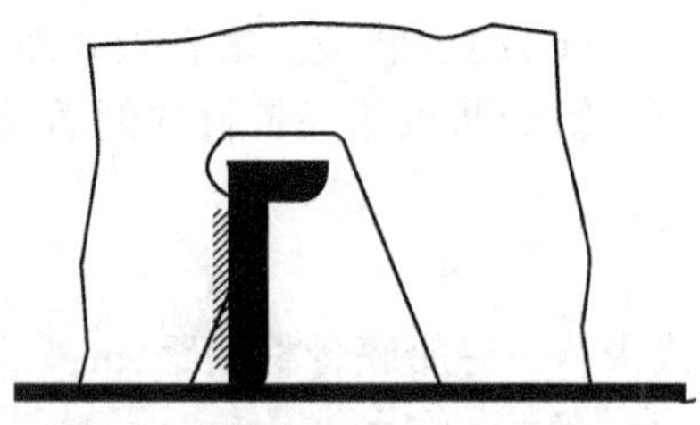
图10-34　纵骨穿过实肋板

(8)肘板。纵骨架式中桁材在实肋板间距的中点,应左右加设通至邻近纵骨处的肘板,其厚度与实肋板相同,如图10-35所示。

纵骨在水密肋板处中断时,应用宽度等于2.5倍纵骨高度,厚度与水密肋板相同的肘板与水密肋板连接,如图10-36所示。

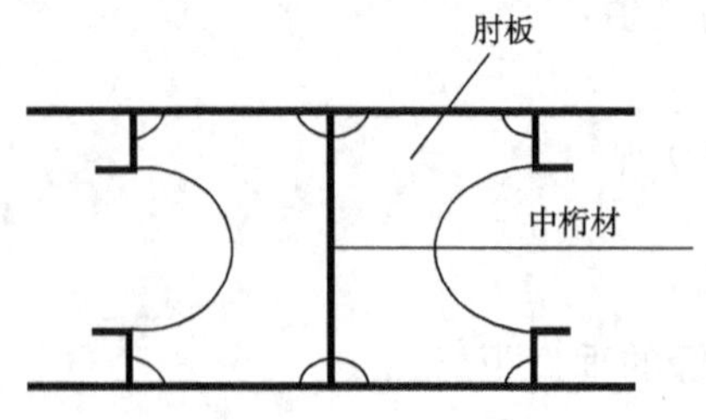

图10-35　无实肋板处中桁材两侧肘板

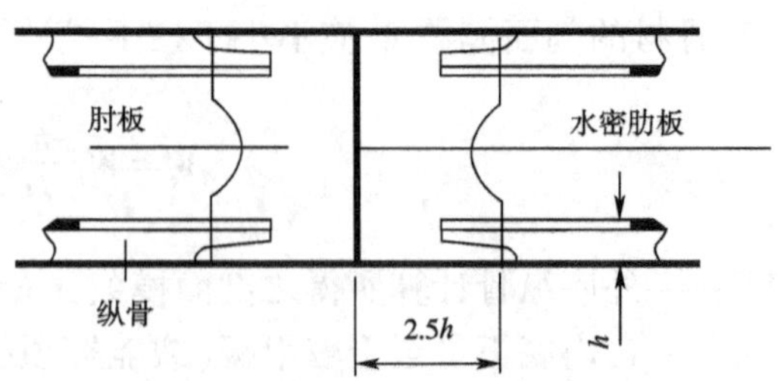

图10-36　纵骨在水密肋板处肘板连接

纵骨架式双层底的舭部无实肋板的肋位上应设置与实肋板厚度相同的肘板，并延伸与邻近的船底纵骨和内底纵骨。如图 10-37 所示。

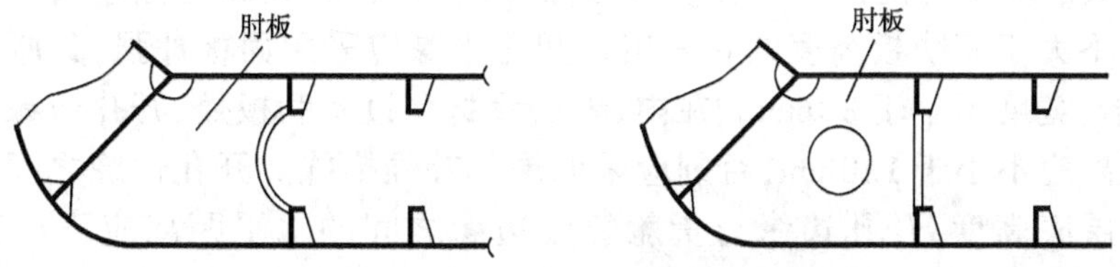

图 10-37　舭部无实肋板的肋位上的肘板

(9)开孔。内底板上的人孔(图 10-38)，应尽量开在双层底舱的对角处，并用水密盖封闭。

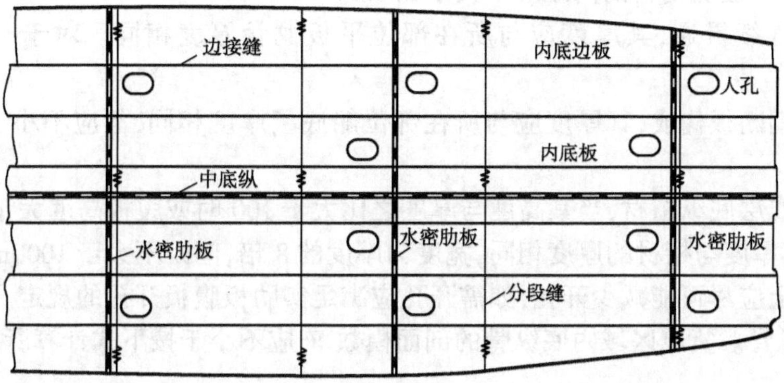

图 10-38　内底板上的人孔布置

实肋板与旁桁材均应开设人孔，开孔位置应沿船长、船宽方向尽量呈直线排列。开孔高度应不大于双层底高度的 0.5 倍，开孔宽度应不大于双层底的高度，孔与孔之间的距离应不小于双层底的高度，孔口边缘应光滑。孔口边缘距支柱下方肘板趾点或舱壁的水平距离应不小于 500mm。若不能满足上述要求时，则应对孔缘予以加强。当内底板上载货时，实肋板与旁桁材上的开孔应符合大舱口船实肋板腹板的开孔规定。

实肋板与旁桁材上应开设适当的流水孔和透气孔，并应考虑到泵的抽吸率，使自舱内各处到空气管和吸口的水及空气能自由流通。

船舱内设置的内底板如图 10-29(1)、(2)、(5)所示者，应在内底板上设置污水井。污水井底板至船底板的距离应不小于 300mm。污水井围壁板及底板厚度应按内底板厚度加厚 2mm。

2. 大舱口船的补充规定

(1)中纵剖面处的高度。双层底在中纵剖面处的高度应符合干货船的规定。当装载积载因数小于或等于 0.45m^3/t 的颗粒状散货且船长大于或等于 50m 时，双层底在中纵剖面处的高度应不小于 1000mm。

(2)实肋板。双层底实肋板不论骨架型式，其间距应不大于 2.6m。

实肋板的厚度应不小于所在部位船底板的厚度。

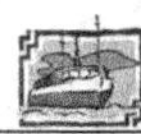

实肋板腹板高度与厚度之比大于100时,应在实肋板腹板上设置垂直加强筋。加强筋的厚度与实肋板厚度相同,宽度为厚度的8倍,其间距不大于双层底的高度。

实肋板腹板上应尽可能减少开孔。对必须开设的人孔,其高度应不大于实肋板高度的0.5倍,其宽度不大于实肋板高度的0.8倍。开孔边缘应采用面板加强,其厚度不小于腹板厚度的1.25倍,宽度不小于80mm。在内、外底骨材穿过实肋板处,开孔边缘与骨材穿孔边缘间的最小距离应不小于120mm,否则应采取局部补强措施。开孔边缘之间的最小水平距离应不小于双层底高度,开孔边缘与货舱舱底边缘之间的水平距离应不小于开孔宽度的1.5倍。

水密实肋板的间距应不大于$0.3L$,其腹板厚度应较实肋板厚度增加1mm。对双舷侧结构船,水密实肋板应与舷舱水密横舱壁在同一肋位上。

(3)桁材。双层底桁材的间距应不大于2.6m。

中桁材应连续贯通,其厚度应与所在部位平板龙骨厚度相同。对于平底船可免设中桁材。

旁桁材由间断板构成,其厚度应与所在部位船底板厚度相同,但应不小于相连实肋板的厚度。

纵骨架式双层底纵桁材,当其高度与厚度之比大于100时或腹板高度大于800mm时应设垂向加强筋,其厚度与桁材的厚度相同,宽度为厚度的8倍,间距不大于1000mm。

桁材腹板上应尽可能减少开孔,如需开孔应满足实肋板腹板开孔的规定。

(4)内底纵骨。货舱区域内底纵骨的剖面模数W应不小于按下式计算所得之值:

$$W = 5.8shl^2 \quad (\mathrm{cm}^3) \tag{10-16}$$

式中:s——纵骨间距,m;

l——纵骨跨距,m;

h——计算水柱高,装载颗粒状散货时按内底板规定的h计算;装载集装箱和件杂货时,取内底板上表面量至干舷甲板边线(或舱口围板顶缘)的距离,m。

若在外底及内底纵骨跨距中点设置撑材时,内底纵骨的剖面模数可按式(10-16)计算值减少40%。

(5)船底纵骨:

①船底纵骨除应满足干货船船底纵骨的要求外,其剖面模数尚应不小于内底纵骨剖面模数的0.85倍。

②若在外底及内底纵骨跨距中点设置撑材时,船底纵骨的剖面模数可按上述要求值减少40%。

当船底纵骨跨中设置垂直撑材时,其剖面惯性矩I应不小于按下式计算所得之值:

$$I = \frac{1.1}{k} a \cdot l^2 \quad (\mathrm{cm}^4)$$

式中:a——纵骨连同带板的剖面积,cm^2;

l——纵骨跨距,取实肋板间距,m;

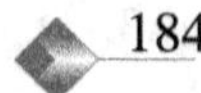

k——修正系数，$k=1.96-1.69\beta+0.8\beta^2$；

β——系数，$\beta=-0.66+0.41D-0.03D^2$；

D——型深，m。

(6)组合肋板。大舱口船双层底如采用横骨架式，则在双层底内未设实肋板的肋位上应置组合肋板。

货舱区域组合肋板内底骨材的剖面模数 W 应不小于按下式计算所得之值：

$$W=3.65hsl^2 \quad (\text{cm}^3)$$

式中：s——骨材间距，m；

l——骨材跨距（含肘板），m；

h——计算水柱高度，装载颗粒状散货时按内底板规定的 h 计算；装载集装箱和件杂货时，取内底板上表面量至干舷甲板边线（或舱口围板顶缘）的距离，m。

组合肋板船底骨材的剖面模数应不小于式(10-14)计算所得之值，且不小于内底骨材剖面模数的 0.85 倍。

若在船底骨材与内底骨材跨距中点设置撑材时，内外底骨材的剖面模数可按上述的要求值减少 40%。

(7)撑材。撑材的剖面积应不小于内底纵骨或内底骨材的剖面积。撑材应用高度不小于内底纵骨或内底骨材高度 1.5 倍，厚度不小于其厚度的肘板与内外底纵骨或内外底骨材连接。

(8)肘板。纵骨架式双层底的中桁材应在实肋板间距的中点两侧设置与邻近纵骨连接的、厚度与实肋板相同的肘板，如图 10-35 所示。

纵骨架式双层底应在内舷板处、实肋板间距中点，设置与内舷板及邻近纵骨连接的肘板。

例 10-5 长江 800 吨自航舱口货驳，航行于 A 级航区，主要装载百杂货、粮食、化肥，兼装煤、黄砂等散装货物。船长 $L=61\text{m}$，吃水 $d=2.7\text{m}$，型深 $D=3.6\text{m}$，横骨架式双底结构。试确定其底部主要构件尺寸。

解 按规范要求，并结合本船实际情况，取双层底高度为 $h=800\text{mm}$。货舱内每 3 档肋位设置一档实肋板，不设实肋板的部位设组合肋板，肋距 $s=500\text{mm}$。因此实肋板间距为 $0.5\times3=1.5\text{m}<2.5\text{m}$，满足规范要求。

本船底部设 1 道中底纵桁，2 道旁底纵桁，桁材间距为 2.5m，满足规范桁材间距应不大于 4m 的要求。

(1)中桁材和旁桁材。

该船中部货舱区平板龙骨厚度 $t=8\text{mm}$，规范规定，中桁材与该处平板龙骨厚度相同，因此取中桁材厚度为 $t=8\text{mm}$。

中桁材高度为 800mm，因此其高厚比为 100，按规范规定应设置垂直扶强材，扶强材间距为双底高度 800mm，扶强材厚度与中桁材相同，扶强材宽度为厚度的 8 倍，因此确定扶强材采用断面尺寸扁钢 -8×70。

该船舶底板厚 $t=7\text{mm}$，按规范规定，旁桁材与该处船底板同厚，因此取旁桁材厚度为 $t=7\text{mm}$。

(2)实肋板和水密肋板。

规范规定,实肋板的厚度与该处船底板厚度相同,因此取实肋板厚度为 $t=7\text{mm}$。

水密肋板与实肋板同厚,为 $t=7\text{mm}$。

水密肋板与实肋板高厚比为 $800/7=114>100$,因此必须按规范规定用与中桁材同样的方法来设置垂直加强筋,取加强筋间距为800mm,采用断面尺寸扁钢 -8×70。

(3)内底板。

规范规定内底板厚度 t 应不小于船底板厚度计算值的0.8倍:

$$t=a(\alpha L+\beta s+\gamma)\quad(\text{mm})$$

即:

$$t=a(\alpha L+\beta s+\gamma)=0.076\times61+4.5\times0.5-0.4=6.486(\text{mm})$$

$$6.486\times0.8=5.2(\text{mm})$$

载货部位内底板厚度 t 应不小于下式计算所得之值:

$$t=5.5s\sqrt{h}\quad(\text{mm})$$

本船内底板计算水柱按规范规定确定为 $h=2.8\text{m}$,将各已知条件代入上式得:

$$t=5.5\times0.5\times\sqrt{2.8}=4.6(\text{mm})$$

因为该船内底板厚度必须 $t\geqslant5.0\text{mm}$。实取内底板厚度为 $t=8.0\text{mm}$。

(4)组合肋板。

规范规定,组合肋板的船底骨材剖面模数应不少于按下式计算所得之值:

$$W=3.8s(d+r)l^2\quad(\text{cm}^3)$$

本船航行于A级航区,半波高 $r=1.25\text{m}$,本船底桁材间距为2.5m,底骨材跨距取 $l=2.5\text{m}$,因此将各已知值代入上式得:

$$W=3.8\times0.5\times(2.7+1.25)\times2.5^2=46.9(\text{cm}^3)$$

实取该船船底骨材为不等边角钢L100×63×6。

其连带板在内的剖面模数 $W=54\text{cm}^3>46.9\text{cm}^3$,满足要求。

规范规定,内底骨材的剖面模 W 应不小于按下式计算所得之值:

$$W=W_1\frac{h}{D}$$

该船 $h=2.8\text{m}$,将各已知条件代入上式得:

$$W=46.9\times\frac{2.8}{3.6}=36.5(\text{cm}^3)$$

规范规定内底骨材的剖面模数应不小于船底骨材的0.85倍,即 $46.9\times0.85=39.9\text{cm}^3$,实取该船内底骨材为不等边角钢L100×63×6。

其连带板在内的剖面模数 $W=54\text{cm}^3>39.9\text{cm}^3$,满足要求。

第六节 船侧骨架设计

舷侧骨架可采用横骨架式或纵骨架式。横骨架式舷侧骨架可采用单一主肋骨制或强肋骨

与普通肋骨相间布置的交替肋骨制(图10-39)结构型式。对船底和甲板为纵骨架式而舷侧为横骨架式的船舶,舷侧骨架则应采用交替肋骨制。

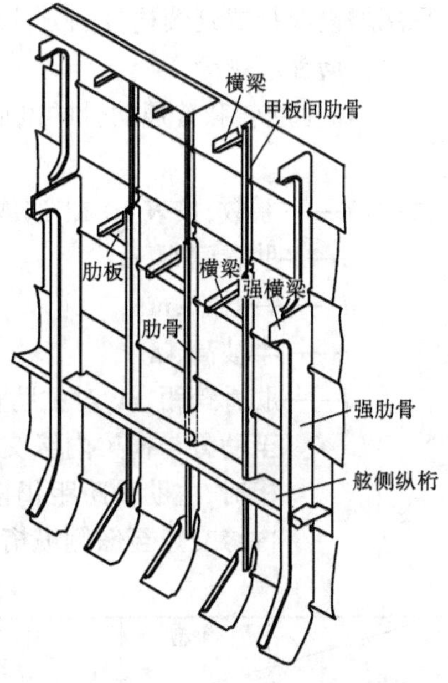

图10-39　交替肋骨制

有两层甲板的船,干舷甲板与上甲板之间的肋骨称为甲板间肋骨。甲板间肋骨的尺寸较肋骨为小,甲板间肋骨的连接形式一般有两种:一种是通过肘板与干舷甲板连接(图10-40a);另一种是甲板上切口让甲板间肋骨穿过并与下层舱室的肋骨相连接,然后用补板封补甲板切口(图10-40b)。前者施工方便,但装货不便,后者肋骨的连续性好,又省掉了甲板间肋骨下端的肘板,增大了有效舱容,但施工麻烦。也有将甲板间肋骨的下端直接与甲板焊接的(图10-40c),这种连接形式在内河小船上采用较多。

肋骨是舷侧的主要结构。肋骨一般可由不等边角钢做成。肋骨在舱室内连续,它与舷侧纵桁相交时,舷侧纵桁上开口让其穿过,并在舷侧纵桁的下方设置肘板与肋骨相连接(图10-41a)。

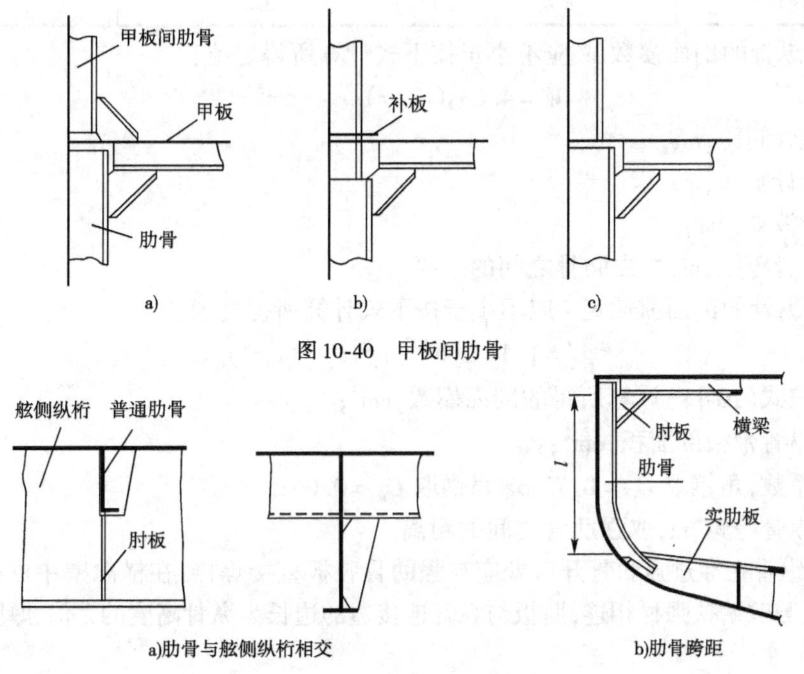

图10-40　甲板间肋骨

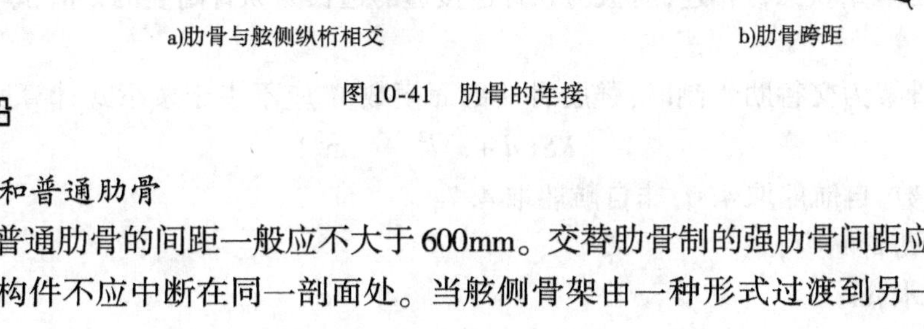

图10-41　肋骨的连接

一、干货船

1.主肋骨和普通肋骨

主肋骨和普通肋骨的间距一般应不大于600mm。交替肋骨制的强肋骨间距应不大于2.5m。舷侧纵向构件不应中断在同一剖面处。当舷侧骨架由一种形式过渡到另一种形式时,应

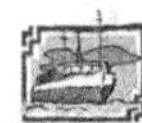

采用增设肘板或延续构件的方法相互延伸 2 个或交错 4 个肋距。

2. 肋骨和纵骨

(1)主肋骨和普通肋骨的剖面模数 W 应不小于按下式计算所得之值：

$$W = Ks(d+r)l^2 \quad (\mathrm{cm}^3) \tag{10-17}$$

式中：K——系数，按表 10-13 选取；

s——肋骨间距，m；

d——吃水，m；

r——半波高，m；

l——肋骨跨距，m，对主肋骨和未设置舷侧纵桁的普通肋骨，取肋骨与实肋板内缘交点至肋骨与横梁内缘交点间的垂直距离，如图 10-41b）所示；主肋骨制若设置舷侧纵桁时，主肋骨跨距仍按本规定确定对设有舷侧纵桁的普通肋骨，取肋骨与实肋板内缘交点至舷侧纵桁的垂直距离，但应不小于 1.25m。

K 的 取 值 表 10-13

类别 \ 类型	主肋骨	普通肋骨	
		未设船侧纵桁	设有船侧纵桁
自航船	3.8	3.2	4.9
非自航船	4.4	3.8	5.7

(2)舷侧纵骨的剖面模数 W 应不小于按下式计算所得之值：

$$W = 4.63s(d+r)l^2 \quad (\mathrm{cm}^3) \tag{10-18}$$

式中：s——纵骨间距，m；

d——设计吃水，m；

r——半波高，m；

l——纵骨跨距，m，取强肋骨之间的距离。

(3)船侧纵骨的剖面惯性矩 I 应不小于按下式计算所得之值：

$$I = 1.1(C_w W^{2/3} + f)l^2 \quad (\mathrm{cm}^4)$$

式中：W——按式(10-18)计算所得的剖面模数，cm^3；

f——纵骨带板剖面积，cm^2；

C_w——系数，角钢取 $C_w = 0.73$，球扁钢取 $C_w = 0.66$；

l——纵骨跨距，m，取强肋骨之间的距离。

(4)舷侧纵骨在穿过强肋骨开口处应与强肋骨腹板直接焊接；在横舱壁中断处应用有面板或折边的肘板与舱壁扶强材相连，肘板与纵骨连接边的边长为纵骨高度的 2 倍，厚度与纵骨相同。

3. 强肋骨

(1)舷侧骨架为交替肋骨制时，强肋骨的剖面模数 W 应不小于按下式计算所得之值：

$$W = KS(d+r)l^2 \quad (\mathrm{cm}^3) \tag{10-19}$$

式中：K——系数，自航船取 4.0，非自航船取 4.7；

S——强肋骨间距，m；

d——吃水，m；

r——半波高,m;

l——强肋骨跨距,m,按计算跨距的规定确定。

(2)舷侧骨架为纵骨架式时,强肋骨剖面模数应不小于横骨架式强肋骨剖面模数的1.1倍。

4.舷侧纵桁

(1)舷侧骨架如设置舷侧纵桁时,舷侧纵桁的剖面尺寸应与强肋骨相同,且应尽量延伸至首尾。

(2)非自航船当肋骨跨距超过2m时,应设置一道舷侧纵桁。

(3)舷侧纵桁应在间距不大于2个肋距的肋骨穿过处设置防倾肘板。

(4)舷侧纵桁在舱壁处选用下列方式之一与舱壁(或舱壁水平桁)连接:

①将舷侧纵桁的腹板在一个肋距内逐渐升高至舱壁处,在该处的高度应为原高度的1.5倍,舷侧纵桁面板应延伸至舱壁(或舱壁水平桁)并与之连接;

②用肘板与舱壁(或舱壁水平桁)连接,肘板的直角边长应等于舷侧纵桁腹板高度,肘板的厚度及面板(或折边)尺寸与舷侧纵桁相同,此时,舷侧纵桁面板可不与舱壁(或舱壁水平桁)焊接;

③将舷侧纵桁面板的宽度在一个肋距内逐渐加宽,至舱壁处为原宽度的2倍,并与舱壁焊接。

上述形式可参见图10-23。

5.舭肘板

(1)肋骨与实肋板的连接,对斜底船可采用如图10-42a)所示的形式;对平底船应用舭肘板连接,舭肘板高出肋板的高度应不小于肋骨高度的3倍,舭肘板的宽度约等于中纵剖面处实肋板的高度,舭肘板的厚度取与实肋板相同,如图10-42b)所示;也可采用连体肘板,如图10-42c)所示。

肋骨与底肋骨应用舭肘板连接,舭肘板与肋骨及舭肘板与底肋骨的搭接长度应不小于连接肋骨高度的2倍,如图10-42d)所示。

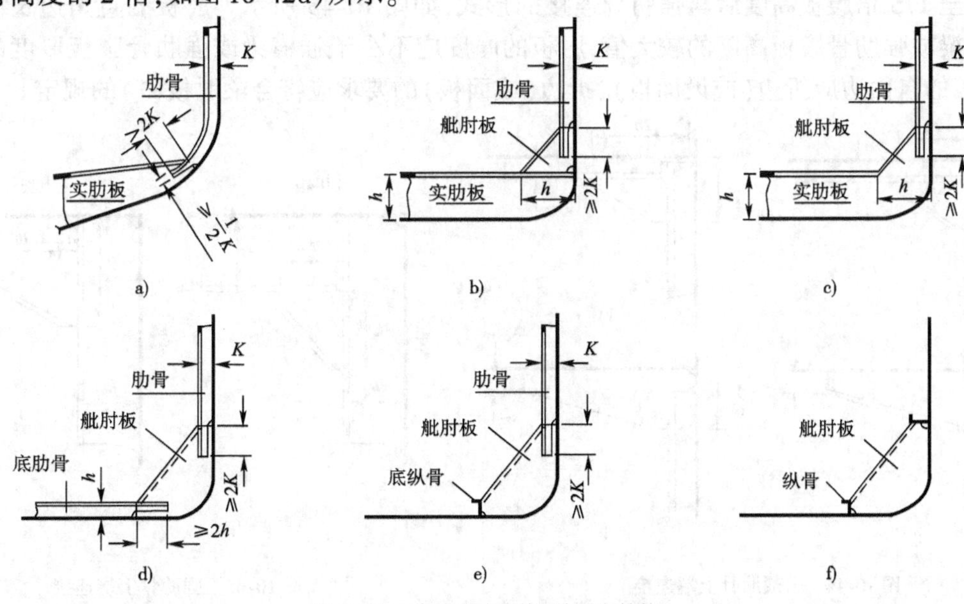

图10-42 肋骨下端连接(单层底结构)

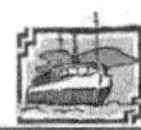

船底如为纵骨架式单底，应用舭肘板将肋骨及底纵骨与船底板固定，并延伸至相邻的船底纵骨，舭肘板与肋骨的搭接长度应不小于肋骨高度的2倍，如图10-42e）所示。

纵骨架式舷侧的最下一根纵骨与船底纵骨应在实肋板间距的中点设置舭肘板如图10-42f）所示。

（2）强肋骨与实肋板用舭肘板连接，舭肘板的直角边长应与实肋板中部腹板高度相同，厚度与实肋板厚度相同。

（3）船底如为双层底时，应用舭肘板将肋骨与内底边板固定，舭肘板的直角边长应不小于肋骨高度的3倍，其搭接长度应不小于肋骨高度的2倍。如图10-43所示。

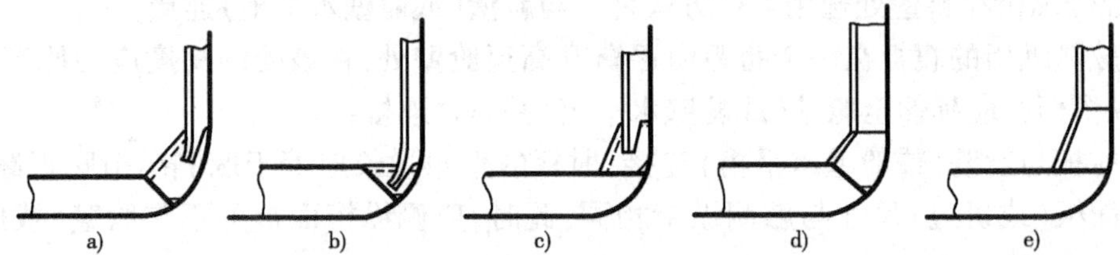

图10-43　肋骨下端连接（双层底结构）

（4）舭肘板的自由边应有折边（或面板），折边（面板）的宽度一般为舭肘板厚度的10倍。

6. 梁肘板

（1）肋骨与横梁应用肘板连接，肘板直角边长应为横梁高度的2倍，如图10-44a）、b）所示，肘板的厚度取与横梁相同。若甲板为纵骨架式时，肋骨应用肘板与甲板固定，并应延伸至相邻的甲板纵骨，肘板的高度为纵骨高度的2.5倍，厚度与肋骨相同，如图10-44c）、d）所示。当肘板任一直角边长与肘板厚度的比值大于30时，肘板的自由边应折边或设面板，折边（或面板）的宽度一般为肘板厚度的10倍。

（2）强肋骨与强横梁可采用肘板连接或强横梁端部在不小于1.5倍腹板高度范围内将腹板升高至1.5倍腹板高度后与强肋骨连接的形式，如图10-45所示。肘板的直角边长应不小于强横梁或强肋骨腹板高度的较大值，肘板的厚度应不小于强横梁或强肋骨腹板厚度的较大值，肘板的自由边应折边（或设面板），折边（或面板）的要求应符合梁肘板（1）的规定。

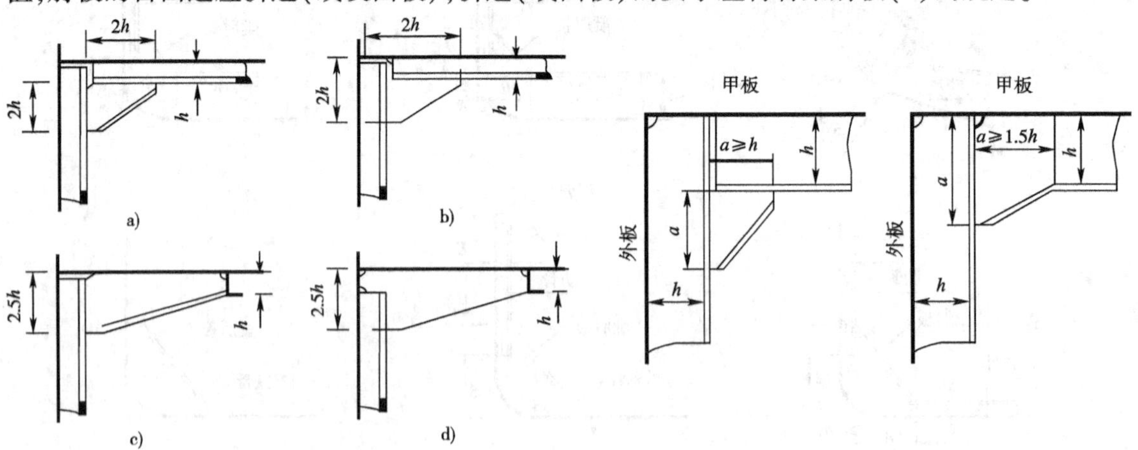

图10-44　普通肋骨上端连接

图10-45　强肋骨上端连接

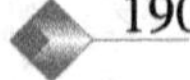

二、大舱口船的补充规定

1. 单舷侧骨架

主肋骨和普通肋骨的间距应不大于600mm。交替肋骨制的强肋骨间距应不大于2.6m。

(1)强肋骨：

①顶部设有抗扭箱的舷侧结构，其强肋骨的剖面模数 W 应不小于按下式计算所得之值：

$$W = KS(d+r)l^2 \quad (\text{cm}^3)$$

式中：K——系数，机动船取4.4，非机动船取5.2；

S——强肋骨间距，m；

d——吃水，m；

r——半波高，m；

l——强肋骨跨距，m，按计算跨距的规定取值。

②顶部不设抗扭箱的舷侧结构，其强肋骨的剖面模数 W 应不小于按下式计算所得之值（当设有舱口盖时尚应满足规范的有关规定）：

$$W = KS(d+r)l^2 \quad (\text{cm}^3)$$

式中：K——系数，$K = 6.84 + 0.105L$；

L——船长，m；

S、l、d、r——同式(10-17)；

非机动船应不小于上式计算值的1.1倍。

(2)主肋骨和普通肋骨

①顶部设抗扭箱的舷侧结构，其主肋骨的剖面模数 W 应符合式(10-18)的规定。

②顶部不设抗扭箱的舷侧结构，其主肋骨的剖面模数 W 应不小于按下式计算所得之值：

$$W = Ks(d+r)l^2 \quad (\text{cm}^3)$$

式中：K——系数，$K = 9.58 + 0.147L$；

L——船长，m；

s——肋骨间距，m；

d——吃水，m；

r——半波高，m；

l——肋骨跨距，按式(10-17)的规定取。

③普通肋骨的剖面模数 W 应符合式(10-18)的规定。

(3)纵骨。舷侧为纵骨架式，其纵骨的剖面模数 W 应不小于按下式计算所得之值：

$$W = 5s(d+r)l^2 \quad (\text{cm}^3)$$

式中：s——纵骨间距，m；

d——吃水，m；

r——半波高，m；

l——纵骨跨距，m，取强肋骨之间的距离。

舷侧纵骨的剖面惯性矩 I 应不小于按下式计算所得之值：

$$I = 1.1(C_w W^{2/3} + f)l^2 \quad (\text{cm}^4)$$

式中：W——纵骨的剖面模数，cm^3；

f——纵骨带板剖面积，cm^2；

l——纵骨跨距，取强肋骨之间的距离，m；

C_w——系数，角钢取 $C_w = 0.73$，球扁钢取 $C_w = 0.66$。

（4）舷侧纵桁。肋骨跨距超过2m时，应设置一道舷侧纵桁。舷侧纵桁的剖面尺寸应与强肋骨相同，且应尽量延伸至首尾。

2. 舷舱骨架

大舱口船的舷舱结构典型布置如图10-46～图10-48所示。

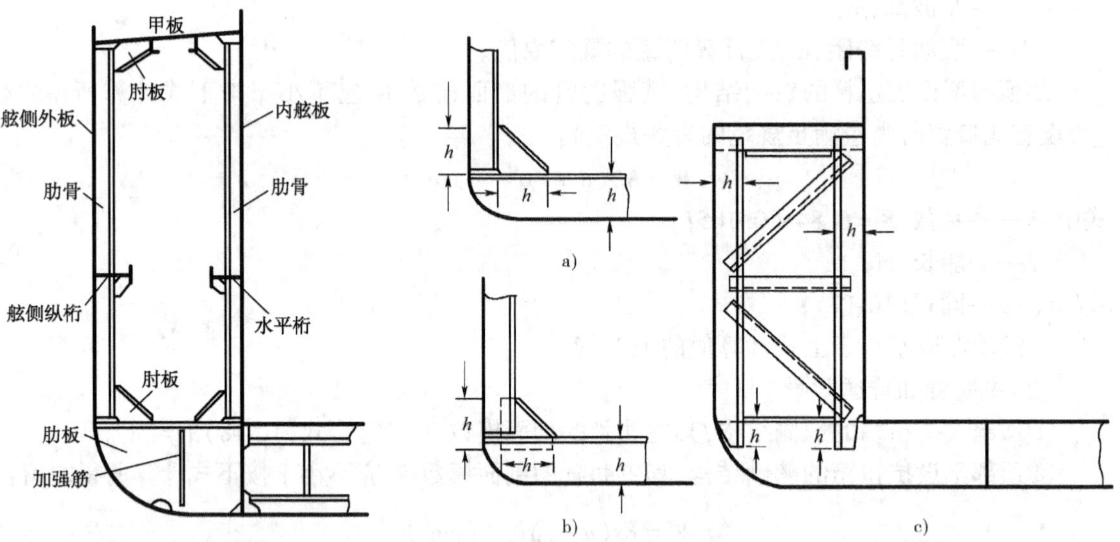

图10-46 舷舱横向框架结构

图10-47 舷舱横向桁架结构

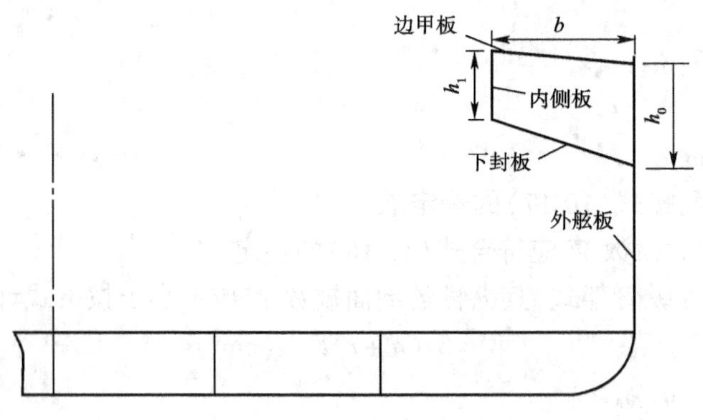

图10-48 舷舱抗扭箱结构

（1）普通肋骨。外舷肋骨的剖面模数应符合式（10-17）的规定。

内舷肋骨（内舷板垂直扶强材）的剖面模数应不小于外舷肋骨的剖面模数。当装载积载

因数小于或等于 $0.45m^3/t$ 的颗粒状散货时，内舷肋骨（垂直扶强材）的剖面模数 W 尚应不小于按下式计算所得之值：

$$W = 7.1shl^2 \quad (cm^3)$$

式中：s——肋骨间距，m；

l——肋骨跨距，m，按构件计算跨距的规定确定，但不小于 1.25m；

h——计算水柱高，m，$h = \frac{H}{v}\left[\frac{Z}{2H} + 0.23\left(\frac{1-Z^2}{H^2}\right)\right]$；

其中：H——货物堆高，m，自内底板上表面量至货物自由表面最高点的垂直距离，但不小于舱深的 0.5 倍；

Z——自肋骨跨距中点量至货物最大堆高点的垂直距离，m；

v——货物的积载因数，m^3/t。

（2）纵骨：

①外舷纵骨的剖面模数 W 应不小于按下式计算所得之值：

$$W = 5s(0.9d + r)l^2 \quad (cm^3)$$

式中：s——纵骨间距，m；

d——吃水，m；

r——半波高，m；

l——纵骨跨距，取强肋骨之间的距离，m。

②内舷纵骨（内舷板水平扶强材）的剖面模数应不小于外舷纵骨的剖面模数。当装载积载因数小于或等于 $0.45m^3/t$ 的颗粒状散货时，内舷纵骨（内舷板水平扶强材）的剖面模数 W 尚应不小于按下式计算所得之值：

$$W = 5shl^2 \quad (cm^3)$$

式中：s——纵骨间距，m；

l——纵骨跨距（取强肋骨间距），m；

h——计算水柱高，m，$h = \frac{H}{v}\left[\frac{Z}{2H} + 0.23\left(1 - \frac{Z^2}{H^2}\right)\right]$；

其中：H——货物堆高，m，自内底板上表面量至货物自由表面最高点的垂直距离，但不小于舱深的 0.5 倍；

Z——自最下一根内舷纵骨量至货物最大堆高点的垂直距离，m；

v——货物的积载因数，m^3/t。

外舷纵骨和内舷纵骨的剖面惯性矩应不小于按下式计算所得之值：

$$I = 1.1(C_w W^{2/3} + f)l^2 \quad (cm^4)$$

式中：W——纵骨（1）或（2）的剖面模数，cm^3；

f——纵骨带板剖面积，cm^2；

l——纵骨跨距，取强肋骨之间的距离，m；

C_w——系数，角钢取 $C_w = 0.73$，球扁钢取 $C_w = 0.66$。

外舷纵骨和内舷纵骨在水密横舱壁处中断时，应用与横舱壁厚度相同的肘板与横舱壁相连。

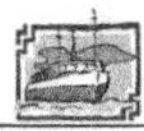

(3)强肋骨。外舷强肋骨和内舷强肋骨(内舷板垂直桁)的间距应不大于2.6m,且应与实肋板处于同一肋位上。

外舷强肋骨的剖面模数 W 应不小于按下式计算所得之值:

$$W = 7.6S(h + r)l^2 \quad (\mathrm{cm}^3)$$

式中:S——强肋骨间距,m;

h——计算水柱高度,m,自强肋骨跨距中点量至满载水线的垂直距离;

r——半波高,m;

l——强肋骨跨距,m,按前述规定选取,但不小于2.0m。

当在强肋骨跨距中点设置水平撑材时,外舷强肋骨的剖面模数应不小于上式计算所得之值的0.6倍。

强肋骨腹板在纵骨通过处的剩余高度应不小于腹板高度的0.6倍,否则开口处的剖面模数应满足上述要求。腹板在纵骨通过处,应每隔一根纵骨设置防倾肘板。

内舷强肋骨(内舷板垂直桁)的剖面模数应不小于外舷强肋骨的剖面模数。当装载积载因数小于或等于0.45m³/t的颗粒状散货时,内舷强肋骨(内舷板垂直桁)的剖面模数 W 尚应不小于按下式计算所得之值:

$$W = 7.6Shl^2 \quad (\mathrm{cm}^3)$$

式中:S——强肋骨间距,m;

l——强肋骨跨距,m,按计算跨距的规定,但不小于2.0m;

h——计算水柱高,m,$h = \frac{H}{v}\left[\frac{Z}{2H} + 0.23\left(1 - \frac{Z^2}{H^2}\right)\right]$。

其中:H——货物堆高,m,自内底板上表面量至货物自由表面最高点的垂直距离,但不小于舱深的0.5倍;

Z——自强肋骨跨距中点量至货物最大堆高点的垂直距离,m;

v——货物的积载因数,m³/t。

当在强肋骨跨距中点设置水平撑材时,内舷强肋骨的剖面模数应不小于上式计算所得之值的0.6倍。

内舷强肋骨(内舷板垂直桁)腹板在纵骨(水平扶强材)通过处的剩余高度应不小于腹板高度的0.6倍,否则开口处的剖面模数应满足上述要求。腹板在纵骨(水平扶强材)通过处,应每隔一根纵骨设置防倾肘板。

(4)舷侧纵桁。舷舱骨架采用横骨架式时,应在内、外舷设置一道舷侧纵桁,舷侧纵桁的剖面尺寸与强肋骨相同。

(5)舱底纵骨。舱底纵骨应与货舱区船底纵骨相同。

(6)舱底实肋板。舷舱内实肋板应与货舱区实肋板在同一平面内,其高度应是货舱区实肋板的延续,其厚度应与货舱区实肋板相同,其上缘应设面板或折边。当装载积载因数小于或等于0.45m³/t的颗粒状散货且舷舱为单底时,货舱双层底的内底板应延伸至舷舱内并逐渐过渡为实肋板的面板。

(7)舱底肋骨。舱底肋骨应与货舱区船底骨材相同。

(8)撑材。若在舷舱内、外舷强肋骨跨距中点设置水平撑时,水平撑材的剖面积 a 不小于油船舷舱撑材的规范要求。

(9)肘板:

①搭接长度应不小于强肋骨腹板高度,或设肘板与实肋板连接,肘板的直角边长与实肋板腹板高度相同,厚度与实肋板厚度相同,肘板的自由边应折边(或设面板),如图 10-49 所示。

②内、外舷的普通骨材可直接与实肋板搭接相连。搭接长度为普通骨材高度的 2 倍。

纵骨架式舷侧的最下一根纵骨应与实肋板面板搭接相连,如图 10-50a)所示。如船底为纵骨架式,应在实肋板间距的中点设置舭肘板,如图 10-50b)所示。

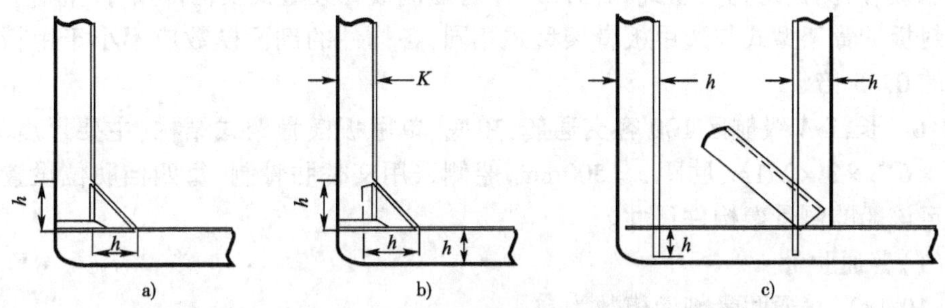

图 10-49　外舷强肋骨与实肋板连接

③内、外舷侧强肋骨与甲板强横梁和肋骨与横梁均可搭接相连,如图 10-51 所示,无横向桁架的舷舱应采用间距不大于 1.25m 的肘板连接外舷纵骨和甲板纵骨。

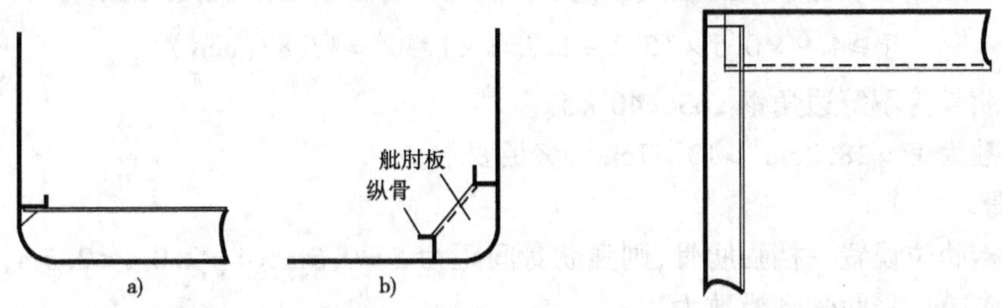

图 10-50　舷侧的最下一根纵骨连接方式　　图 10-51　强肋骨与甲板强横梁搭接相连

(10)舷舱平台。当型深大于或等于 6.0m 时,舷舱内应在舱深中部区域设置在整个货舱区域连续的平台结构。平台板距干舷甲板边线的垂向距离应不大于型深的 0.5 倍,也不小于型深的 0.3 倍。

平台的骨架型式应与强力甲板相同。平台板的厚度及其骨架构件的剖面模数应不小于强力甲板的 0.75 倍。当平台上载货时,平台板的厚度尚应满足式(10-6)的规定,骨架构件尚应满足第七节的相关规定。

3. 抗扭箱结构

(1)一般要求:

①抗扭箱横剖面型式应符合图 10-48 的规定。

$h_0 \geqslant 250D$mm，且不小于700mm；

$h_1 \geqslant 200D$mm，且不小于600mm；

$b \geqslant 100B$mm，且不小于800mm。

式中：B——型宽，m；

D——型深，m。

②抗扭箱应在货舱区域内连续。抗扭箱终断处内侧板应向首尾至少逐渐过渡2个肋距，并与横向强构件连接。过渡板应设面板，面板厚度与下封板相同，宽度不小于其厚度的10倍。

(2)板及骨架：

①内侧板厚度应不小于舷侧外板的厚度，如设有舱口围板且不小于舱口围板厚度。

②下封板的厚度应不小于舷侧外板的厚度。

③外舷板、内侧板的骨架型式和构件尺寸与舷侧板骨架型式及构件尺寸相同。

④下封板的骨架型式与边甲板骨架型式相同，各构件的剖面模数应不小于甲板边板骨架相应构件的0.85倍。

例10-6 长江A级航区100客交通艇，单底、单甲板横骨架式结构，主要尺度为$L \times B \times D \times d = 34 \times 6.8 \times 3 \times 2.1$m，肋距$s = 500$mm，船侧采用交替肋骨制，每四档肋位设置一档强肋骨。试确定该船的侧骨架构件尺寸。

解 (1)普通肋骨。

按式(10-18)，普通肋骨剖面模数为：

$$W \geqslant Ks(d+r)l^2 \quad (\text{cm}^3)$$

该船船侧为交替肋骨制，设有一道船侧纵桁，据此查表10-13得系数$K = 4.9$，肋骨跨距肋骨与实肋板内缘交点至舷侧纵桁的垂直距离$l = 1.30$m，将各已知数值代入上式，得：

$$W \geqslant 4.9 \times 0.5 \times (2.1 + 1.25) \times 1.30^2 = 13.87(\text{cm}^3)$$

实取普通肋骨为不等边角钢L63×40×5。

其剖面模数为$W = 18.2\text{cm}^3 > 13.87\text{cm}^3$，满足要求。

(2)强肋骨。

该船每四档肋位设置一档强肋骨，则强肋骨间距为$S = 0.5\text{m} \times 4 = 2.0\text{m} < 2.5\text{m}$，符合规范要求。按式(10-19)，强肋骨剖模数为：

$$W \geqslant KS(d+r)l^2 \quad (\text{cm}^3)$$

该船是自航船，因此取系数$K = 4.0$，强肋骨跨距点之间的距离$l = 2.2$m，将各已知值代入上式，得：

$$W \geqslant 4.0 \times 2.0 \times (2.1 + 1.25) \times 2.2^2 = 129.7(\text{cm}^3)$$

经组合型材剖面设计，实取强肋骨为组合T型材$\perp \dfrac{6 \times 200}{7 \times 60}$，其剖面模数$W = 152\text{cm}^3 > 129.7\text{cm}^3$，满足要求。

(3)船侧纵桁。

船侧纵桁的剖面尺寸应与强肋骨相同，因此取船侧纵桁为组合T型材$\perp \dfrac{6 \times 200}{7 \times 60}$。

第七节　甲板骨架设计

甲板骨架与甲板板共同组成了甲板板架,承受着货物、人员以及甲板上浪后的水的压力。甲板骨架中的纵向连续构件是船体等值梁上翼板的组成部分,对船体总纵强度起着重要作用。甲板横梁与舷侧的肋骨、船底的肋板构成横向的肋骨框架,保证了船体的横向强度。

甲板骨架结构型式多样,构造比较复杂。按骨架型式的类型,可分为横骨架式甲板结构(图10-52)和纵骨架式甲板结构(图10-53)两类。内河中小型船舶绝大部分采用横骨架式甲板结构。对总纵强度要求较高的内河大型船舶可采用纵骨架式结构,但如果是双甲板船,下甲板主要承受局部载荷,而上甲板才是船体等值梁上翼板的主要部分,因此上甲板采用纵骨架式结构,而下甲板则采用横骨架式结构。内河大开口货船(如长江分节驳),由于大开口降低了船体的总纵强度,因此对甲板在总纵强度中的作用要求较高,可以采用纵骨架式结构。

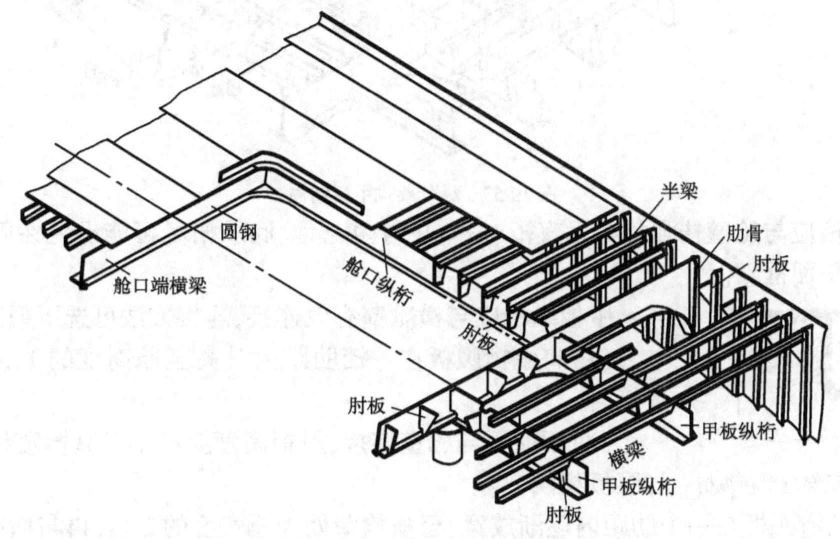

图10-52　横骨架式甲板结构

在横骨架式甲板结构中,如果舷侧是采用交替肋骨制,则在与强肋骨对应的肋位上必须设置甲板强横梁(强半梁)。由此可见,横骨架式甲板骨架由甲板横梁、甲板纵桁、强横梁、舱口端横梁和舱口纵桁等构件组成。

横梁是横骨架式甲板的主要构件,它保持横向连续,与甲板纵桁相交时,甲板纵桁开口让其穿过并与甲板纵桁的腹板焊接(图10-54),并在横梁的下方每间隔一个肋位设置单面肘板,也要可设置双面肘板,双面肘板的间距不大于2m,肘板的厚度与甲板桁腹板厚度相同,如图10-55a)所示。处在开口区的横梁终止于甲板纵桁处,并称为甲板半梁。甲板半梁的尺寸同甲板横梁是一样的,它通过肘板与甲板纵桁连接,肘板的尺寸与上述肘板相同,如图10-55b)所示。甲板横梁一般采用不等边角钢做成。

甲板纵桁是纵向强构件,并作为横梁的刚性支座。甲板纵桁在舱口端横梁处间断。甲板纵桁在同一舱室内跨距相差较大时,其腹板可以做成不等度的,但腹板较高的纵桁应逐步过渡到腹板较低的纵桁,过渡范围的长度应不小于腹板高度差的3倍。

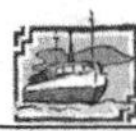

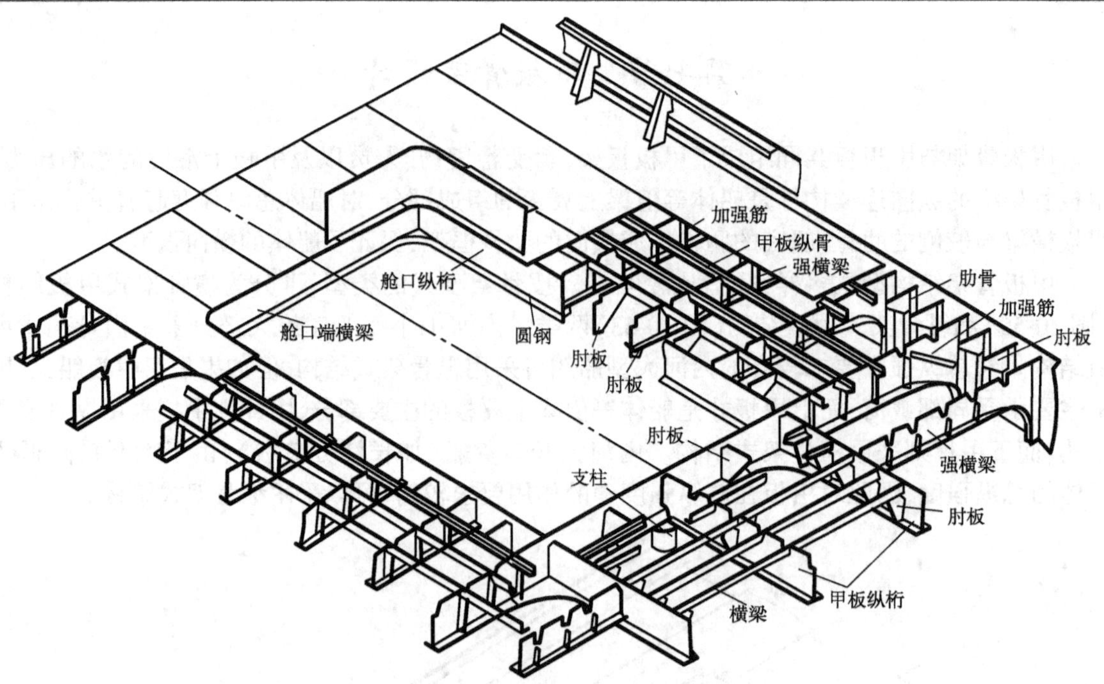

图 10-53　纵骨架式甲板结构

甲板纵桁应与舱壁扶强材或垂直桁对齐，并与内龙骨、底纵桁尽可能设置在同一平面内，以构成纵向平面框架。

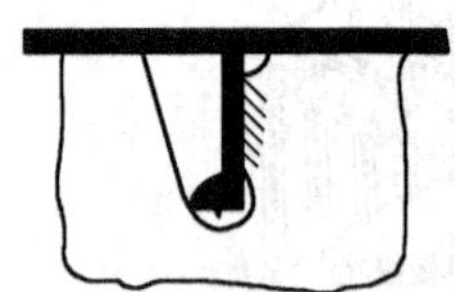

图 10-54　横梁穿过甲板纵桁

甲板纵桁应与横舱壁有效连接，连接方法可选下列三种之一：

(1)将纵桁腹板在一档肋距内升高至原高度的 1.5 倍，与舱壁焊接。

(2)用肘板与舱壁连接，肘板高度应不小于纵桁腹板高度，厚度与腹板相同。

(3)将纵桁面板在一个肋距内逐渐放宽，至横舱壁处为原宽度的 2 倍，再与横舱壁焊接。

上述连接形式和舱底的内龙骨、船侧纵桁与横舱壁的连接相似，可参看图 10-23。

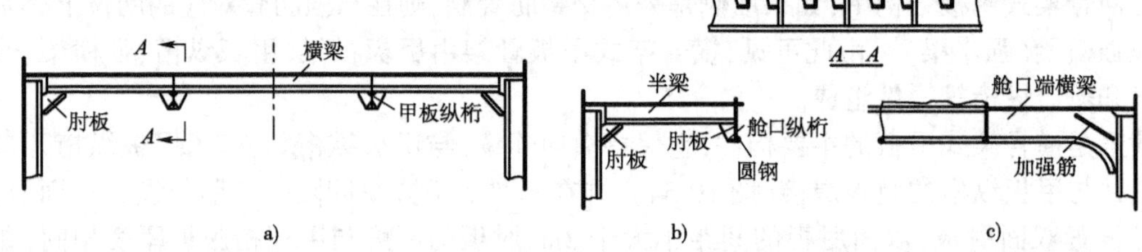

图 10-55　横梁的结构型式

甲板纵桁一般用组合 T 型材做成，小型船舶上也可用折边型材做成。

沿舱口边的纵桁又称为舱口纵桁，在多数情况下，舱口纵桁兼作舱口下围板(舱口围板甲板以下的部分)，为避免装卸货物时磨损起货吊索，舱口纵桁的面板全部偏向舷侧一边，并在腹板和面板的交角上焊一圆钢。

强横梁由组合 T 型材做成，在甲板大开口区间的强横梁在舱口纵桁处终止，称为强半梁。

货舱口前后端的强横梁称为舱口端横梁,舱口端横梁起着支持舱口纵桁的作用。舱口端横梁一般都兼作舱口下围板,其结构型式与舱口纵桁相似。

在纵骨架式甲板结构中,纵骨架式甲板骨架由甲板纵骨、甲板纵桁、舱口纵桁、强横梁、舱口端横梁等构件组成。

甲板纵骨是纵骨架式甲板的主要构件,它在舱室内保持连续,与强横梁相交时,强横梁腹板开孔让其穿过并与之焊接(见图 10-54),在纵骨的下方每间隔一个肋位设置单面肘板与强横梁连接,也可设置双面肘板,双面肘板的间距不大于 2m,肘板的厚度与强横梁腹板厚度相同。

甲板纵骨通过肘板与横舱壁连接,肘板的直角边应为纵骨高度的 2 倍,厚度与纵骨相同。甲板纵骨一般可由不等边角钢和球扁钢做成。

甲板纵桁、舱口纵桁、强横梁、舱口端横梁的结构情况与横骨架式甲板相似。纵骨架式甲板骨架,视具体情况,在必要时也可以设置舱口悬臂梁。

一、干货船甲板骨架设计

1. 甲板横梁

横骨架式甲板在每档肋位上必须设置甲板横梁。横梁的剖面模数 W 应不小于按下式计算所得之值:

$$W = 5cshl^2 \quad (\mathrm{cm}^3) \tag{10-20}$$

式中:c——系数,对强力甲板 A 级航区取 1.45;B 级航区取 1.2;C 级航区取 1;当强力甲板载货时取 $c = 1.0$;其余各层甲板均取 1;

s——横梁间距,m;

l——横梁跨距,m;取船侧与纵桁(纵舱壁)或纵桁(纵舱壁)间的距离,取大者且不小于 2m,船长小于 30m 的船舶,载货区域甲板横梁取实际跨距;

h——甲板计算水柱高度,m,强力甲板取 0.5m;双甲板船的干舷甲板取 0.45m;旅客舱室甲板取 0.45m;船员舱室甲板取 0.35m;顶篷甲板取 0.2m;载货甲板的计算水柱高度 h 应按下式计算,但对于 A 级航区强力甲板应不小于 0.725m;B 级航区强力甲板应不小于 0.6m;C 级航区强力甲板和其余甲板应不小于 0.5m。

$$h = K\frac{Q}{F}$$

其中:Q——载货甲板载货总重量,t;

F——载货甲板面积,m^2;

K——系数,货物的积载因数小于或等于 0.45m^3/t 时,取 $K = 1.30$;货物的集载因数大于 0.45m^3/t 时,取 $K = 1.15$。

强力甲板横梁的剖面惯性矩 I 应不小于按下式计算所得之值:

$$I = 3Wl \quad (\mathrm{cm}^4)$$

式中:W——按式(10-20)计算所得之剖面模数;

l——同式(10-20)。

甲板横梁应设置不小于甲板宽度 1/100 的梁拱,对于遮蔽处所梁拱可适当降低。

顶篷甲板横梁间距必要时可适当放宽。

2. 甲板纵骨

强力甲板的甲板纵骨，应尽量向首尾延伸，不应终断在同一横剖面上，相邻纵骨的末端应相互错开至少一个肋骨间距，并用肘板与横向骨材焊牢。

强力甲板纵骨的剖面模数 W 应不小于按下式计算所得之值：

$$W = Kcshl^2 \quad (\text{cm}^3) \tag{10-21}$$

式中：K——系数，对于中部强力甲板取 $K = 0.05L + 4$，中部以外向首、尾区域可逐步递减至 $0.8K$，但应不小于 5.5，其中 L 为船长，m；对于非强力甲板取 $K = 5.5$；

c、h——同式(10-20)说明；

s——纵骨间距，m；

l——纵骨跨距，m，取强横梁间距。

强力甲板纵骨的剖面惯性矩 I 应不小于按下式计算所得之值：

$$I = 1.1(C_w W^{2/3} + f)l^2 \quad (\text{cm}^4)$$

式中：W——按式(10-21)计算所得的剖面模数，cm^3；

f——纵骨带板剖面积，cm^2；

l——同式(10-21)；

C_w——系数，角钢取 $C_w = 0.73$，球扁钢取 $C_w = 0.66$。

3. 甲板纵桁

甲板应设置甲板纵桁。强力甲板的纵桁与内龙骨、底纵桁应尽可能设置在同一平面内。

强力甲板（或干舷甲板）甲板纵桁剖面模数 W 应不小于按下计算所得之值，其剖面尺寸尚应不小于强横梁的剖面尺寸：

$$W = kcbhl^2 \quad (\text{cm}^3) \tag{10-22}$$

式中：k——系数，强力甲板 $k = 0.03L + 4.8$，但应不小于 5.7；其中 L 为船长，m；

c、h——同式(10-20)；

b——甲板纵桁支承面积的平均宽度，m；

l——纵桁跨距，m，按计算跨距的规定确定。

强力甲板纵桁的剖面惯性矩 I 应不小于按下式计算所得之值：

$$I = 2.75Wl \quad (\text{cm}^4) \tag{10-23}$$

式中：W——为式(10-22)计算所得之剖面模数；

l——同式(10-22)。

上层建筑（或甲板室）甲板纵桁的剖面模数 W 应不小于按下式计算所得之值：

$$W = Kbhl^2 \quad (\text{cm}^3)$$

式中：K——系数，$K = 3.86 + 0.81d$，其中 d 为满载吃水，m；当 $d < 1.0\text{m}$ 时，取 $d = 1.0\text{m}$；

h——按式(10-20)的规定确定；

b——甲板纵桁支承面积的平均宽度，m；

l——纵桁跨距，取支柱（舱壁）与支柱（舱壁）之间的距离，m。

甲板纵桁腹板在横梁穿过处的剩余高度应不小于腹板高度的 0.6 倍，否则开口处的剖面模数应满足式(10-22)的要求。

顶篷甲板纵桁的上面如无钢质甲板时须设钢质牵条板，其厚度应不小于2.5mm；宽度应不小于150mm，包括牵条板在内的剖面模数应不小于式(10-22)的规定。

纵骨架式的甲板纵桁剖面尺寸与纵骨架式强横梁相同。

甲板纵桁跨距中若有支柱等传递的集中载荷时，其剖面尺寸应用强度计算方法确定。

甲板纵桁兼作舱口围板时，其舱口甲板纵桁的剖面模数 W 应不小于按下式计算所得之值：

$$W = K\left(ch\frac{b_2}{2} + h_1\frac{b_1}{2}\right)l^2 \quad (\text{cm}^3) \tag{10-24}$$

式中：K——系数，当舱口四角设有支柱时，取 $K=5$；当舱口四角不设支柱而由端横梁支承时取 $K=5.8$；

c、h——按式(10-20)的规定取；

h_1——舱口盖上的计算水柱高度，m，钢质取0.25，其他取0.15；若舱盖上载货时，则取货物重量的相当水柱高度；

b_1——舱口宽度，m；

b_2——舱口一侧甲板宽度，m；

l——舱口甲板纵桁计算跨距，m，当舱口四角设有支柱时，取支柱中心之间或支柱与横舱壁之间的距离之大者；当仅在舱口端横梁中点设支柱时，取舱口端横梁之间的距离。

舱口纵桁的剖面惯性矩 I 要满足式(10-23)的要求。

4. 强横梁

甲板应设置强横梁。强力甲板的强横梁间距应不大于2.5m，且应与强肋骨(或主肋骨)、实肋板在同一平面内。

强力甲板(或干舷甲板)强横梁的剖面模数 W 应不小于按下式计算所得之值，其剖面尺寸尚应不小于甲板纵桁的剖面尺寸：

$$W = 8cShl^2 \quad (\text{cm}^3) \tag{10-25}$$

式中：c、h——按式(10-20)的规定取；

S——强横梁间距，m；

l——强横梁跨距，按计算跨距的规定确定，m。

强横梁腹板在纵骨通过处的剩余高度应不小于腹板高度的0.6倍，否则开口处的剖面模数应满足上式要求。

电缆和管系如要在强横梁和甲板纵桁腹板上穿过时，其开孔高度不应超过纵桁腹板高度的25%，开孔宽度不应超过骨材间距的60%，开孔边缘距梁端距离不应小于该梁跨距的25%，至构件面板的距离应不小于其腹板高度的50%；否则应予以补强。

横骨架式强横梁的剖面尺寸取甲板纵桁相同。

强横梁跨距中有支柱传递的集中载荷时，其剖面尺寸应用强度计算方法确定。

5. 舱口端横梁

舱口端横梁的剖面模数 W 应不小于按下式计算所得之值：

$$W = 0.8Pl \quad (\text{cm}^3) \tag{10-26}$$

式中：l——舱口端横梁计算跨距，m，取支柱中心之间或支柱与舷侧之间的距离之大者；

P——相当负荷，kN，按下面的方法确定。

(1)当舱口四角设有支柱时：

$$P=9.8chF$$

(2)仅在舱口端横梁中点设有支柱时：

①纵骨架式：如图 10-56a)所示。

$$P=9.8[ch(F_3+F_4+KF_2)+Kh_1F_1]$$

②横骨架式：如图 10-56b)所示。

$$P=9.8K[ch(F_5+F_2)+h_1F_1]$$

(3)仅在舱口端横梁中点设有支柱且设置悬臂梁时：如图 10-56c)所示。

$$P=9.8ch(F_0+F_6)$$

式中：K——系数，按表 10-14 选取；

c、h——按式(10-20)的规定取；

h_1——舱盖计算水柱高，按式(10-24)的规定取；

F——支承面积，m^2，取舱口端横梁与横舱壁(或相邻强横梁)间面积之半；

F_0、F_1、F_2、F_3、F_4、F_5、F_6——各支承面积，m^2，见图 10-56。

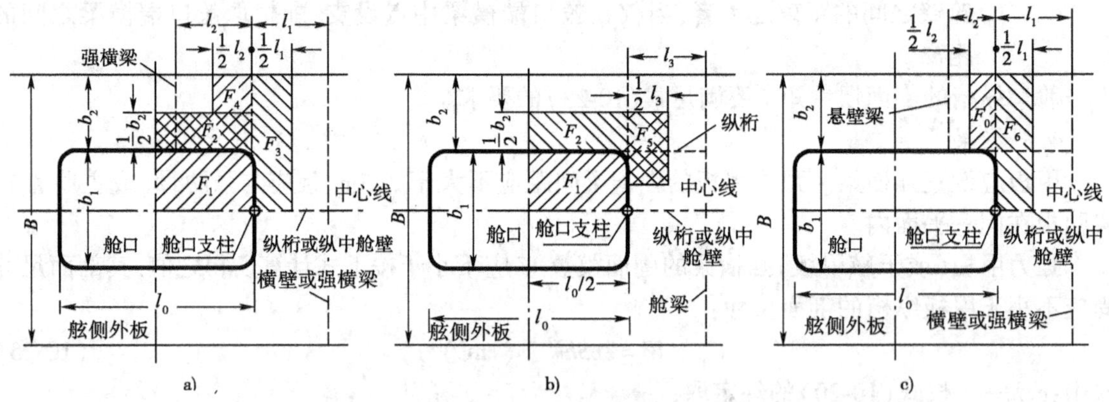

图 10-56 支承面积

K 值 选 取 表 10-14

甲板舱口纵桁距中剖面的距离	K 值	甲板舱口纵桁距中剖面的距离	K 值
0.80l	0.77	0.33l	1.48
0.75l	0.97	0.25l	1.32
0.66l	1.19	0.20l	1.16
0.50l	1.5		

舱口端横梁的剖面惯性矩 I 应不小于按下式计算所得之值：

$$I=3Wl \quad (cm^4)$$

式中：W——按式(10-26)计算所得之值；

l——同式(10-26)。

6. 舷伸甲板骨架

(1)强力甲板(或干舷甲板)两舷可设置如图 10-11 所示的作为通道使用的舷伸甲板。舷

伸甲板的舷伸梁间距应不大于2.5m,其所在的舷侧处应设置强肋骨。舷伸甲板下应设置纵骨或在舷伸梁之间设置横梁,其尺寸与强力甲板(或干舷甲板)的纵骨或横梁相同。

(2)舷伸甲板的宽度 b 一般应不大于 $0.1B$ 且不大于2.0m。舷伸梁在舷侧连接处的腹板高度应不小于舷伸甲板宽度的1/3,其厚度应不小于上述高度的1/100,但不小于3mm,如图10-11所示。

(3)底封板的厚度应不小于舷侧外板厚度的0.8倍。

(4)舷伸梁的底角应开有流水孔。每舷应适当布置泄水孔,并配有不锈材料制成的水密栓塞。

(5)舷伸梁的腹板可以开圆形减轻孔,且开孔直径应不大于该处腹板高度的0.5倍。

7.局部加强

在设置甲板机械,舾装设备的部位,应视具体情况加设强横梁,短纵桁或支柱等。

甲板纵向构件不应突然中断。强力甲板骨架由一种形式过渡到另一种形式时,应采用增设肘板或延续构件等方法相互延伸2个或交错4个肋距。

8.悬臂梁

下述所指的悬臂梁,是从舷边延伸至其所支持的舱口甲板纵桁的甲板强横梁,并假设悬臂梁均匀布置,舱口纵桁受悬臂梁支持,甲板及舱口盖承受均匀负荷。

悬臂梁面板与强肋骨面板内缘相交处为悬臂梁及支承强肋骨的计算剖面,如图10-57所示。

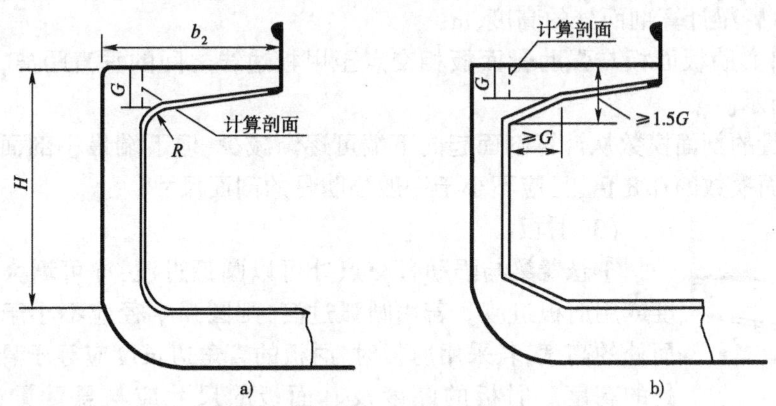

图10-57 悬臂梁

如舱口甲板纵桁由舱口端横梁和悬臂梁共同支承,舱口甲板纵桁的甲板下部分可与其他纵桁尺寸相同;甲板以上舱口围板应符合干货船舱口的规定。

(1)悬臂梁。悬臂梁的间距应不大于2.5m。

悬臂梁的剖面模数 W 应不小于按下式计算所得之值:

$$W = 5.5hsb_2^2 + 28.5b_2l_0\left(\frac{b_1h_1 + b_2h - 0.144\dfrac{I}{l_0^3}}{n+1}\right) \quad (\text{cm}^3) \tag{10-27}$$

式中:h——甲板计算水柱高,按式(10-20)规定取;

h_1——舱盖计算水柱高,按式(10-24)的规定取;

s——悬臂梁间距,m;

n——悬臂梁根数；

b_1——舱口宽度，m；

b_2——甲板一侧舱口长度，m；

l_0——舱口长度，m；

I——舱口甲板纵桁的剖面惯性矩，cm^4。

悬臂梁末端腹板的截面积 a 应不小于按下式计算所得之值：

$$a = \frac{0.7l_0^3(b_1h_1 + b_2h) - 0.1I}{(n+1)l_0^2} \quad (cm^2) \tag{10-28}$$

式中各参数均同式(10-27)。

悬臂梁末端腹板的高度，除应满足式(10-28)的要求外，且应不小于计算剖面处腹板高度的0.5倍。

悬臂梁上方若设置有甲板机械或其他集中载荷时，悬臂梁应作特别考虑。

(2)支承强肋骨。每根悬臂梁均应设置支承强肋骨，强肋骨的剖面模数 W 应不小于按下式计算所得之值：

$$W = W_e\left(1 - \frac{G}{H}\right) \quad (cm^3) \tag{10-29}$$

式中：W_e——悬臂梁计算剖面处的剖面模数，cm^3；

G——悬臂梁计算剖面处的高度，m；

H——自实肋板面板与强肋骨面板相交点至甲板边线之间的垂直距离，m。如图10-57所示。

支承强肋骨的剖面模数从计算剖面起向下端可逐渐减少，但下端最小剖面模数应不小于计算剖面处剖面模数的0.8倍，且应不小于一般强肋骨的剖面尺寸。

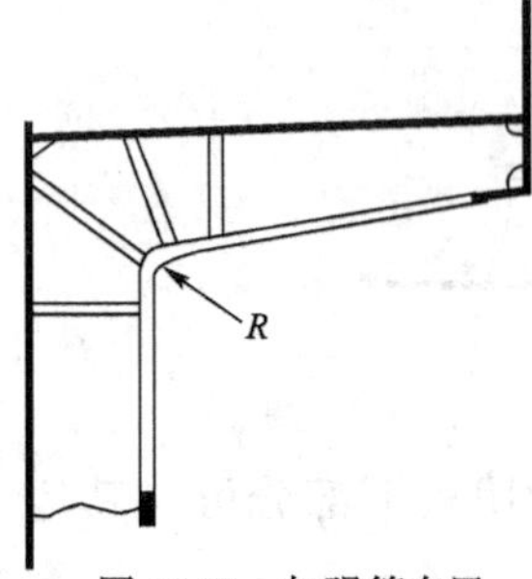

图10-58　加强筋布置

(3)肘板：

①悬臂梁与强肋骨交点处可以圆弧过渡，亦可增大悬臂梁腹板高度或用肘板过渡。若用圆弧过渡，则圆弧半径应不小于悬臂梁计算剖面处的高度；若采用肘板时，肘板的直角边长度应等于悬臂梁计算剖面处的高度。肘板的厚度及其面板的尺寸应与悬臂梁的腹板和面板相同。

②在悬臂梁和强肋骨的交接范围内的腹板上应设置适当数量的防倾肘板或加强筋，如图10-58所示。

二、大舱口船的补充规定

1. 强横梁

(1)开口线外侧甲板在设置强肋骨的肋位上应设置强横梁，强横梁的间距应不大于2.6m。

(2)双舷侧结构和单舷侧结构大舱口船开口线外侧的甲板强横梁的剖面模数，应不小于舷侧强肋骨的剖面模数。

(3)当设有舱口盖时，单舷侧(无顶部抗扭箱)结构的开口线外侧甲板强横梁尚应满足悬臂梁的规定。

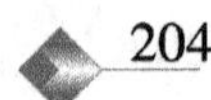

2. 横梁

双舷侧结构和单舷侧结构的开口线外侧甲板横梁应与舷侧肋骨尺寸相同。

3. 甲板纵桁

大舱口开口线外侧的甲板纵桁尺寸应与强横梁相同。

4. 纵骨

开口线外侧甲板纵骨的剖面模数应不小于按下式计算所得之值：

$$W = KcsL \quad (\mathrm{cm}^3)$$

式中：K——系数，$K=(650-11L+0.1L^2)\times10^{-3}$；

c——按式(10-20)的规定；

s——纵骨间距，m；

L——船长，m。

开口线外侧甲板纵骨的剖面惯性矩 I 应不小于按下式计算所得之值：

$$I = 1.1(C_w W^{2/3} + f)l^2 \quad (\mathrm{cm}^4)$$

式中：W——按纵骨计算所得的剖面模数，cm^3；

f——纵骨带板剖面积，cm^2；

l——纵骨跨距，m，取强横梁间距；

C_w——系数，角钢取 $C_w=0.73$，球扁钢取 $C_w=0.66$。

例 10-7　长江 100 客交通艇，单底、单甲板横骨架式结构，航行于 A 级航区，主要尺度为 $L\times B\times D\times d=34\times6.8\times3\times2.1\mathrm{m}$，肋骨间距为 $s=500\mathrm{mm}$。试确定该船甲板骨架构件尺寸。

解　(1)强力甲板骨架。

①甲板横梁：

根据式(10-20)，横梁剖面模数为：

$$W \geqslant 5cshl^2 \quad (\mathrm{cm}^3)$$

该船航行于 A 级航区，因此取系数 $c=1.45$，甲板计算水柱高取 $h=0.5$，横梁跨距 $l=1.9\mathrm{m}$，将各已知值代入上式得：

$$W \geqslant 5\times1.45\times0.5\times0.5\times1.9^2 = 6.54(\mathrm{cm}^3)$$

横梁剖面惯性矩为：

$$I \geqslant 3Wl = 3\times6.54\times1.9 = 37.28(\mathrm{cm}^4)$$

实取该船甲板横梁为不等边角钢 L50×32×4，其带板剖面模数为 $W=9.3\mathrm{cm}^3>6.54\mathrm{cm}^3$，剖面惯性矩为 $I=45.2\mathrm{cm}^4>37.28\mathrm{cm}^4$，满足要求。

②甲板纵桁：

根据式(10-22)，甲板纵桁的剖面模数为：

$$W \geqslant Kcbhl^2 \quad (\mathrm{cm}^3)$$

该船系数 $K=0.03L+4.8=0.03\times34+4.8=5.82$，$c=1.45$，$h=0.5$，甲板纵桁支承的面积平均宽度 $b=1.5\mathrm{m}$，纵桁跨距为 $l=4.3\mathrm{m}$。

将各已知值代入上式得：

$$W = 5.82\times1.45\times1.5\times0.5\times4.3^2 = 117.03(\mathrm{cm}^3)$$

根据式(10-23)，甲板纵桁的剖面惯性矩为：

$$I \geqslant 2.75Wl = 2.75 \times 117.03 \times 4.3 = 1383.9(\text{cm}^4)$$

考虑到该船实际情况，经组合型材剖面设计，实取甲板纵桁为组合 T 型材 $\perp\frac{5\times180}{7\times70}$。该型材连带板(带板宽为 $l/6=717\text{mm}$，带板厚 $t=5\text{mm}$)的剖面模数为 $W=125.13\text{cm}^3>117.03\text{cm}^3$，剖面惯性矩为 $I=1943\text{cm}^4>1383.9\text{cm}^4$，满足要求。

③甲板强横梁：

甲板强横梁与甲板纵桁一样，取组合 T 型材 $\perp\frac{5\times180}{7\times70}$。

(2)驾驶甲板骨架。

①甲板横梁：

根据式(10-20)，甲板横梁剖面模数为：

$$W \geqslant 5cshl^2 \quad (\text{cm}^3)$$

对于驾驶甲板，系数 $c=1$，计算水柱高 $h=0.35\text{m}$，$S=0.5\text{m}$，横梁跨距 $l=1.9\text{m}$，代入上式得：

$$W \geqslant 5\times1\times0.5\times0.35\times1.9^2 = 3.16(\text{cm}^3)$$

横梁剖面惯性矩为：

$$I \geqslant 3Wl = 3\times3.16\times1.9 = 18.01(\text{cm}^4)$$

实取驾驶甲板横梁为不等边角钢 L45×28×4，其带板剖面模数为 $W=7.1\text{cm}^3>3.16\text{cm}^3$，剖面惯性矩为 $I=30\text{cm}^4>18.01\text{cm}^4$，满足要求。

②甲板纵桁：

根据式(10-22)，甲板纵桁剖面模数为：

$$W \geqslant Kcbhl^2 \quad (\text{cm}^3)$$

对于驾驶甲板，$K=5.7$，$c=1$，$h=0.35\text{m}$，$b=1.65\text{m}$，$l=4.0\text{m}$，代入上式得：

$$W \geqslant 5.7\times1\times1.65\times0.35\times4^2 = 52.67(\text{cm}^3)$$

根据式(10-23)，甲板纵桁剖面惯性矩为：

$$I \geqslant 2.75Wl = 2.75\times52.67\times4 = 579.37(\text{cm}^4)$$

实取驾驶甲板纵桁为组合 T 型材 $\perp\frac{4\times150}{6\times60}$，其剖面模数为 $W=82.5\text{cm}^3>52.67\text{cm}^3$，剖面惯性矩 $I=1046.4\text{cm}^4>579.37\text{cm}^4$，满足要求。

③甲板强横梁：

甲板强横梁与甲板纵桁相同，取组合 T 型材 $\perp\frac{4\times150}{6\times60}$。

(3)顶篷甲板骨架。

①甲板横梁：

根据式(10-20)，甲板横梁剖面模数为：

$$W \geqslant 5cShl^2 \quad (\text{cm}^3)$$

对于顶篷甲板，$c=1$，$h=0.2\text{m}$，$S=0.5\text{m}$，$l=1.9\text{m}$，代入上式得：

$$W \geqslant 5\times1\times0.5\times0.2\times1.9^2 = 1.81(\text{cm}^3)$$

横梁剖面惯性矩为：

$$I \geqslant 3Wl = 3 \times 1.81 \times 1.9 = 10.32(\text{cm}^4)$$

实取顶篷甲板横梁为不等边角钢 L40×25×3，其带板剖面模数 $W = 4.34\text{cm}^3 > 1.81\text{cm}^3$，剖面惯性矩 $I = 16.64\text{cm}^4 > 10.32\text{cm}^4$，满足要求。

②甲板纵桁：

根据式(10-22)，甲板纵桁的剖面模数为：

$$W \geqslant Kcbhl^2 \quad (\text{cm}^3)$$

对于顶篷甲板，$K = 5.7, c = 1, h = 0.2\text{m}, b = 1.65\text{m}, l = 3\text{m}$，代入上式得：

$$W \geqslant 5.7 \times 1.65 \times 0.3 \times 3^2 = 25.39(\text{cm}^3)$$

根据式(10-23)，甲板纵桁的剖面惯性矩为：

$$I \geqslant 2.75Wl = 2.75 \times 25.39 \times 3 = 209.47(\text{cm}^4)$$

实取顶篷甲板纵桁为组合 T 型材 $\perp \dfrac{4 \times 100}{5 \times 40}$，其剖面模数为 $W = 32.52\text{cm}^3 > 25.39\text{cm}^3$，剖面惯性矩 $I = 274.12\text{cm}^4 > 209.47\text{cm}^4$ 满足要求。

第八节　舱　　壁

一、一般要求

(1)船长大于 30m 的船舶，在船首应设置一道水密舱壁，其位置一般在距首垂线(0.05～0.1)L 范围内，舱壁的高度应延伸至干舷甲板或首升高甲板。

船长小于或等于 30m 的船舶的防撞舱壁距首垂线的距离应不大于 3.0m。

在尾部也应设置一道水密舱壁，其高度应延伸至干舷甲板或尾升高甲板。

(2)船长大于 30m 的船舶的机舱前后舱壁以及船长小于或等于 30m 的船舶的机舱前舱壁应为水密舱壁。

(3)除大舱口船外，强力甲板下横向舱壁的间距应不大于下式计算所得之值：

$$l = K_l D_l \quad (\text{m}) \tag{10-30}$$

式中：K_l——系数，$K_l = 5.93 - 0.94\left(\dfrac{L}{B}\right) + 0.164\left(\dfrac{L}{B}\right)^2$，当 $K_l > 6$ 时，取 $K_l = 6$；

D_l——在船长中点处沿舷侧自平板龙骨上表面量至强力甲板下表面的垂直距离，m；

L——船长，m；

B——船宽，m。

若不能满足此项要求时，应在两舱壁之间增设符合规范规定的双向横桁架。

(4)防撞舱壁上禁止开门或人孔。其余水密舱壁上一般不应开门或人孔，如必须开时，应经船级社同意，并应保证水密。

A、B 级航区客船及 J 级航段的船舶，不应在水密舱壁上开门；若设有双层底或符合规范规

定的轴隧时,可在机舱后舱壁上开设水密门。

电缆、舵链、车钟链等穿过舱壁时,应沿干舷甲板下表面敷设。

(5)燃油舱与淡水舱、食物舱之间应设隔离舱。压载水舱可以代替隔离舱。深油舱与干货舱相邻的舱壁上不应开孔,有加热设备的燃油舱和干货舱相邻的舱壁,应在货舱的一侧采取适当的隔热措施。

(6)舱壁扶强材、桁材应尽量与甲板、船底、舷侧等部位的骨材相连接。

(7)客船干舷甲板下的水密横舱壁以及货船为满足破损稳性所设置的水密舱壁,其结构应满足本节对深舱舱壁的要求。

二、平面水密舱壁板

(1)平面水密舱壁底列板厚度应不小于按下式计算所得之值:

$$t = Ks\sqrt{h} + c \quad (\text{mm}) \tag{10-31}$$

式中:K、c——系数,按表 10-15 选取;

s——扶强材间距,m;

h——由舱壁下缘量至舱壁顶端(深舱舱壁另加 0.5m)或量至溢流管顶端的垂直距离,m,取大者,但应不小于 2.0m。

K、c 的 取 值 表 10-15

舱壁种类	防撞舱壁	干货舱壁	深舱舱壁
K	4.0	3.2	4.2
c	0.5	0	1.0

底列板以上各列板的厚度可逐渐递减,但顶列板的厚度应不小于底列板厚度的 0.8 倍且不小于 3.0mm。

(2)污水沟、污水井处的舱壁板应局部增厚。尾轴通过处的舱壁板应局部增厚 50%。

(3)平面纵舱壁的厚度应符合式(10-31)的规定。

三、平面舱壁扶强材

(1)平面舱壁扶强材一般应竖向布置。

(2)平面舱壁扶强材的剖面模数 W 应不小于按下式计算所得之值:

$$W = Kshl^2 \quad (\text{cm}^3) \tag{10-32}$$

式中:K——系数,按表 10-16 选取;

s——扶强材间距,m,防撞舱壁和深舱舱壁扶强材间距应不大于 650mm,干货舱舱壁扶强材间距应不大于 750mm;

h——自扶强材跨距中点量至舱壁顶缘(深舱舱壁加 0.5m)或量至溢流管顶端的垂直距离,取大者,m,但应不小于 2.0m;

l——扶强材的跨距,m,取包括肘板在内的扶强材长度。若设有与扶强材垂直的桁材时,取桁材至扶强材端部或桁材之间的距离。

K 的 取 值　　表 10-16

扶强材种类	固定情况	K 值		
		防撞舱壁	干货舱舱壁	深舱舱壁
垂直扶强材	两端有肘板	4.0	3.0	5.0
	一端有肘板	4.8	3.6	6.0
	两端无肘板	5.35	4.0	6.6
水平扶强材		—	3.8	3.8

(3)平面纵舱壁扶强材的剖面模数 W 应符合式(10-32)的规定。

(4)支持甲板纵桁的垂直桁(或扶强材)连同带板(带板宽度取垂直桁最小间距的0.5倍)的剖面积应符合规范的规定。

四、垂直桁和水平桁

(1)平面舱壁应设置垂直桁。横舱壁应在甲板纵桁(或底龙骨)平面内设置垂直桁,纵舱壁应在强肋骨(或强横梁)平面内设置垂直桁。

(2)垂直桁的剖面模数 W 应不小于按下式计算所得之值:

$$W = Kbhl^2 \quad (\mathrm{cm}^3)$$

式中:K——系数,按表 10-17 选取;

b——垂直桁的支撑宽度,m,即垂直桁间距中点之间或垂直桁间距中点与舷边(或纵舱壁)间距中点的距离,如图 10-59 所示;

h——由垂直桁中点量至舱壁顶缘(深舱舱壁加 0.5m)或量至溢流管顶端的垂直距离,m,取大者,但应不小于 2.0m;

l——垂直桁跨距,m,按构件计算跨距的规定确定。

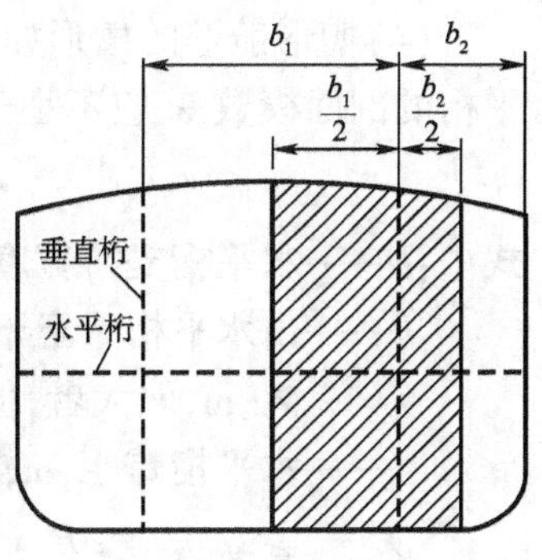

图 10-59　平面舱壁设置垂直桁

K 的 取 值　　表 10-17

舱壁种类	防撞舱壁	干货舱舱壁	深舱舱壁
K	4.6	4.0	5.0

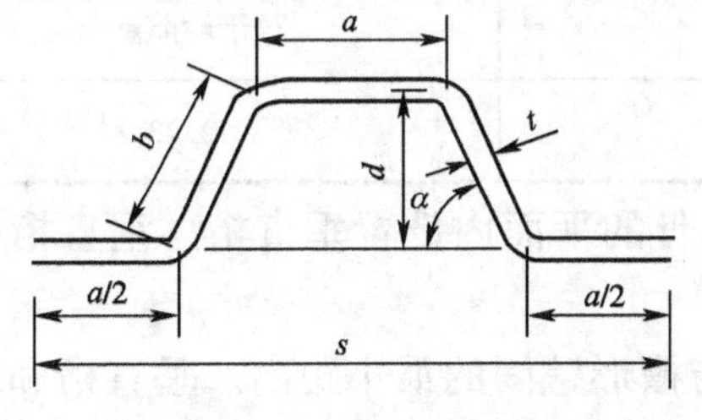

图 10-60　对称槽形舱壁

s-槽形全宽,mm;a-槽形平面部分宽度,mm;b-槽形斜面部分宽度,mm;d-槽形深度,mm;α-槽形斜面部分与平面部分的夹角,应不小于 40°;t-舱壁厚度,mm

(3)若船舶需要增加水平方向的抗挤压强度,可在平面水密舱壁上设置水平桁。水平桁的剖面尺寸应与垂直桁的剖面尺寸相同。

五、对称槽形舱壁

(1)允许用对称槽形舱壁代替平面舱壁。

(2)槽形各部尺度的代号如图 10-60 所示。

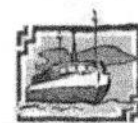

(3)槽形舱壁厚度 t 应不小于按下列两式计算所得之值：

$$t=\frac{Kshl^2}{\left(a+\frac{b}{3}\right)d}\quad(\text{mm}),t=\frac{a}{85}\quad(\text{mm});$$

式中：a、s、b、t、d——按对称槽形舱壁的规定；

K——系数，按表 10-18 选取；

l——槽形跨距，m；

h——若槽形垂直布置由跨距中点（槽形水平布置由槽形中心线）量至舱壁顶端（深舱舱壁加 0.5m）或量至溢流管顶端的垂直距离，m，取大者，但应不小于 2.0m。

K 的 取 值 表 10-18

舱壁种类	防撞舱壁	干舱舱壁	深舱舱壁
K	4.8	3.6	6.0

(4)槽形舱壁的槽形如垂直布置时应设置一道水平桁，以保证船体的横向挤压强度。水平桁的剖面模数 W 应不小于按下式计算所得之值：

$$W=Kbhl^2\quad(\text{cm}^3)$$

式中：b——水平桁支持宽度，m，即水平桁与舱底、舱顶间距中点之间的距离；

h——由水平桁量至干舷甲板上方（深舱舱壁另加 0.5m）或量至溢流管顶端的垂直距离，m，取大者，但应不小于 2.0m；

l——水平桁跨距，m，按跨距点的规定确定；

K——系数，$K=c\dfrac{H}{b_1}$。

其中：c——系数，按表 10-19 选取；

H——舱壁深度，m；

b_1——舱壁宽度，m。

c 的 取 值 表 10-19

舱壁种类	防撞舱壁	干舱舱壁
c	3.33	2.73

(5)槽形舱壁的槽形如水平布置，应在每个强肋骨的平面内设置垂直桁。垂直桁的剖面尺寸应与平面纵舱壁的垂直桁相同。

(6)垂直桁和水平桁的腹板计算高度取其板面与槽形壁间的最小距离。垂直桁和水平桁腹板的一侧应设有肘板，肘板间距应为槽形的全宽。肘板的一边和桁材面板焊接，另一边的宽度应不小于腹板高度的一半，肘板厚度与桁材腹板厚度相同。

(7)槽形舱壁如不设置桁材应经本社同意。

(8)允许采用与对称槽形舱壁等强度的其他形式的槽形舱壁。

六、平面制荡舱壁

(1)制荡舱壁应尽量设计成对其他构件不起有效支持作用,以便减轻制荡舱壁的结构重量。否则应按平面纵舱壁的有关要求设计。

(2)制荡舱壁的厚度应不小于2.5mm。

(3)制荡舱壁扶强材的剖面模数应不小于相应平面纵舱壁扶强材剖面模数的50%。

七、防撞边舱

(1)防撞边舱是由纵侧壁板、顶板(或干舷甲板)及舷侧外板构成的水密舱,如图10-61所示。防撞边舱应尽可能自首防撞舱壁至艉尖舱舱壁间连续布置。防撞边舱内应设置水密横隔板(或横舱壁),其间距应不大于船长的0.15倍。船宽与1/2吃水处的水线宽度之差值大于或等于900mm的尾部区域可免设防撞边舱。

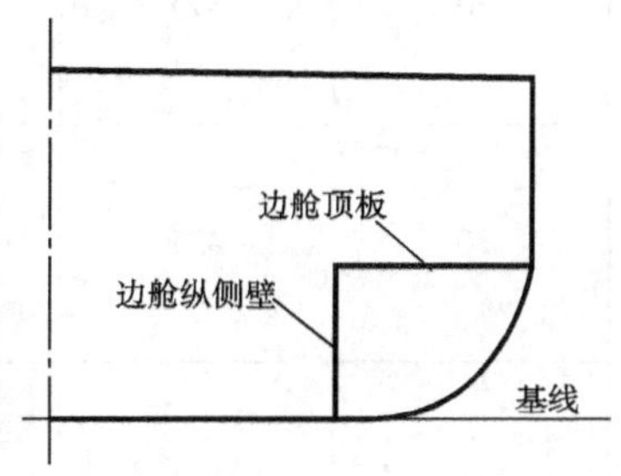

图10-61 防撞边舱

(2)防撞边舱的纵侧壁应尽可能与中纵剖面平行,其与顶板的交线距舷侧外板的水平距离应不小于760mm,但也不大于船宽的0.25倍。

(3)防撞边舱的顶板应尽可能水平布置并盖没舭部,其与纵侧壁的交线距船底板的垂向高度应不小于满载吃水的0.3倍或700mm之大者。

(4)防撞边舱纵侧舱壁和顶板的结构应符合本节二、三、四对防撞舱壁的规定。

第九节 上层建筑及甲板室

一、上层建筑不参与总纵弯曲

1.上层建筑

(1)上层建筑端部甲板下面应设置舱壁、支柱或其他等效强力构件以支持上层建筑。

(2)上层建筑横向构件应和船舶主体横向构件安装在同一平面内。上层建筑围壁扶强材的设置应与甲板横梁或甲板纵骨对齐,围壁扶强材的上端应用肘板与甲板横梁或甲板纵骨连接,下端可削斜或与甲板焊接。

(3)上层建筑或甲板室的外壁板厚度应不小于2mm,内壁板厚度可减薄0.5mm。

(4)上层建筑的围壁扶强材的剖面模数W应不小于按下式计算所得之值:

$$W = 3sl^2 \quad (\mathrm{cm}^3) \tag{10-33}$$

式中:s——扶强材间距,m;

l——扶强材跨距,m。

上层建筑内壁扶强材剖面模数W,应不小于按上式计算所得之值的0.8倍。

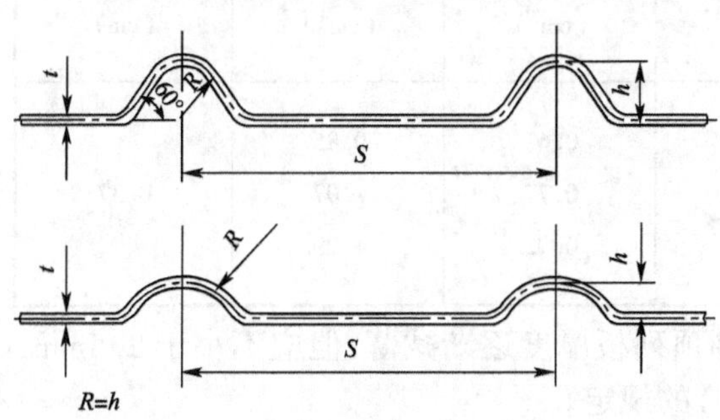

图10-62 上层建筑的围壁及内壁

(5)最上一层上层建筑的围壁及内壁允许采用如图10-62所示的三角形剖面或半圆形剖

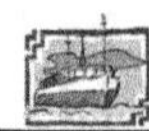

面的压筋板。压筋板要素按表 10-20a)、b)选取。

三角压筋板剖面要素表　　表 10-20a)

压筋高度 h (mm)	压筋轴线间距 s (mm)	顶圆半径 R (mm)	板厚 t (mm)	最大剖面模数 W (cm^3)	惯性矩 I (cm^4)	惯性半径 r (cm)
30	390	15	2 3 4	2.11 3.18 4.22	5.10 7.67 10.17	0.77
30	435	15	2 3 4	2.13 3.21 4.26	5.25 7.90 10.50	0.75
30	470	15	2 3 4	2.14 3.22 4.28	5.34 8.02 10.65	0.73
40	320	15	2 3 4	3.08 4.62 6.18	9.30 13.95 18.65	1.12
40	370	15	2 3 4	3.12 4.68 6.26	9.75 14.60 19.55	1.08
40	400	15	2 3 4	3.14 4.72 6.30	9.90 14.90 19.90	1.05

半圆压筋板剖面要素表　　表 10-20b)

压筋高度 h (mm)	压筋轴线间距 s (mm)	顶圆半径 R (mm)	板厚 t (mm)	最大剖面模数 W (cm^3)	惯性矩 I (cm^4)	惯性半径 r (cm)
15	300	15	2 2.5 3	0.62 0.77 0.92	0.85 1.07 1.29	0.37

(6)桥楼、首尾楼侧壁和端壁板厚度应由舷侧顶列板厚度逐渐减薄，但应不小于 2.5mm，侧壁和端壁扶强材的剖面模数 W 应符合式(10-34)的规定。

(7)桥楼、首尾楼端壁处的侧壁应向首尾或船中延伸至等于桥楼高度的距离，并应弧形过渡。过渡侧壁板的厚度应较侧壁板增厚 1mm。过渡侧壁板应设置垂直加强筋，其弧形边缘应

有面板或型钢。

(8)上层建筑(或甲板室)围壁在甲板强横梁和甲板纵桁处应设置强扶强材。强扶强材的剖面模数应不小于按式(10-33)计算所得之值的2倍。

2. 甲板室

(1)甲板室围壁为平壁板时,其结构要求应符合本节上层建筑的规定。

(2)最上一层甲板室的围壁及内壁允许采用压筋板,压筋板应符合本节上层建筑(5)的规定。

(3)机舱棚、货舱棚:

①机舱棚围壁和货舱棚围壁采用平壁板时,平壁板的厚度应不小于3mm。

②机舱棚围壁和货舱棚围壁扶强材剖面模数应不小于按下式计算所得之值:

$$W = 3.6sl^2 \quad (\mathrm{cm}^3) \tag{10-34}$$

式中:s——扶强材间距,m;

l——扶强材跨距,m。

③围壁扶强材兼作支柱时,应满足规范对支柱的要求。

④甲板室及机舱棚顶板承受荷重时,其横梁和纵桁的剖面模数应满足规范有关规定。

3. 升高甲板

若首尾升高甲板是组成阶梯形的强力甲板延续部分,升高甲板及其骨架应符合本章对强力甲板的规定,舱壁应延伸至升高甲板。侧壁应是舷侧外板的延续,并应弧形过渡。升高甲板端壁板厚度与甲板相同,其扶强材尺寸与横梁相同,并应设置过渡性构件,以保证构件的连续性。

二、上层建筑参与总纵弯曲(客船的补充规定)

1. 围壁

(1)参与总纵弯曲的上层建筑(甲板室)的外壁板厚度t应不小于按下式计算所得之值:

$$t = 1.6s \cdot \sqrt[3]{L} \quad (\mathrm{mm})$$

式中:L——船长,m;

s——扶强材间距,m。

外壁板厚度尚应不小于3mm。

(2)内壁板厚度可按上式计算所得厚度减少1mm。

(3)上层建筑(或甲板室)围壁应设置符合本节(一)中(4)和(8)规定的扶强材和强扶强材。

2. 甲板及其骨架

(1)上层建筑(或甲板室)甲板的骨架型式可采用横骨架式或纵骨架式。

(2)上层建筑(或甲板室)甲板应设置强横梁。强横梁间距应不大于4.8m且应与主体横向强框架在同一平面内。

(3)上层建筑(或甲板室)甲板应设置甲板纵桁,并尽可能与强力甲板纵桁在同一平面内。当上层建筑(或甲板室)甲板宽度小于6.0m时应至少设置1道甲板中纵桁;当上层建筑(或甲

板室)甲板宽度大于6.0m小于9.0m时应至少设置2道甲板纵桁;当上层建筑(或甲板室)甲板宽度大于9.0m时应至少设置3道甲板纵桁。

(4)甲板横梁、强横梁、甲板纵骨及甲板纵桁等构件尺寸应符合第七节的规定。

(5)参与总纵强度的强力甲板上最下一层上层建筑(或甲板室)甲板应为纵骨架式。甲板强横梁间距应不大于3.0m,甲板纵桁间距应不大于2.5m。

(6)参与总纵强度的强力甲板上最下一层上层建筑(甲板室)甲板的厚度t应不小于按下式计算所得之值:

$$t = 0.03L + 2.5 \quad (\text{mm}) \tag{10-35}$$

式中:L—船长,m。

航行于B、C级航区的船舶可按上式计算厚度减少0.5mm。

思考与练习 SIKAOYULIANXI

一、简答题

1. 船体结构设计的主要任务是什么?
2. 船体结构设计中要解决的矛盾是什么?
3. 船体结构规范设计法有哪些局限性?
4. 船体结构设计的一般做法是什么?
5. 在船体结构设计中,构件布置须遵循哪些原则?
6. 骨材带板的含义是什么?规范对骨材带板的宽度作了哪些规定?

二、选择题

1. 船底桁材、甲板纵桁、舱壁扶强材、支柱应尽可能布置在同一纵剖面内,以形成________。

   A. 横向框架结构　　B. 纵向框架结构

   C. 水平框架结构

2. 根据长江水系航区划分,A级航区的半波高r取________。

   A. 2.5m　　B. 1.25m

   C. 0.75m　　D. 0.25m

3. 规范对总纵强度的要求,可有下面三种表达方式:$\sigma \leqslant [\sigma]_0$,$M \leqslant M_0$,$W \geqslant W_0$,我国规范采用以________为总纵强度标准。

   A. $\sigma \leqslant [\sigma]_0$　　B. $M \leqslant M_0$

   C. $W \geqslant W_0$

4. 根据甲板分类,双甲板船的游步甲板、驾驶甲板以及顶篷甲板应该是________。

   A. 强力甲板　　B. 上层建筑甲板

   C. 舷伸甲板　　D. 干舷甲板

   E. 计算甲板

5. 横骨架式船底应在每个肋位上设置实肋板，船长小于或等于30m时，可隔一个肋位设置。这句话的含义是________。

A. 未设实肋板的肋位上应设置底肋骨

B. 未设实肋板的肋位上应设置肘板

C. 未设实肋板的肋位上应空着

6. 横梁是横骨架式甲板的主要构件，它保持横向连续，与甲板中纵桁相交时，甲板中纵桁开口让其穿过并与甲板中纵桁的腹板焊接，并在横梁的下方设置________。

A. 单面肘板　　B. 防倾肘板

C. 交叉肘板　　D. 折边肘板

三、判断题（对的打"√"，错的打"×"）

1. 保证船体结构具有足够的强度、刚度和稳定性是设计者应首先考虑的问题。也就是说构件尺寸选得越大、越坚固越好。(　　)

2. 内河中，小型船舶，尤其是船长小于50m的船舶，确定构件尺寸时，工艺因素占相当的比重，总纵强度一般都有较大的裕度，它不是主要矛盾，因此一般应采用横骨架式结构。(　　)

3. 构件的计算跨距为构件上两刚性支撑中心点间的距离。(　　)

4. 如果采用圆舭，则舭列板向两侧延伸至少超过舭部圆弧以外100mm，并应超过实肋板面板表面以上150mm。(　　)

5. 船侧顶列板高出甲板的上缘应平整；且在船中部0.4L范围内的船侧顶列板的甲板以上部分，可开设流水孔。(　　)

6. 甲板半剖面积，包括船体中部甲板中纵剖线一侧，开口线以外的甲板、甲板边板、舷伸甲板、甲板纵骨、甲板纵桁及中部连续的舱口围板等纵向连续构件的剖面积。(　　)

7. 中内龙骨在舱室内保持连续，一般在横舱壁处间断。单底船中内龙骨腹板上是允许开孔的。(　　)

8. 对船底和甲板为纵骨架式而舷侧为横骨架式的船舶，舷侧骨架则应采用交替肋骨制。(　　)

9. 在横骨架式甲板结构中，如果舷侧是采用交替肋骨制，则在与强肋骨对应的肋位上必须设置甲板强横梁（强半梁）。(　　)

四、船体中横剖面结构设计

船舶结构与强度课程设计任务书

本课程设计内容为长江中下游1000t机动驳剖面设计，该船航行长江中下游及苏北大运河。主要装载百货、粮食、化肥，同时兼装煤、黄沙等散装货物。该船是双主机型船，机型为8135ZCB-6船用柴油机，额定功率190HP，持续功率157HP。

（一）已知条件

1. 主要尺度及主要船型参数

总长	71.2m
水线长	69m
型宽	11.5m
总宽	11.55m

型深	3.8m
满载(平均)吃水	2.85m
排水量	1560t
方形系数	0.734
舯剖面系数	0.957
水线面系数	0.87
浮心纵向位置	1.2m

2. 航区:A 级航区

3. 总布置图(中部货舱口开口宽度取8.9)

(二)型船资料

参考800吨机动驳典型横剖面结构图。

(三)设计要求

1. 确定全船构架型式

2. 确定中部骨材间距

3. 确定中部货舱区结构型式及布置各构件,画出横剖面草图。

4. 按2009《钢质内河船舶建造规范》确定中部货舱区域构件的尺寸。

5. 给出中部货舱区横剖面,如果是采用横骨架式交替肋骨制,则须分别给出强肋骨肋位及普通肋骨肋位的剖面图。

6. 进行总纵强度校核。

《船舶结构与强度》课程设计指导书

在着手进行课程设计前,应详细阅读课程设计任务书,阅读有关资料及图纸,并参阅指导教师选择的型体资料。做到对所设计船舶有必要的了解。同时回顾、复习本课程所介绍的理论知识,掌握结构设计的原则及方法。只有这样才能综合分析个方面情况,确定合理的结构型式及构件尺寸。

(一)确定全船的构架型式

船体构架有纵骨架式、横骨架式和混合骨架式是三种型式。弄清构架型式和特点及使用场合。结合所设计船舶的具体情况合理选择构架型式。

在确定船体构架型式时要着重考虑如下几个因素:

1. 船舶的主要尺度尤其是船长;

2. 船舶的种类及用途;

3. 全船的布置型式。

一般情况下,船舶的构架型式在很大程度上取决与船舶的长度。长度越大,所受的总纵弯矩也越大,对总纵强度要求较高,这时可考虑纵骨架式或混合骨架式。内河大、中型船舶多数采用混合骨架式结构。内河小型船舶总纵强度不是主要矛盾,应着重考虑局部强度、建造工艺性及经济性,因此多采用横骨架式结构。

对于干货船,货舱口的大小有时也会影响骨架型式的选择。例如有些内河船,为提高装卸效率,设置长大开口货舱,舱口宽与船宽之比大至0.7~0.8。这将大大削弱船舶的总纵强度,为弥补总纵强度的损失,除将其设计成双底双舷的“双壳”结构外,还常将开口区两侧的甲板布置成纵

骨架式结构以利提高总纵强度。而将舷侧及船底布置成横骨架势结构,以弥补横向强度的不足。

所确定的船舶构架型式必须符合有关规范的要求。

参考母型船是确定船舶构架式的简捷可靠的办法。

(二)确定骨材间距

船体外板板格是外板的基本单位,其支承边界是船体骨架。当外载荷不变时,板格的大小直接影响到板的弯曲应力,而板格的大小是由骨材间距决定的。确定骨材间距的依据是等强原则、最小重量原则和工艺性。经研究,骨材间距一般在500~600mm比较适当。实用上,内河小型船肋骨间距一般取500mm,大、中型船舶取550mm,中部以外区域对局部强度要求较高的区域取略小一点,纵骨架间距可比肋骨间距大一点。有关规范已对骨材间距的取值范围作了规定,必须遵守执行。骨材间距的具体数值尚应考虑到既定的总布置方案相协调。

(三)确定中部货舱区结构型式并布置各构件

船舶中部总纵弯矩最大的部位,因此结构设计应从船体中部开始。一般可在船中$0.4L$范围内选择一定数量的具有代表性的剖面进行设计。

在已确定了全船构架型式的基础上,具体确定中部货舱区的结构型式。如舷侧是采用单一的肋骨制还是交替肋骨制?若是交替肋骨制,强肋骨间距取多少?舷侧是否设置纵桁,如何布置?甲板纵桁如何布置?采用何种形式的舱口围板?甲板下是否设置支柱?船底采用双层底结构还是单层底结构?底纵桁如何布置?内底连扳采用什么型式……对于甲板船,则还要考虑到纵、横向构架的设置及结构型式。

确定结构型式时必须全面分析已知条件,并参考母型船,确定合理的结构型式。但应注意不要被母型船框死,在有充分理由的情况下要大胆设想、推陈出新,不断改进以取得最佳设计方案。

这一步骤的终结是画出横剖面草图,有时尚须画出反映构建布置情况的中部基本结构草图,为下一步确定构件尺寸提供依据。草图上必须标明有关构件的定位尺寸。

(四)确定设计剖面构件的尺寸

《规范》给出了构件的剖面模数和惯性矩的最小公式。一般可先按满足最小剖面模数要求选定剖面形状和尺寸的一个重要依据。以此保证构件有足够的强度和刚度。除此以外,进行构件断面形状及尺寸的设计时尚须综合考虑构件加工及安装的工艺性、构件的稳定性、最小重量原则及对船舶舱室布置和舱容的影响,使构件剖面形状和尺寸比较合理。

(五)按规范要求校核总纵强度

首先画出设计船舶总纵强度计算剖面图。注意到规范规定的参与总纵强度的构件,将它们一一画入计算剖面。计算构件的静矩和惯性矩时可以构件的理论线位置为准。在设计舭列板等曲度较大的构件的静矩或惯性矩时,可采用简单的近似计算办法。将曲板分割成若干小块,将其视为平板处理。

求得设计船的剖面模数后与规范要求的值作比较,确定船舶的总纵强度是否足够。

(六)绘出设计剖面的结构图

这是课程设计的最后一步,设计结果将在图中体现出来。必须画出中部货舱普通肋位及强肋位的剖面图(习图10-1)。结构图的视向选择以尽可能清晰、简明地表达剖面结构情况为原则。

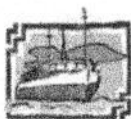

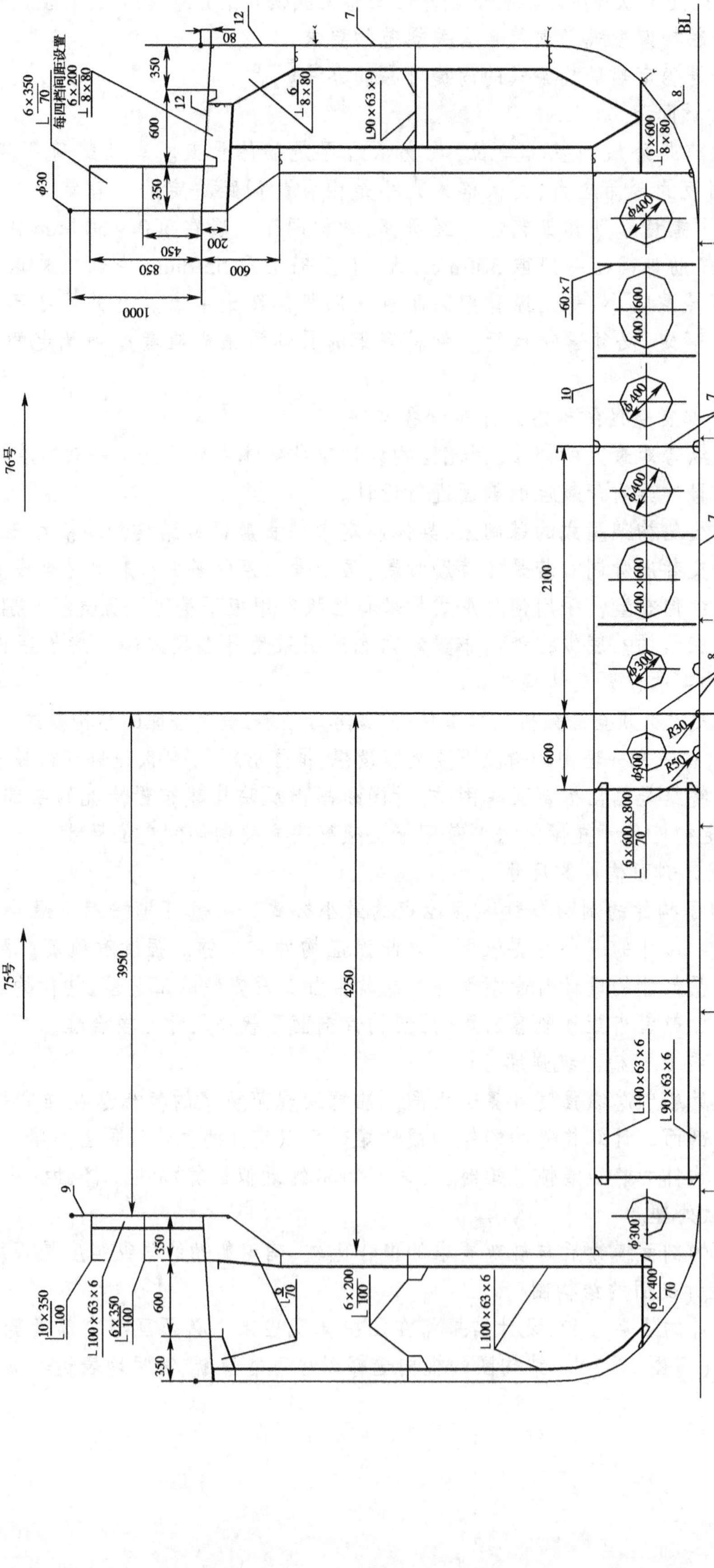

习图 10-1　800T 机动驳典型横剖面结构图

附录一　单跨梁的弯曲要素表

附表 1-1 ~ 附表 1-6 的说明：

(1)在弯曲要素表中采用的符号与单跨梁弯曲理论中相同；

(2)梁的坐标原点在左支座；

(3)在弯曲要素表的公式中，符号 $\Big\|_c$ 后的项仅用于 $x>c$ 的断面。

悬臂梁的弯曲要素表　　附表 1-1

序号	载荷形式	挠度曲线方程	梁端挠度	梁端转角
1	P	$v=\frac{Pl^3}{3EI}\left[\frac{x^2}{l^2}\left(\frac{3}{2}-\frac{x}{2l}\right)\right]$	$\frac{Pl^3}{3EI}$	$\frac{Pl^2}{2EI}$
2	m	$v=\frac{mx^2}{2EI}$	$\frac{ml^2}{2EI}$	$\frac{ml}{EI}$
3	Q	$v=\frac{Ql^3}{24EI}\frac{x^2}{l^2}\left(6-4\frac{x}{l}+\frac{x^2}{l^2}\right)$	$\frac{Ql^3}{8EI}$	$\frac{Ql^2}{6EI}$
4	Q	$v=\frac{Ql^3}{60EI}\frac{x^2}{l^2}\left(10-10\frac{x}{l}+5\frac{x^2}{l^2}-\frac{x^3}{l^3}\right)$	$\frac{Ql^3}{15EI}$	$\frac{Ql^2}{12EI}$

两端自由支持梁的弯曲要素表

附表 1-2

序号	载荷形式与弯矩剪力图	挠度曲线方程及挠度	梁端转角	弯矩	支座反力
1	P a b ⊖ ⊕ ⊖	$v=\frac{Pl^3}{6EI}\left[\frac{b}{l}\times\frac{x}{l}\left(1-\frac{b^2}{l^2}-\frac{x^2}{l^2}\right)+\Big\Vert_a\left(\frac{x-a}{l}\right)^3\right]$ $v(a)=\frac{Pa^2b^2}{3EIl}$ 当 $a=b=\frac{l}{2}$ 时 $v\left(\frac{l}{2}\right)=\frac{Pl^3}{48EI}$	$\theta_1=\frac{Pab}{6EI}\left(1+\frac{b}{l}\right)$ $\theta_2=-\frac{Pab}{6EI}\left(1+\frac{a}{l}\right)$ 当 $a=b=\frac{l}{2}$ 时 $\theta_1=-\theta_2=\frac{Pl^2}{16EI}$	$M(a)=-\frac{Pab}{l}$ 当 $a=b=\frac{l}{2}$ 时 $M\left(\frac{l}{2}\right)=-\frac{Pl}{4}$	$R_1=\frac{Pb}{l}$ $R_2=\frac{Pa}{l}$ 当 $a=b=\frac{l}{2}$ 时 $R_1=R_2=\frac{P}{2}$
2	m ⊕ ⊖	$v=-\frac{mlx}{6EI}\left(2-3\frac{x}{l}+\frac{x^2}{l^2}\right)$ $v\left(\frac{l}{2}\right)=-\frac{ml^2}{16EI}$	$\theta_1=-\frac{ml}{3EI}$ $\theta_2=\frac{ml}{6EI}$	$M=\frac{m}{l}(l-x)$	$R_1=\frac{m}{l}$ $R_2=-\frac{m}{l}$

续上表

序号	载荷形式与弯矩剪力图	挠度曲线方程及挠度	梁端转角	弯矩	支座反力
3	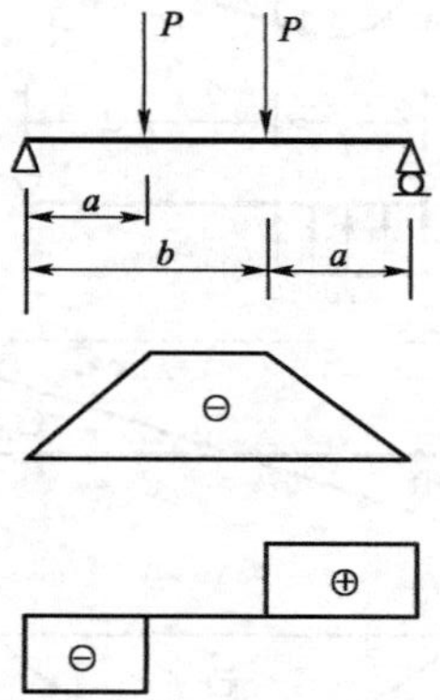	$v=\frac{Pl^3}{6EI}\left[\frac{x}{l}\left(3\frac{ab}{l^2}-\frac{x^2}{l^2}\right)+\right.$ $\left.\Big\Vert_a\left(\frac{x-a}{l}\right)^3+\Big\Vert_b\left(\frac{x-b}{l}\right)^3\right]$ $v(a)=\frac{Pa^2l}{6EI}\left(3\frac{b}{l}-\frac{a}{l}\right)$ $v\left(\frac{l}{2}\right)=\frac{Pl^3}{6EI}\left(\frac{3}{4}-\frac{a^2}{l^2}\right)$	$\theta_1=-\theta_2=\frac{Pab}{2EI}$	当 $a\leqslant x\leqslant b$ 时 $M=-Pa$	$R_1=R_2=P$
4	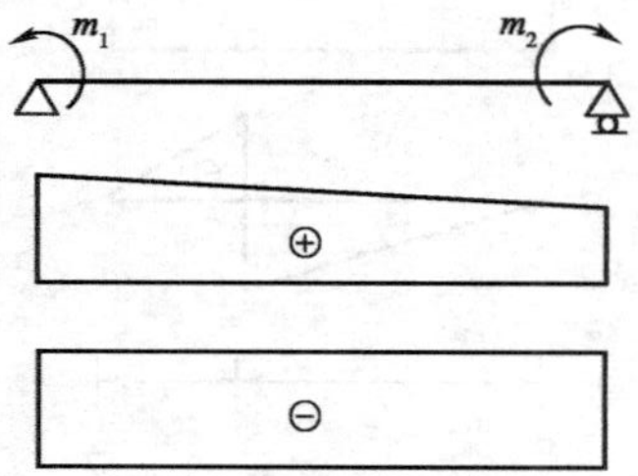	$v=-\frac{l^2}{6EI}\frac{x}{l}\left(1-\frac{x}{l}\right)\times$ $\left[m_1\left(2-\frac{x}{l}\right)+m_2\left(1+\frac{x}{l}\right)\right]$	$\theta_1=-\frac{m_1l}{3EI}-\frac{m_2l}{6EI}$ $\theta_2=\frac{m_1l}{6EI}+\frac{m_2l}{3EI}$	$M=m_1\left(1-\frac{x}{l}\right)+$ $m_2\frac{x}{l}$	$R_1=\frac{m_1-m_2}{l}$ $R_2=\frac{m_2-m_1}{l}$

续上表

序号	载荷形式与弯矩剪力图	挠度曲线方程及挠度	梁端转角	弯矩	支座反力
5	m; a; b; ⊕; ⊖; ⊖	$v=\frac{ml^2}{6EI}\left[\frac{x}{l}\left(1-3\frac{b^2}{l^2}-\frac{x^2}{l^2}\right)+\Big\|_a 3\left(\frac{x-a}{l}\right)\right]$ $v(a)=\frac{mab}{3EI}\left(\frac{a-b}{l}\right)$	$\theta_1=\frac{ml}{6EI}\left(1-\frac{3b^2}{l^2}\right)$ $\theta_2=\frac{ml}{6EI}\left(1-\frac{3a^2}{l^2}\right)$	$M=-m\left(\frac{x}{l}-\Big\|_a 1\right)$	$R_1=\frac{m}{l}$ $R_2=-\frac{m}{l}$
6	Q; ⊖; ⊖; ⊕	$v=\frac{Ql^3}{24EI}\left(\frac{x}{l}-2\frac{x^3}{l^3}+\frac{x^4}{l^4}\right)$ $v\left(\frac{l}{2}\right)=\frac{5}{384}\frac{Ql^3}{EI}$	$\theta_1=-\theta_2=\frac{Ql^2}{24EI}$	$M\left(\frac{l}{2}\right)=-\frac{Ql}{8}$	$R_1=R_2=\frac{Q}{2}$
7	Q; a; b; ⊖; ⊕; ⊖	$v=\frac{Qbl^2}{24EI}\left[\frac{x}{l}\left(1+\frac{2a}{l}-\frac{a^2}{l^2}-2\frac{x^2}{l^2}\right)+\Big\|_a\frac{(x-a)^4}{b^2l^2}\right]$	$\theta_1=\frac{Qbl}{24EI}\left(1+\frac{2a}{l}-\frac{a^2}{l^2}\right)$ $\theta_2=-\frac{Qbl}{24EI}\left(1+\frac{a}{l}\right)^2$	$M_{max}=-\frac{Ql}{8}\left(1+\frac{a}{l}\right)^2$	$R_1=\frac{Qb}{2l}$ $R_2=Q\left(1-\frac{b}{2l}\right)$

续上表

序号	载荷形式与弯矩剪力图	挠度曲线方程及挠度	梁端转角	弯矩	支座反力
8		$v=\frac{Ql^3}{180EI}\left(7\frac{x}{l}-10\frac{x^3}{l^3}+3\frac{x^5}{l^5}\right)$ 当 $x=0.519\,3l$ 时 $v_{max}=0.013\,04\frac{Ql^3}{EI}$	$\theta_1=\frac{7}{180}\frac{Ql^2}{EI}$ $\theta_2=-\frac{2}{45}\frac{Ql^2}{EI}$	当 $x=0.577\,3l$ 时 $M_{max}=0.128\,3Ql$	$R_1=\frac{Q}{3}$ $R_2=\frac{2Q}{3}$
9		$v=\frac{Ql^3}{180EI}\left[\frac{b}{l}\left(7+6\frac{a}{l}-3\frac{a^2}{l^2}-10\frac{x^2}{l^2}\right)\frac{x}{l}+\right.$ $\left.\Big\|_a 3\frac{(x-a)^5}{b^2l^3}\right]$	$\theta_1=\frac{Qbl}{180EI}\left(7+6\frac{a}{l}-3\frac{a^2}{l^2}\right)$ $\theta_2=-\frac{Qbl}{180EI}\left(8+9\frac{a}{l}+3\frac{a^2}{l^2}\right)$	$M=-\frac{Ql}{3}\left[\frac{bx}{l^2}-\right.$ $\left.\Big\|_a\frac{(x-a)^3}{b^2l}\right]$	$R_1=\frac{Qb}{3l}$ $R_2=Q\left(1-\frac{b}{3l}\right)$

一端自由支持，一端刚性固定梁的弯曲要素表

附表 1-3

序号	载荷形式与弯矩剪力图	挠度曲线方程及挠度	固定端面弯矩	右支座反力
1		$v=\frac{Pl^3}{6EI}\left\{\frac{x^2}{l^2}\left[\frac{3}{2}\frac{ab}{l^2}\left(1+\frac{b}{l}\right)-\left(1-\frac{3a^2}{2l^2}+\frac{a^3}{2l^3}\right)\frac{x}{l}\right]+\Big\|_a\left(\frac{x-a}{l}\right)^3\right\}$ 当 $a=b=\frac{l}{2}$ 时 $v\left(\frac{l}{2}\right)=\frac{7Pl^3}{768EI}$	$M_1=\frac{P}{2}\frac{ab}{l}\left(1+\frac{b}{l}\right)$ 当 $a=b=\frac{l}{2}$ 时 $M_1=\frac{3}{16}Pl$	$R_2=\frac{Pa^2}{2l^2}\left(3-\frac{a}{l}\right)$ 当 $a=b=\frac{l}{2}$ 时 $R_2=\frac{5P}{16}$
2		$v=\frac{Ql^3}{24EI}\frac{x^2}{l^2}\left(\frac{x^2}{l^2}-\frac{5x}{2l}+\frac{3}{2}\right)$ $v\left(\frac{l}{2}\right)=\frac{Ql^3}{192EI}$ 当 $x=0.579l$ 时 $v_{\max}=\frac{Ql^3}{185EI}$	$M_1=\frac{Ql}{8}$	$R_2=\frac{3}{8}Q$

续上表

序号	载荷形式与弯矩剪力图	挠度曲线方程及挠度	固定端面弯矩	右支座反力
3	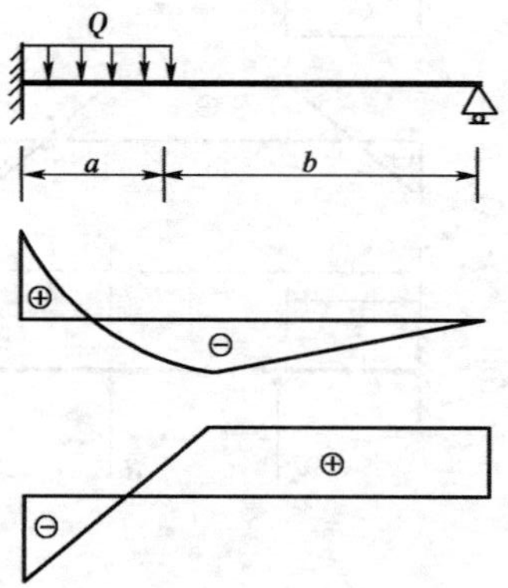 Q, a, b, ⊕, ⊖	$v=\frac{Ql^4}{24EI}\left\{\frac{x^2}{l^2}\left[\frac{a^2}{l^2}\left(6-6\frac{a}{l}+\frac{3a^2}{2l^2}\right)+\frac{x}{l}\left(\frac{x}{l}-\frac{4a}{l}+2\frac{a^3}{l^3}-\frac{a^4}{2l^4}\right)\right]-\left\|_a\left(\frac{x-a}{l}\right)^4\right\}$	$M_1=\frac{Qa^2}{8}\left(2-\frac{a}{l}\right)^2$	$R_2=\frac{Qa^3}{8l^2}\left(4-\frac{a}{l}\right)$
4	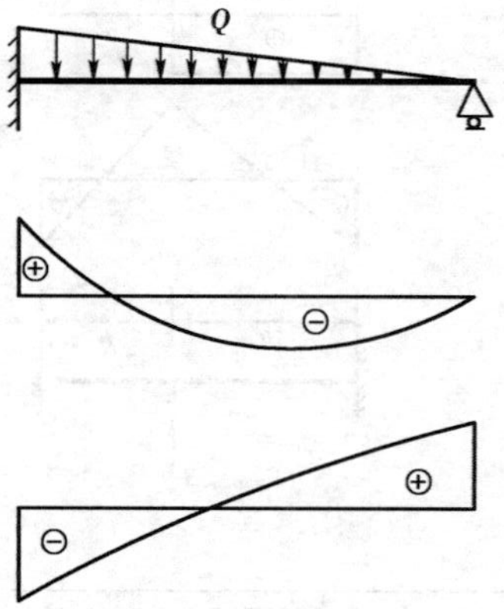 Q, ⊕, ⊖	$v=\frac{Ql^3}{60EI}\frac{x^2}{l^2}\left(4-8\frac{x}{l}+5\frac{x^2}{l^2}-\frac{x^3}{l^3}\right)$ $v\left(\frac{l}{2}\right)=\frac{Ql^3}{213.3EI}$ 当 $x=0.552l$ 时 $v_{max}=\frac{Ql^3}{209.3EI}$	$M_1=\frac{Ql}{7.5}$	$R_2=0.2Q$

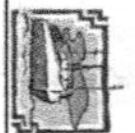

附表 1-4

两端刚性固定梁的弯曲要素表

序号	载荷形式与弯矩剪力图	挠度曲线方程及挠度	固定端面弯矩	右支座反力
1		$v=\frac{Pl^3}{6EI}\left[\frac{b^2}{l^2}\frac{x^2}{l^2}\left(\frac{3a}{l}-\frac{3a+b}{l}\frac{x}{l}\right)+\Big\|_a\left(\frac{x-a}{l}\right)^3\right]$ $v(a)=\frac{Pl^3}{3EI}\frac{a^3b^3}{l^6}$ 当 $a=b=\frac{l}{2}$ 时 $v\left(\frac{l}{2}\right)=\frac{Pl^3}{192EI}$	$M_1=\frac{ab^2}{l^2}P$ $M_2=\frac{a^2b}{l^2}P$ 当 $a=b=\frac{l}{2}$ 时 $M_1=M_2=\frac{Pl}{8}$	$R_1=\frac{b^2}{l^3}(3a+b)P$ $R_2=\frac{a^2}{l^3}(3b+a)P$ 当 $a=b=\frac{l}{2}$ 时 $R_1=R_2=\frac{P}{2}$
2		$v=\frac{Pl^3}{6EI}\left[\frac{x^2}{l^2}\left(3\frac{ab}{l^2}-\frac{x}{l}\right)+\right.$ $\left.\Big\|_a\left(\frac{x-a}{l}\right)^3+\Big\|_b\left(\frac{x-b}{l}\right)^3\right]$ $v(a)=\frac{Pl^3}{6EI}\frac{a^3}{l^3}\frac{2b-a}{l}$	$M_1=M_2=\frac{ab}{l}P$	$R_1=R_2=P$

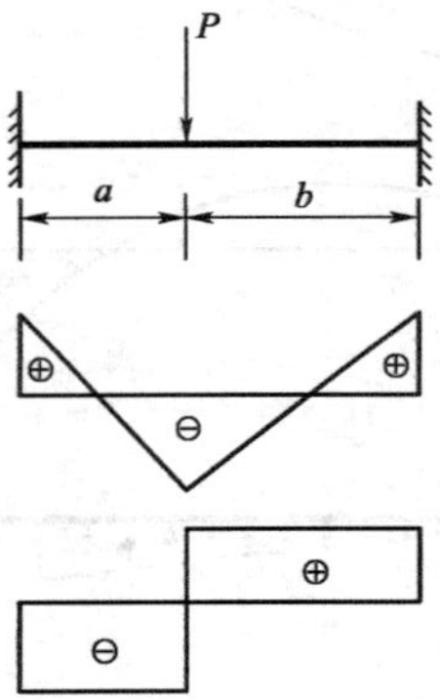

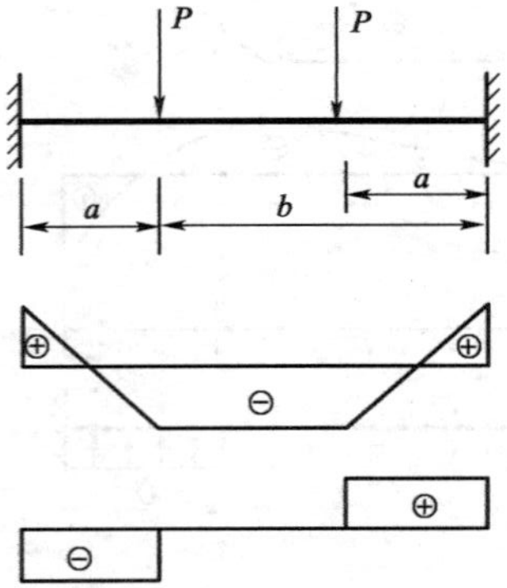

续上表

序号	载荷形式与弯矩剪力图	挠度曲线方程及挠度	固定端面弯矩	右支座反力
3	Q	$v=\frac{Ql^3}{24EI}\frac{x^2}{l^2}\left(1-2\frac{x}{l}+\frac{x^2}{l^2}\right)$ $v\left(\frac{l}{2}\right)=\frac{Ql^3}{384EI}$	$M_1=M_2=\frac{Ql}{12}$	$R_1=R_2=\frac{Q}{2}$
4	Q, a, b	$v=\frac{Ql^4}{24EI}\left\{\frac{x^2}{l^2}\left[\frac{x^2}{l^2}-\frac{2ax}{l^2}\left(2-2\frac{a^2}{l^2}+\frac{a^3}{l^3}\right)+\right.\right.$ $\left.\left.\frac{a^2}{l}\left(6-8\frac{a}{l}+3\frac{a^2}{l^2}\right)\right]-\Big\Vert_a\left(\frac{x-a}{l}\right)^4\right\}$	$M_1=\frac{Qa^2}{12}\left(6-8\frac{a}{l}+3\frac{a^2}{l^2}\right)$ $M_2=\frac{Qa^2}{12}\left(4-3\frac{a}{l}\right)\frac{a}{l}$	$R_1=\frac{Qa}{2}\left(2-2\frac{a^2}{l^2}+\frac{a^3}{l^3}\right)$ $R_2=\frac{Qa}{2}\left(2-\frac{a}{l}\right)\frac{a^2}{l^2}$

续上表

序号	载荷形式与弯矩剪力图	挠度曲线方程及挠度	固定端面弯矩	右支座反力
5	Q	$v=\frac{Ql^3}{60EI}\frac{x^2}{l^2}\left(\frac{x^3}{l^3}-3\frac{x}{l}+2\right)$ $v\left(\frac{l}{2}\right)=\frac{Ql^3}{384EI}$ 当 $x=0.525l$ 时 $v_{max}=\frac{Ql^3}{382EI}$	$M_1=\frac{Ql}{15}$ $M_2=\frac{Ql}{10}$	$R_1=0.3Q$ $R_2=0.7Q$
6	Q a b	$v=\frac{Ql^3}{60EI}\left\{\frac{b}{l}\frac{x^2}{l^2}\left[2+\frac{a}{l}-\frac{3a^2}{l^2}+\frac{x}{l}\left(2\frac{a^2}{l^2}+\frac{a}{l}-3\right)\right]+\Big\Vert_a\frac{(x-a)^5}{b^2l^3}\right\}$	$M_1=\frac{Q}{30}\frac{b^2}{l^2}(2l+3a)$ $M_2=\frac{Qb}{30}\left(10\frac{a}{l}+3\frac{b^2}{l^2}\right)$	$R_1=\frac{Q}{10}\frac{b^2}{l^2}\left(3+2\frac{a}{l}\right)$ $R_2=\frac{Q}{10}\left(10-\frac{3b^2}{l^2}-\frac{2ab^2}{l^3}\right)$

一端弹性固定,另一端弹性支座梁的固定断面弯矩　　　附表 1-5

序号	载荷形式	固定断面弯矩($A\neq0$)	固定断面弯矩($A=0$)
1	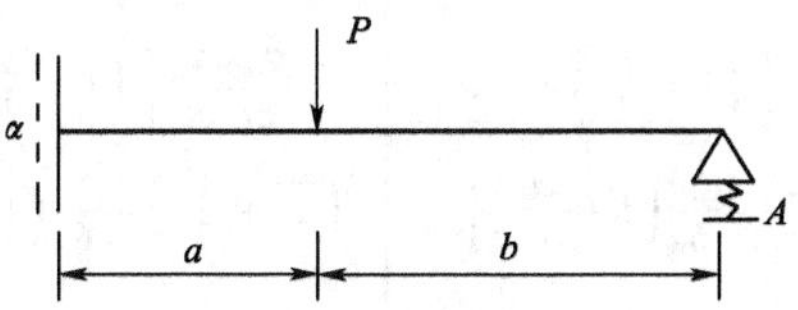 集中力 P,距固定端 a,距支座 b	$\frac{Pa}{K_A}\left[\overline{A}+\frac{b}{6l}\times\left(1+\frac{b}{l}\right)\right]$	$\frac{Pab}{2l}\frac{1}{K_0}\times\left(1+\frac{b}{l}\right)$
2	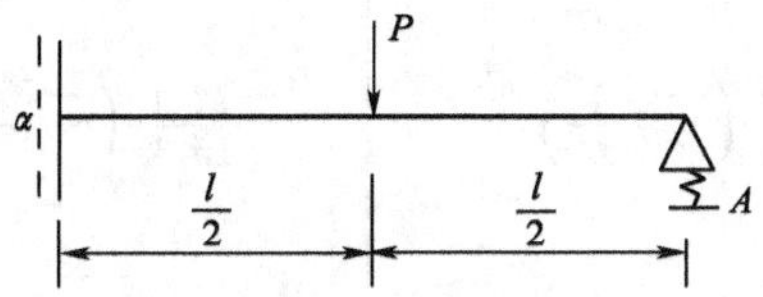 跨中集中力 P,$\frac{l}{2}$,$\frac{l}{2}$	$\frac{Pl}{2}\frac{1}{K_A}\left(\overline{A}+\frac{1}{8}\right)$	$\frac{3Pl}{16}\frac{1}{K_0}$
3	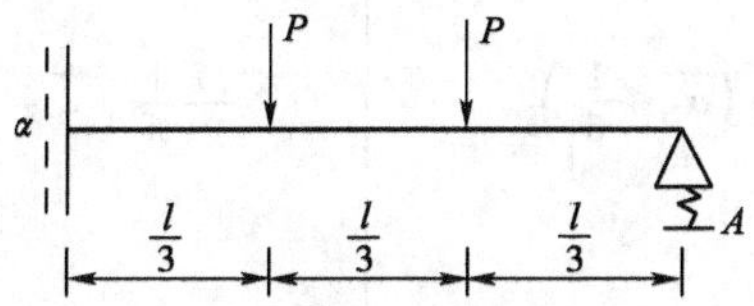 两个集中力 P,$\frac{l}{3}$,$\frac{l}{3}$,$\frac{l}{3}$	$\frac{Pl}{K_A}\left(\overline{A}+\frac{1}{9}\right)$	$\frac{Pl}{3}\frac{1}{K_0}$
4	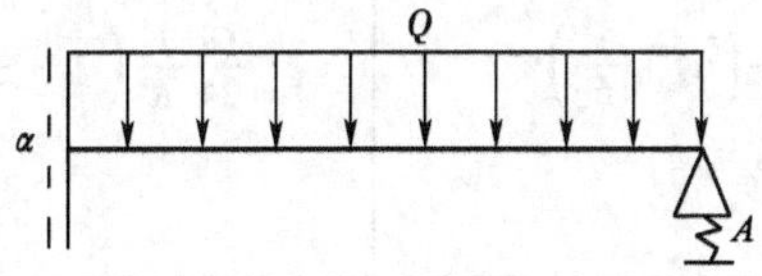 均布载荷 Q	$\frac{Ql}{24}\frac{1}{K_A}(12\overline{A}+1)$	$\frac{Ql}{8}\frac{1}{K_0}$
5	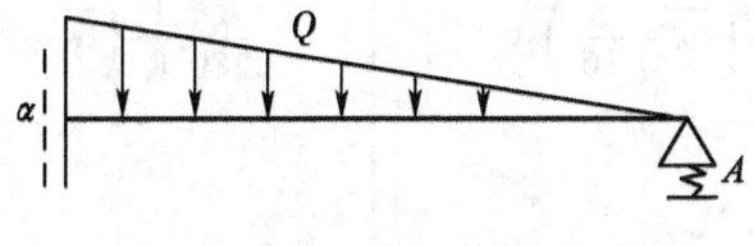 三角形分布载荷 Q	$\frac{Ql}{45}\frac{1}{K_A}(15\overline{A}+2)$	$\frac{Ql}{15}\frac{2}{K_0}$
6	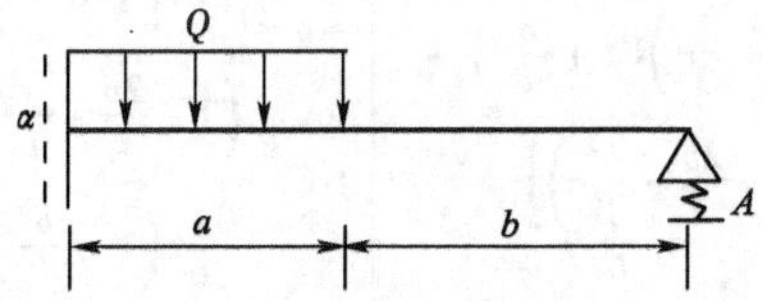 局部均布载荷 Q,长 a,其余 b	$\frac{Qa}{24}\frac{1}{K_A}\left[12\overline{A}+\left(1+\frac{b}{l}\right)^2\right]$	$\frac{Qa}{8}\frac{1}{K_0}\left(1+\frac{b}{l}\right)^2$

符号:

$$\overline{\alpha}=\frac{\alpha EI}{l},\overline{A}=\frac{AEI}{l^3},K_A=\overline{\alpha}+\overline{A}+\frac{1}{3},K_0=3\overline{\alpha}+1;$$

α——弹性固定端的柔性系数;

A——弹性支座的柔性系数。

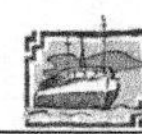

两端弹性固定梁的固定断面弯矩 附表 1-6

序号	载荷形式	左端弯矩 M_1	右端弯矩 M_2
1	α_1, P, α_2; a, b	$\frac{Pab}{6l}\frac{1}{K}\left[\left(1+\frac{b}{l}\right)\times\left(\overline{\alpha_2}+\frac{1}{3}\right)-\frac{1}{6}\left(1+\frac{\alpha}{l}\right)\right]$	$\frac{Pab}{6l}\frac{1}{K}\left[\left(1+\frac{\alpha}{l}\right)\times\left(\overline{\alpha_1}+\frac{1}{3}\right)-\frac{1}{6}\left(1+\frac{b}{l}\right)\right]$
2	α_1, P, α_2; $\frac{l}{2}$, $\frac{l}{2}$	$\frac{Pl}{16}\frac{1}{K}\left(\overline{\alpha_2}+\frac{1}{6}\right)$	$\frac{Pl}{16}\frac{1}{K}\left(\overline{\alpha_1}+\frac{1}{6}\right)$
3	α_1, P, P, α_2; $\frac{l}{3}$, $\frac{l}{3}$, $\frac{l}{3}$	$\frac{Pl}{9}\frac{1}{K}\left(\overline{\alpha_2}+\frac{1}{6}\right)$	$\frac{Pl}{9}\frac{1}{K}\left(\overline{\alpha_1}+\frac{1}{6}\right)$
4	α_1, Q, α_2	$\frac{Ql}{24}\frac{1}{K}\left(\overline{\alpha_2}+\frac{1}{6}\right)$	$\frac{Ql}{24}\frac{1}{K}\left(\overline{\alpha_1}+\frac{1}{6}\right)$
5	α_1, Q, α_2	$\frac{2Ql}{45}\frac{1}{K}\left(\overline{\alpha_2}+\frac{3}{16}\right)$	$\frac{7Ql}{180}\frac{1}{K}\left(\overline{\alpha_1}+\frac{1}{7}\right)$
6	α_1, Q, α_2; a, b	$\frac{Qa}{24}\frac{1}{K}\left[\left(\overline{\alpha_2}+\frac{1}{3}\right)\left(1+\frac{b}{l}\right)^2-\frac{1}{6}\left(1+\frac{2b}{l}-\frac{b^2}{l^2}\right)\right]$	$\frac{Qa}{24}\frac{1}{K}\left[\left(\overline{\alpha_1}+\frac{1}{3}\right)\times\left(1+\frac{2b}{l}-\frac{b^2}{l^2}\right)-\frac{1}{6}\left(1+\frac{b}{l}\right)^2\right]$

符号：

$$\overline{\alpha_1}=\frac{\alpha_1 EI}{l},\ \overline{\alpha_2}=\frac{\alpha_2 EI}{l},\ K=\left(\overline{\alpha_1}+\frac{1}{3}\right)\left(\overline{\alpha_2}+\frac{1}{3}\right)-\frac{1}{36};$$

α_1——梁左弹性固定端的柔性系数；

α_2——梁右弹性固定端的柔性系数。

附表 1-7 的说明：

(1)采用下列符号：

T——梁的轴向拉力；

T^*——梁的轴向压力；

$$k=\sqrt{\frac{T}{EI}},K^*=\sqrt{\frac{T^*}{EI}};$$

$$u=\frac{kl}{2},u^*=\frac{k^*l}{2}。$$

(2)梁受到对称于跨度中点的载荷作用时,坐标原点在跨度中点。

(3)本教材仅列举教材中要用到的载荷形式复杂弯曲的弯曲要素,其他形式可参阅相关《船舶结构力学》书籍。

单跨梁复杂弯曲要素表　　附表 1-7

序号	载荷形式	弯曲要素
1		$v=\frac{ql^4}{EI(2u)^4}\left[\frac{\mathrm{ch}kx}{\mathrm{ch}u}-1+\frac{1}{2}(u^2-k^2x^2)\right]$ $v_{x=\pm\frac{l}{2}}=\mp\frac{ql^3}{24EI}\psi_0(u)$ $v_{x=0}=\frac{5}{384}\frac{ql^4}{EI}f_0(u)$ $M_{x=0}=-\frac{ql^2}{8}\varphi_0(u)$
2		$v=\frac{ql^4}{EI(2u)^4}\left(\frac{u^2-k^2x^2}{2}+\frac{u\mathrm{ch}kx}{\mathrm{sh}u}-\frac{u}{\mathrm{th}u}\right)$ $v_{x=0}=\frac{ql^4}{384EI}f_1(u)$ $M_{x=0}=-\frac{ql^2}{24}\varphi_1(u)$ $M_{x=\pm\frac{l}{2}}=\frac{ql^2}{12}\chi(u)$
3		$v=\frac{ql^4}{EI(2u^*)^4}\left[\frac{\cos k^*x}{\cos u^*}-1+\frac{1}{2}(k^{*2}x^2-u^{*2})\right]$ $v_{x=0}=\frac{5}{384}\frac{ql^4}{EI}f_0{}^*(u^*)$ $v_{x=\pm\frac{l}{2}}=\pm\frac{ql^3}{24EI}\psi_0{}^*(u^*)$ $M_{x=0}=-\frac{ql^2}{8}\varphi_0{}^*(u^*)$
4		$v=\frac{ql^4}{EI(2u^*)^4}\left(\frac{k^{*2}x^2-u^{*2}}{2}+\frac{u^*\cos k^*x}{\sin u^*}-\frac{u^*}{\tan u^*}\right)$ $v_{x=0}=\frac{1}{384}\frac{ql^4}{EI}f_1{}^*(u^*)$ $M_{x=0}=-\frac{ql^2}{24}\varphi_1{}^*(u^*)$ $M_{x=\pm\frac{l}{2}}=\frac{ql^2}{12}\chi^*(u^*)$

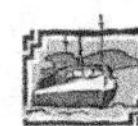

复杂弯曲的辅助函数

函数公式：

$$f_0(u)=\frac{24}{5u^4}\left(\frac{u^2}{2}+\frac{1}{\text{ch}u}-1\right)$$

$$\varphi_0(u)=\frac{2}{u^2}\left(1-\frac{1}{\text{ch}u}\right)$$

$$\psi_0(u)=f_1(2u)=\frac{3}{u^3}(u-\text{th}u)$$

$$f_1(u)=\frac{24}{u^3}\left(\frac{u}{2}-\text{th}\,\frac{u}{2}\right)$$

$$\varphi_1(u)=\frac{6}{u^2}\left(1-\frac{u}{\text{sh}u}\right)$$

$$\chi(u)=\frac{3}{u^2}\left(\frac{u}{\text{th}u}-1\right)$$

$$\psi_1(u)=\chi(2u)=\frac{3}{2u}\left(\frac{1}{\text{th}2u}-\frac{1}{2u}\right)$$

$$\psi_2(u)=\varphi_1(2u)=\frac{3}{u}\left(\frac{1}{2u}-\frac{1}{\text{sh}2u}\right)$$

$$f_0^*(u^*)=\frac{24}{5u^{*4}}\left(\frac{1}{\cos u^*}-\frac{u^{*2}}{2}-1\right)$$

$$\varphi_0^*(u^*)=\frac{2}{u^{*2}}\left(\frac{1}{\cos u^*}-1\right)$$

$$\psi_0^*(u^*)=f_1^*(2u^*)=\frac{3}{u^{*3}}(\tan u^*-u^*)$$

$$f_1^*(u^*)=\frac{24}{u^{*3}}\left(\tan\frac{u^*}{2}-\frac{u^*}{2}\right)$$

$$\varphi_1^*(u^*)=\frac{6}{u^{*2}}\left(\frac{u^*}{\sin u^*}-1\right)$$

$$\chi^*(u^*)=\frac{3}{u^{*2}}\left(1-\frac{u^*}{\tan u^*}\right)$$

$$\psi_1^*(u^*)=\chi^2(2u^*)=\frac{3}{2u^*}\left(\frac{1}{2u^*}-\frac{1}{\tan 2u^*}\right)$$

轴向拉力作用辅助函数表 附表 1-7-1

u	$f_0(u)$	$f_1(u)$	$\varphi_0(u)$	$\varphi_1(u)$	$\chi(u)$
0	1.000	1.000	1.000	1.000	1.000
0.5	0.908	0.976	0.905	0.972	0.984
1.0	0.711	0.909	0.704	0.894	0.939
1.5	0.532	0.817	0.511	0.788	0.876
2.0	0.380	0.715	0.367	0.673	0.806

续上表

u	$f_0(u)$	$f_1(u)$	$\varphi_0(u)$	$\varphi_1(u)$	$\chi(u)$
2.5	0.281	0.617	0.268	0.563	0.736
3.0	0.213	0.529	0.200	0.467	0.672
3.5	0.166	0.453	0.153	0.386	0.614
4.0	0.132	0.388	0.120	0.320	0.563
4.5	0.107	0.335	0.097	0.267	0.519
5.0	0.088	0.291	0.079	0.224	0.480
5.5	0.074	0.254	0.066	0.189	0.446
6.0	0.063	0.223	0.055	0.162	0.417
6.5	0.054	0.197	0.047	0.139	0.391
7.0	0.047	0.175	0.041	0.121	0.367
7.5	0.041	0.156	0.036	0.106	0.347
8.0	0.036	0.141	0.031	0.093	0.328
8.5	0.032	0.127	0.028	0.083	0.311
9.0	0.029	0.115	0.025	0.074	0.296
9.5	0.026	0.105	0.022	0.066	0.283
10.0	0.024	0.096	0.020	0.060	0.270
10.5	0.021	0.088	0.018	0.054	0.259
11.0	0.020	0.081	0.017	0.050	0.248
11.5	0.018	0.075	0.015	0.045	0.238
12.0	0.016	0.069	0.014	0.042	0.229

轴向压力作用辅助函数表(一)　　附表 1-7-2

u^*	$\varphi_1^*(u^*)$	$\chi^*(u^*)$	$f_1^*(u^*)$	u^*	$\varphi_1^*(u^*)$	$\chi^*(u^*)$	$f_1^*(u^*)$
0.00	1.000	1.000	1.000	2.40	2.6595	1.8854	2.3822
0.50	1.0300	1.0171	1.0256	2.45	2.8404	1.9786	2.5307
1.00	1.1304	1.0737	1.1113	2.50	3.0502	2.0864	2.7027
1.10	1.1617	1.0912	1.1379	2.55	3.2964	2.2125	2.9043
1.20	1.1979	1.1114	1.1683	2.60	3.5890	2.3617	3.1435
1.30	1.2396	1.1345	1.2039	2.65	3.9422	2.5415	3.4320
1.40	1.2878	1.1610	1.2445	2.70	4.3766	2.7619	3.7863
1.50	1.3434	1.1915	1.2914	2.75	4.9233	3.0386	4.2317
1.60	1.4078	1.2266	1.3455	2.80	5.6315	3.3964	4.8082
1.70	1.4830	1.2673	1.4085	2.85	6.5865	3.8774	5.5852
1.80	1.5710	1.3147	1.4821	2.90	7.9343	4.5550	6.6798
1.90	1.6750	1.3704	1.5689	2.95	9.9915	5.5875	8.3503
2.00	1.7993	1.4365	1.6722	3.00	13.506	7.7686	11.201
2.10	1.9494	1.5157	1.7967	3.05	20.863	11.031	17.168
2.20	2.1336	1.6124	1.9492	3.10	45.923	23.566	37.484
2.30	2.3641	1.7325	1.1392	π	∞	∞	∞

注:函数 $\psi_0^*(u^*)$,$\psi_1^*(u^*)$,$\psi_2^*(u^*)$未组成表格,因为 $\psi_0^*(u^*)=f_1^*(2u^*)$,$\psi_1^*(u^*)=\chi^*(2u)$,$\psi_2^*(u^*)=\varphi_1^*(2u)$。

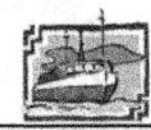

轴向压力作用辅助函数表(二)　　附表 1-7-3

u^*	0	0.10	0.20	0.30	0.40	0.50	0.60	0.70	0.80
$\varphi_0^*(u^*)$	1.000	1.004	1.016	1.038	1.073	1.117	1.176	1.255	1.361
$f_0^*(u^*)$	1.000	1.004	1.016	1.037	1.040	1.114	1.173	1.250	1.354
u^*	0.90	1.00	1.10	1.20	1.30	1.40	1.45	1.50	$\frac{\pi}{2}$
$\varphi_0^*(u^*)$	1.504	1.704	1.989	2.441	3.240	4.938	6.940	11.670	∞
$f_0^*(u^*)$	1.494	1.690	1.962	2.400	3.181	4.822	6.790	11.490	∞

附录二　船用球扁钢断面要素表

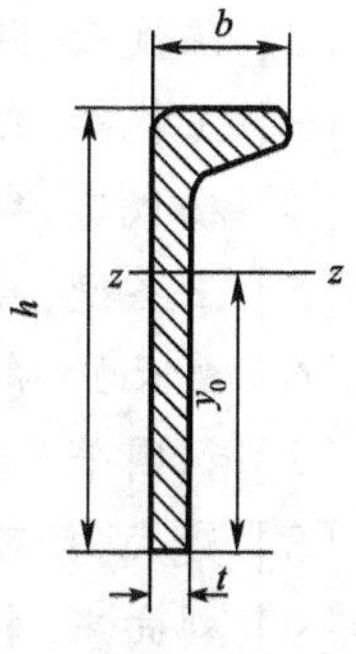

符号：

h——球扁钢高度；

t——球扁钢厚度；

b——球宽度；

y_0——断面形心坐标；

A——断面面积；

I_z——断面对过形心的水平轴 $z-z$ 的惯性矩。

附图 2-1

船用球扁钢断面要素表　　附表 2-1

No.	h(mm)	b(mm)	t(mm)	$A(\text{cm})^2$	$I_z(\text{cm}^4)$	y_0(cm)
5	50	16	4	2.87	6.96	3.13
5.5	55	17	4.5	3.48	10.20	3.38
6	60	19	5	4.27	15.0	3.74
7	70	21	5	5.06	24.10	4.40
8	80	22	5	5.84	26.23	5.07
9	90	24	5.5	7.03	55.60	5.65
10	100	26	6	8.63	85.22	6.29
12	120	30	6.5	11.15	158	7.55
14a	140	33	7	14.05	274	8.82
14b	140	35	9	16.85	321	8.55
16a	160	36	8	17.96	468	8.95
16b	160	38	10	21.16	527	9.75
18a	180	40	9	22.20	724	11.15
18b	180	42	11	25.80	837	10.81
20a	200	44	10	27.36	1078	12.40
20b	200	46	12	31.36	1265	12.06
22a	220	48	11	32.82	1611	13.50
22b	220	50	13	37.22	1795	13.20
24a	240	52	12	38.75	2232	14.70
24b	240	54	14	43.55	2542	14.35
27a	270	55	12	43.82	3265	16.60
27b	270	57	14	49.22	3515	16.30

参 考 文 献

[1] 袁胜庆. 船体结构与强度[M]. 北京:国防工业出版社,1980.

[2] 陈铁云,陈伯真. 船舶结构力学[M]. 北京:国防工业出版社,1986.

[3] 王礼享. 船舶结构力学[M]. 北京:国防工业出版社,1986.

[4] 杨代盛. 船体强度与结构设计[M]. 北京:国防工业出版社,1986.

[5] 王杰德,杨永谦. 船体强度与结构设计[M]. 北京:国防工业出版社,1986.

[6] 戴天授. 船体强度与结构设计[M]. 北京:国防工业出版社,1988.

[7] 程国平. 船舶强度与结构设计[M]. 北京:人民交通出版社,1998.

[8] 聂武,孙丽萍. 船舶计算结构力学[M]. 哈尔滨:哈尔滨工程大学出版社,2000.

[9] 刘向东. 船体结构与强度设计[M]. 北京:人民交通出版社,2006.

[10] 中国船级社. 钢质内河船舶建造规范(第一分册). 人民交通出版社,2009.

[11] 中国船级社. 钢质海船入级规范(第二分册). 人民交通出版社,2009.

[12] 刘思俊. 工程力学[M]. 北京:机械工业出版社,2010.